Jörg Berchem

Elemente eines afro-austronesischen Kultursynkretismus

- ein Sprachvergleich in historischem Kontext -

OMIMEE
Intercultural Publishers

CIP - Kurztitelaufnahme der Deutschen Bibliothek

Berchem, Jörg:
Elemente eines afro-austronesischen Kultursynkretismus : ein Sprachvergleich in historischem Kontext / Jörg Berchem.
- 1. Auflage - Köln: OMIMEE Intercultural Publishers, 1994
Zugl.: Köln, Univ., Diss., 1993
ISBN 3-921008-13-1

Umschlaggestaltung vom Autor

Diese Arbeit wurde von der Philosophischen Fakultät der Albertus-Magnus-Universität zu Köln als Inaugural-Dissertation zur Erlangung des Doktorgrades angenommen. Erster Referent: Prof. Dr. W.J.G. Möhlig. Zweiter Referent: Dr. habil. Peter Pink. Tag des Rigorosums: 13. November 1993.

OMIMEE Intercultural Publishers
P.O.Box 50 17 06, 50977 Cologne 50, F.R.Germany

Meinem lieben Vater

† **Hans Günter Berchem**

in tief empfundener Dankbarkeit

und Verehrung gewidmet

Vorwort des Verfassers

Bereits während meines Grundstudiums wurde ich mit Theorien über "indonesische" oder "malayo-polynesische" Einflüsse auf afrikanische Sprachen und Kulturen konfrontiert. Da mir die Hintergründe und der Wahrheitsgehalt solcher Annahmen zumeist unklar blieben, entstand daraus der Wunsch, dieses Thema einmal 'unter die Lupe zu nehmen'. Eine wichtige Voraussetzung dafür schien mir dadurch gegeben, daß ich nicht nur Afrikanistik, sondern auch Malaiologie studiert hatte. Ziel meiner Forschung sollte es werden, die vorhandenen Theorien zu hinterfragen und durch eigene Untersuchungen zu fundierten Kenntnissen über "afro-austronesische Kontakte", so es sie denn gegeben haben sollte, zu gelangen.

Die vorliegende Studie und vor allem die für sie sehr wertvolle sechsmonatige Feldforschung von November 1991 bis Mai 1992 auf Madagaskar und den Komoren wären mir in diesem Umfang nicht möglich gewesen ohne ein Stipendium aus Landesmitteln, das mir von der Konrad-Adenauer-Stiftung gewährt wurde.

Mein besonderer Dank gilt auch meinen Informanten und einigen Mitarbeitern der Bibliotheken in Antananarivo und des *Centre National de Documentation et de Recherche sur les Comores (Republique Fédérale Islamique des Comores)* in Moroni sowie den Betreuern der Arbeit, den Herren Professor Wilhelm Möhlig, Professor Rainer Carle und Doktor habil. Peter Pink.

Sabine Neubert sei für die Durchsicht des Manuskriptes und ihre unermüdliche Unterstützung bei der Anfertigung der Druckvorlagen herzlichst gedankt.

Köln im September 1993 Jörg Berchem

1. Geleitwort

Für die Erforschung der madagassischen Kulturen fühlt sich bis auf den heutigen Tag so recht keine der etablierten Fachrichtungen innerhalb der deutschen Geisteswissenschaften zuständig. Am ehesten wären noch die Afrikanistik und die Malaiologie angesprochen, erstere aufgrund räumlicher Nähe der Insel Madagaskar zum afrikanischen Festland, letztere wegen der genetischen Zuordnung der madagassischen Sprache und ihrer Dialekte zum Austronesischen. In beiden Disziplinen spielt die Madagassenforschung jedoch eine periphere Rolle. Es ist ein Verdienst dieser Arbeit, Madagaskar neben Afrika und Austronesien als eigenständigen Kulturkomplex in den Mittelpunkt der wissenschaftlichen Untersuchung gestellt zu haben.

In der Literatur zur vorkolonialen Geschichte Afrikas werden seit Jahrzehnten austronesische Kultureinflüsse diskutiert. Eine Schlüsselstellung für solche afro-austronesischen Kulturkontakte nehmen Madagaskar und die Komoren-Inseln ein. Lange Zeit blieb eine sprachhistorische Behandlung dieses Themas ein Desideratum, weil es einen Sprachhistoriker erfordert, der sowohl über eine afrikanistische als auch über eine malaiologische Fachausbildung verfügt. Jörg Berchem, der Autor dieses Werkes, erfüllt nun erstmals diese Voraussetzung. In einer ausgedehnten Feldforschung hat er sich überdies in den fraglichen Gebieten aufgehalten und wertvolles Primärmaterial erhoben. Dieses legt er hier zusammen mit seinen Analysen einer größeren Fachöffentlichkeit vor.

Das zumindest aus afrikanischer Perspektive erstaunliche Ergebnis dieser Studie besteht darin, daß zum einen die austronesischen Einflüsse in Afrika weit geringer einzuschätzen sind, als es bisher angenommen wurde, daß zum anderen jedoch die madagassischen und komorianischen Kulturen ihrerseits über bedeutende afrikanische Wurzeln verfügen. Etwas pointierter kann man sagen, daß diese Arbeit die madagassischen Kulturen viel enger an Afrika herangerückt hat, als es die austronesische Genealogie der madagassischen Sprachen auf den ersten Blick erwarten ließ. Dadurch wird eine größere Korrektur des bisherigen Geschichtsbildes im westlichen Einzugsgebiet des Indischen Ozeans erforderlich. Das dürfte nicht ohne kontroverse Diskussion abgehen. Die hier vorgelegte Arbeit bietet dazu eine solide und stimulierende Grundlage.

Köln im Februar 1994

Wilhelm J.G. Möhlig
Institut für Afrikanistik, Köln

2. Geleitwort

Die komplexe Geschichte Madagaskars stellte die Forschung - Ethnologen, Linguisten und Historiker - vor außergewöhnliche Probleme, die nur interdisziplinär zu lösen sind. Ein derartiger Versuch ist mit der vorliegenden Arbeit unternommen worden. Des Verfassers Kenntnis sowohl von Bantu- als auch von austronesischen Madagaskarsprachen bewahrt ihn vor der Gefahr, eine Kultur gegen die andere auszuspielen. So gelingt es ihm, eine wechselseitige Beeinflussung der Kulturen aufzuzeigen, die erst durch die Einmischung der Europäer gestört und zuungunsten der afrikanisch sprechenden Völker verschoben wurde.

Ich wünsche dieser methodisch klaren und überzeugenden Untersuchung viele Leser, auch über den engeren Kreis der Spezialisten hinaus.

Köln im Februar 1994

Peter Pink
Orientalisches Seminar, Köln

Inhalt

Teil 2: Sprachvergleich

Teil 3: Schlußfolgerung

Anhang

Verzeichnis der Karten, Abbildungen und Tabellen

Verzeichnis der Siglen und Zeichen

d.h.	'das heißt'.
usw.	'und so weiter'.
svw.	'soviel wie'.
bzw.	'beziehungsweise'
iSv.	'im Sinne von'.
vgl.	'vergleiche' / 'siehe'.
i.w.S.	'im weitesten Sinne'
z.B.	'zum Beispiel'.
wörtl.	'wörtlich'.
IMP	'Imperativ'.
INF	'Infinitiv'.
V(OK)	'Vokal'.
K(ON)	'Konsonant'.
N(AS)	'Nasal'.

^	'vergleiche' / 'siehe' (Verweis).
<!>	'beachte' (emphatischer Hinweis).
<?>	Hinweis auf eine Undeutlichkeit oder einen Widerspruch (etwa in einem zitierten Text).
(°...)	kennzeichnet eine Auslassung in einem Zitat.
º	kennzeichnet eine zum Verständnis nötige Ergänzung in einem Zitat.
<H>	kennzeichnet ein nicht mehr gebräuchliches Lexem.
#	kennzeichnet eine konstruierte Form.
*	kennzeichnet eine rekonstruierte Form.
·	markiert eine Morphemgrenze.

<N>	**N**	Nord
<S>	**S**	Süd
<W>	**W**	West
<E>	**E**	Ost
	C	Zentral

- und entsprechende Kombinationen daraus.

Au Austronesisch

- **Ml** Malagasy
  - **Or** Oriental
  - **Oc** Occidental
  - **Ad** Antandru^{i}
  - **An** Antalautse
  - **As** Antaysaka
  - **At** Antemuru
  - **Be** Betsimisaraka
  - **Bt** Betsileu
  - **Ma** Maore-Malagasy
  - **Me** Merina
  - **Mj** Madza$^{\tilde{n}}$ga
  - **Nb** Nosi Be
  - **So** Swalala (Soalala)
  - **Sk** Sakalava
  - **Vz** Vezu (Vezo)
  - **Ds** Antserañana
- **Tg** Tagalog
- **Tb** Toba-Batak
- **Bi** Bahasa Indonesia
- **Ja** Javanisch
- **Ma** Malayisch
- **Nd** Ngadju-Dayak
- **Fi** Fitshi
- **Sa** Sa'a
- **To** Tonga
- **Fu** Fukuma
- **Sm** Samoanisch
- **Mn** Ma'andjan

Ba Bantu

- **Ko** Komorianisch
  - **Ng** Ngazidya
  - **Nz** Nzwani
  - **Mw** Mwali
  - **Ma** Maore

Sw Swahili

- **Gu** Nordswahili, 'ki•gunya'
- **Lm** Lamu, 'ki•amu'
- **Mo** Mombasa, 'ki•mvita'
- **Mr** Vanga - Rufiji, 'ki•mrima'
- **Zb** Zanzibar, 'ki•ungudya'
- **Ta** Tanga, 'ki•tañata'
- **Tk** Nordswahili, 'ki•tikuu'

Ar Arabisch

Pe Persisch

Hi "Indisch"

Texte sind dann kursiv gedruckt, wenn sie nicht in deutscher Sprache verfaßt sind (Zitate, Beispiele, soweit es sich nicht um Eigennamen handelt).

Übersetzungen und Transkriptionen werden von einfachen Anführungszeichen ('...') umschlossen, um sie als solche kenntlich zu machen.

In der Bibliographie erwähnte Autorennamen sind im Text in Kapitälchen gedruckt.

Phonemtranskription

Vokale:

					u
i				o	
	è		ô		
	e	a			

Anmerkung: Im allgemeinen werden in der vorliegenden Arbeit nur die fünf Zeichen der Kardinalvokale 'a', 'e', 'i', 'o', 'u' verwendet, wenn der Kontext nicht eine genauere Darstellung verlangt.

Nach Möglichkeit werden alle Lexeme der untersuchten Sprachen nur in der vorgestellten phonetischen Transkription dargestellt.

Für das Malagasy bedeutet dieses zum Beispiel, daß zwischen den Vokalen /o/ und /u/ durch Verwendung der beiden Symbole unterschieden wird, obwohl in der offiziellen Verschriftung nur 'o' verwendet wird. 'y' symbolisiert nicht, wie in der Standardorthographie des Malagasy, ein auslautendes, möglicherweise stimmloses /i/, also /'/ oder /i/, sondern einen gleitenden Halbvokal. [1]

besondere Zeichenformen:

Stimmlosigkeit:	□ (Vokal)	Vokallänge:	□̂ (nur Ar)
Aspiration:	□ʰ	Morphemgrenze:	·
Pränasalierung:	ⁿ□ / ᵐ□	Hauptdruckakzent:	□̳
Nasalierung:	~	Nebendruckakzent:	□̲

Auf die Markierung der regelmäßigen Längung des Druckakzent-tragenden Vokals der Penultima im Komorianischen wurde verzichtet.

---

[1] In der vorliegenden Arbeit werden daher auch die malagasy Volksnamen soweit wie möglich und sinnvoll in einer phonetisch eindeutigeren Form wiedergegeben als es gemeinhin üblich ist; so zum Beispiel:

'Antaymuru'	statt	'Anteimoro'
'Antayfas''	statt	'Antaifasy'
'Antalautse'	statt	'Antalaotse'
'Huva'	statt	'Hova'
'Madzanga'	statt	'Mahajanga'
'Swalala'	statt	'Soalala'

Nur auf diese Weise transkribiert macht es Sinn, diese Lexeme des Malagasy in einen linguistischen Vergleich einzubeziehen.

Bei der Erhebung des Materials wurde erkannt, daß nicht grundsätzlich alle auslautenden Vokale im Malagasy stimmlos sind. Eine ungefähre Regel scheint zu sein, daß nur Auslautvokale von mehr als zweisilbigen Wörtern in nicht-emphatischer Stellung im allgemeinen stimmlos realisiert werden. Die Transkription folgte auch hier soweit möglich den eigenen phonetischen Aufzeichnungen.

Phonemtabelle		bilabial	labiodental		(ad)dental		alveolar	retroflex	palatal	velar	pharyngal	uvular	glottal
explosiv	stimmlos	p			ţ		t			k	k̄	q̊	
	pränasal	^{m}p			^{n}ţ		^{n}t			^{ñ}k			
	aspiriert	p^{h}			ţ^{h}		t^{h}			k^{h}			
	stimmhaft	b			ḑ		d			g	ḡ	q	'
	pränasal	^{m}b			^{n}ḑ		^{n}d			^{ñ}g			
	aspiriert	b^{h}			ḑ^{h}		d^{h}			g^{h}			
implosiv	stimmhaft	B			Ḑ		D			G	Ḡ	Q	
	pränasal	^{m}B					^{n}D			^{ñ}G			
lateral							l						
gerollt							r						
affrikativ	stimmlos	pf			ţs		ts	tr	tš				
	pränasal	^{m}pf					^{n}ts	^{n}tr	^{n}tš				
	stimmhaft	bv			ḑz		dz	dr	dj				
	pränasal	^{m}bv					^{n}dz	^{n}dr	^{n}dj				
frikativ	stimmlos	F	f		t̄		s		š	h	ħ	x	
	pränasal	^{m}F	^{m}f				^{n}d						
	stimmhaft	ß	v		d̄		z		j	H	H̄	X	
	pränasal	^{m}ß	^{n}v				^{n}z						
nasal		m					n		ny	ñ			
gleitend		w							y				

Bild 1: Phonemtranskription

Kartographische Darstellungen der Region

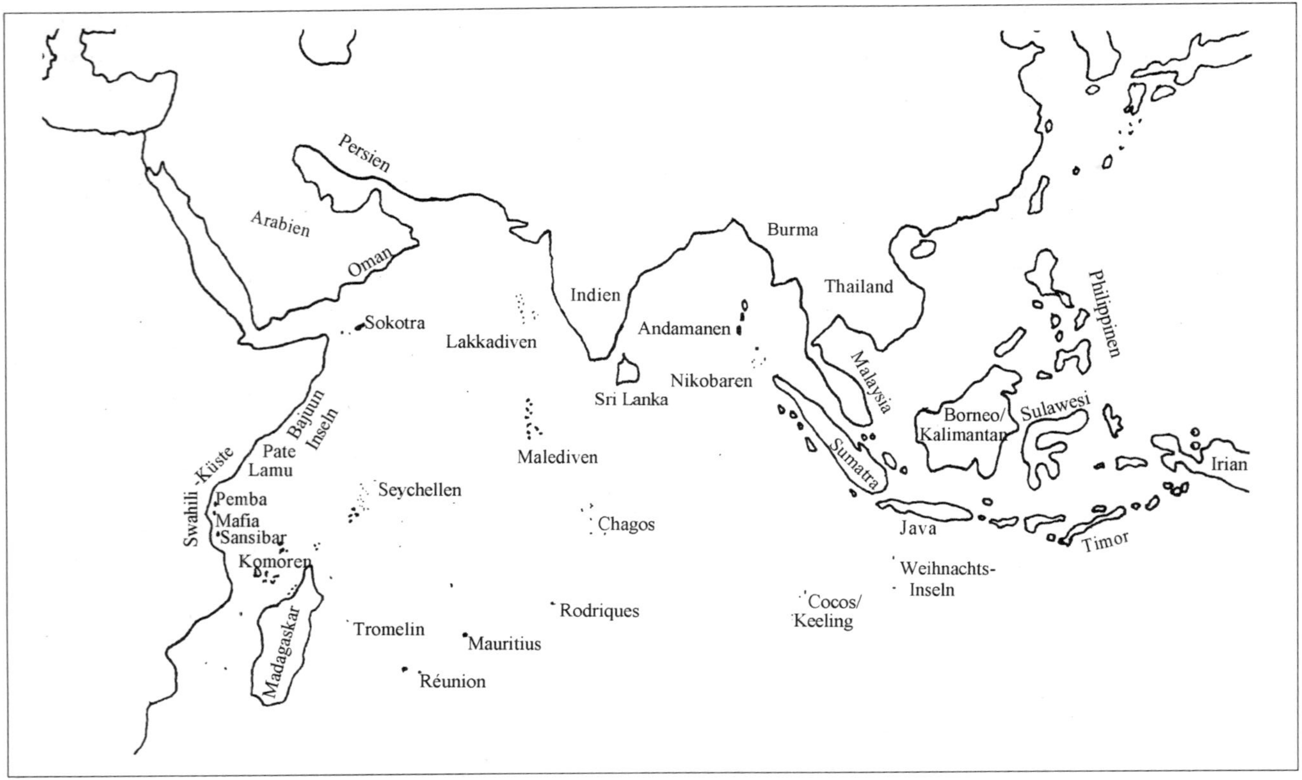

Bild 2: Der Indische Ozean, seine Küsten und Inseln

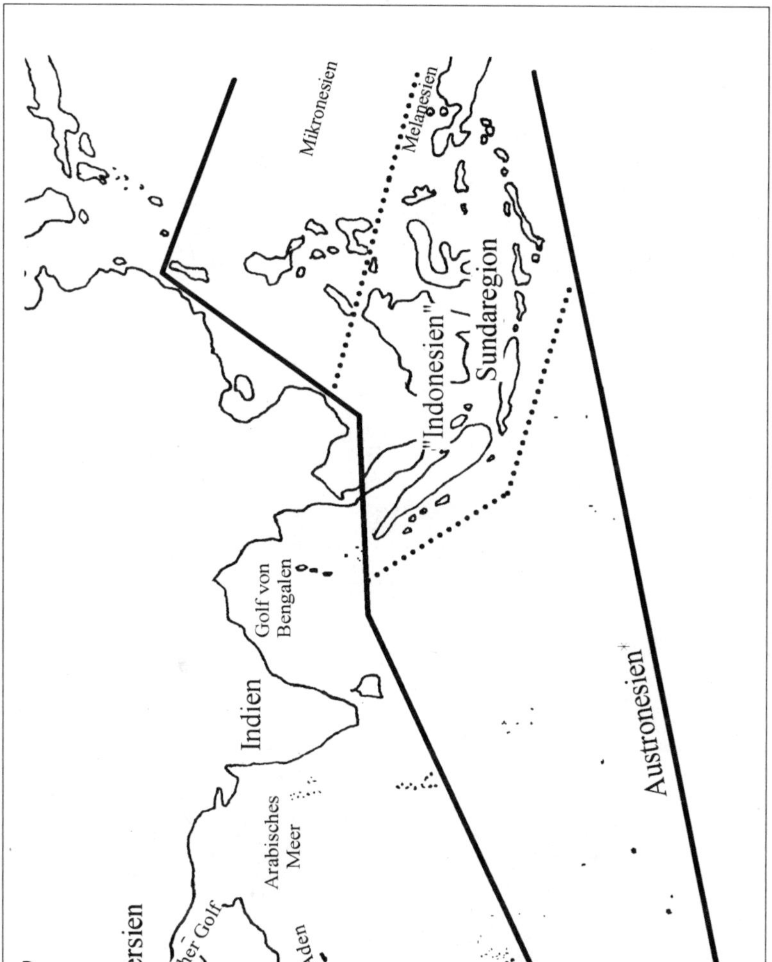

Bild 3: Regionen des Indischen Ozeans

(* d.h. Hauptverbreitungsgebiet der austronesischen Sprachen, ohne Enklaven auf dem südostasiatischen Festland)

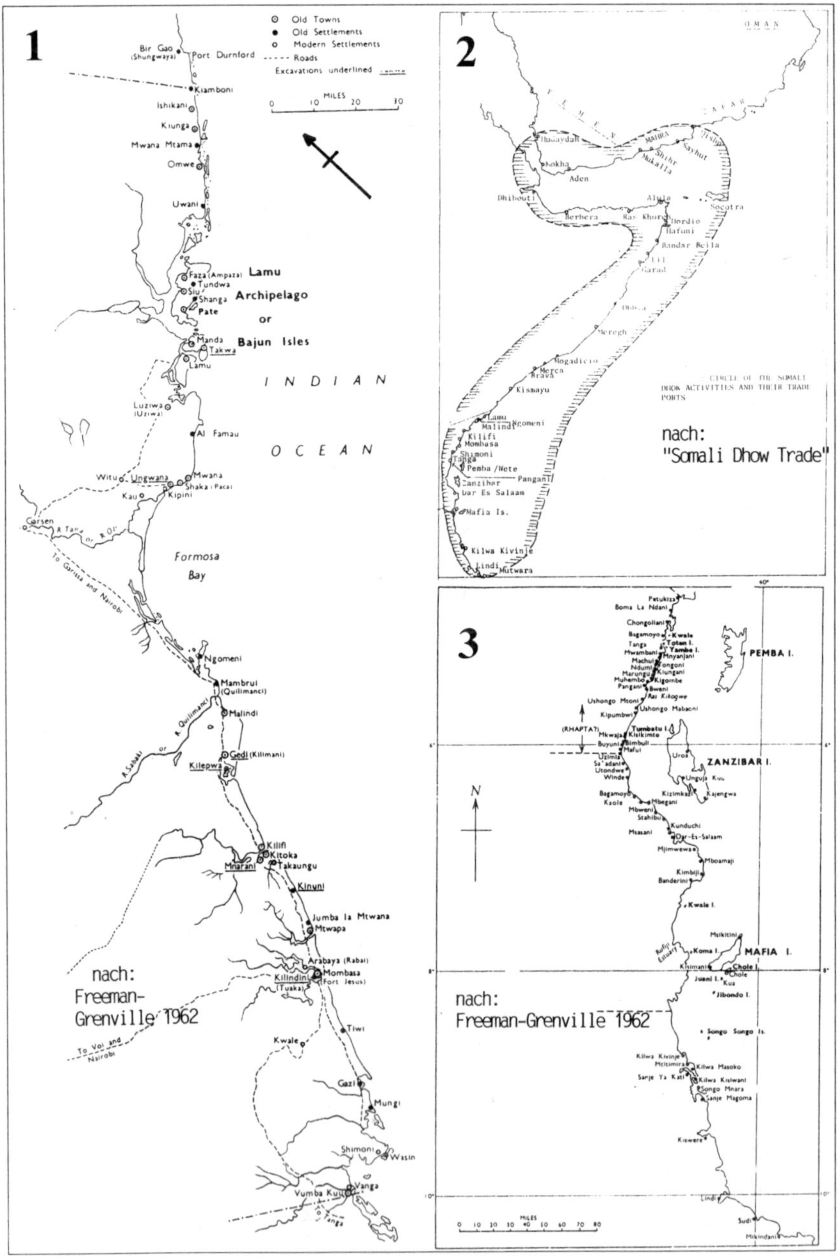

Bild 4: Lokalitäten in Ostafrika

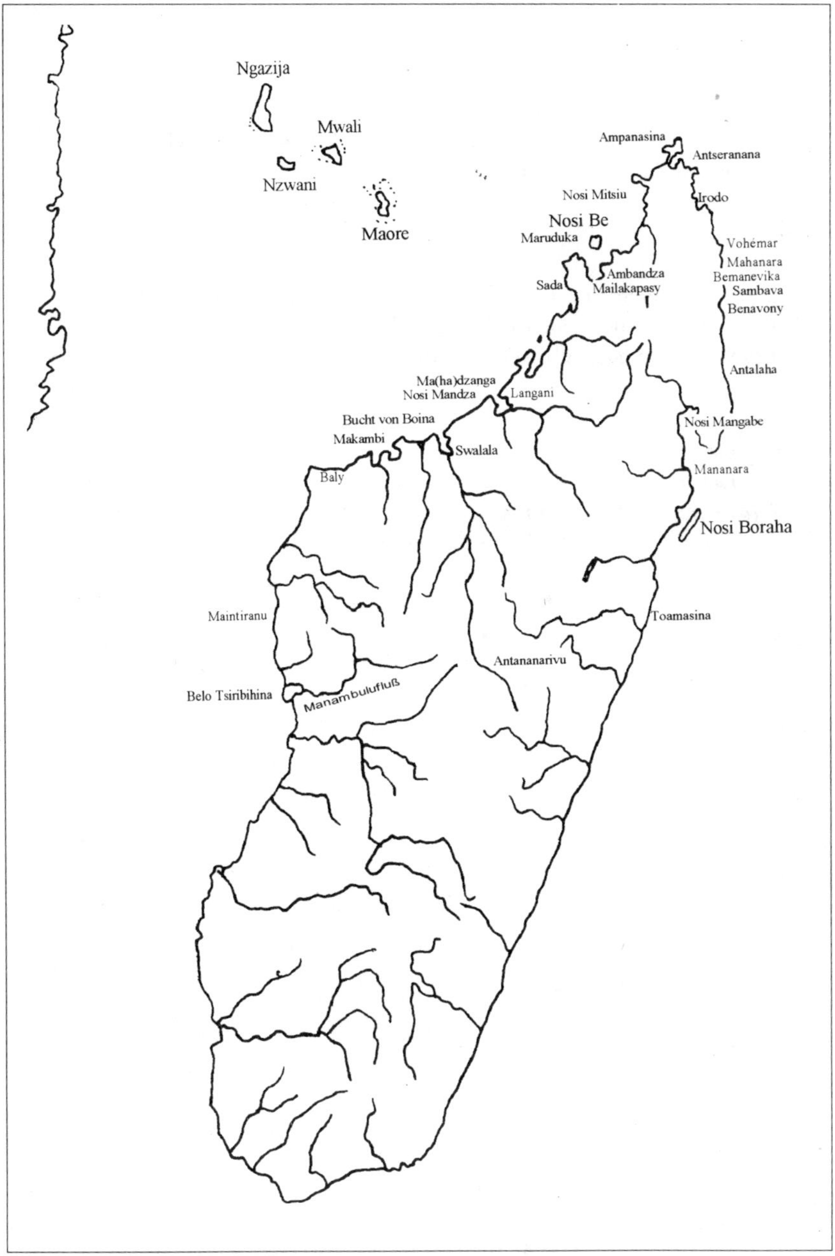

Bild 5: Lokalitäten auf Madagaskar und die Komoren

"Der Kulturmensch existiert in Raum und Zeit; alles aber, was in Raum und Zeit existiert, existiert in Beziehungen."

(Wilhelm Schmidt; 1937, S.133)

"Nächst dem Nordatlantischen Ozean hat kein Weltmeer auf die Entwicklung der menschlichen Kultur und Geschichte tiefere Einwirkungen ausgeübt als der Indische Ozean."

(K. Rodenberg; 1904)

"The question of human contact between Indonesia and Africa, at least since the first century of our era, constitutes the most interesting historical problem left in this part of the world."

(Raymond Kent; 1970, S. 34)

1. Einleitung

1.1. Themeneinführung

Es scheint, als hätte sich heute allgemein die Ansicht durchgesetzt, daß es frühe, also vorkoloniale Kontakte zwischen Südostasien und Afrika gegeben hat. In fast allen populärwissenschaftlichen und fachspezifischen Werken zur Geschichte jenes Raumes finden sich zumindest Andeutungen dieser Art.

Dabei wird offenbar grundsätzlich davon ausgegangen, daß Austronesier, häufig einfach als "Indonesier" bezeichnet, nach Afrika gekommen seien und die dortige kulturelle Entwicklung mehr oder weniger entscheidend beeinflußt hätten.

Selbst in einem Buch, das auf die eigenen kulturellen und politischen Entwicklungen Afrikas betont hinweisen möchte, kann man im Anschluß an einen Abschnitt, betitelt "Die Ebenbürtigkeit der afrikanischen Geschichte und Kultur" lesen:

> "Die afrikanischen Bauern hatten schon sehr früh eine Vielzahl von Anbaupflanzen kultiviert und weiterentwickelt; andere übernahmen sie schnell von Einwanderern aus anderen Kontinenten wie beispielsweise den Bananenanbau aus Indonesien." (MICHLER 1991, S.81)

Auch in einem tansanianischen Schulbuch für den Geschichtsunterricht heißt es da etwa:

> *"... regular trading contacts between East Africa and the Middle and Far East began around the eighth century A.D. Most of the traders at that time came from China, Indonesia and India."* (*Institute of Education* 1981, S.25)

Doch worauf gründen sich alle diese Äußerungen? Schließlich sind die Entfernungen zwischen Südostasien und Afrika beträchtlich. Und warum wird anscheinend generell von der Einseitigkeit des Kontaktes ausgegangen? Haben Kontakte dieser Art wirklich mit solcher Sicherheit stattgefunden, wie beispielsweise die zitierten Äußerungen, dieses vermuten ließen?

Welches sind die historischen Grundlagen und wissenschaftlichen Erkenntnisse, auf denen solche Theorien beruhen?

1.2. Aufgabenstellung und Vorgehensweise

Die vorliegende Arbeit wird versuchen, die soeben aufgeworfenen Fragen zu beantworten.

Dabei fällt ein besonderes Augenmerk auf die Stellung Madagaskars zu Afrika, da dessen Besiedelung durch Austronesier unbestreitbar ist und somit angenommen werden kann, daß es als 'Außenposten' austronesischer Kultur, nur vierhundert Kilometer vor der ostafrikanischen Küste, in möglichen afro-austronesischen Kontakten eine bedeutende Rolle gespielt hat. [1]

Um so dringlicher erscheint diese Aufgabe, wenn man erstaunt feststellen muß, daß in den beiden Standardwerken zur Geschichte Afrikas, von Westermann und Ki-Zerbo, Madagaskar auf fast fünf- bzw. achthundert Seiten überhaupt nicht erwähnt wird. Andererseits erwähnt Ki-Zerbo beiläufig, daß Polynesier <!> Glasperlen nach Afrika gebracht hätten. Auch die natürliche geographische Verbindung zwischen Ostafrika und Madagaskar, die Inselgruppe der Komoren, wird von Westermann überhaupt nicht, von Ki-Zerbo nur kurz mit Bezug auf ihren Unabhängigkeitskampf gegen die Kolonialmacht beschrieben. (Westermann 1952, Ki-Zerbo 1978)

Der Archipel der Komoren und Madagaskar sind nach dem heutigen Kenntnisstand (Archäologie) erst nach Beginn unserer Zeitrechnung besiedelt worden. - Vielleicht ist diese Tatsache der Anlaß dafür gewesen, über lange Zeit (vgl. Kapitel 4) ihre historischen und synchronen Kulturen anderen Kulturen oder Kulturräumen zuordnen zu wollen, von denen angenommen wurde, daß sie an der Besiedelung oder an der Entwicklung des Raumes besonderen Anteil gehabt hätten.

Wie die vorliegende Arbeit aber zeigen wird, sind solche Versuche der Klassifizierung komorianischer oder madagassischer Kultur bereits vom Ansatz her widersinnig und können der Wirklichkeit niemals gerecht werden. Denn, so wie diese Inseln geographisch gesehen (wenn auch mit Abstand) zwischen den Kulturräumen Süd- und Ostafrikas, Arabiens, Persiens, Indiens und Austronesiens gelegen sind, sind wahrscheinlich seit Beginn der Besiedelung Menschen und Kultureinflüsse von Afrika, aus dem vor- und nachislamischen Arabien, aus der Region des Persischen Golfes, aus dem aryennischen und dravidischen Indien und aus dem vorhinduistischen und hinduistischen Malayo-Polynesien auf direktem oder indirektem Wege über mehr oder weniger lange Zeiträume in die

[1] Dabei soll aber nicht auf die Diskussion über die Ursprünge der Bevölkerung von Madagaskar eingegangen werden, soweit die entsprechenden Theorien nicht auf einen afro-austronesischen Kontakt schließen lassen.

Region gelangt und haben dort schon früh zur "synkretistischen" [1] Entstehung eigenständiger Kulturen geführt.

Bereits die oben angeführte, stark vereinfachte Aufzählung der beteiligten Kulturräume gibt einen Eindruck von der Komplexität der swahilischen, komorianischen und madagassischen Kulturen und läßt von den Schwierigkeiten ahnen, die Kulturgeschichte des westlichen Indischen Ozeans nachzuvollziehen. So muß nicht nur synchrones Material unterschiedlicher Art verglichen werden, vielmehr wollen historische Quellen verschiedenen Ursprungs berücksichtigt werden, deren Aussagen oder Übersetzungen (allein) häufig nicht eindeutig sind. Und schließlich müssen alle Schlußfolgerungen an den natürlichen Gegebenheiten geprüft werden.

Eine multidisziplinäre Vorgehensweise ist also unumgänglich und umso dringlicher, weil nur so rezenteste Einflüsse (zum Beispiel Komorianer in Madza^{n}ga) von "historischen" unterschieden werden können.

Aufgabe dieser Arbeit aber ist es, sich mit solchen Phänomenen des Kulturkontaktes zu befassen, die auf der einen oder anderen Seite ihren Beitrag bei der Kulturentwicklung bereits geleistet haben und so Zeugnis ablegen von den geschichtlichen Ereignissen und Prozessen, die zwar viel diskutiert worden sind, aber ihren wahren Charakter bisher verborgen hielten.

Die Untersuchung und Rekonstruktion der Geschichte erfolgt hier also nicht dadurch, daß ein Kulturelement oder ein Kulturbereich einem anderen anzugliedern versucht wird; sondern nach der Überprüfung historischer Quellen werden aus synchronem Material solche Elemente im Bereich der Sprache, die von afro-austronesischen Kontakten zeugen, herausgearbeitet und analysiert.

Auf diese Weise können die Schlußfolgerungen und die Interpretation und Darstellung der Geschichte dem Phänomen gerecht werden, das sich insbesondere auch in der Kulturgeschichte des westlichen Indischen Ozeans immer wieder beobachten läßt, und das wir "Kultursynkretismus" nennen wollen. Darunter sollen alle kulturevolutionistischen Prozesse verstanden werden, die sich nicht (so sehr) durch Überlagerung oder bloße Übernahme auszeichnen, sondern sich als das Zusammenfließen verschiedener Kulturströmungen (in einer zunächst multikulturellen Gesellschaft) zu einer schließlich eigenen, neuen "Kulturszene" beschreiben lassen.

[1] vgl. letzter Absatz dieses Kapitels.

1.3. Aufbau der Arbeit

Im folgenden wird zunächst historisches Material daraufhin untersucht, ob sich hierin Informationen über afro-austronesische Kontakte finden lassen. Von besonderem Interesse sind dabei die zuerst vorgestellten zeitgenössischen Quellen und Augenzeugenberichte. Sollten sie entsprechende Reisen oder etwa Handelsbeziehungen erwähnen, so wäre die Existenz solcher Kontakte kaum noch in Zweifel zu ziehen und die Datierung vermutlich wesentlich vereinfacht. Zugleich könnten die später diskutierten Theorien anhand dieser Daten überprüft oder zumindest relativiert werden.

Auch Traditionen der betroffenen Völker sind eine wichtige historische Quelle. Obwohl ihre Echtheit genau hinterfragt werden muß und ihre Interpretationen nicht selten Schwierigkeiten bieten, so vermögen sie in vielen Fällen doch, auf geschichtliche Realitäten hinzuweisen oder diese gar, wenn vielleicht auch in mythologisierter Form, zu beschreiben.

Der Archäologie kommt in der europäischen Forschung besondere Bedeutung zu. Doch hat sie sich auf dem afrikanischen Kontinent, wo in der Vorzeit viele vegetabile und irdene Materialien eingesetzt wurden, oft schwergetan. In bezug auf unser Thema gibt es nur von wenigen archäologischen Forschungen zu berichten. Dennoch vermag die Archäologie dort, wo sie fündig wird, vor allem zur Datierung viel beizutragen.

Im weiteren Verlauf der Studie werden dann noch andere Quellen untersucht, die häufig Anlaß für die Annahme afro-austronesischer Kontakte gewesen sind. Vor allem in der frühen Geschichtsforschung, aber manchmal auch bis in die heutige Zeit, hat dabei der Vergleich von "Rassenmerkmalen" und seine versuchte Interpretation eine Rolle gespielt.

Die historische Ethnologie trennte sich nur langsam, in der südafrikanischen Schule gar lange Zeit überhaupt nicht von dem Vergleich rassischer Merkmale, um zum Vergleich kultureller Merkmale überzugehen. Wie die Rassenkunde, so hat vor allem auch die Kulturkreislehre viele vergleichende Beobachtungen von Afrika und Austronesien angestellt, die bis heute in fast allen Lehrbüchern und so mancher historischen Arbeit immer wieder aufgegriffen werden.

Die Linguistik hat ebenfalls durch vergleichende Methoden ihre historische Subdisziplin entwickelt und diese schon früh und immer wieder bis in jüngste Zeit angewandt, um afro-austronesische Kontakte nachzuweisen. Auch auf solche Arbeiten, deren Methodik oft viel zu wünschen übrig läßt, wird näher eingegangen, zumal wir uns in einem späteren Kapitel selber auf die Suche nach historischen Zeugnissen in den Sprachen begeben werden.

Im nächsten Abschnitt werden dann die verschiedenen Interpretationen und Theorien dargestellt, zu denen die zuvor aufgezeigten Beobachtungen und Mutmaßungen geführt haben. Nicht zuletzt durch die vorangegangenen Darstellungen ist nun eine analysierende und wertende Diskussion dieser Theorien möglich. Sie ist auch unerläßlich, da die Interpretationen vielfältig, widersprüchlich, willkürlich und manchmal sogar ohne Bezug zu den gemachten Beobachtungen sind.

Dieser erste Teil der Untersuchung schließt mit einer zusammenfassenden Rekonstruktion der Geschichte des westlichen Indischen Ozeans, welche auf die zuvor erarbeiteten Fakten aufbaut und in der auch die natürlichen Voraussetzungen für die Annahme afro-austronesischer Kontakte, wie etwa Windverhältnisse und Meeresströmungen kurz dargestellt werden.

Der zweite Teil ist eine synchron vergleichende linguistische Untersuchung der an einem afro-austronesischen Kontakt potentiell beteiligt gewesenen Sprachen bzw. deren Nachkommen.

Zunächst werden die aufgrund der Erkenntnisse des ersten Teils ausgewählten Sprachen kurz vorgestellt, wofür bereits ein Teil des während der Feldforschung gesammelten Materiales verwendet wird.

Der eigentliche Sprachvergleich wird in die drei Teile der "Phonologie", "Morphologie" und "Lexikologie" untergliedert. Der lexikalische Sprachvergleich ist der wohl am häufigsten angewandte, und gilt für die historische Rekonstruktion durch die möglichen Wort-Sach-Beziehungen als besonders bedeutend. Der phonologische Vergleich wird zwischen Sprachen unterschiedlicher Familien im allgemeinen kaum angewandt, so daß hier nur begrenzt auf bestehende Methodik zurückgegriffen werden kann. Sprachvergleiche im Bereich der Morphologie sind zwar häufig gefordert, doch zumindest im Bereich der Afrikanistik sehr selten.

Die Untersuchung schließt, indem die Ergebnisse des Sprachvergleichs im historischen Kontext analysiert und die gewonnenen historischen Erkenntnisse dargestellt werden.

Es folgen Bibliographien zu den ersten beiden Teilen der Studie und ein Anhang, der eine Auswahl von Interviews mit Swahilisprechern auf Madagaskar enthält.

"Theories must be founded on facts, not on possibilities."

G. Elliot Smith

"Die Erfahrung des Lebens lehrt und die der Geschichte bestätigt, daß jeder Verstoß gegen die Wahrheit wie ein Netz ist und daß geradezu unausweichlich jede Lüge viele andere nach sich zieht, vorgebracht um ihr den Anschein gegenseitiger Unterstützung zu verleihen."

Marc Bloch

"Wahrheit und moralischer Mut sind die wesentlichen Eigenschaften des Historikers. Mögen seine Prinzipien ihn erstens davor bewahren, zu berichten, wovon er weiß, daß es nicht wahr ist, und zweitens ihm den Mut geben, zu sagen, wovon er glaubt, daß es wahr ist."

Cicero

Teil 1: Historischer Kontext

2. Historische oder primäre Quellen

Als historische Quellen kommen zum einen zeitgenössische [1] schriftliche Quellen in Betracht. Diese können frühe Handelsaufzeichnungen, Reisebeschreibungen oder Seehandbücher sein, wie sie zunächst in arabischer, griechischer und indischer Sprache verfaßt wurden. Später, etwa ab dem vierzehnten Jahrhundert, berichten auch chinesische Quellen über die ostafrikanische Küste (^ DUYVENDAK 1949).

Derartige Berichte können Augenzeugenberichte sein; zum Teil aber ist bekannt, daß es sich um Informationen aus zweiter Hand handelt.

Wohl nur ein Bruchteil der tatsächlich vorhandenen alten schriftlichen Quellen über Ostafrika ist mehr oder weniger bekannt, in Sammelwerken nachgedruckt oder in Archiven zugänglich. Lediglich zu manchen sind Übersetzungen erhältlich, häufig bieten sich mehrere Lesarten an, und die Interpretation von Ortsnamen und Gebietsbeschreibungen ist oft sehr schwierig und umstritten. Über die indische Literatur dieser Art ist kaum etwas bekannt, obwohl die Seereisen von Indien nach Afrika und Südostasien die Grundlage für viele indische Erzählungen bilden, wie etwa die Geschichtensammlung der *Kathâsaritsâgara*, aus der später die bekannten Geschichten von 'Sindbad, dem Seefahrer,' entstanden.

Später treten die Aufzeichnungen der europäischen Abenteurer, Kolonialisten und Missionare hinzu. Sie sind zum Teil in besonderem Maße interpretativ, voreingenommen und wohl auch häufig verfälscht. Auch diese Schriften sind teilweise in Sammlungen veröffentlicht und übersetzt.

Solche Sammelwerke, wie etwa das von GRANDIDIER, häufig als "COACM" [2] zitierte, oder die "*Records of South-Eastern Africa*" [3] wurden von Historikern oft als geschlossene Datensammlungen angesehen, und ihre Übersetzungen übernommen, ohne daß ausreichend auf die Möglichkeiten unterschiedlicher Lesarten, Übersetzungen und Interpretationen eingegangen worden wäre.

---

[1] Als zeitgenössische Quellen sollen hier Schriften verstanden werden, die ungefähr zu der Zeit entstanden, über die sie berichten oder solche, die Abschriften derartiger Darstellungen sind.

[2] *"Collection des Ouvrages Ancien Concernant Madagascar";* Paris 1903-1920.

[3] THEAL; Kapstadt 1901.

Auch die meistens ursprünglich oralen Überlieferungen der Völker sind uns heute häufig nur in Übersetzungen oder bestenfalls Niederschriften europäischer Forscher zugänglich. Zudem scheinen sie in aller Regel geschichtlich nicht sehr weit zurückzureichen.

Zu den historischen oder primären Quellen wollen wir hier auch die Archäologie zählen, da sie Gegenstände aus der früheren Zeit unmittelbar der Betrachtung anbietet.

2.1. Schriftliche Überlieferungen und Augenzeugenberichte

Eine der frühesten historischen Quellen, die Anlaß zu Spekulationen über einen afro-madagassischen Kontakt gegeben haben, ist offenbar der Bericht über die Flotten des König Salomon und deren Reise in das sagenumwobene Ophir. Es ist heute als sehr wahrscheinlich anzunehmen, daß es sich bei diesem um das noch Jahrhunderte später von den arabischen Geographen so bezeichnete 'Goldland' von Sofala gehandelt hat (HENNIG 1919).

Während SINOIR (1959) lediglich die Möglichkeit der Siedlung von Phöniziern auf Madagaskar diskutiert, geht PRUD'HOMME (1900) in seinen Vermutungen viel weiter. Letzterer hält es für 'nur natürlich' anzunehmen, daß einige von den phönizischen Schiffen, die nach Sofala unterwegs gewesen sein sollen, bewußt oder unfreiwillig den Weg zu der der Küste vorgelagerten Insel Madagaskar gefunden hätten. Auf diese Weise sei es zu einer Vermischung arabischer, jüdischer und phönizischer 'Rassen' und 'mitgebrachter' Afrikaner mit den 'Ureinwohnern' der Insel gekommen.

Natürlich sind dies alles reine Spekulationen. Die Darstellungen selbst geben nicht einmal Hinweise, die solches vermuten lassen könnten.

Doch gibt es frühe Berichte, die offenbar selbst von afro-austronesischen Kontakten zu berichten scheinen.

Besondere Beachtung verdienen hier auch Abhandlungen über den Gewürzhandel, da schon früh Gewürze innerhalb der Region des Indischen Ozeanes und von dort nach außen gehandelt wurden.

Im mediterranen Raum wurde Zimt (das heißt die Rinde von *Cinnamomum aromaticum*) beispielsweise in klassischen Zeiten als Aromamittel für verschiedene Weine, Opfergaben, Parfum und Salben verwendet. Rinde, Blätter und Frucht der Pflanze waren häufige Bestandteile in medizinischen Rezepturen.

Sowohl die Griechen als auch die Römer kannten aber die Herkunft des pflanzlichen Materiales nicht. So beschreibt HERODOT, wie Vögel den Zimt aus dem Osten herbeibringen und über den arabischen Wüsten fallen lassen.

Beschreibungen dieser Art mögen durchaus von den Gewürzhändlern selbst stammen, denen daran gelegen war, die Ursprungsorte ihrer Waren geheimzuhalten.

Gaius PLINIUS Secundus hatte dieses bereits erkannt und schrieb (XII, 85) [1]:

"Cinnamomum et casias fabulose narravit antiquitas princepsque Herodotus; avium nidis et privatim phoenicis, in quo situ Liber pater educatus esset, ex in inviis rupibus arboribusque decuti carnis quam ipsae inferent pondere aut plumbatis sagittis; item casiam circa paludes, propugnante unguibus diro vespertilionum genere aligerisque serpentibus; his commentis augentes rerum pretia."

"Von Zimt und von den Arten der Kassia berichtete das Altertum und vor allem Herodot in märchenhafter Weise folgendes: Der Zimt werde in der Gegend, wo Vater Liber erzogen worden sei, aus den Nestern der Vögel und besonders des Phönix, aus unwegsamen Felsen und aus Bäumen entweder durch das Gewicht des Fleisches, das die Vögel selbst hineintrugen, oder durch bleierne Pfeile herabgeholt; ebenso die Kassia in der Nähe von Sümpfen, wo sie eine widerliche Art von Fledermäusen und geflügelten Schlangen mit ihren Krallen verteidige; durch diese Fabeln hat man die Preise der Waren hinaufgetrieben."

PLINIUS glaubt jedoch selbst genau zu wissen, woher der Zimt stammt und berichtet weiter (XII, 86) [2]:

[1] zitiert nach der Ausgabe von 1977 (^ Bibliographie).

[2] zitiert nach der Ausgabe von 1977 (^ Bibliographie).

"Omnia falsa, si quidem cinnamomum idemque cinnamum nascitur in Aethiopia Trogodytis conubio permixta. hi mercantes id a conterminis vehunt per maria vasta ratibus, quas neque gubernacula regant neque remi trahant vel inpellant, non vela, non ratio ulla adiuvet: omnium instar ibi sunt homo tantum et audacia. praeterea hibernum mare exigunt circa brumam, euris tum maxime flantibus. hi recto cursu per sinus inpellunt, atque a promunturii ambitu argestae deferunt in portum Gebbanitarum, qui vocatur Ocilia. quam ob rem illi maxime id petunt, produntque vix quinto anno reverti negotiatores et multos interire. contra revehunt vitrea et aëna, vestes, fibulas cum armillis ac monilibus. ergo negotiatio illa feminarum maxime fide constat."

"Alles dies ist falsch, denn das 'cinnamomum' oder das 'cinnamum' wächst doch in Äthiopien, dessen Bewohner sich durch Heirat mit den Troglodyten vermischt haben. Die letzteren kaufen es von ihren Nachbarn und fahren es über weite Meere auf Flößen, die weder durch Steuer gelenkt noch durch Ruder bewegt oder angetrieben werden und kein Segel, noch irgendein anderes Hilfsmittel haben: allein der Mensch und sein Wagemut ersetzen dort all dieses. Obendrein befahren sie das Meer im Winter zur Zeit des kürzesten Tages, weil dann zumeist die Südostwinde wehen. Diese treiben (sie) auf geradem Wege durch die Buchten und, nachdem sie das Vorgebirge umfahren haben, laufen sie mit dem Nordwest in den Hafen der Gebbaniten ein, der 'Ocilia' heißt. Deshalb streben sie meistens dorthin, und die Kauffahrer sollen kaum vor dem fünften Jahre wieder zurückkommen und viele von ihnen den Tod finden. Im Austausch dagegen bringen sie gläserne und metallene Gegenstände, Kleider, Fibeln samt Armringen und Halsbändern zurück. Dieser Handel ruht somit in erster Linie auf der Zuverlässigkeit im modischen Geschmack der Frauen."

Auch PLINIUS kennt also den wahren Ursprung der Pflanze [1] nicht, weiß aber immerhin, daß die Römer ihren Zimt von der ostafrikanischen Küste beziehen.

In seiner Studie über den römischen Gewürzhandel erklärt MILLER (1969), daß es äußerst unwahrscheinlich, ja wohl auszuschließen sei, daß die von PLINIUS erwähnten Handelsseefahrer von Südindien oder Sri Lanka kamen, denn es existiert keinerlei Hinweis auf die Produktion von Zimt in diesem Gebiet vor dem vierten Jahrhundert unserer Zeitrechnung. Da in den detaillierten Listen der genutzten und exportierten Pflanzen, die für Sri Lanka für die Zeit 400 vor bis 400 nach Christus existieren, die doch so bedeutende Zimtpflanze nicht erwähnt wird, kann wohl zu recht davon ausgegangen werden, daß der römische Zimt

[1] nämlich Südostasien.

nicht von hier stammt. Betrachtet man nun die Varietäten-Vielfalt (botanisches Kriterium zur Bestimmung des Herkunftsgebietes einer Pflanzenart) des Zimts in Indonesien und die Angabe des Plinius über die Herkunftsrichtung der Zimthändler, bleibt eigentlich keine andere Schlußfolgerung, als daß der Zimt aus dem malayo-indonesischen Raum stammte. Die Beschreibung der Boote und die Art ihrer Navigation (Nutzen der saisonalen Strömungs- und Windverhältnisse) bestätigen dies. Daß es zu dieser frühen Zeit bereits einen überseeischen Handel mit Zimt von 'Indonesien' aus gegeben hat, ist weiterhin in chinesischen Quellen belegt, die den Import Chinas von Zimt aus der Sundaregion vom fünften Jahrhundert vor Christus <!> bezeugen (Wang Gungwu: The Nanhai Trade).

Einen indirekten Hinweis liefert weiterhin der Periplus des Erythräischen Meeres (siehe folgenden Abschnitt). Dieser erwähnt, daß nordindische Häfen durch indische Schiffe mit dem Persischen Golf, Somalia, Adulis und durch arabische Schiffe mit Cana und Muza sowie durch griechische Schiffe mit Ägypten handelten, während Südindien mit Ägypten, aber nicht mit Ostafrika handelte. Demnach dürfte es also keinen Handel zwischen Damirica (Königreiche der Tamilen in Südindien) und den Somali-Häfen gegeben haben. So schreibt Miller (1969):

> *"The fact that no such trade appears to have existed is of importance of in pointing to the southern monsoon route, via Madagascar and Rhapta, as that by which cinnamon under the name of cassia and other spice-products of the Far East were able to find themselves in the Somali ports, with no reference to any importation from India, and to have been shipped from there in very great quantities to Egypt."* (S.145)

Es war auch Plinius, der auffallend große, *"sanggara"* genannte Schiffe erwähnt, mit denen nach moderner Auffassung Polynesier bis Hawaii (*"a curruption of 'Java'"* (Miller 1969, S.158)), den Osterinseln und Neuseeland reisten, also über eine Strecke, die mit über 4.000 Meilen der von Indonesien nach Madagaskar vergleichbar ist.

Während Herodot, Strabo und etwas später Plinius nur wenig über das südlichere Afrika zu berichten wußten, gibt es ein Werk aus ungefähr dem ersten Jahrhundert nach unserer Zeitrechnung, das häufig als Augenzeugenbericht der ostafrikanischen Küste angesehen wird: der Periplus des Erythräischen Meeres. Es ist ein Handbuch für die Handelsrouten von 'Arabien', Ostafrika, 'Indien' und den Anschluß an die Route nach 'China'. Nach Mathew (1975, S.152, 155-156) sind die darin enthaltenen Beschreibungen von 'Malaya' und Ostafrika aber die Arbeit von alexandrinischen Geographen des späten vierten Jahrhunderts.

In den Sektionen dreizehn bis achtzehn wird die ostafrikanische Handelsroute beschrieben. Es wird erwähnt, daß es entlang der Küste verschiedene Ankerplätze, Handelsposten und Inseln gebe, ohne daß sie im einzelnen beschrieben würden. Einzige Ausnahme ist die Insel "Menuthesias", welche detaillierter dargestellt wird. Von einer Insel "Diorux" (svw. 'Der Kanal') aus soll sie südlich von Südwesten, also südöstlich, nach einer Reise von zwei Tagen und Nächten entlang der "ausanitischen" Küste zu erreichen sein. Die Entfernung zum Festland betrage dreihundert Stadien. Die Insel sei flach und bewaldet, sie habe viele Flüsse, Vogelarten und Bergschildkröten. Es gebe dort keine wilden Tiere, außer Krokodilen, die aber niemals Menschen angriffen. Kleine genähte Boote und Auslegerboote würden für den Fisch- und Schildkrötenfang genutzt. In der Fischerei würden außerdem Reusen eingesetzt.

Zwei Tagesreisen von der Insel soll der letzte Marktflecken des Festlandes 'Azania' gelegen sein. Dieser werde 'Rhapta' genannt, ein Name, der aus der Bezeichnung für die kleinen genähten Boote entstanden sei.

Über die Bevölkerung der Küste erfahren wir aus dem PERIPLUS, daß es Menschen großer Statur seien, die Häuptlinge hätten. Der Regierende der/von "Ma'afir" sei aufgrund eines alten Rechtes dem ersten Königreich von Arabien, "Muza", angegliedert. Dessen Volk sende nach Ostafrika Schiffe mit vor allem 'arabischen' Kapitänen und Mannschaften, die in die dortige Bevölkerung einheirateten, mit ihnen Handel trieben und ihre Sprache beherrschten.

Nach einer kurzen Aufzählung der hauptsächlichen Handelswaren wird die Beschreibung mit der korrekten Angabe beschlossen, daß der südlichere Teil des Kontinentes nach Westen biege und das 'westliche Meer' erreiche, was für damalige Verhältnisse auf ein erstaunliches geographisches Wissen schließen läßt.

Man kann wohl zurecht davon ausgehen, daß mit der beschriebenen Insel "Menuthias" Madagaskar gemeint ist. Richtung und Einordnung stimmen weitgehend überein. Die Angabe, daß die Route zur Insel entlang der "ausanitischen" Küste führe, muß wohl eher als allgemeine Richtungsangabe verstanden werden, bedenkt man, daß die Insel dreihundert Stadien (300 × 185 m = 55,5 km) vom Festland entfernt sein soll, was wohl eher eine grobe Schätzung ist. Des weiteren weist keine andere dem afrikanischen Festland vorgelagerte Insel Flüsse oder Krokodile auf. Auf Madagaskar fehlen alle großen Wildtiere Afrikas, mit Ausnahme eben der Krokodile. Daß diese Krokodile keine Menschen angreifen sollen, ist eine Anmerkung, die auf die kultische Verehrung der Tiere auf Madagaskar hinweisen könnte, wie sie noch bis in unser Jahrhundert zu beobachten ist, und die Fütterungen der verehrten Krokodile und rituelle Bäder im selben Gewässer einschließt. Auslegerboote finden sich ebenfalls auch heute noch auf Madagaskar.

Bedeutend ist in unserem Zusammenhang aber vor allem die Tatsache, daß die Insel überhaupt, und dazu noch so besonders ausführlich, in dieser frühen Beschreibung und Aufzählung der ostafrikanischen Handelsrouten und ihrer Marktflecken aufgeführt wird.

Dieses und der Hinweis auf Schildkrötenfang und die Nennung von Schildpatt als eines der Exportgüter der Region weisen darauf hin, daß Madagaskar nicht nur spätestens im vierten Jahrhundert besiedelt und zumindest den Seefahrern bekannt war, die schon früh aus 'Arabien' an die ostafrikanische Küste kamen und sich dort, wie beschrieben, mit der einheimischen Bevölkerung vermengten, sondern daß Teile davon wohl damals schon ein Glied in der Kette der Handelsstädte der Region gewesen sind.

Nicht nachvollziehbar ist hingegen die Identifizierung von "Menuthias" als Pemba durch MILLER (1969, S.157). Auf jener Insel gibt es weder Flüsse noch Krokodile.

MILLER, der den PERIPLUS auf 90 v. Chr. datiert, glaubt sogar, aus der Beschreibung des PERIPLUS einen 'indonesischen' Einfluß herauslesen zu können:

> *"Indonesian influence would appear to be present along the coast, from the description in the 'Periplus' of the local types of shipping and methods of fishing at the island ..."* (S.156-157)

Im allgemeinen wird afrikanischen Völkern keine Meereskultur zugestanden. [1] So findet man viele Quellen zitiert, die von arabischer, persischer, indischer oder gar chinesischer Seefahrt zur ostafrikanischen Küste berichten. Hingegen sind Berichte über frühe Hochseeschifferei der Afrikaner wesentlich unbekannter; doch existieren sie auch.

[1] Diese leider allzuweit verbreitete Annahme ist sicherlich eine Fehleinschätzung, die unter anderem auf die Überbetonung synchroner Forschungsansätze zurückzuführen ist; denn spätestens mit dem Auftauchen der europäischen Kriegsflotten und Besatzungstruppen in der Region wurde jede autochthone Meereskultur und Nutzung des Meeres unterbunden und durch die Versklavung, Verschleppung und damit einhergehende Kulturzerstörung insbesondere entlang der Küste unmöglich gemacht.

Tatsächlich finden sich in den afrikanischen Kulturen entlang der ostafrikanischen Küste viele Hinweise, nicht zuletzt in den oralen Traditionen auf eigene Meereskultur. So weisen zum Beispiel Sprache und Literatur selbst der pastoralen Somali viele Aspekte auf, die bezeugen, daß seit langer Zeit ein Teil des Volkes eine enge Verbindung zum Meer hat, das es für weite Seereisen nutzte (^ z.B. GALAAL 1980). Andere ostafrikanische Völker mit besonders stark ausgeprägten Beziehungen zum Meer sind zum Beispiel die der Bajuni, Wanahoza und der Komorianer.

Schließlich sollte nicht vergessen werden, daß auch die Kultur der Swahili als afrikanisch aufgefaßt werden muß, welche Einflüsse auch immer an ihrer Entwicklung teilhatten.

Mit Hilfe seiner Kenntnis historischer Quellen betreibt HENNIG (1919) den

> "... Nachweis alter kultureller Beziehungen, die es verständlich machen, daß um Christi Geburt ein in der Seefahrt bewandertes Volk in Äthiopien, im damaligen Reich Axum, gewohnt haben soll. Daß die Schiffahrt bei den Bewohnern der Küsten von Nubien, Erythraea, Berbera usw. schon erheblich früher zu Hause war, steht fest. Der äthiopische Haupthafen war Adulis, das heutige Djibuti, (°...). Weiter südlich lagen dann noch die Häfen Mossylon und Barygaza." (S.26)

Ein Bericht, der einen besonderen Bezug der Afrikaner zum Meer erkennen läßt, ist das Abenteuer des Yambalos, das uns von DIODORUS SICULUS im ersten Jahrhundert unserer Zeitrechnung berichtet wird. Yambalos, ein griechischer oder nabatäischer Kaufmann soll demnach durch Arabien gereist sein 'um Gewürze und Spezereien einzukaufen', aber noch auf See wurde er gefangen genommen und geriet in die Hände der 'Äthiopier'. [1] Diese schickten ihn und eine zweite Person aufgrund eines Kultes, der den Wohlstand des Landes sichern sollte, in einem ausgerüsteten und seetüchtigen Boot auf das Meer hinaus, damit jene die 'wohlhabende Insel' erreichten.

> *"And if they cam saulf vnto the ileland, that then the cont[r]ey of Ethiop shuld endure peasibly in welthful prosperitie vj^{c} yere; but if they, absshed of the long contynuyng vppon the sea, reuersed home agayne, that than they shuld be iuged as coactives and chief occasion of all theire retroublous aduersitie of the lande. The Ethiopians sey how they solennyse and dedicate theire festfull dayes and sacrifice expiatorye nygh vnto the see side for the prosperous passaige of theire maryners."* (DIODORUS S.216)

Yambalos und sein Gefährte sollen die Insel nach vier Monaten dauernder Fahrt über das stürmische Meer erreicht haben. Es heißt, sie hätten dort eine Weile gelebt, seien dann aber wegen schlechten Betragens von ihr verbannt worden. Nach einer weiteren Seereise von vier Monaten habe Yambalos nach dem Verlust des Gefährten alleine Indien erreicht.

Die Insel, auf der er sich aufgehalten haben soll, und mehr noch ihre Bewohner werden in dem Bericht recht ausführlich beschrieben, jedoch vermengt mit ziemlich wundersamen Schilderungen, so daß eine Identifizierung erschwert wird. Doch scheinen auch diese Bewohner eine besondere Beziehung zum Meer gehabt zu haben, da sie ihre Toten diesem übergeben haben sollen (DIODORUS, S.221-222). Nach STECHOW (1944, S.84-85) enthält der Bericht die Angabe, daß der Umfang der Insel etwa 5.000 Stadien (= 900 km) sei.

Der Name Yambalos hat manchen späteren Autor an den arabischen Namen Pembas, <u>Qanbalû</u> erinnert (KOBISHCHANOV, S.137-138), doch gibt es keinerlei

[1] Noch zur Zeit des Propheten Mohammed und bis in das achte Jahrhundert hinein gab es seeräuberische Aktivitäten von Äthiopien aus. Die islamischen Kalifen waren es, welche diese Piraterie schließlich unterbanden (KI-ZERBO 1978, S.123).

eindeutige Hinweise in dem Bericht, um Orte oder Völker näher zu bestimmen. Interessant ist die Reisemöglichkeit von der Insel nach Indien.

Der PERIPLUS des Erythräischen Meeres erwähnt, die Einwohner Azanias seien unter anderem Piraten - ein deutlicher Hinweis darauf, daß die Bewohner Ostafrikas Schiffe hatten und Seefahrt betrieben.

Nach KOBISHCHANOV (1965) gibt es noch eine Reihe weiterer Quellen über afrikanische Seefahrt, die er aber leider nicht benennt, welche aber zum Beispiel afrikanische Seereisen bis nach Sri Lanka im fünften Jahrhundert unserer Zeitrechnung belegen sollen.

Die frühen arabischen Geographen bezeichnen den Indischen Ozean als das 'Meer der Schwarzen' *('Bahr al-Zanj')* [1], die Inseln der ostafrikanischen Küste als *'Jazîrat al-K(u)mr'* und Madagaskar als das 'große *'K(u)mr''*. Das Wort *'kmr'*, das auch als *'qmr', komr'* oder *'hamar'* transkribiert wird, wird für gewöhnlich als 'Mond' übersetzt. Unklar bleibt jedoch, was die Omaner und Yemeniten einst veranlaßt haben soll, die Inseln des Indischen Ozeanes so zu nennen. Es war wohl die nichtvokalisierte Schreibweise جزيرة القمر , die Anlaß zu dem Wortspiel *'Jazîrat al-Qamar'* ('Mondinsel') gab. Später wurde es von den portugiesischen Historikern des sechzehnten und siebzehnten Jahrhunderts wieder aufgenommen und erhielt sich bei den Seeleuten Südarabiens etwa bis zum Ende des neunzehnten Jahrhunderts.

Zum ersten Mal wird der Name *'Kmr'* offenbar im *Kitâb Shûrat al-Ard*, von Muhammed bin Mûsâ al-KHWÂRZMÎ (gestorben 835 oder 845 n.Chr.) erwähnt. Dort wird auch das Gebirge von *'Kmr'*, جبل القمر , genannt, in dem der Nil entspringen soll und das in den arabischen Quellen zu Ostafrika immer wieder aufgeführt wird. Die Interpretation 'Mondgebirge' ist aber älter als das neunte Jahrhundert, denn sie findet sich schon bei PTOLEMÄUS als ορη σεληναια. PTOLEMÄUS diente den meisten arabischen Geographen und besonders auch al-KHWÂRZMÎ als Grundlage.

Weiterhin darf nicht vergessen werden, daß die arabischen Schriftgelehrten mit *'Kmr'* zum Beispiel auch Teile Malayo-Indonesiens bezeichneten, so daß *'Jazîrat al-komr'* sicherlich verschiedene Möglichkeiten zur Übersetzung und Interpretation bieten könnte.

Das Manuskript von Ibn al-MUJÂWIR aus dem dreizehnten Jahrhundert zeigt nicht nur, daß es ein *'Kmr'* vor Ostafrika gibt, sondern ist ein Bericht, der beschreibt, daß Reisen zwischen ihm und Kilwa stattfanden. In dem

[1] *'Zanj'* (persisch: زنگ arabisch: زنج / زنجى ist eine allgemeine Bezeichnung für Menschen schwarzer Hautfarbe, nicht nur in Afrika, sondern auch in Südostasien.

entsprechenden Textabschnitt, in dem auch die Entfernungen zwischen Aden, Mogadishu, Kilwa und *'Qomr'* genannt werden, wird nämlich nicht die Tatsache, daß ein Boot nach Kilwa segeln wollte, hervorgehoben, sondern die Gegebenheit, daß ein solches, vom Kurs abgekommenes Schiff direkt bis nach Aden gelangte:

> "Von Aden nach Mogadishu ist ein Monsun [1], von Mogadishu nach Kilwa ein zweiter Monsun und von Kilwa nach 'Qomr' ein dritter Monsun. Diese 'al-Qawm' machen gewöhnlich aus diesen drei Monsun einen einzigen. Ein Schiff machte seinen Weg von 'Qomr' nach Aden (direkt) auf dieser Route im Jahre 626 d. H. (1228-1229). Es segelte von 'Qomr' mit dem Ziel Kilwa, aber landete in Aden. Ihre Boote haben Flügel [2] wegen der Eigenheiten des Meeres."

Tatsächlich ist dem Bericht zu entnehmen, daß die Fahrt von *'Qmr'* nach Aden kein Einzelfall, sondern in der Vergangenheit wohl eher Regel war; denn vor dem oben zitierten Textabschnitt heißt es über die Geschichte des Ortes Aden:

> "Als die Herrschaft des Pharaos vorüber war, war der Ort [3] verlassen. Die Halbinsel war von Fischern bewohnt, die dort fischten. (°...) (º So war es) bis zur Ankunft derer von *Qmr* in Schiffen, die viele Leute trugen. Sie nahmen die Halbinsel in Besitz, vertrieben die unterlegenen Fischer und ließen sich auf dem Gipfel des Roten Berges, des Hukhat und des Berges von Manzar nieder. Dies ist ein Gebirge, das sich hinter den Gebäuden des Hafens erhebt. Die Monumente, welche diese Leute erbauten, bestehen bis zum heutigen Tage. Ihre Konstruktionen sind beständig, gebaut in Stein und mit Mörtel aus den Tälern und Bergen dieses Landes.
>
> (°...)
>
> Die Leute von *Qmr* segelten in einem Konvoi und während eines Monsuns, um nach Aden zu gelangen. Ibn al-Mujawir sagt, diese Leute seien (º nun) tot [4], ihre Stärke sei zu Ende und die Route, über die sie kamen, sei geschlossen. Jetzt gibt es niemanden (mehr), der die maritimen Aktivitäten dieser Leute kennt oder sagen kann, unter welchen Bedingungen sie lebten und was sie taten." [5]

Da in dem ersten Zitat, das - wie bereits erwähnt - im Original dem anderen folgt, die Identifikation von *'Qmr'* mit Madagaskar aufgrund der erwähnten Verbindung zu Kilwa und der Beschreibung der Schiffe als Auslegerboote leicht fällt, muß auch bei der Betrachtung des obigen Auszugs davon ausgegangen werden, daß mit *'Qmr'* Madagaskar gemeint ist.

---

[1] das heißt 'reist man während eines Monsuns'.

[2] das heißt Ausleger <!>.

[3] das heißt Aden.

[4] Weiter unten im Manuskript heißt es, sie seien von Leuten aus Berbera angegriffen und aus Aden vertrieben worden.

[5] zitiert nach FERRAND 1919, S.473-477.

Auch das Seehandbuch von Ibn MAJID (15. Jahrhundert) berichtet von einem marinen Kontakt zwischen Madagaskar und Ostafrika und sogar von entsprechenden Reisen von Madagaskar nach 'Hormuz' und 'Indien':

> "Wenn die Winde von Osten wehen, macht sich eine Flotte von Schiffen von *Qmr* auf den Weg nach *Zanj*, *Mrima* [1], Hormuz und 'Indien'.
>
> Reisen von *Qmr* an die Küste der *Zanj* werden in zwei Jahreszeiten begünstigt: einmal zu Beginn der *kaws*-Winde [2], wenn diese (º noch) schwach sind und zum anderen zum Ende dieser Jahreszeit, wenn der Wind an Stärke nachgelassen hat." [3]

Ein zweiter geographischer Name, der in der Interpretation alter arabischer Manuskripte für Probleme sorgt, ist neben *'Kmr'* der für die sogenannten 'Inseln von *'Wâqwâq"* (وقواق / واق واق / واقواق [4]).

Nach YA'QÛBÎ (9. Jahrhundert) befinden sich diese Inseln im Meer *'Lârwî'*, das zwischen der Westküste Indiens und den Gebieten gelegen ist, die von den *'Zanj'* bewohnt werden (S.49).

---

[1] das heißt Ostafrika.

[2] eigentlich der Südwest-Monsun, der in dieser Region zu dieser Zeit gewöhnlich aus Südosten weht.

[3] zitiert nach FERRAND 1919, S.484 und CHUMNOVSKY 1962.

[4] Gleichlautend sind im Arabischen Lexeme, die eine Baumart bezeichnen, von der man Tintenfässer herstellt, aber auch Bezeichnungen für den Kuckucksvogel, die Schwalbe, Hundegebell und 'plaudern'.

Die Etymologie des Wortes ist aber unsicher. HALL erklärt, daß *Wak* oder *Vak-vak* der übliche Bantu-Name der Khoisan sei. FERRAND (1932, S.208) zitiert THEAL:

"In the bantu languages with which I am acquainted the Bushmen are called Abatwa, but I have been informed by Hall and others that the rhodesian tribes speak of them as wakwak, and I think if I had never heard the word before and found it applied to human beings, I should at once recognize that Bushmen were meant, as it would be an excellent caricature of their way of speaking."

So interessant die Anmerkung von THEAL ist, sollte nicht vergessen werden, daß der von ihm referierte Terminus *wakwak* den Lautgesetzen der Bantusprachen insofern widerspricht, als daß diese Sprachen keine geschlossenen, das heißt auf Konsonanten auslautenden Silben oder Wörter akzeptieren - schon gar nicht über einen so langen Zeitraum, wie er durch die alten Berichte belegt ist.

Denkbar wäre aber noch eine Beziehung: Im Zulu beispielsweise werden die Khoisan *Abatwa* [Plural] bzw. *Umutwa* [Singular] genannt; auch die Bezeichnung *Izikwe* bzw. *Isikwe* und die Reduplikation des Wortstammes als *Kwekwe* ('Khoekhoe') ist verbreitet.

Im Malagasy (Merina und andere Dialekte) bedeutet *vahvâk*ª soviel wie 'Volk'. Im 16.-17. Jahrhundert etwa wird der König *Andriambahwâk*ª (= 'Prinz der *Vahwâk*ª') genannt, ein inzwischen islamisches Volk an der Ostküste der Insel heißt noch heute *Antambahwak*ª (= 'die vom Volk der *Vahwâk*ª').

Ibn al-FAKÎH (902 n.Chr.) weist darauf hin, daß es zwei Gebiete dieses Namens gibt und unterscheidet 'die des Südens' von denen 'Chinas' (S.55), welche südlich von *'Kmr'* gelegen seien.

Während die *'Wâqwâq'* genannten Inseln 'Chinas' sich eindeutig als 'Indonesien' (i.w.S.) identifizieren lassen [1], sind mit *''Wâqwâq'* des Südens' die südlich an Sofala angrenzenden Gebiete und vorgelagerten Inseln gemeint. [2]

Das Verhältnis der beiden Termini *'Kmr'* und *'Wâqwâq'* zueinander beschreibt BIRUNI:

> "Die occidentalen Inseln dieses Meeres [3] sind die der *Zandj*, und die, welche in der Mitte sind, sind die Inseln *Ramm* und die *Dibadjât*, von denen die Inseln *Kmayr* auch einen Teil machen. (°...) Die Insel *Waqwâq* macht einen Teil der Inseln von *Kmayr*. (°...) Die Farbe des Volkes von *Kmayr* ist eher hell, es ist von kleiner Körpergröße, ähnelt den Türken, aber ist von 'indischer Religion', sie haben durchgestochene Ohren. Unter den Einwohnern der Insel *Waqwâq* gibt es welche, die von schwarzer Farbe sind. Die Männer sind viel eitler (als die Frauen). Man exportiert von ihnen schwarzes Ebenholz, was das Herz von einem Baum ist, dessen Äußeres man entfernt hat. Was betrifft *mulamma*, *šawhat* und gelbes Sandal, so kommen sie von den *Zandj*." (BIRUNI ca. 1030, S.2)

MAS'UDI (S.108), Ibn al-WARDI (S.425) und Ibn al-FAKIH (S.55) erwähnen mehr oder weniger bedeutende Vorkommen von Gold im *''Wâqwâq'* des Südens' bzw. 'der *'Zanj''*.

Daß es für die damaligen arabischen Geographen ein Gebiet im östlichen und eines im westlichen Indischen Ozean gegeben hat, die beide den gleichen Namen tragen, ist so verwunderlich nicht. Vielmehr dürfte es zunächst so gewesen sein, daß es als ein zusammenhängender geographischer Raum gedacht wurde.

[1] Interessanterweise ist der Name einer Insel Westmelanesiens Wagawaga (MALINOWSKI, 'Argonauts', S.331 (346), zitiert nach: Raymond Lemoir: *"Les expéditions maritimes en Mélanésie occidentale";* Paris 1924 in: L'Anthropologie, S.391.)

[2] MAS'UDI berichtet: ebenso wie das 'chinesische' Meer an das Gebiet von Sîlâ (Korea) grenze, so seien die Grenzen des Meeres der Zanj die Gebiete von Sofala und das hieran angrenzende Wâqwâq (S.108). Letzteres sei dort, wo die Zanj ihre Hauptstadt bauen und sie einen König gewählt hätten, den man *mfalme* (eindeutig Swahili mit gleicher Bedeutung) nennen würde. Es gäbe dort zwei Städte, 'Darû' und 'Nabhana'.

Der Marktflecken von Daqdaqa sei Nachbar des Gebietes und der Insel von Wâqwâq, so berichtet IDRÎSÎ (S.184).

An anderer Stelle heißt es, Wâqwâq befände sich hinter Berbera und der Region der Zanj, südlich von Sofala (Ibn al-WARDI, S.425), 'am gleichen Meeresstrand des westlichen Indischen Meeres, das sich ohne Unterbrechung gerade bis zum Ende der zehnten Sektion des ersten Klimas erstreckt, an dem Ort, wo das Indische Meer in das umgebende Meer ausläuft' (Ibn HALDÛN, S.460).

[3] das heißt des Indischen Ozeans.

Kopie der großen Planisphäre von al-Idrisi (12.Jhd.), welche deutlich die Vorstellung eines nach Osten verlaufenden afrikanischen Kontinents wiedergibt.

Bild 6: Planisphäre des zwölften Jahrhunderts

NUWAYRÎ (S.394) etwa schreibt, das Gebiet von '*Waq*' befände sich südlich des Äquators, zwischen 'China' und Sofala der Zanj, an der südlichen Küste des Meeres von Indien.

Die Region *'Wâqwâq'* stellte man sich also als die einst so bezeichnete *terra incognita* vor, in der Südafrika und Südasien ineinander übergingen. Es ist dies das von PTOLEMÄUS geprägte Weltbild, das zur Grundlage der Vorstellung der arabischen Geographen geworden war. Danach verläuft Afrika im Süden nach Osten weiter, bis es den Fernen Osten erreicht. *'Wâqwâq'* wäre demnach ursprünglich eine Bezeichnung für die jeweils extremsten Orte Afrikas und Südasiens und so nach ptolemäischem Weltbild nur als eine (zusammenhängende) Region aufzufassen (vgl. Bild 6).

Ob es für diese Vorstellung und Nomenklatur andere Gründe, wie etwa die Feststellung kultureller, linguistischer oder anthropologischer Merkmale oder auch die ungenaue Kenntnis afro-austronesischer Kontakte gegeben hat, - das anzunehmen, bleibt im Bereich der Spekulation.

Ein Bericht, der häufig als Augenzeugenbericht für frühe Überfahrten von 'Indonesien' nach Ostafrika angesehen wird, ist der von BUZURG bin Shahriyar. Dieser berichtet von einer Invasion bestimmter Inseln Ostafrikas und mehrerer Städte von Sofala und der *'Zanj'* durch *'Wâqwâq'* 'Chinas', welche mit tausend Schiffen im Jahre 334 der Hidjra (das heißt 945-946 unserer Zeitrechnung) ein Jahr lang für ihre Reise gebraucht haben sollen.

Sie griffen Städte und Dörfer der Regionen von Sofala und *'Zanj'* an. Eine der angegriffenen Städte war Qanbalû (wahrscheinlich Pemba), das den Angriff abwehren konnte.

Von BUZURG's Informanten nach dem Grund für ihre weite Reise befragt, sollen diese geantwortet haben, sie seien gekommen, weil sie Produkte gefunden hätten, die in ihrer Heimat und in 'China' nützlich seien, zum Beispiel Elfenbein, Schildpatt, 'Katzenhäute' (wohl Leopardenfelle und dergleichen) und Amber. Zudem dächten sie daran, *'Zanj'* zu exportieren, da diese aufgrund ihrer Kraft als Sklaven nützlich sein könnten. (MERVEILLES de l'Inde, S.587-588)

Tatsächlich läßt sich der Bericht von BUZURG in den vorliegenden Übersetzungen nicht anders interpretieren, als daß im zehnten Jahrhundert Austronesier an die Küste Afrikas gereist sind, um dort Güter zu rauben. Die Identifizierung von *'Wâqwâq'* als 'Indonesien' ist aufgrund der Angabe "im Gebiet bei 'China'" eindeutig, wie die Bestimmung des Reiseziels als Ostafrika durch die Ortsbezeichnungen Sofala und Qanbalû. Da die Austronesier offenbar in großer Zahl und mit einem bestimmten Ziel eintrafen, muß davon ausgegangen werden, daß sie schon zuvor genauere Kenntnis über Ostafrika und seinen Reichtum besaßen. Außerdem zeigt der Bericht noch, daß sie nicht als Immigranten kamen, sondern in der Absicht, mit ihrer Beute zurückzukehren und sogar auch in Zukunft hier aktiv zu sein, indem sie etwa Sklaven exportieren wollten. Leider ist uns über das weitere Schicksal der Piraten nichts bekannt, und so wissen wir nicht, ob es ihnen gelang, in ihre Heimat zurückzukehren, ob es weitere Raubzüge gab oder ob etwa ein Teil von ihnen auf Madagaskar Posten bezog, wie manche Historiker vermuten. In dem Vorfall eine Paralle zu den Raubzügen der Malagasy um 1800 (siehe Seite 63 f.) zu sehen, wie dieses durch andere Autoren geschehen ist, dafür gibt es keine guten Gründe; denn hier sind es Malagasy gewesen, dort Südostasiaten, und zwischen den berichteten Vorfällen sind immerhin neun Jahrhunderte vergangen, aus denen nichts dergleichen berichtet wird.

Besonders interessante Berichte liefert IDRÎSÎ (1154). 1099 wurde er in Ceuta geboren, studierte später in Cordoba und unternahm schließlich lange Reisen. Am Hof des normannischen Königs von Sizilien, Roger II, verfaßte er für diesen 1154 sein berühmtes geographisches Werk. In diesem heißt es im siebenten Teil des ersten Klimas:

> "Die *Zanj* (der ostafrikanischen Küste) haben keine Seeschiffe, in denen sie reisen können; aber es landen bei ihnen Schiffe der Region von *'Omân* und andere, die zu Indien gehören, mit dem Ziel *Zânag*; diese Fremden verkaufen (im Land der *Zanj*) ihre Handelswaren, und kaufen die Produkte der Region. Die Einwohner der Inseln von *Rânag* kommen in das Land der *Zanj* in großen und kleinen Schiffen, und sie tun dies wegen des Handels mit ihren Waren, in Anbetracht, daß sie einander ihre Sprache verstehen."

Im allgemeinen wird *'Zânag'* hier mit *'Zâbag'* gleichgesetzt, womit ungefähr Java gemeint wäre. Dieser Bericht ist daher von einigen Autoren so verstanden worden, als ob berichtet würde, wie Austronesier nach Afrika gesegelt seien und die dortige Sprache verstanden hätten (z.B. JAUBERT 1836 und HORNELL 1934, S.309). Tatsächlich heißt es aber, daß die Schiffe *'Zânag'* als Ziel haben und nicht daher kommen. Vielmehr sind es offenbar indische Schiffe. Doch warum sollten Schiffe von Indien nach Ostafrika (Land der *'Zanj'*) fahren, wenn sie nach Indonesien (*'Zâbag'*) wollen?

Im Manuskript steht hier einmal زانج und bei zweiter Erwähnung رالج . Generell (^ JAUBERT, ^ FERRAND) wird angenommen, es handele sich um Schreibfehler (FERRAND 1913: *"le texte a la leçon fautive habituelle ..."*), tatsächlich müsse es زابج heißen.

IDRÎSÎ fährt fort:

"Gegenüber den Meeresküsten der *Zanj* sind die Inseln von *Zânag* (زالغ oder زانغ); es sind viele weitläufige; ihre Bewohner sind sehr dunkel gebrannt und all die Früchte, die man dort kultiviert, Sorghum, Zuckerrohr, Kampher, sind dort von schwarzer Farbe. Unter diesen Inseln ist die von *šarbuwa* (شربوة), deren Umfang ist, wie man sagt, 1.200 Meilen (zwölf Tagesseereisen), und man findet dort Perlenfischerei und verschiedene Sorten von Aromatika und Parfum, die Händler anlocken.

Unter diesen Inseln von *Zânag* (زالغ / زانغ), inbegriffen in dieser Sektion, zählt man die von *Andjaba* (لأنكبة)[1], deren Hauptstadt in der Sprache des Landes der *Zandj Ungudya* (أنقوجة) heißt, und deren Einwohner, wenn auch gemischt, zum größten Teil Moslems sind. Die Entfernung, die es von *Bânas* an der Küste der *Zandj* trennt, ist eine Tagesseereise (* ca. 100 Meilen); diese Insel hat vier Tagesseereisen (* ca. 400 Meilen) im Umfang; man ißt dort vor allem Bananen. Es sind dort fünf Arten von Bananen bekannt:

qundi (القند),

fîlî (الفلى), deren Gewicht manchmal bis zu zwölf Unzen ausmacht,

'omânî,

muriyânî (مرياني),

sukarî (السكرى).

Das ist eine gesunde Ernährung, schmackhaft und angenehm." (S.59)

Nach IDRÎSÎ sind also die Inseln von *'Zânag'* dem ostafrikanischen Festland gegenüber gelegen. Nach FERRANDS (1913, S.174) Meinung spiegelt sich hierin lediglich die Auffassung der Geographen wider, daß 'Java' und 'Sumatra' der ostafrikanischen Küste vorgelagert seien. Doch FERRAND übersetzt hier *'Zânag'*, das er ja durchgängig für einen Schreibfehler hält, vielleicht zu interpretierend mit 'Java'. IDRÎSÎS Bericht zufolge ist jedenfalls nicht nur eine ziemlich große Insel, auf der es Perlenfischerei und Aromapflanzen gibt, eine Insel der *'Zânag'* genannten Inselgruppe, sondern auch die Insel *'Andjuba'*, deren Hauptstadt *'Ungudya'*, also das heutige Sansibar, sei. Es könnte gemeint sein, daß Anjuan (Nzwani) politisch abhängig ist von Sansibar (Ungudya). Daß IDRÎSÎ hier wirklich Sansibar meint, wird nicht nur durch die deutliche Nennung des Swahili-Namens *'Ungudya'* offenkundig, sondern auch durch seine Beschreibung. Die Insel ist offenbar kleiner als die zuvorgenannte (unklar bleibt bei den Angaben über den Umfang, ob es sich um Küstenlänge oder wohl eher um Umfahrzeiten handelt) und eine Tagesseereise von der Küste entfernt. Die Bewohner sind offenbar ein "Mischvolk", doch befinden sich viele Moslems darunter. Die genannten Bananenarten tragen eindeutig Bezeichnungen, die zumindest teilweise auch heute noch im Swahili geläufig sind: ^ Sw *ki·konde*, ^ Sw *ki·sukari*; *fîlî* könnte ein Übersetzungsversuch sein, es bedeutet im

[1] FREEMAN-GRENVILLE: Andjuba = Anjouan (Nzwani); aber nach anderen Manuskripten لأنكبة = Ungudya (Sansibar) <?>.

Arabischen 'Elephant', und die Swahili-Form könnte etwa *m·kono wa·tembo* ('Elephantenrüssel') gewesen sein, eine Bezeichnung für die größte Bananensorte, was mit Idrîsîs Beschreibung des Gewichtes übereinstimmen würde.

Die in dem ersten Abschnitt erwähnten Boote wären also zu den der ostafrikanischen Küste vorgelagerten Inseln unterwegs gewesen, und die Einwohner solcher Inseln (und keine Indonesier) wären es gewesen, die ihrerseits zum Handel auf das Festland gekommen sind und keine Sprachprobleme gehabt haben.

Daß Idrîsî nicht Sansibar selbst meint, wird deutlich durch die folgende Beschreibung, die sich nicht auf Sansibar, wohl aber auf Nzwani beziehen kann.

> "Die Insel wird von einem Berg (* oder einer Erhebung) durchbrochen, genannt *Wabra* (وبرة) [1], wo sich die aus der Stadt vertriebenen Strolche hinflüchten, ein tapferes und zahlreiches Volk bildend, das oft in die Umgebung der Stadt einfällt und das sich auf dem Gipfel des Berges in einem Verteidigungszustand gegen den Regierenden der Insel behauptet. Sie sind sehr mutig und furchterregend wegen ihrer Waffen und ihrer Zahl." (S.59-60)

Ein Berg oder eine nennenswerte Erhebung gibt es auf Sansibar nicht. Die höchste Erhebung auf Nzwani ist der N'Tingui mit 1.595 Metern im Zentrum der Insel (bzw. die Insel selbst ist der Berg).

Denkbar wäre auch, daß Idrîsî nun wieder die Insel *šarbuwa* beschreibt. Möglich wäre, daß mit dieser offenbar großen Insel Madagaskar gemeint ist. Die Größenangabe müßte demnach eine Schätzung sein. Die "Strolche" wären demzufolge die Bewohner, die sich einst ins Hochland zurückgezogen haben und viel später, wohl nicht zuletzt wegen ihrer besseren Waffen, zu den neuen Herren zumindest weiter Teile der Insel wurden (Merina). Als Räuber dürften diese von der übrigen Bevölkerung angesehen gewesen sein, vor allem von den Küstenbewohnern, mit denen der Reisende zunächst zu tun hat. Desweiteren wären so die Hinweise auf Meereskultur (Perlenfischerei), den Berg (Hochland oder ein Teil davon) und die Konflikte unter der Bevölkerung zu erklären.

Vor allem aber die weitere Beschreibung (hohe Bevölkerungszahl, hoher Viehbestand (Rinder) und Reiskultur) wäre äußerst zutreffend:

> "Diese Insel ist sehr bevölkert; es gibt dort viele Dörfer und viel Vieh. Man kultiviert dort Reis.
>
> Es gibt dort einen bedeutenden Handel. Man bringt jährlich [2] verschiedene Produkte und Handelswaren dorthin, bestimmt für den Handel und für den Verbrauch." (S.60)

[1] oder nach anderen Manuskripten *Dîra* (ديرة) oder *Rira* (ريرة).

[2] ^ Monsunwinde <!>.

Gleich anschließend liefert uns IDRÎSÎ noch geschichtliche Information zur Besiedelung, die ebenfalls für Madagaskar, vielleicht aber auch für eine Komoreninsel, erstaunlich zutreffend wäre. 'China' darf hier wie in den anderen Texten nicht mit unserer Auffassung der Bezeichnung verstanden werden. Als 'China' wurden vielmehr die (oder alle <?>) östlich von 'Indien' gelegenen Gebiete bezeichnet:

> "Man sagt, daß als die Staatsangelegenheiten 'Chinas' durch Rebellion gestört wurden und als die Tyrannei und die Verwirrung übermäßig wurden, die Einwohner von 'China' ihr Geschäft [1] nach *Zânag* und auf die anderen Inseln, die davon abhingen, versetzten; sie bauten (dort) Beziehungen auf und wurden mit den Einwohnern vertraut, wegen ihrer Gerechtigkeit, ihrer Güte, ihres Betragens, ihrer Freundlichkeit, ihrer Sitten und ihrer Leichtigkeit in den Angelegenheiten.
>
> Es ist deshalb, daß diese Insel so bevölkert ist, und daß sie so häufig von Fremden besucht wird." (S.60) [2]

Die Nähe einer weiteren, im folgenden erwähnten Insel mit einem aktiven Vulkan, Süßwasser- und Mineralquellen trifft auf Madagaskar zu (z.B. eine der nordwestlichen, zu Madagaskar gezählten Vulkaninseln oder eine Komoreninsel), aber sicherlich auch auf Inseln der Sundaregion:

> "Nahe bei dieser Insel gibt es eine weitere, weniger bedeutende, dominiert von einem hohen Berg, dessen Gipfel und Flanken unbesteigbar sind, weil er (º den) verbrennt, der sich (º ihm) nähert. Während des Tages steigt daraus dichter Rauch auf, und während der Nacht brennt ein Feuer. Von seinem Fuße fließen Quellen, die einen von kaltem Süßwasser, die anderen heiß und salzig [3].
>
> Nahe bei der erwähnten Insel trifft man auf eine andere, genannt *Karimada* (كرمدة), deren Einwohner von schwarzer Farbe sind. Man nennt sie *Narhîn* (نرهين oder *Bûmîn* لومين). Sie tragen einen Umhang, genannt *azar* und ein Hüfttuch. Dies ist ein verwegenes Volk, tapfer und immer unter Waffen stehend. Manchmal gehen sie an Bord der Seeschiffe und greifen die Handelsposten an, von denen sie die Waren rauben. Sie lassen niemand zu sich kommen als die ihren und fürchten keinen Feind." (S.60-61)

FERRAND identifizierte die beschriebene Insel gleich als einen ganzen Archipel, nämlich das Karimata-Archipel, westlich von Borneo. Doch steht dies in krassem Widerspruch zu den folgenden geographischen Angaben:

> "Zwischen dieser Insel und der Meeresküste zählt man einen und einen halben Tag Seereise; zwischen ihr und der Insel von *Zânag* (زانم), die genannt wird *Añgazidya* (الانفرنجة für الانقزيحة) zählt man einen Tag Seereise. In einer Distanz von etwa drei Tagesseereisen [4] von dieser Insel, und in zwei kleinen Tagesreisen vom Kontinent, der an Abessinien grenzt, ist die Insel der Affen; die ist sehr groß, sehr bewaldet und zeichnet sich durch eine Steilküste von schwerem

[1] svw. 'ihren Lebensunterhalt'.

[2] Betreffs eines Disputs, der zur Emigration aus der Region führte: siehe im folgenden den Bericht von Ibn SAID.

[3] das heißt hier: 'mineralhaltig'.

[4] circa 300 Meilen.

> Zugang aus. Dort findet man verschiedene Sorten von Früchten. Die Affen dort sind viel, so daß sie in dieser Beziehung die wahren Herren sind. Von dieser Insel (der Affen) zu der von Sokotra zählt man über das Meer zwei Tagesreisen." (S.61)

Die entsprechende Insel ist also nicht im indo-malaiischen Gebiet zu suchen, sondern vor der ostafrikanischen Küste. Wahrscheinlich ist, daß es sich auch hierbei um eine der Komoreninseln handelt. Mit der in ihrer Nähe liegenden 'Insel der Affen' könnte durchaus Madagaskar gemeint sein, auf der ja die zahlreichen Lemuren auch im Volksglauben eine besondere Stellung erhielten.

Da die Insel an dieser Stelle nicht mit Namen erwähnt wird, ist ihre Identifizierung besonders schwierig. Möglich wäre, daß es sich hierbei wieder um die zuvor als *'šarbuwa'* bezeichnete Insel handelt.

In seiner achten Sektion schreibt Idrîsî bezugnehmend auf die ostafrikanische Küstenregion:

> "Die Einwohner der Insel von *Zânag* (زانج) und der der anderen Inseln der Umgebung kommen hierher [1] Eisen zu suchen, um es zum Kontinent und auf die Inseln von Indien zu transportieren, wo sie es zu einem guten Preis verkaufen, denn es ist ein bedeutender Handelsgegenstand und ein wichtiges Verbrauchsgut in Indien; und, obgleich es auf den Inseln und in den Minen der (º dortigen) Region (º selbst) vorkommt, ist es indessen nicht gleich dem Eisen von *Sofâla*, so wie über die reichen Vorkommen und über die Güte und Schmiedbarkeit berichtet wird." (S.65)

Obwohl diese Textstelle von manchen Autoren (zum Beispiel Hromnik 1989) so ausgelegt wurde, als seien 'Indonesier' nach Afrika gekommen, um Eisen zu holen, müssen wir nach den obigen Ausführungen eine andere Interpretation für wahrscheinlicher halten. *'Zânag'* wäre demnach vermutlich kein sich ständig wiederholender Schreibfehler für *'Zâbag'* und würde in keinem der erwähnten Fälle das indo-malaiische Gebiet oder einen Teil davon bezeichnen. Vielmehr werden der ostafrikanischen Küste vorgelagerte Inseln so bezeichnet, darunter die Komoren, offensichtlich Madagaskar und eventuell Sansibar.

Der oben zitierte Text beschreibt also, daß Einwohner dieser Inseln, demnach vermutlich Swahili, in der Gegend von Sofala gefördertes Eisen nach Indien handelten. Von Austronesiern ist hier also überhaupt nicht die Rede, wie auch in allen zuvor genannten, Ostafrika betreffenden Textabschnitten von Idrîsî.

Aber von noch einem anderen Textabschnitt könnte man meinen, er berichte von afro-austronesischen Kontakten. Es ist dieses die neunte Sektion von Idrîsîs Werk. Sie enthält die Beschreibung eines Teils des 'Indischen Meeres', bekannt unter dem Namen 'Meer von China' und eines Teils des 'Meeres *'Dârlâzwî'* (دارلازوى)'.

[1] das heißt nach Sofala.

Nachdem in der achten Sektion eindeutig die malaiische Halbinsel als *'Kmr'* bezeichnet wurde, heißt es in der neunten Sektion:

> "Die von *Kmr* (قمر) und die Händler des Gebietes des Maharadja kommen zu ihnen [1], werden dort gut aufgenommen und reisen mit ihnen. Die Stadt von *Djabasṭa* ist *Dâqûnṭâ* (داغوطه), drei Tage und drei Nächte übers Meer; und zur Insel *Kmr* ein Tag."

Daß es sich bei der als *'Djabasṭa'* bezeichneten Region um einen Teil Ostafrikas handelt, geht aus der folgenden Beschreibung unmißverständlich hervor:

> "Die Stadt von *Dâqûṭa* ist hinter Sofala, dem Goldgebiet; sie liegt an einem großen Golf. (°...)
>
> Man findet Gold in der Stadt und in ihrem Gebiet, mehr als anderswo in Sofala. Das Gebiet grenzt an das von *Wâqwâq* (واقواق), wo zwei kümmerliche und schlecht bewohnte Städte liegen, wegen der Seltenheit des Lebensunterhaltes und der allgemeinen Knappheit an Ressourcen." (S.79)
>
> Die eine davon heißt *Darû* (درو) und die andere *Nabhana* [2] (نبهانه). In ihrer Nachbarschaft ist ein großer Marktflecken, genannt *Daqdaqa* (دعرغه). Die Einwohner sind schwarz, (°...)
>
> Sie leben von Fisch, Schalentieren und Schildkröten.
>
> Sie sind Nachbarn der Insel von *Wâqwâq*, (°...)"

Es besteht jedoch wenig Veranlassung, in dem zuerst zitierten Abschnitt *'Kmr'* als die malaiische Halbinsel zu interpretieren, wenn die Entfernung von ihr zur ostafrikanischen Küste als eine Tagesreise angegeben wird. Vielmehr sollte nicht vergessen werden, daß auch Madagaskar und wahrscheinlich manchmal auch die Komoren so bezeichnet wurden.

Im folgenden zieht IDRÎSÎ eine oberflächliche Parallele zwischen den Bewohnern des (ostafrikanischen) *'Wâqwâq'* und denen einer möglicherweise austronesischen Insel:

> "Wie auf der Insel von *Bâlus* sind ihre Einwohner Zanjs; (°...)"

FERRAND jedenfalls identifiziert die Insel *Bâlus* mit Baros in Westsumatra.

Auch die in der Folge mit Entfernungsangaben von *'Wâqwâq'* beschriebenen Inseln scheinen eher in Südostasien beheimatet, wie es der Name der Insel *'Djaba'* und des gleichnamigen Prinzen vermuten lassen (vgl. 'Java'):

> "Von dort [3] zur Insel *Lañgabâlûs* zählt man zwei Tagesseereisen; und fünf zu der dahinter (gelegenen) Insel von *Kalah*, die sehr groß ist und wo ein König wohnt, den man *Djaba (al-Hindî)* oder 'indischer Prinz' nennt. (°...)

[1] das heißt den Einwohnern von *Djabasṭa* (جبسطه).

[2] wohl das spätere Inhambane in Mosambik.

[3] das heißt den beschriebenen Orten in *'Wâqwâq'*.

In der Nachbarschaft dieser Insel sind die von *Djâba* (جابه), *Salâhat* (سلاهط) und *Harîdj* (هريج)[1] (jede davon) ist von ihrer Schwester(insel) ungefähr zwei 'parasanges' entfernt, mehr oder weniger.

Sie sind alle dem gleichen König gehorsam. Dieser Prinz nennt sich *Djâba*, (°...)

Ganz nahe der Insel *Djâba* ist die von *Mayt*, (مايط)." (S.80)

"Sie ist in der Abhängigkeit von dem König von *Djâba* (°...)." (S.82)

Die anschließende Beschreibung der Inseln *'Salâhat'*, *'Mâyt'*, (oben als in der Abhängigkeit des Königs von *'Djâba'* stehend beschrieben) und *'Tiyûma'* entspricht jedoch beinahe wörtlich der in der siebten Sektion gegebenen Beschreibung der Insel *'Karimada'* und ihrer dort unbenannten Nachbarinsel (siehe S.46):

"Die Insel von *Salâhat*, produziert viel Sandelholz, Narden und Nelken.

Auf dieser Insel gibt es einen Vulkan, der brennt und sich in einhundert Ellen Höhe erhebt. Während des Tages sieht man nichts als den Rauch, und in der Nacht ist es ein glühendes Feuer.

Links von der Insel *Mâyt*, ist die von *Tiyûma*; zwischen dieser hinteren und der von *Mâyt*, zählt man eine Entfernung von einer Tagesseereise. Diese ist sehr bevölkert; die Einwohner tragen eine Kleidungsart, genannt *Azar*. Man findet dort Süßwasser, Reis, Zucker, Kokosnüsse und Perlenfischerei. (°...)

Von Tiyûma zur Insel der *Kmâr* (قمار) sind es fünf Tagesseereisen. (°...)

Die Insel von *Tšampa* ist Nachbar der Insel von *Kmayr*; es gibt keine drei Meilen dazwischen. (°...) Auf dieser Insel gibt es einen König, der sich *Ranîd* (رنيد) nennt." (S.84)

Die Verwirrung in den Ortsbezeichnungen bei IDRÎSÎ sind unübersehbar und vermutlich auf die bereits erwähnte falsche Annahme zurückzuführen, die extremsten Gebiete der östlichen afrikanischen Küste und die extremsten Gebiete Südasiens seien eins oder gingen unmittelbar ineinander über.

Auch andere Dokumente belegen dieses. So wird die oben erarbeitete Auffassung bezüglich der Inseln *'Zânag'* und *'Zâbag'*, wonach letztere in Ostafrika gelegen ist, bei MAS'UDI (ca. 1040 [2]) bestätigt. Dort heißt es:

"Der am weitesten im Occident gelegene Teil, den die besuchen, die das Größte Meer[3] befahren, ist *Sofâla* von *Zandjs*, (das sich an Ägypten anschließt). Man fährt nicht weiter. Der Grund dafür ist, daß dieses Meer nach Nordosten hin[4] in das Land vorrückt; es dringt dort in mehrere Gebiete ein. In diesen Gebieten gibt es viele Inseln; solches sind *Zâbag* (الزابج), die *Dibadjât* , *Kmayr* (قمير /

[1] An anderer Stelle *'Harandj'* (هرنج) genannt.

[2] Nach FREEMEN-GRENVILLE 1962, S.14 zu datieren auf ca. 915-945.

[3] das heißt den Indischen Ozean.

[4] Osten, Westen, Süden und Norden waren bei den alten arabischen Geographen anders definierte Begriffe, daher entspricht ihr Norden dem heutigen Osten, ihr Süden dem Westen.

> قَمَيْر), *Waqwâq* und *Zang* (جزاير الزنج). Andererseits, nach Südwesten hin [3], rückt der Kontinent entsprechend in das Meer vor. Dort wohnen die Negriden, und ihr Gebiet erstreckt sich bis zu den Bergen von *Komr* (جبال القمر / جبال القُمر), wo der Nil von Ägypten entspringt." (MAS'UDI, S.121)

Noch deutlicher formuliert MAQDISI, in dessen Manuskript *'Zânag'* (hier: *'Rânag'*, wohl weil in der Abschrift ein Nukta ausgelassen wurde) wie folgt geographisch eingeordnet wird:

> "Im Orient von 'Indien' befindet sich 'China' und *Qašmîr*, im Norden *Sind*, im Süden unbekannte, von der Sonne verbrannte Gebiete und Meere, im Occident die *Zanj*, *Rânag* (رانج) und der Yemen." (MAQDISI 966, S.57)

Von *'Zâbag'* hingegen heißt es:

> "*Zâbag* (زابج) ist eine Insel, die gelegen ist an den Grenzen der Region 'Indiens', hinter dem Meer von *Harkand* [1] und an den Grenzen 'Chinas' [2].
>
> Man sagt, es [3] sei die gleiche Region, wie die, welche man Land der *Zang* nennt." (YÂQÛT, ca.1200, II, S.9)

So gibt es offenbar zwei Regionen, die von den arabischen Geographen als *'Zâbag'* bezeichnet wurden: eine occidentale bei Afrika und eine orientale in Indonesien.

Der letzte Satz des Zitates zeigt, daß auch die Bezeichnung 'Land der *'Zanj"* nicht nur einen Teil Ostafrikas benennt, sondern gleichfalls eine Parallele im östlichen Indischen Ozean hat. Bedenkt man die ungefähre Bedeutung des Ausdrucks (soviel wie 'Land der Schwarzen', da *Zanj* ein Name für schwarzhäutige Menschen ist), ist dieses ein durchaus nachvollziehbares Phänomen.

Daß beide Bezeichnungen (*'Zânag'*, *'Zanj'*) für soweit voneinander entfernte Regionen gleichermaßen verwendet wurden, geht eindeutig aus dem Bericht von Ibn ROSTEH hervor:

> "Was das Meer von 'Indien' betrifft: Wenn der Seefahrer das Meer am Golf von Aden nimmt [4], ist das erste Land, zu dem er gelangt, die Insel <?>, die *Barbar* [5] genannt wird, was von einer Rasse von *Zanj* bewohnt ist, die dem Gebiet der Negriden benachbart ist. Es ist in dieser Richtung, daß man die Gebiete der *Zanj* und das von *Zânag* findet sowie alle Völker, die wir genannt haben, und andere mehr, die in dieser westlichen (/ occidentalen / südlichen) Richtung sind. Sie bewohnen Inseln.

---

[1] Golf von Bengalen und nach IDRÎSÎ (S.63) das Meer von Oman <?>.

[2] also im östlichen Teil des Indischen Ozeans: etwa Indonesien.

[3] das heißt die Insel von *Zâbag*.

[4] das heißt 'am Golf von Aden dieses Meer erreichend weiterfährt'.

[5] Das ist Berbera.

> Bei ihnen gelingt es einem nicht, an ein Land zu gelangen, von dem man wüßte, daß es an die beiden Länder angrenzt. Wir sind nicht sicher über die Existenz der Völker des Nordens und Südens der beiden Meere, noch über die Völker, die ihre beiden Küsten bewohnen.
>
> Derjenige, der in das Gebiet der *Zanj* ('Chinas') gehen will, durchquert den Orient des 'Indischen Meeres' in Richtung 'China' und durchquert es [1], bis daß er zu seinem Westen den Ort der *Zandj* erreicht, zu dem er gelangen will. Derjenige, der nach *Zâbag* gehen will, wendet sich nach Osten bis er *Kalah* erreicht und dort die Region von *Zâbag*. Man nehme einfach diesen Weg dort(hin), denn man kommt an *Zâbag* vorbei um nach *Zanj* zu gelangen ..." (ROSTEH 903, S.74)

Die zweifache Verwendung der Gebietsbezeichnungen ist bisher bei der Interpretation entsprechender Quellen beinahe völlig unberücksichtigt geblieben. Dieses führte zu Fehlinterpretationen und den falschen Annahmen, es gäbe in diesen Quellen Berichte über afro-austronesische Kontakte.

Ein Schlüssel zum Verständnis der scheinbaren sprachlichen Verwirrung mag in dem oben zitierten mittleren Absatz (^ Zitat von Ibn ROSTEH) liegen. FERRAND (1913, S.69) bezeichnete diese Passage als *"très obscur"*, verwies aber bereits darauf, daß sie eventuell in Zusammenhang mit dem ptolemäischen Weltbild gesehen werden müsse.

Das Land, das an die beiden Länder (besser: Küsten) angrenzt, also die westliche und östliche Küste miteinander verbindet, wäre demnach Ptolemäus' *terra incognita*. Der Hinweis, daß man ein solches Land offenbar nicht erreichen kann, wäre eine Andeutung darauf, daß PTOLEMÄUS' Theorie in diesem Falle unpräzise ist.

Es existiert ein Bericht, der alle als *'Kmr'* bezeichneten Gebiete in eine historische Beziehung setzt. Es ist dies das Werk des Ibn SAID aus dem dreizehnten Jahrhundert. Ibn SAID wurde 1208 oder 1214 bei Grenada geboren, reiste nach Mekka, Bagdad, Aleppo, Damaskus, Kairo, Tunis, Armenien. In Bagdad besuchte er 36 Bibliotheken, in denen er Auszüge kopierte. In seinem Werk heißt es:

> "Die *Qomr* (القمر) die ihren Namen dem Berg [2] (diesen Namens) gaben, sind die Brüder der 'Chinesen' (وهم اخوة الصين). (°...)" (Folio 3 recto. 4. Sektion)
>
> Östlich dieser Stadt (º Sayûna bei Sofala) beginnt der Kanal von *Qomr* [3], der von dem 'Indischen Meer' kommt und sich bis im Süden an das äußerste Ende der bewohnten Welt erstreckt. Seine Größe an dieser Stelle ist ungefähr zweihundert Meilen. (°...)
>
> Die Regionen, die von den *Qomr* bewohnt werden, sind südlich dieser Sektion und grenzen an das Gebirge, dem sie ihren Namen gaben.

[1] das heißt das Meer.

[2] Ibn SAID berichtet in dieser Sektion von Ostafrika.

[3] der Kanal von Mosambik.

Unter den Städten der Insel von *Qomr*, der langen, der großen, von der man sagt, ihre Länge sei (º eine Wegstrecke von) vier Monaten zu Fuß und ihre größte Breite fast zwanzig Tagesmärsche, findet sich in dieser Sektion *Layrâna* (ليرانه). Ibn Fâtima berichtet, daß er sie besucht hat und daß in ihr, wie in Mogadishu, auch Muslime wohnen. Ihre Einwohner sind eine Mischung von Menschen aus allen Regionen. Es ist eine Stadt, wo Schiffe ankommen und ablegen. Die Sheikhs, die dort die Autorität innehaben, versuchen sich in gutem Einvernehmen mit dem Prinzen der Stadt *Malay* (ملاى)[1], die im Osten gelegen ist, zu behaupten."(... 6. Sektion)

"Auf der Insel *Qomr* gibt es Städte und bewohnte Regionen, die (° uns) nicht bekannt sind. Die einzige Stadt, die man nennt, ist die alte Hauptstadt der Insel. In bestimmten Epochen, dominierte der Regent dieser Stadt den größten Teil der Insel; diese Hauptstadt ist *Qomoriyya* (قمريّة). (°...) Diese Stadt erhielt ihren Namen von den *Qomr*, (°...). Sie (die *Qomr*) wohnten mit den 'Chinesen' in der östlichen (orientalen) Region der Erde. Streitigkeiten brachen zwischen ihnen aus, (° und) die 'Chinesen' vertrieben sie auf die Inseln, und sie blieben dort[2] für eine Weile. Der Titel ihres Königs war *Qâmrûn* (قامرون). Dann kam es zum Streit untereinander, während sie auf diesen Inseln waren, über die wir später berichten werden. Dann wanderten die, welche nicht zur königlichen Familie gehörten, auf diese große Insel aus und ihr Sultan residierte in der Stadt *Qomoriyya*. Danach wurden sie immer mehr, und sie bevölkerten die genannten Hauptstädte; sie gründeten kleine, unabhängige Königreiche. Streit brach danach wieder zwischen ihnen aus, weil sie zu viele wurden. Eine große Zahl von ihnen zog aus, um den Süden zu besiedeln, den Anfang der bewohnten Welt, entlang des Berges, der ihren Namen trägt. Die Unwissenden nennen diesen Berg *djabal Qamr*, indem sie ein *fatha* anstelle des *q* setzen." (... 9. Sektion)

Der Anfangs- und die beiden Endpunkte der beschriebenen sukzessiven Wanderungen lassen sich anhand der beigefügten Angaben leicht identifizieren. Ergänzt man nun für die Zwischenstationen die ebenfalls als *'Kmr'* bezeichneten Regionen, erhält man die folgende Wanderroute:

'Verwandte und Nachbarn der Chinesen' in Asien[3] wandern nach Indochina, die Malaiische Halbinsel und Indonesien.[4] Von dort emigriert ein Teil nach 'der großen Insel' Madagaskar, die mehr und mehr von ihnen besiedelt wird. Wiederum ein Teil der Bevölkerung wandert nach Ostafrika aus und läßt sich an dem (ostafrikanischen) Gebirge[5] nieder, das bei den Geographen ihren Namen erhält.

[1] Nach Šams ad-Dûn Abû'Abdallah Šûfî ad-DIMASHQÎ (1325, zitiert nach FERRAND 1913, S.396) ist *'Malay'* ein anderer Name für die Insel Madagaskar:

"Das Meer der *'Zanj'* mit der Insel *'Komr'* (القُمْر), die man gleichermaßen Insel *'Malay'* (ملاى) nennt."

[2] das heißt auf den Inseln.

[3] von denen der Name 'Khmer' überliefert ist.

[4] Schon BARROS gab 1777 (*"Da Asia"*, Dekade 2, Buch 9, Kapitel 4, S.352) an, die Javaner hätten eine Überlieferung, nach der sie aus China stammten.

[5] Das Gebirge von *'Kmr'* wird in mehreren Texten als das beschrieben, wo die Nilquellen

Liefert Ibn SAID hier eine eigene Theorie oder ist es ein aus Stückwerk zusammengesetzter Bericht?

Obwohl es theoretisch denkbar wäre, daß in dem Bericht einfach die offenbar namensgleichen Regionen (sozusagen der Ordnung halber) in eine historische Beziehung gesetzt werden, enthält der Bericht, abgesehen davon, daß Ibn SAID ansonsten äußerst präzise und zuverlässig zu sein scheint, Bestandteile, die ja eindeutig noch aus heutiger Sicht als korrekt angesehen werden müssen. Tatsächlich sind Bewohner der malaiischen Halbinsel und 'Indonesien' dorthin aus Norden eingewandert, und wirklich haben sich Menschen aus 'Indonesien' in Madagaskar niedergelassen. [1]

Doch die erste erwähnte Wanderung muß schon lange vor unserer Zeitrechnung stattgefunden haben, und die gesamte Bewegung dürfte sich über Jahrhunderte erstreckt haben. Wie aber konnte Ibn SAID Kenntnis von Geschehnissen erlangen, die zu seiner Zeit mehr als 1.000 Jahre zurücklagen?

Die Angabe, daß es in Südostasien aufgrund von Streitigkeiten zu einer Auswanderung eines Teils der Bevölkerung kam, fand sich ja bereits bei IDRÎSÎ (siehe Seite 46).

Der Bericht von Ibn SAID enthält noch einige andere interessante Angaben. So beschreibt er etwa die auf Madagaskar gebräuchlichen Schiffe:

> "Am Ufer [2] gibt es große Bäume, von denen man Schiffe baut, für welche die Leute berühmt sind und in denen hundert Ruderer Platz finden. Es [3] ist (º innen) hohl und hat ein Deck, auf welchem hundert Personen sitzen (º können). Dieses wird in den Büchern erwähnt und ist durch die Berichte der Reisenden wohlbekannt."(folio 9, recto, 9. Sektion)

Als wichtige Produkte der Region hebt Ibn SAID vor allem Metallwaren hervor. Sklaven erwähnt er überhaupt nicht. Er beschreibt:

> "Im Osten von Malindi liegt der *Kharânî* (عرانى , nach Abûlfidâ اخرانى), ein den Reisenden wohlbekannter Berg. Dieser Berg erhebt sich im Meer in einer Entfernung von etwa 100 Meilen (º von der Küste) in Richtung Nordosten; zugleich verläuft er in gerader Linie zum Kontinent in südlicher Richtung in einer Entfernung von etwa 50 Meilen <?>. Unter anderen

gelegen sind; gemeint ist wohl das Ruwenzori.

[1] Auch eine Theorie über eine vor unserer Zeitrechnung stattgefundene Migration von Austronesien bis in das Innere des afrikanischen Kontinents fände Unterstützung in der Tatsache, daß die Banane im ersten Jahrtausend vor Christus nach Innerafrika, etwa in die Region von Uganda, wo die Pflanze ihre größte Formenvielfalt aufweist, aus ihrem ursprünglichen Heimatgebiet in Südostasien, eingeführt wurde (^BERCHEM 1989).

Sollte hier aber ein Zusammenhang gesehen werden, so wäre der Zeitpunkt für die Besiedelung Madagaskars von gemeinhin 400 n. Chr. um einige Jahrhunderte vorzudatieren.

[2] eines großen Flusses auf Madagaskar.

[3] das heißt ein solches Schiff.

Einzigartigkeiten, die dieser Berg bietet, finden sich diese: die dem Kontinent zugewandte Seite enthält eine Eisenerzmine, die für den Bedarf in der ganzen Region der *Zanj* und den Export liefert; die andere Seite, die dem Meer zugewandt ist, enthält magnetisches Gestein, das Eisen anzieht. Bei Malindi findet man Kokospalmen [1]. (°...)" (5.Sektion)

"Sie [2] und die *Zanj* beten Götzenbilder und Steine an, auf die sie das Fett eines großen Fisches gießen. Ihre hauptsächlichen Ressourcen sind Gold und Eisen. Sie sind bekleidet mit Häuten von Wildkatzen." (6. Sektion)

In dieser Beschreibung wird deutlich, daß die Bewohner Sofalas und die *Zanj* keine Muslime oder Inder waren, wie etwa von HROMNIK (1981) behauptet.

Mit Unsicherheit behaftet bleibt hingegen die Identifizierung des Berges im Meer. Die Beschreibung würde ziemlich genau auf eine der Komoreninseln passen. Doch ist in anderen Texten offenbar stets nur von Minen auf dem Festland die Rede.

Von den portugiesischen Historikern des sechzehnten Jahrhunderts gilt João de BARROS als der zuverlässigste und genaueste. Lange Zeit war er Archivator in Lissabon gewesen, und hatte Zugang zu vielen Berichten und Dokumenten aus erster Hand. Aus diesen Quellen verfaßte er sein Werk *"Da Asia"*, eine Auswahl hauptsächlich von Reiseberichten portugiesischer Seefahrer.

In dieser Sammlung findet sich unter anderen die Beschreibung der Expedition von Dom Francisco d'Almeida in den Jahren 1505-'06, die diesen auch an die ostafrikanische Küste geführt hatte. Dort heißt es:

[1] سمره الربع wohl für شجرة الرانج .
[2] das heißt die Bewohner Sofalas.

"... principalmente os da Cidade Quiloa, que foi a maior descubridora de todalas Cidades daquella costa, porque della se povoou grande parte da terra firme, e das Ilhas adjacentes, e alguns portos da Ilha S. Lourenço, (°...) De maneira, que aibaxo, e assima não lhe ficou cousa por correr, té se fazer senhora de Mombaça, Melinde, e das Ilhas de Pemba, Zanzibar, Monfia, Comoro, e d'outras muitas povoações, que sahiram della pella potencia, e riqueza que teve, depois que se fez senhora da mina de Çofala, ..." (Barros, S.82)

"... vor allem die Einwohner der Stadt Kilwa machten die größten Entdeckungen aller Städte dieser Küste, weil von ihr aus große Teile des Festlandes und der vorgelagerten Inseln und einige Häfen der Insel St. Laurenco (* d.h. Madagaskar) besiedelt wurden, (°...) so daß an der Küste herauf und hinunter nichts zu erobern übrig war, da sie die Herrin war über Mombasa, Malindi, die Inseln Pemba, Sansibar, Mafia, Komoren und viele andere Siedlungen, die mit der Macht und dem Wohlstand erblühten, die es bekam, nachdem es die Mine von Sofala besaß ..."

Glaubt man diesem Bericht, so unterhielt Kilwa damals nicht nur Beziehungen zu den Komoren, sondern die Inseln waren in einer politischen oder wirtschaftlichen Abhängigkeit von der bedeutenden Handelsstadt. [1]

Daß die Beziehungen von der ostafrikanischen Küste weiter reichten als nur bis auf die Komoren, zeigen Beschreibungen Madagaskars aus jener Zeit.

Der Swahili-Lotse Ahmed ben Madjid, der Vasco da Gama den Seeweg nach Indien zeigte, erwähnt in seinem Seehandbuch, daß Madagaskar von allen Schiffen angelaufen würde, die von Basra, Sirâf oder Hormus 'über das grüne Wasser', das heißt das offene Meer, und Sokotra zur Südostküste Afrikas unterwegs seien (nach Kulik 1986, S.180-181).

Duarte Barbosa berichtet in seiner etwa 1517-'18 verfaßten Beschreibung der Orte, mit denen Portugal direkte oder indirekte Handelsverbindungen unterhielt, daß Madagaskar im Inneren von 'Heiden' und in den Seehäfen von 'Mauren' [2] bewohnt sei. Letztere unterhielten dort viele Städte. Beide Volksgruppen würden mehrere Regierungen stellen, die häufig untereinander zerstritten seien. Die

[1] Hierin könnte man eine Parallele sehen, zu der in dem Bericht von Ibn al-Mujawir erwähnten Seeverbindung zwischen *'Kmr'* und Kilwa (siehe Seite 38).

[2] Da es sich hier um portugiesische Quellen handelt, wird darauf hingewiesen, daß die Bezeichnung 'Mauren' hier wie im folgenden in ihrer portugiesischen Bedeutung gebraucht wird, wonach sie für alle Muslime gilt, unabhängig davon, welchem Volk sie angehören oder in welcher Region sie leben (nach einer persönlichen Mitteilung von Cristina Krippahl).

Bewohner hätten eine braune Hautfarbe und sprächen eine 'eigene Sprache'. (nach Freemen-Grenville 1962, S.133)

Doch nicht nur von islamisierten Afrikanern auf Madagaskar wird berichtet. 1506 fanden Portugiesen in einer großen Bucht, die Sada genannt wurde (später: Anurutsanga), eine hohe Bevölkerungsdichte von "*Cafres*". Sie begründeten die Anwesenheit dieser Menschen damit, 'daß hier die Sklaven der Städte von Malindi, Mombasa und Mogadishu Zuflucht suchen würden'.

Als sich die Portugiesen, geführt von Tristan da Cunha, Sada näherten, versammelten sich etwa zweitausend "*Cafres*", bewaffnet mit Schilden, Speeren, Bögen und Pfeilen am Strand, wohl um ihre Landung zu verhindern (Fernan d'Albuquerque: *"Commentarios do Grande Alfonso d'Albuquerque";* 1557).

Außerdem stießen die Portugiesen auf 'bedeutende arabische Städte' an der Mündung des Mahadzamba-Flußes und in der Boina-Bucht, die sie "Mazelagem" [1] nannten. Wie häufig in Ost- und Südostafrika waren die Städte auf Inseln gelegen.

Die wichtigste Stadt auf der Insel Nosi [2] Manja in der Bucht von Madzamba wurde Lulungane genannt. Die Portugiesen beschrieben die Einwohner als Araber oder 'Mauren' von Malindi und Mombasa. In Lulungane sahen sie große Mengen Stoff, Silber und Gold. Sie berichten, daß Lulungane der Haupt-Hafen sei, zu dem Dhaws aus Malindi und Mombasa Handelswaren aus Afrika und Arabien brächten.

Sie tauschten ihre Waren vor allem gegen Reis, der in großen Mengen vorhanden war. Manches scheint darauf hinzudeuten, daß die Städte der afrikanischen Küste wenigstens zu einem Teil mit Reis von Madagaskar ernährt wurden <!>. 'Nicht einmal zwanzig Schiffe,' so berichten die Portugiesen, hätten den zu Handelszwecken gelagerten Reis in Lulungane fortschaffen können. In geringeren Mengen wurden Sklaven, Bienenwachs und Rinder exportiert <!>. Die Portugiesen verglichen diese Städte auf Madagaskar in ihrem Aussehen mit denen von Kilwa und Mombasa (alles ebenda).

[1] Die Identität dieses Ortes, portugiesisch: *(Nova) Mazalagem*, niederländisch: *Magelage, Magelagie, Matele, Masaliet*, englisch: *Musselage, Mathewledge, Mathaledge, Massilige, Masailly* war lange Zeit aufgrund karthographischer Fehler und Ungenauigkeiten bei der geographischen Beschreibung umstritten oder unklar. Heute scheint es keine Zweifel mehr zu geben, daß es sich um Nosi Antsoheribor', in der Boina-Bucht gehandelt hat, das 1897 von Jully besucht wurde. (nach: Armstrong, James 1983-'84)

[2] Malagasy *nosi* bedeutet 'Insel'. Die übliche Schreibweise ist 'Nosy', die jedoch zu Unrecht den Eindruck erweckt, das auslautende /i/ wirde stimmlos realisiert.

Nach einer Chronik, die auf der Basis der Berichte von Balthazar Lobo de SOUZA verfaßt wurde, welcher mit seinen Leuten 1556 Nordwestmadagaskar besuchte, sei der 'wirkliche' Name Madagaskars "Ubuque" (Do COUTO: *"Da Asia", dec.VII,* 1616), was dem noch heute gebräuchlichen Namen Madagaskars im Swahili *(U)Buki* entspricht. Die 'Mauren von Malindi' hätten zwei Städte in der Gegend, die von Sheikhs regiert würden.

Eine, so heißt es, sei an der Boina-Bucht gelegen, die andere an der Nordostküste bei Bimaro (Vohemar, Iharana). Die Nordwest-Küste bestehe aus fünf Staaten: zwei davon würden von 'Häuptlingen' regiert, im Gegensatz zu den anderen, welche 'Könige' hätten. Einer der Könige würde Lingi genannt, während das Königreich am Duria-Fluß von einem gewissen Tingimaro regiert wurde.

Balthazar Lobo de SOUZA dürfte auch als erster (1556) Maniok auf Madagaskar erwähnen. In Nordwestmadagaskar traf er auf Felder 'voll von Reis, Mais und *mungo*' [1].

Berichte über die südlicheren Gebiete Madagaskars unterscheiden sich nur geringfügig von den eben referierten.

Der wohl frühste Bericht über die Westküste Madagaskars südlich des 22. Breitengrades ist der von Nuno da CUNHA, der am 23. August 1528 in der San Iago Bucht (der Mündung des Mangok[i]-Flußes) landete. Er berichtet, daß das Innere von 'Schwarzen mit krausen Haaren, Menschen wie die von Mosambik', bewohnt sei. Von dem einzigen Überlebenden eines früheren Schiffbruchs erfuhr er, daß die Bewohner am Mangok[i] in kleinen Gruppen ohne eine gemeinsame, führende Persönlichkeit lebten.

1595 erreichte De HOUTMAN und 1598 John DAVIS die Südküste bei Fiherenana an der 'Sankt-Augustine-Bucht'. John DAVIS vermerkte als Lotse eines niederländischen Schiffes bei seinem ersten Besuch in Fiheranana, daß die Menschen dort 'schwarz wie Kohle' seien.

Payrard de LAVAL sah 1602 im Gebiet der 'Sankt-Augustine-Bucht' Frauen mit geschorenen Köpfen. Er berichtet, daß einige Könige dort Krieg führten, manche dem islamischen Gesetz folgten und andere nicht.

Bei seinem zweiten Besuch im Jahre 1607, der ihn in die Region des Onilah[i]-Flußes führte, brachte John DAVIS einen Südafrikaner mit, der von einer Bucht stammte, die 24 Meilen vom Kap der Guten Hoffnung entfernt gelegen ist.

[1] GRANDIDIER erklärte später, *mungo* sei eine Bantu-Bezeichnung für Maniok.

Während die Bewohner des Onilah[i] flohen, als DAVIS landete, blieb ein Junge mit einer Beinverletzung zurück. Es war DAVIS nicht möglich, sich mit ihm zu unterhalten, aber der Südafrikaner in seiner Begleitung war immerhin in der Lage, von dem Einheimischen einiges über die Süßwasserreserven weiter flußaufwärts zu erfahren <!>.

DAVIS zog flußaufwärts in Richtung der 'Rota' genannten Hauptstadt. Er berichtet, die in diesem Gebiet gesprochene Sprache sei recht unterschiedlich von der Afrikas, hätte aber doch einige Ähnlichkeiten.

1613 erreichten zwei Jesuiten von Goa, Pater D'AZEVEDO und Pater Loius MARIANO Mosambik. Ihre Aufgabe war es, nach Madagaskar weiterzureisen und einige Jahre dort zu missionieren.

Loius MARIANO reiste zwischen 1613 und 1630 insgesamt viermal an die Westküste Madagaskars. Er erkundete die Küste von der Boina-Bucht bis zum Onilah[i]-Fluß in vierzehn Wochen. Stationen auf dieser Reise waren unter anderen: Cassane (später: Sambaw), Sadia (im Manambolo-Delta), Mane oder Mania (im Tsiribihina-Delta), Manaputa (im Morondava-Delta), Isango (in der Belo-Bucht), Massimanga (später: Manombo) und Unguelahi (später: Onilah[i]). Weiterhin verbrachte MARIANO vier Wochen in Sada (später: Monogarivo), dem wohl nördlichsten Punkt seiner Exkursionen, sechs Wochen an der Boina-Bucht und fünfundvierzig Wochen in Sadia, dem Zentrum des nördlichen Menabé. In dieser ganzen Zeit gelang es ihm offenbar nicht, auch nur einen Einheimischen zum christlichen Glauben zu bekehren, weshalb er glaubte, er hätte in seiner Aufgabe versagt. Für die Historiker jedoch sind die Berichte MARIANOS, die meistens in Form von Briefen verfaßt vorliegen, wichtige Dokumente.

1614 berichtet MARIANO von einem 'Mazelagem Nova' (siehe Fußnote auf Seite 57) im Nordwesten und gebraucht zum ersten Mal die Bezeichnung "Boena" (Boina). MARIANO berichtet weiter, der Name des Königs dieser Siedlung sei Simamo, und alle sechs bis sieben tausend Einwohner seien Moslems (17. September 1616). Aus seinem Bericht ist zu entnehmen, daß Aufkäufer von Sklaven sowohl aus Ostafrika als auch aus Arabien dorthin reisten. Die Händler mit dem größten Einfluß kamen von Lamu, Pate, Mombasa und Malindi (24. August 1619).

Aus MARIANOS Berichten wird deutlich, daß das, was einst wie ein überseeischer Handelsposten der ostafrikanischen Händler beschrieben wurde, offenbar nun unter eigener (einheimischer) Verwaltung stand. Andererseits werden aber außer den Händlern von Mombasa und Malindi noch zusätzlich solche von Lamu und Pate genannt. In den Berichten wird zudem mehr von Sklavenexport als von Reisexport gesprochen.

Eine geringere Zahl Sklaven, die nach 'Mazelagem' gebracht und an die 'Araber von Malindi' verkauft wurden, kamen aus dem *"reino de Uva"* (Huva-Reich) 'im Zentrum der Insel'. Einige davon, so heißt es, hätten 'krause Haare wie die *Cafres*', was erstaunlich sei, andere hätten 'glattes Haar, so wie unseres'.

Das Königreich von Sada, nördlich der Boina-Bucht, war noch immer unter der Regierung von Tingimaro, was darauf hindeutet, daß Tingimaro eher als Titel denn als Name zu verstehen ist. Die Hauptstadt des Reiches war Ankoala, das etwas weiter im Inland gelegen war. Der König und die höheren Beamten seines Reiches werden als strenge Moslems beschrieben, die jeden Tag die Moschee besuchten. Die Bevölkerung sei im Gegensatz zu den Untertanen des Simamo in ihren religiösen Anschaungen gemischt, islamisch und 'bodenständig'. MARIANO und D'AZEVEDO geben an, daß die Untertanen Tingimaros keine "*Cafres*" wären, sondern "*Buques*" (D'AZEVEDO, 23. Mai 1619). Tingimaro sei unter starkem 'arabischen Einfluß' und führte ständig Krieg mit "Mazelagem Nova".

Ein längerer Streifen der westlichen Küste, etwa von 16 bis 21 Grad südlicher Breite, wurde Bambala [1] genannt (MARIANO 24.August 1619).

Das nördlichste Königreich war das des nicht-moslemischen Herrschers Sampiliha am Cassane- (später: Sambaw-) Fluß. Die Bevölkerung waren Ackerbauern, die Hirse und Maniok anbauten. Das südlichste Königreich, das MARIANO an der Westküste besuchte, war an der Mündung des Onilah[i]-Flusses gelegen und wurde von Diacomena regiert. Das bemerkenswerteste Reich war das von Sadia im Manambolo-Delta. 1613 soll es einige zehntausend Einwohner gehabt haben, alle 'schwarz mit krausen Haaren', die Hirse anbauten und Rinder züchteten. Handelsbeziehungen zu den nördlichen, moslemischen Reichen gab es nur wenig. Eine Flotte von Auslegerbooten aus Sadia soll einst die Bevölkerung der Boina-Bucht in einer Hungersnot mit Nahrungsmitteln versorgt haben.

Der König von Sada, 'Capitapa' genannt, verhielt sich MARIANO gegenüber äußerst freundlich und gab ihm seinen Sohn 'Loquexa' [2] als Führer für weitere küstennahe Erkundungen mit. Etwa zwei Jahre später, am 19. Juni 1616 kam MARIANO zurück nach Sadia und blieb dort für ein Jahr.

Kurz bevor MARIANO nach Sadia zurückkehrte, waren jedoch zwei von Capitapa's Söhnen von einem jüngeren Bruder, genannt Mananqui, getötet worden. Dieser wurde so Thronnachfolger, mußte aber wegen seiner Grausamkeit Sadia verlassen und eine neue Residenz anlegen.

[1] KENT (1970) vergleicht den Namen mit denen des Reiches Mbala, Ambala oder auch Bambala am mittleren Zambezi.

[2] KENT (1970, S.188): *"Loquexa parallels Lukwesa of Lunda Kazembe, the kings' title name repeated over the generations (Vansina 1966)."* Aber Loquexa war offenbar niemals auf dem Thron; wie hätte er also zu diesem Titel gelangen sollen?

MARIANO berichtet, daß er, nachdem er nach Sada zurückgekehrt war, die tapfersten Männer mit sich nahm, die "Suculambes" [1] genannt wurden. Das Volk von Sadia wurde "Ajungones" genannt.

MARIANOS Anwesenheit führte schließlich zu einem Bürgerkrieg: Loquexa's älterer Bruder Mananqui nahm an, daß Loquexa portugiesische Unterstützung erhielt und sich MARIANOS magischer Kräfte bediente, und er erklärte seinem Bruder den Krieg (MARIANO Juli 1616). Die "Ajungones" und "Suculambas" trugen eine Reihe von Kämpfen aus, in denen Mananqui schließlich getötet wurde. Doch der Thron wurde nicht von Loquexa übernommen, sondern von einem anderen jüngeren Bruder. Dieser wurde Quissoa genannt. Das alles geschah offenbar während der alte König Capitapa noch der rechtmäßige Herrscher war, aber kaum noch beachtet wurde.

Einmal geweckt, führte die Kampfeslust, die nun kaum noch zur Ruhe kam, zum Tode eines Bruders von Capitapa und eines Sohnes von Loquexa, die beide von den "Suculumba" getötet wurden. Das Reich verfiel zusehends: was einst tausend Siedlungen mit zehntausend Einwohnern war, verringerte sich auf sechshundert Siedlungen mit nicht mehr als dreitausend Einwohnern (22. Oktober 1616).

Bei seiner dritten Reise nach Westmadagaskar erfuhr MARIANO, daß Capitapa inzwischen verstorben war. Die "Suculambes" waren zur stärksten Gruppe geworden und hatten sich mit anderen, den "Quisaju" und einigen "Buques" verbündet.

MARIANO schreibt (Oktober 1616 und August 1617), Sprache und Brauchtum der Menschen von Sada zeigten, daß sie von "Malindi *Cafres*" abstammten. In etwas abgewandelter Form sei ihre Sprache die gleiche wie die der Malindi-Küste und der von Mosambik. Im weiteren beschreibt MARIANO einige Bräuche der Einwohner und erwähnt, daß sie ihren Priester, der einen großen Einfluß habe, "*maganga*" [2] nennen würden. MARIANO erwähnt mehrfach, daß die Bevölkerung der Westküste von Sadia bis Mazelagem die gleiche Sprache spräche, daß sich diese jedoch unterscheide von der Sprache, die in anderen Teilen Madagaskars gesprochen werde, welche er als die Sprache der "Ubuques" bezeichnet.

Auch in einem anonymen Manuskript der *Bodleian Library* in Oxford, das den Titel *"A voyage in ye ship Frances from Mossambique for St. Lawrence"* und die

---

[1] wohl: Sakalava <?>.

[2] ^ swahili *m·ga*^{n}*ga* = 'Heilpraktiker' usw.

Jahreszahl 1640 trägt, ist von zwei verschiedenen Sprachen auf Madagaskar die Rede. Es heißt dort:

> *"First you may understand yt there are 3 divisions of people viz, Bouckes, Bumballs, Hoves. Ye Bouckes are they yt inhabitants at Assada to ye utmost of ye NE end of St. Lawrence, & extend Sw 40L to ye Wstwd so farr as old Mattalodge. Wst'wd along ye coast of ye sea they are called Bumballs; & ye inland people & mountaineers are called Hoves. They have three speeches. Ye Bouckes & Hoves do agree in yr speech, & ye Ballyes have a speech by themselves, & they of Massalage speak both ya Ballaes speach & ye Arabb Toung."* (ELLIS 1979, S.158)

'Buki' und 'Hova' sprechen demnach die gleiche Sprache, und wir dürfen wohl zurecht annehmen, daß dies Malagasy ist. Eine offenbar deutlich andere Sprache sprechen nach der Information des Textes die *"Bumballs"* oder *"Ballyes"*, was wohl Umschriftungen für 'Bambala' sind.

Schon in frühen europäischen Reisebeschreibungen sind bloße Beschreibung des Gesehenen oder Gehörten kaum noch von Interpretation oder häufig wohl eher Fiktion zu trennen. [1]

So etwa in der 1663 verfaßten Reisebeschreibung von SAUSSAY (veröffentlicht 1722). Er unterteilt die Bewohner der Insel in 'Schwarze' und 'Weiße' (vgl. Kapitel 3.1.) und erklärt, die 'Schwarzen' seien die 'Ureinwohner' der Insel. Die 'Weißen' seien aus Ostafrika gekommen, von wo sie durch 'den Tyrannen von Kilwa' vertrieben worden seien. Von dort auswandernd hätten sie bewohnte Inseln gesucht, um sich darauf niederzulassen. Schließlich seien sie auf Madagaskar gelandet, wo es keine nennenswerten Zwischenfälle mit den Einheimischen gegeben habe. Nach SAUSSAY schrieben diese 'weißen' Malagasy 'hebräisch', die Männer gingen bis auf einen Lendenschurz, der manchmal mit Korallen, Gold oder Silber verziert sei, fast nackt, die Frauen hingegen hätten lange Gewänder getragen.

Um 1800 gab es eine Reihe von räuberischen Expeditionen der Malagasy gegen die Komoren und die ostafrikanische Küste, von denen es verschiedene zeitgenössische Berichte gibt. Mit Hunderten von Kriegern unternahmen die Malagasy in Auslegerbooten diese Expeditionen, um Frauen und Handelsgüter zu rauben. Auf den Komoren führten die wiederkehrenden Überfälle zum Bau von

[1] BITTERLI 1976: "Das Bewußtsein, sich in der Ausnahmesituation des Weitgereisten zu befinden und der Ehrgeiz, den Leser mit besonders pittoresken Details zu unterhalten, verleiteten manchen Reisenden dazu, ein Gemisch von persönlicher Erfahrung, unüberprüfbarer Information aus zweiter Hand und allerlei Legenden im Selbstgefühl der eigenen Kompetenz vorzutragen und all dies zu einem exotischen Kranz von Ausgefallenheiten zu verflechten." (S.26)

Befestigungsanlagen, wie etwa der von Itsandra auf Ngazija (siehe Bild 7). 1816 planten sie eine große Expedition gegen das Fort Ibo, nahe Mozambik, 300 Meilen von Madagaskar entfernt. 250 Canoes mit 6.250 Männern stachen in See. Wegen eines Sturms erreichten aber nur 68 Boote die afrikanische Küste. Aus den Berichten geht folgendes hervor (nach VALETTE 1971, S.763 und GUILLAIN 1845, S.33):

1) Die Expeditionen scheinen an der Ostküste Madagaskars (bei Angonts[i]) organisiert worden zu sein.

2) Zu den Expeditionen vereinigten sich zu festgesetzten Zeiten Krieger der Betsimisaraka und Sakalava.

Daß die piratischen Übergriffe der Malagasy nach Afrika keine wenigen Einzelfälle gewesen sind, bestätigt eine Bemerkung von WEULE (1908):

> "Nach ihrer eigenen Tradition sitzen die Makonde zwar schon seit langen, langen Zeiten hier oben, aber zu meiner Überraschung legten sie doch eine sehr starke Betonung auf eine ursprüngliche Einwanderung. Diese sei von Südosten, von der Rovumamündung und von Mikindani her erfolgt; der Anlaß dazu sei die ewige Beunruhigung ihrer friedlichen Vorfahren durch die kriegerischen Schirazi der Küste und die fortgesetzten Raubzüge der Sakalaven von Madagaskar herüber gewesen; vor diesen hätten sich die Ur-Makonde auf das unzugängliche Plateau zurückgezogen." (S.135)

Unklar bleibt jedoch, was, wenn die Geschichte stimmt, die Makua wirklich gesagt haben: sollten sie tatsächlich die 'Sakalaven von Madagaskar' erwähnt haben?

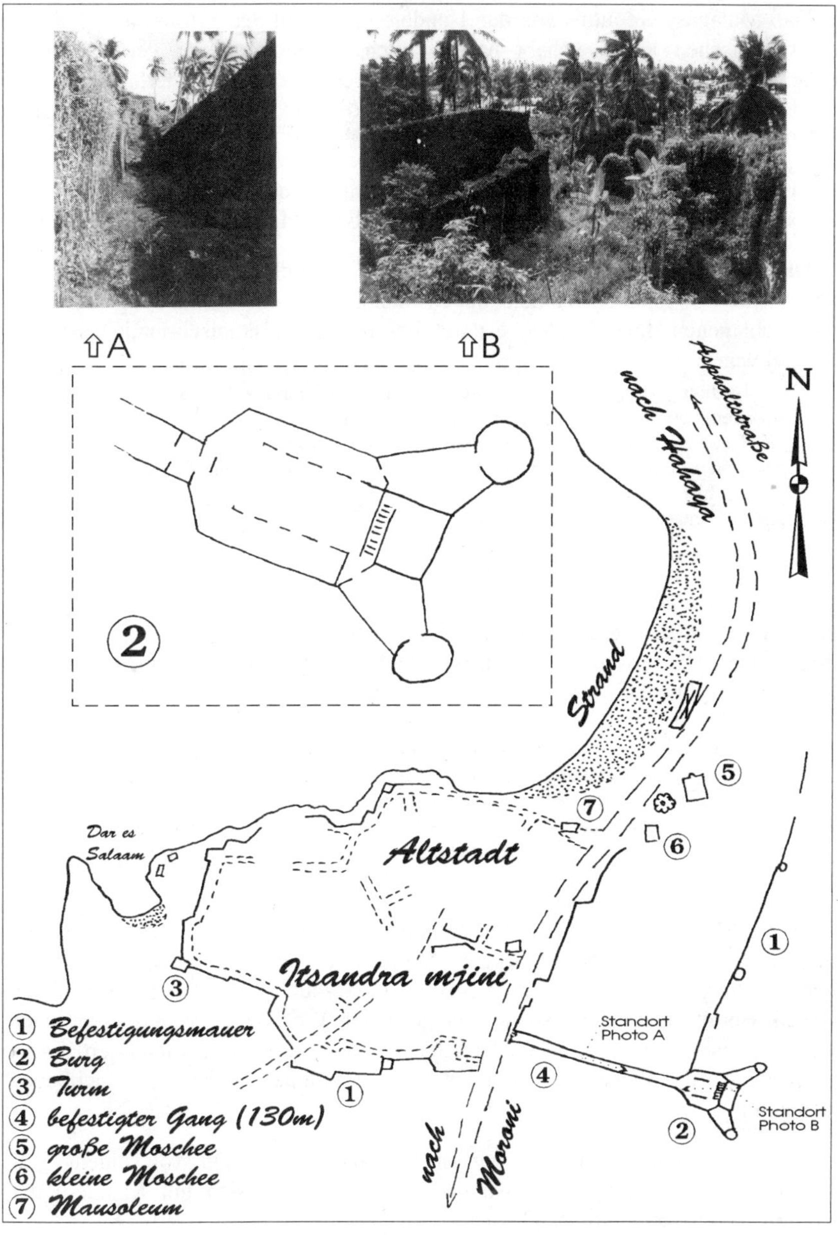

Bild 7: Ansichten von Itsandra

(Photos und Lageplan entstanden während der Feldforschung 1992)

Daß Malagasy Kenntnis von den Handelsstädten auf den Komoren und an der ostafrikanischen Küste gehabt haben sollen, ist nicht weiter verwunderlich, bedenkt man, daß diese Händler ja schon seit geraumer Zeit Niederlassungen auf Madagaskar unterhielten beziehungsweise die dortigen Häfen regelmäßig anliefen.

Mehr als irgendeine spätere Arbeit berichtet eine Reisebeschreibung von HILDEBRANDT (1880) von Siedlungen der Swahili auf Madagaskar.

Die Beschreibung der Ortschaften zeigt, daß es sich nicht um von Europäern eingerichtete Posten gehandelt haben kann, und die Aufzählung der hier umgeschlagenen Handelsgüter bestätigt, daß dies ein afrikanisch-madagassischer Handel war:

> "16. Juni. ... fahren wir ... nach Kizimàni (Kizimàni heisst auf Kiswaheli: bei den Brunnen), einer Swaheli-Niederlassung von einigen 30 Lehmhütten, welche auf der Düne am Fusse eines freundlich bewaldeten Inselberges erbaut sind. Wir ankerten zwischen mehreren grossen und kleinen indischen und Zanzibar-Dau's, welche hier Reis, Rindshäute, Kautschouk, Wachs, Ochsentalg, Ebenholz und andere Landeserzeugnisse einnahmen ..." (S.83)

HILDEBRANDT erwähnt im Verlaufe seiner Beschreibung eine ganze Reihe solcher Siedlungen mit eindeutig aus dem Swahili stammenden Ortsnamen. In einer weiter südlich gelegenen Stadt beschreibt er ein Swahili-Viertel mit etwa zweihundert Häusern aus Korallenstein, welches "den Eindruck eines Zanzibar-Küstenplatzes macht" (S.87). Zuvor führt er aus:

> "Solche Niederlassungen (º wie Kizimani) finden sich in jedem Hafen der West-Küste. (°...) Sie vermitteln fast den ganzen Handel, denn nur in Mojangà und Nosi-bé befinden sich europäische Handelsagenturen und auch diese kaufen kaum etwas direct von Malagassen, sondern bedienen sich der Mohammedaner als Aufkäufer und Zwischenhändler. Natürlich ist der Einfluss dieser letzteren ein sehr bedeutender. Auch die Verkehrssprache von West-Madagaskar ist Kiswaheli." (S.83)

Dieser letzte Satz ist von großer Wichtigkeit, zeigt er doch, welche Bedeutung 1880 dem Swahili an der Westküste Madagaskars zukam. Bedenken wir, daß bereits MARIANO zu Beginn des siebzehnten Jahrhunderts (siehe Seite 58ff.) in seinem Bericht nahelegte, daß an der gesamten Westküste Swahili gesprochen wurde, so ist dieser Zustand für beinahe zwei Jahrhunderte dokumentiert. Es ist anzunehmen, daß diese Tatsache nicht ohne Einfluß auf das Malagasy geblieben sein kann.

Von HILDEBRANDT erfahren wir auch, daß die Königin von einem Teil Nordwestmadagaskars einen Swahili-Namen trägt und sich mit Männern der Swahili-Kultur vermählte (S.83).

HILDEBRANDT beschreibt auch die Hafenstadt Madzañga. Er weist darauf hin, daß der Name Malagasy sei und "Wiederhersteller der Gesundheit" bedeute. Die Stadt trage diesen Namen, da hier einst ein bekannter "Medizinheiliger" gewohnt habe. Tatsächlich erinnert der Name der Stadt in diesem Kontext an das Bantuwort für 'Arzt', etwa *m·gañga* im Swahili. Nach HILDEBRANDT ist die Stadt, wie die zu seiner Zeit "in Ruinen verfallene" von Bombetoka, ein uralter Handelsplatz. Er berichtet von etwa acht bis zehntausend Einwohnern, die sich aus "Swaheli, Arabern, Indiern, Negern, Sakalava und Hova" zusammensetze.

Handelsbeziehungen zwischen den Komoren und Madagaskar hat FLACOURT schon im siebzehnten Jahrhundert erwähnt:

> *"Le pays* [1] *se nomme Andouvouche, qui signifie baye. Ceux des iles Comoro fréquentent avec des barques et y viennent acheter du ris, des pagnes de soye et des esclaves; et troquent de l'argent pour de l'or ainsi que j'ai appris."* [2]

Einen lebendigen Bericht der Handelsaktivitäten auf den Komoren erhalten wir 1845 von DE VEXELA:

> *"J'avais envoyé tous les articles que je croyais pouvoir convenir; le Sultan avait fait étaler tous ces objets dans une salle, et lorsque j'arrivai, se trouvaient réunis autour de lui les princes et les principaux habitants. J'eus à peigne le temps de me reposer; à l'instant vingt questions me furent faites à la fois: 'Combien ceci, combien cela?' et ce qui leur plaisait davantage était toujours trop cher. 'Nous ne sommes pas comme les Sakalaves, me disait le Sultan, nous connaissons le prix de tout cela!' Enfin après une séance de plus de quatre heures, nous tombâmes d'accord: tous les articles dont le prix venait d'être fixé par Salim (1845) et consenti par moi, furent inscrits et restèrent dès lors invariables. Nul Anjouanais, quelque soit son rang, ne peut acheter ni vendre un article tant que le prix n'en est pas fixé d'avance par le Sultan, dans une réunion spéciale comme celle que je viens de décrire. Après que tout eût été stipulé sur ce qu'ils voulaient acheter, vint le tour des articles d'échange, car n'allez pas vous imaginer pouvoir vendre aux Arabes contre de l'argent; ils ont pour habitude de se dire très pauvres. Il faut avoir bien soin de convenir d'une mesure, c'est pour l'étranger une chose essentielle s'il ne veut pas être trompé; il doit surtout veiller lorsqu'il reçoit la marchandise. Le Sultan reçoit un droit de dix pour cent qu'il prélève sur la valeur des articles importés, cinq pour cent sur celle des articles exportés, et des plus cinquante piastres de droit d'ancrage.'*
>
> *Le commerce anjouanais ne s'est pas relevé du coup que lui a porté l'abolition de la traite, il est aujourd'hui tombé à rien ou presque. Anjouan n'exporte guère que des peaux de boeufs et de cabris, des noix de coco, des arachides des cordes en fibres de cocotier; les arachides sont envoyées à Zanzibar, les noix de coco à Madagascar.*

[1] auf Madagaskar.

[2] zitiert nach REPIQUET (1901, S.104).

Sur les marchés locaux on vend quelques cabris, des légumes et des épices. C'est aussi là que les indigènes viennent se pouvoir des feuilles de bétel et des noix d'arec qu'ils ont coutume de mâcher avec de la chaux. (°...)

De Madagascar on n'importe que de la viande desséchée (maskita) ou du poisson sec." [1]

Zugleich hat es auch in den Handelszentren der Swahili außerhalb Madagaskars Siedler aus Madagaskar gegeben.

In seiner Beschreibung Sansibars erwähnt Richard BURTON (1899), daß *"there are trifling numbers of free blacks from the Comoro Islands, Madagascar ..."* (S. 313).

Nach seinen Angaben haben die Malagasy sogar ein eigenes Stadtviertel im östlichsten Vorort der Stadt (S. 380+339).

Die Komorianer von allen vier Inseln sollen in Sansibar etwa 2.000 Personen ausmachen (S.340), und eine bedeutende Immigration von Komorianern nach Sansibar soll zu Beginn des 19. Jahrhunderts durch die Angriffe der Malagasy auf die Komoren ausgelöst worden sein (S.341).

Die Angaben BURTONS über Komorianer auf Sansibar werden von SALEH (1936) bestätigt. Nach ihm lebten auf Sansibar die meisten Komorianer in Shangani, Mji Mpia, Malindi, Kidutani, Ng'ambo. Andere seien bis aufs Festland oder nach Pemba gezogen. Zu der Zeit als SALEH seinen Aufsatz verfaßte, soll es viele Komorianer in Mozambik gegeben haben (S.14).

Über die Geschichte dieser Siedlungen äußert er sich wie folgt:

"No exact data is available as to when the Comorians first emigrated to Zanzibar, but it is noted down that in the beginning of the 11th Century, A.D., one Hassan bin Suleman bin Ali, a Shirazi Prince (°...) who was ruling in Kilwa, (°...,) fled from his Dominions of Kilwa to avoid an invasion of some Bantu hordes from the mainland and found refuge in Zanzibar. Hassan had a large following among whom were a number of Comorians who were then residents of Kilwa. (°...) Later the invaders were repelled and Hassan was recalled to rule over his dominions of Kilwa. Nothing is definitely known how these Comorians went to Kilwa but we suppose that some had gone thither on slave raiding or fishing expeditions from their homes in the Comoros, (°...,) and subsequently settled there and joined the service of the Shirazi Rulers who were in alliance with the Sultans of the Comoro Islands ...

[1] M. Le Bron DE VEXELA: *"Univers Pittoresque, Iles Africaines de la Mer des Indes"*; 1845, zitiert nach REPIQUET (1901, S.105-108).

There are still living in Kilwa a few Comorians who are respected and regarded as the leaders of the people. As an instance the present Liwali of Kilwa is a Comorian."

Nach Saleh sollen, als Seyyid Said bin Sultan, der Imam von Muscat und Oman und Gründer des modernen Sultanats von Sansibar, 1804 zum ersten Mal auf die Insel kam, dort bereits einige hundert Komorianer gelebt haben, die als Händler, Seilmacher und Fischer beschäftigt waren.

"They came in by their dhows or fishing smacks (°...), sometimes with their families and cargo of cattle, merchandise or slaves." (S.5)

Salehs Angaben zufolge lebten zu seiner Zeit einige hundert Komorianer auf dem ostafrikanischen Festland, die keine Beziehung mehr zu den Komoren hatten (S.6).

Allerdings ist bei den Äußerungen von Saleh ein wenig Vorsicht geboten; denn er, der selber Komorianer ist, neigt dazu, die Bedeutung seiner Landsleute überzubetonen, was gelegentlich in rassistische Polemik ausartet:

"It is well known, however, that the Comorians are not only less dark in colour but are also fairly well educated and generally exhibit more intelligence in their dealings than the average Swahili native." (Einleitung)

Gerne ist er bereit, afrikanische Elemente auszulassen und islamische Traditionen mit dem angeblichen Anspruch der Komorianer, ihre Vorfahren kämen aus 'Melanesien' (woher sollten diese überhaupt die Bezeichnung kennen?) zu verbinden:

"However, apart from the fact that Zanzibar and the Comoro group are African Islands in the Indian Ocean, there is ample evidence of vast difference in the intellectual, social and moral affinity of the two people that one must admit that their claim of ancestral origin in respect of early settlement of their own islands by alien races emanating from Molenesia, Arabia and the Persian Gulf cannot be entirely refuted. ..." (Einleitung)

Es ist offensichtlich, daß Saleh nicht einfach nur Augenzeugenberichte liefert oder Traditionen wiedergibt, sondern daß seine Äußerungen unverkennbar von stark interpretierendem Charakter sind (vgl. auch: Saleh in Kapitel 2.2.).

Zusammenfassend läßt sich sagen, daß es eine Reihe mehr oder weniger alter schriftlicher Quellen gibt, die afro-austronesische Kontakte verschiedenster Art teilweise nahelegen, teilweise belegen.

Der zu Beginn unserer Zeitrechnung bestehende Gewürzhandel und die Berichte darüber (z.B. Plinius) deuten auf eine Handelsbeziehung zwischen Indonesien und der ostafrikanischen Küste hin.

Auch Madagaskar wird schon früh in Zusammenhang mit Ostafrika erwähnt (Periplus). Handelsbeziehungen bestanden beispielsweise zwischen Madagaskar und Kilwa. Regelmäßigen Schiffsverkehr gab es offenbar zwischen Madagaskar und Aden.

Andere Darstellungen zeigen, daß es auch auf afrikanischer Seite Meereskultur gegeben hat, so der Bericht über das Abenteuer des Yambulos, der auf eine Beziehung von Äthiopien oder Nordostafrika nach Madagaskar deuten könnte.

Auffallend in den Berichten arabischer Geographen ist, daß in ihrem Weltbild Ostafrika und Südostasien näher beisammen liegen, als dieses tatsächlich der Fall ist, oder als ineinanderübergehend dargestellt werden. Andererseits ist das geographische Wissen mancher Autoren erstaunlich: so werden für Afrika die Quellen des Nils, ein schneebedeckter Gipfel und die im Süden bestehende Verbindung zu einem westlichen Meer erwähnt und ziemlich genau lokalisiert.

Eine arabische Abhandlung berichtet von einer räuberischen Expedition von Indonesien an die ostafrikanische Küste (Buzurg).

In dem Manuskript von Idrîsî wird der Wohlstand und Handel der ostafrikanischen Küste, der Komoren und Madagaskars erwähnt.

Mehrere als *'Kmr'* bezeichnete Orte in Asien und Afrika werden von Ibn Said in eine historische Beziehung gesetzt. Demnach wanderte jeweils ein Volksteil von den nördlich der malaiischen Halbinsel gelegenen Gebieten nach Westindonesien, dann nach Madagaskar und schließlich nach Ostafrika. Anlaß für die Emigrationen sollen Streitigkeiten gewesen sein. Der Bericht beschreibt weiterhin große seetüchtige Schiffe vor Madagaskar.

Auch die zum Teil wesentlich später entstandenen Berichte von Europäern über Ostafrika erwähnen noch immer Beziehungen zwischen Kilwa, den Komoren und Madagaskar.

Mehrere portugiesische und englische Quellen erwähnen das gleichzeitige Vorhandensein von mindestens zwei verschiedenen Sprachen auf Madagaskar: die Vorläuferform des Malagasy (östlich) und eine afrikanische Sprache (westlich).

Siedlungen der Swahili oder mit ihnen und den Komorianern in Zusammenhang zu sehenden Volksgruppen werden entlang der Westküste Madagaskars beschrieben. Entlang dieser Städte hatte sich bis zur zweiten

Hälfte des neunzehnten Jahrhunderts Swahili als Handelssprache durchgesetzt.

Um 1800 kommt es über mehrere Jahre hinweg immer wieder zu räuberischen Aktivitäten sich zu diesem Zweck verbündender Malagasy-Volksgruppen gegen die Komoren und die ostafrikanische Küste. Die erwähnten Stadtstaaten der Nordwestküste Madagaskars schicken Truppen zu Hilfe auf die befreundeten Komoreninseln.

Noch Anfang dieses Jahrhunderts werden von Malagasy bewohnte Stadtviertel auf den Komoren, auf Sansibar und an der ostafrikanischen Küste (Saleh) erwähnt.

2.2. Mündliche Traditionen

Im Jahre 1575 gab Thevet eine Darstellung der Westküste Madagaskars, die 1609 von Megiserus teilweise wiedergegeben, teilweise ergänzt wurde. Beide Berichte enthalten die Zusammenfassung einer Tradition, angeblich der Einwohner Madagaskars, wonach in Folge einer großen Flut "vor dreihundert Jahren" die Westküste Madagaskars für "drei Wochen" überflutet war. Monate später, als das Land wieder trocknete, kamen Händler aus Sofala (bei Megiserus zufällig, nach Thevet jedoch, weil entsprechende Handelsbeziehungen bestanden hatten). Sie fanden ein verwüstetes Land vor und wurden von einigen der wenigen Überlebenden darüber informiert, was passiert war. Diese Nachricht verbreitete sich dann in Ostafrika und die beiden Könige von Sofala und Mosambik befahlen ihren Schiffen drei oder viertausend Menschen zur Wiederbesiedelung der Insel hinüberzufahren. Der Kommandant der Flotte war ein "Ungläubiger", der in Sofala geboren war und Albergra genannt wurde. Später verließ der König von "Magadoxo" und der Küste von "Adel" mit einer großen Flotte von 25 oder 26 Tausend Menschen sein Land.

Sein Ziel war eine Invasion der reichen Inseln von "Taprobane" (Sri Lanka <?>) oder "Sumatra", aber sie kamen vom Kurs ab und landeten an der Küste von Albergra. Sie blieben dort acht Monate lang, und bevor sie weiterfuhren, errichteten sie auf der Insel acht Steinsäulen, in denen sie in "Chaldäisch" den Namen "Magadoxo" einritzten. Dieser Name soll später zu Madagaskar geworden sein.

Bei Thevet liest sich die Geschichte wie folgt:

> "... / als die Erd wieder trucken / haben ungefehr etlich Schiff an der Insel angelandet mit Kaufleuten aus dem Königreich Cefala / welches gegenober an dem festen Land Africa liget ..." (Sie sehen Tod und Zerstörung, und ihnen wird von

Überlebenden auf Bergen berichtet, was sich zugetragen hat. Dann ...) "... sind sie wieder von dannen heimgefahren / haben den König zu Cefala den erbermlichen Zustand dieser Insel angezeigt. Als nun diese Sachen weit und breit in Ethiopien erschollen / haben die 2. Könige von Cefala und Mozambique miteinander ein Flotte von Schiffen mit drey oder viertausendt Seelen / diese Insel wieder zu bewohnen abgeordnet. Der General über diese Armada war ein geborener Cefalonier / mit Namen Alberga, ein Heyd / nach dessen Namen die Insel hernach genennet ward: welche vor der Sündflut Pacras hieß / wegen grösser menig der Schildkröten / so darinnen sind.

Lange Zeit hernach als die Insel wieder volkreich / und zu ihrer vorigen Schöne und Reichthumb gelangt / hat ein mechtiger König Menuthia Alphil genandt / darüber geherrscht: welcher die Insel nach ihme selbst zu nennen befohlen. Weil er aber ein großer / ist er von seinen Unterthanen / im fünften Jahr seines Königreichs sampt seinen Räthen / Ampt und Hofleuten erschlagen und gefressen worden / wie sie deñ im Brauch haben / mit ihren Feinden umbzugehen. Darnach haben diese Völker 186 Jahre lang keinen König mehr gehabt / sondern sich in ihrer Freiheit erhalten / und nach ihrem Kopf unter ihnen selbst Obrigkeiten erwehlt.

Nach solcher Zeit hat sich begeben / daß die König von Magadaxo und Adel mit einer großen Armada von fünf oder sechs und zwanzig tausend Man ausgefahren / vorhabens die reiche Insel Taprobane oder Sumatra zu überziehen. Als sie nun gegen ostwärts daher segelten / hat sie ein große ungestümigkeit des Meeres verworfen / und an die Insul Albargra verschlagen. Als sie aber dieß schöne Land / und sein fruchtbarkeit und reichtumb wahrgenommen / gewonnen sie lust darzu: setzten derwegen ihr Kriegsvolk ans Ufer / und namen das eben Land mit Gewalt ein: darinnen sie bis in die acht Monat / bis guter Wind wieder abzufahren gewesen / nach ihrem Willen gehauset.

Ehe sie aber von dannen gar hinweg geschieden / haben sie zu ihrer Gedechtnis hin und wieder in der Insel / 8. Seulen oder Pyramiden lassen aufrichten / und in chaldeischer Sprach diese Worte darin graben: Dieses große und mechtige Königreich ist gewunnen und eingenommen worden unter die Gewalt unseres großen Königs von Magadaxo.

So haben auch die Einwohner ihnen schweren müssen / keinen andern König als ihne zu erkennen / auch die Insel anders nicht als Magadaxo zu nennen: Dies Wort ist darnach corrumpiert und Magadascar, zuletzt Madagascar daraus geworden / ... Dieses sind die alten Geschichten ... so Thovet meldet / ..."

THEVET hatte wohl Arabien und Ostafrika besucht, aber - und hierin irrt MEGISERUS - niemals Madagaskar. Offenbar hörte er alles dieses von einem Bewohner Sofalas, den er in Arabien getroffen hatte.

So ist es schwierig, etwas über den Wahrheitsgehalt der angeblichen Tradition auszusagen. Wie viele Traditionen der unterschiedlichsten Völker berichten auch die Malagasy über große Fluten. Nach ihren Aussagen kamen große Überflutungen häufig in Westmadagaskar vor. Tatsächlich haben in diesem Teil der Insel Überflutungen, nicht zuletzt wegen der großen Flüsse, stattgefunden.

Eine Verbindung von Madagaskar zu Sofala und den Königreichen Mosambiks ist durchaus denkbar und in den alten Berichten offenbar belegt (vgl. Kapitel 2.1.).

Interessant ist die Erwähnung Sumatras als Fahrtziel für die Schiffe aus Mogadishu. So wird, sozusagen beiläufig, darauf hingewiesen, daß es eine direkte Verbindung zwischen beiden Orten gegeben haben muß, oder zumindest eine genauere Kenntnis der Herrscher von Mogadishu und Aden über Sumatra, da sich diese ja mit einer großen Flotte auf den Weg gemacht haben sollen, das Land zu überfallen. Eine unfreiwillige Fahrt von der somalischen Küste nach Madagaskar scheint durch die Windverhältnisse und Meeresströmungen zumindest in bestimmten Zeiten des Jahres durchaus möglich und erinnert an die geschilderten Abenteuer des Yambalos (siehe Kapitel 2.1.). Auch zu den erwähnten Steinsäulen lassen sich echte Parallelen auf Madagaskar finden: Nach Poirier (1947-1948) wurden Steintafeln mit bisher nicht entzifferten Zeichen bei Mailaka an der Nordwestküste gefunden. Doch ob hier einfach ein Bezug hergestellt werden darf, ist fraglich.

Interessant ist auch die Erwähnung der späteren Verbindung von Mogadishu nach Madagaskar, denn tatsächlich weisen ja einige Quellen auf solche Beziehungen hin [1]. Daß der Name der Insel gar aus dem Namen der Stadt Mogadishu abgeleitet sei, ist - wenn auch in dem beschriebenen Kontext unsicher - insgesamt betrachtet gar nicht so abwegig, da von späteren Autoren immer wieder erwähnt wird, die Insel habe ihren heutigen Namen dadurch, daß Marco Polo sie mit Mogadishu verwechselt habe.

Guillain (1845, S.357-360) gibt eine Tradition der Antalautse auf Madagaskar wieder, die Parallelen mit den Swahili-Chroniken [2] nicht entbehrt und die davon berichtet, wie ihre Vorfahren auf die Insel gelangten.

Danach wurde Sheikh Hassani von 'Boukdadi', nahe 'Bassora', einst von seinem Sohn öffentlich beleidigt. Er rettete seinen Sohn vor der Wut seiner Anhänger und dem Gesetz und verließ stattdessen selbst das Land mit einigen, die ihm folgten, seinen Sklaven und seinem Besitz.

Seine Flotte bestand aus sieben Dhaus, die den Persischen Golf verließen und an der ostafrikanischen Küste landeten, und zwar an einer kleinen Bucht, südlich von 'Monbaze'.

Am linken Ufer des Flusses, der in der Bucht mündete, gründete Hassani eine Siedlung, die er 'Pangani' nannte. Als er verstarb, hinterließ er zwei Söhne. Der

[1] z.B. Handelsbeziehungen über die Stadtstaaten der Swahili (^ Kapitel 2.1. und im folgenden).
[2] vgl. Chittick 1965 in *Journal of African History* 6, 3, S.275-294.

ältere, Amadi genannt, wurde Nachfolger seines Vaters in Pangani. Der andere Sohn, Kambamba, ließ sich am anderen Flußufer nieder und gründete dort 'Bouébi'.

Einige Zeit später wurden sie von Kriegen in der Umgebung beunruhigt und brachen auf, ein friedvolleres Land zu suchen.

Sie segelten nach 'Kom'ri' und landeten an der nördlichsten Spitze der Insel.

Erst nachdem sie begonnen hatten sich einzurichten, stellten sie fest, daß die Gegend für die Inkulturnahme nicht so gut geeignet war. Sie zogen weiter nach Süden, zuerst zur Insel 'Nossi-Comba' und später in die 'Matzamba'-Bucht.

Dort gründeten sie erneut eine Siedlung mit dem Namen 'Pangani'. (Später wurde daraus Langani.)

Nach einiger Zeit zog Kambamba weiter nach Süden und blieb auf der Insel 'Makambi'.

Einer seiner Söhne hieß Amadi (wie sein Onkel) und zog an eine Bucht in die Nähe von 'Makambi'. Zuerst lebten sie dort auf einer Insel, später am äußeren Ende der Bucht. Ihre Siedlung nannten sie wiederum 'Bouéni'.

Später kam 'Andriamandisoarivo' (Sakalava-Maroserana) nach Langani, dessen Bewohner er 'Anti-Alaoutsi' nannte.

In der von Fontoynont & Raomandahy (1939) wiedergegebenen Überlieferung der Antaifas[i] heißt es, daß der Stammvater Prinz Ndretsileo einst aus "Afrika" nach Madagaskar eingewandert sei:

> *"Las des guerres intestines qui troublèrent et ravagèrent son pays, en Afrique, Ndretsileo alla vers l'inconnu. Parti, au moyen d'un boutre avec Ndremandetahoho (Zafimanely), il arriva à Madagascar, dans l'embouchure du Menarandra où Marosirana lui donna la terre de Manambovo."* (S.1)

In der referierten Form bietet der Text eine Schwierigkeit, die sich auch in vielen anderen übersetzten Traditionen findet. Erwähnt die Original-Überlieferung tatsächlich Afrika oder ist es eine Beifügung des Erzählers oder eine Interpretation der Autoren? Leider geben die Autoren hierüber keine Auskunft. Auch enthält der weitere Text keine Hinweise mehr auf einen afrikanischen Ursprung der Antaifas[i].

Smith (1883) gibt eine Tradition der Malagasy auf der Komoreninsel Mayotte wieder. Unklar bleibt jedoch, ob das geschilderte Ereignis den Umstand beschreibt, der dazu geführt hat, daß Malagasy auf Mayotte siedeln, oder ob es schon vorher eine Siedlung von Malagasy gegeben hat:

> *"The history of the island appears to be this. A Malagasy chief, having been driven from the west coast of Madagascar with his followers, had landed in Mayotta and established himself there. Afterwards he appears to have had trouble from Arab and Swahili immigrants, and in order to protect himself had recourse to the French. This protection was afterwards developed into possession, and so the island became wholly French ..."* (S.236)

Nach einer in arabischer Schrift verfaßten Chronik der Antaymuru auf Madagaskar, von der MARCHAND 1901 berichtet, kamen die Vorfahren der Antaymuru einst aus 'Maka am Matatanana'. Und zwar seien sie aus acht 'Dörfern' in der Nähe dieses Ortes emigriert. Die Dörfer hätten die folgenden Namen gehabt: 'Zobaly-Zobaly, Zobaly rafay, Zobaly faramaseko, Zobali faradabaitry, Alimokadosy, Zobali marohazomamoa, Zobaly kafo, Zobaly alifo, und ihre Gräber bei Marovany und ihre Quellen bei Sinamo' (S.484).

Die Bestimmung dieser Orte scheint in den meisten Fällen sehr schwierig. Während man in der Erwähnung von 'Maka' (arabisch für Mekka) den häufig anzutreffenden Wunsch erkennen mag, seine Abstammung als Moslem auf die Familie oder zumindest nähere Umgebung des Propheten Mohammed zurückzuführen, mag man in 'Alimokadosy' (wohl: Alimukadus[i]) eine Parallele zu arabisch *al-muq(a)dishu* sehen, der einst wichtigen Hafenstadt an der somalischen Küste.

Die Besiedelung der vier Komoreninseln begann spätestens im neunten Jahrhundert (Archäologie, vgl. Kapitel 2.3., WRIGHT 1984). Der Zeitraum der königlichen Dynastie Inya Fwambaya und der drei Sultanate (Itsandra, Hamahame, Washili) der Insel Ngazija setzt aber später an und beginnt, entsprechend der Überlieferungen, mit der Ankunft von *'Shirazi'* genannten Prinzessinnen, die im dreizehnten oder vierzehnten Jahrhundert wahrscheinlich von Kilwa kamen. Die Zeit der Dynastien endete mit dem Tod des letzten großen Sultans von Itsandra, des Ntibe Msafumu, im Februar 1883.

Bedeutend für die Geschichtsforschung der Komoren und der Insel Ngazija im besonderen ist die auf Swahili verfaßte Chronik von Abdul LATWIF mit dem Titel *"Faslu ni bayani habari za zamani nimesikia na watu wazee"* [1]. Diese Überlieferung beginnt mit der Geschichte des Sultanats von "Kiitanda". Mit dem Namen "Kiitanda" ist das üblicherweise als "Itsandra" bekannte Fürstentum auf Ngazija gemeint. Der im Swahili verwendete Name entspricht lautlich regelmäßig dem des Ngazija. Nach der Tradition kamen die Gründer des

[1] aus der Bibliothèque Municipale de Saint-Maur-des-Fossés, zitiert von SACLEUX und später bei DAMIR et al. 1985.

Sultanats aus "Kilwa Kisiwani" und trafen auf Ngazija auf eine 'Bedya' (/'Mabedya' / 'Wabedya') genannte Bevölkerung. Die Bezeichnung Bedya [1] soll im Mittelalter ein Name für alle Einwohner des 'Bedya-Landes' zwischen dem Nil und dem Roten Meer und zwischen Ägypten und Erythräa gewesen sein (DAMIR 1985, S.38).

Aus einer anderen Überlieferung, betitelt *"Habara na Angazija"* [2], von Aziza ABUBAKAR, geht deutlich hervor, daß diese Bevölkerung nicht islamisch war und sich auch sprachlich und kulturell von der neu eingewanderten unterschied.

Das Anfang des achtzehnten Jahrhunderts entstandene Manuskript von Said HUSEYN, *"Kitâb-al-Zûnûj"* [3], bezeichnet eine frühe, wohl afrikanische Bevölkerung der Komoren als "Wanyika", ein Swahili-Terminus, der sich auf die heterogene Bevölkerung bezieht, die das Hinterland des Küstenabschnittes zwischen Malindi und Mombasa bewohnt. In der gleichen Quelle werden die Wanyika, was wörtlich übersetzt soviel heißt wie 'die der Savanne', mit dem arabischen Wort *kashûr* bezeichnet, was soviel bedeutet wie 'Flüchtlinge' [4].

Tatsächlich sind die Wanyika der Komoren ein afrikanisches Volk gewesen, wie nicht nur die matrilineare Struktur [5] zeigt, die sie auf den Komoren anlegten und die trotz der Einführung des Islam vor allem auf Ngazija Bestand hat. Auch die Entwicklung und das Funktionieren der Dynastie Inya Fwambaya wird auf dieses Volk zurückgeführt. [6]

Andererseits berichten die Traditionen von genealogischen Beziehungen mit den Bedya. So heißt es, daß FePirusa, alias FeUbayya, "ein Prinz arabischen Ursprungs", sich nacheinander mit zwei "Prinzessinnen shirazischen Ursprungs" vermählte: zuerst mit der Tochter einer Shirazi-Mutter und eines Bedya von Bambao (Ort auf den Komoren), dann mit der Tochter einer Shirazi-Prinzessin, die als Schiffbrüchige bei Hahaya mit einem Bedya der Region Hamanu vermählt

[1] Die üblicherweise verwendete Schreibung ist 'Beja'.

[2] Paris 1982 in: *Études Océan Indien - Documents Comoriens 1*, S.5-10.

[3] Paris 1982 in: *Études Océan Indien - Documents Comoriens 1*, S.15-52.

[4] Nach CERULLI (1957, S.259) wurden die Wanyika der Küste vor dem Islam von den arabischen Himyariten, die von ihrem Führer Tubba' an die afrikanische Küste gesandt wurden, um Gold zu suchen, in die Küstenregion gedrängt.

[5] Offenbar waren die patrilinearen Shirazi nicht in der Lage das bestehende matrilineare System zu ersetzen. Das Ergebnis ist ein matrilineares System mit patrilinearen Zügen. Ein analoges Phänomen ist zum Beispiel bezeugt im alten Königreich von Raminia an der Ostküste Madagaskars, bei Vazimba des zentralen Hochlandes der Insel sowie in den malaiischen Königreichen von Palembang und von Banjar, von Negeri Sembilan in Malaysia und Minangkabau auf Sumatra. In den letztgenannten Beispielen handelt es sich um zugrundeliegende austronesische Strukuren reiner Matrinlinearität, die durch hinzugetretene maskuline Werte des Islam beeinflußt wurden.

[6] Zur Etymologie des Namens der Dynastie siehe Kapitel 8.3.2.

war. Auf diese Weise sollen die beiden, die Geschichte dominierenden, königlichen Familien enstanden sein:

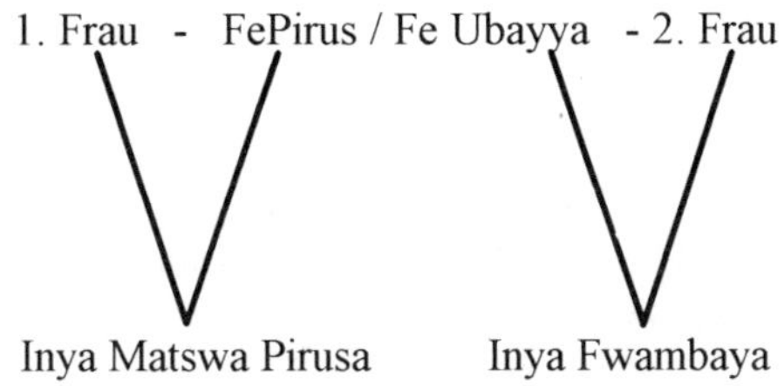

Sultanate:

Bambao	Itsandra
Mitsamihuli	Hamahame
Hambuu	Washili
Mbwankua	

Die Familienmitglieder erhielten mit der Geburt den Titel *mfaume* (^ swahili *m·falme*), der Prinz trug den Titel *sultwan*.

Schließlich wurden die beiden Dynastien zu Rivalen, die um die politische Oberherrschaft stritten, welche durch den Titel Ntibe (siehe Kapitel 8.3.2.) gekennzeichnet war.

Im weiteren Verlauf der Tradition von Abdul LATWIF werden auch die Überfälle der Malagasy auf die Komoren erwähnt:

"Wamekuja wabuki na muradi wawo wakatwaa wangazija wawafanye watumwa wakakataa wapigana na zama hizo hapana silaha ila upanga ama wabuki wanazo bunduki wamewasili fumbuni." (S.14)

"Da kamen Malagasy mit ihrer Absicht Leute von Ngazija zu holen, daß sie sie zu Sklaven machten und sie weigerten sich zu kämpfen mit diesen Leuten (°, denn) es gab keine Waffen außer Schwertern; die Malagasy (° aber) besaßen Gewehre, die sie in Fumbuni ergattert hatten."

Die dann folgende Erzählung enthält jedoch keine genaueren Angaben über die Hintergründe der Raubzüge, sondern berichtet, wie zu erwarten, vom eigentlichen Kriegsgeschehen und den Verteidigungsmaßnahmen der Komorianer.

Interessant ist, daß in diesen Auseinandersetzungen, welche *"koodo "kuu* ('großer Krieg') genannt wurden, in den Truppen, die alle Sultanate von Ngazija aufstellten, nicht nur Krieger von den anderen Komoreninseln mitkämpften, sondern auch solche aus Nordwestmadagaskar von Sultan Ahmed von Bambao rekrutiert wurden (S.70).

Eine durch INGRAMS (1931) von Sansibar wiedergegebene Überlieferung enthält die folgenden Aussagen von Sheikh Ali bin Mohammed El Rubhki:

> *"In India are Diba and Jawa. From thence came men and opened up the country of the Sawahil. They made a town at Mkumbuu. In India, as here, are coco-nuts, mangoes, pine-apples, durians. They lived here, and they owned Pate and Mombasa, but their Sultan lived at Mkumbuu, his liwali lived at Pujini. The Portuguese came and turned them out, and stayed here. ... the people of Diba and Jawa met no one here, except natives. ... The Kipemba for viazi (sweet potatoes) is madiba. ... The Wasakalava ... never came to Pemba or Zanzibar, though they came to Mafia."* (S.125)

Ob mit den erwähnten "Jawa" Javaner gemeint sind, ist fraglich.

Bei der Erwähnung der "Wasakalava" bezieht sich der Erzähler wohl auf die Raubzüge der Malagasy-Piraten an die ostafrikanische Küste (siehe Kapitel 2.1.).

Ebenfalls von Sansibar aus berichtet SALEH (1936). Ohne Quellenangabe referiert er:

> *"It has been recorded however, that early in the 7th Century A.D., a party of Arab immigrants under the leadership of Hamza bin Maruan, the brother of the great Khalifa Abdul-Malik bin Maruan of the Ommayad Dynasty of Baghdad, Iraq (Mesopotamia) began to colonise the two larger islands - Grand Comoro and Anjouan. ... The other two islands Mayotte and Mohéli were at a subsequent date colonised by people of Molenesian or Malayan origin coming from the great neighbouring Island of Madagascar. This influence from Molenesia is evident even to this day. It was certainly from there that the 'Eyes' on boats came from. There are many people in Madagascar and in the Comoro Islands of pure Malayan features. This supports the other legends about some original strain of the Comorians coming from Melanesia."* (S.1-2)

Schnell wird deutlich, daß es sich hier nicht einfach nur um wiedergegebene Traditionen handelt. Wie zum Beispiel sollen Komorianer in ihren 'Legenden' den Begriff 'Melanesien' kennen? Unverkennbar sind SALEH Arbeiten europäischer Ethnologen und Historiker vertraut (Kulturkreislehre, vgl. Kapitel 3.2.), denen er zum Beispiel den Hinweis auf die 'Augen' an Bootsrümpfen verdankt.

Eine Tradition der Wanyaturu Ostafrikas wird von Culwick (1936, vgl. auch Kapitel 3.2.) wiedergegeben, der sie von einem gewissen von Sick hat, dem sie ein alter Mann erzählt haben soll.

> *"A long time ago our forefathers lived beyond the sea in a country wholly surrounded by water. Once there was a great famine there because the locusts ate up all the fruit on the trees, their only food. Consequently they decided to migrate. They felled trees and bound the logs together with bark. The women and children were set in the middle with provisions consisting of sweet water and fruit. The men rowed, two in front and to behind. Thus they travelled many days towards the setting sun till they came in sight of land and landed at the mouth of a great river. One half remained at first on the coast, the other followed the river upstream, living on game which existed in great abundance. Eventually they left the upper reaches of the river on their right hand and travelled through a dry country ..."*

Der inhaltliche Bezug dieser Tradition zu einer Einwanderung aus Indonesien, wie von Culwick suggeriert, ist jedoch rein spekulativ und nicht im geringsten nachvollziehbar.

Nach Birkeli (1926, 1936, S.19) heißt es in einer Tradition der Vazimba vom Tsiribihina-Fluß auf Madagaskar, sie selbst seien vom zentralen Hochland geflohen, aber ihre Vorfahren hätten "Makua" gesprochen, ein Terminus, der in seiner heutigen Form auf Madagaskar soviel bedeutet wie 'afrikanisch':

> *"Les Tsimializa du sud de Ranomena sont de vrais Vazimba, leur ancêtres Nibeko, Makoa, parlaient makoa."*

Die Vazimba des Morodava-Gebietes sagten, sie seien von Iboina südwärts gezogen und wären nur von mütterlicher Seite 'Makua'.

Die Vazimba am Mangok^{i} beriefen sich auf eine Übersee-Migration von Kasomb^{i}.

Kent (1970) versucht Kasomb^{i} zu identifizieren und meint:

> *"At least two other terms <?> point to the same king-making and statebuilding group in central Africa, and so it might not be far fetched to imagine that 'Kasomby' may be a recollection of the expansion of 'Lunda Kazembe'."* (S.174)

Freemen-Grenville veröffentlichte 1962 eine Übersetzung einer von ihm im Jahre 1955 in der alten Stadt Kua auf der Insel Juani, Mafia, aufgenommenen Überlieferung, die ihm von Sheikh Mwinchande bin Juma, dem einstigen Stadtherrn von Kua, erzählt wurde, der sie einmal auswendig gelernt hatte.

Danach seien einst 'Araber' an den Ort der Stadt gekommen, wo bereits 'Shirazi aus Persien' lebten. Beide Parteien seien übereingekommen, daß die 'Araber' einen eigenen Stadtteil bauen dürften, den sie Kua nannten. Die beiden Völker hätten begonnen, sich durch Heirat zu vermengen; doch schließlich wären die Araber Herrscher über beide Stadtteile geworden. Mit Strenge regierend hätten sie unter anderem ihrem einstigen Bauherren die Hand abgeschlagen. Schließlich sei dieser Baumeister in die Stadt Wibu auf 'Madagaskar' geflohen. Dort habe er Sakalava getroffen und sie überredet, Kua zu überfallen. Die Sakalava seien mit Kanus, die 'raka' genannt würden, nach Kua gekommen. Jeweils zwei oder drei Männer seien in einhundert bis zweihundert Kanus gelandet. Als sie einem alten Mann, auf den sie getroffen seien, seine Rinder hätten abnehmen wollen, habe sich dieser gewehrt und sei von ihnen getötet worden. Als das Volk von Kua der Sakalava gewahr geworden sei, wären sie alle fortgelaufen, teilweise gefangen und versklavt worden.

Obwohl die Überlieferung leider nicht in der Originalfassung, sondern nur in der Übersetzung veröffentlicht wurde, enthält sie doch einige interessante Angaben.

Zunächst einmal muß festgehalten werden, daß in der Tradition Madagaskar, ja sogar eine Stadt dort, überhaupt erwähnt wird. Zwar wissen wir nicht, welche Bezeichnung von dem Erzähler tatsächlich gebraucht wurde, doch kann man vermuten, daß "Buki(ni)", der Name Madagaskars im Swahili, verwendet wurde. Sogar die 'Sakalava' werden namentlich genannt. Auch ihr beschriebenes Interesse an Rindern spricht für Authentizität, ist auf Madagaskar doch der Rinderdiebstahl und die hohe Wertschätzung von Rindern seit langem bekannt. Nach der Erzählung müssen die 'Sakalava' auch dem Volk von Kua als besonders stark bekannt gewesen sein, da sie doch sofort die Flucht ergriffen.

Der Erzähler nennt die Kanus der Malagasy "raka", wobei er erstaunlicherweise tatsächlich den Namen der Boote im Malagasy referiert, wo sie *laka* heißen, und nicht den Swahili-Terminus *ngalawa* verwendet.

Vermutlich bezieht sich die Tradition auf einen der piratischen Überfälle der Küstenstädte durch Malagasy, wie sie auch von den Komoren bekannt sind (vgl. Kapitel 2.1.). Ob der Verrat eines Mißhandelten Anlaß für diese Überfälle gewesen ist, ist ungewiß und nicht von allzu großer Bedeutung. Bedeutsam bleibt, daß die Überlieferung ein gewisses Maß an Wissen über Madagaskar erkennen läßt, und somit auf irgendeine Form früherer Beziehung zwischen der Insel und der Küste hinweist.

In seiner ethnologischen Arbeit über das Volk der Bara erwähnt MICHEL (1957, S.15), daß ihm erzählt worden sei, die Bara hätten einst in 'Südostafrika' gelebt. Etwa tausend Männer und Frauen hätten den 'Kanal von Mosambik' überquert und seien zwischen Morondava und Tuléar an der Westküste Madagaskars an Land gegangen.

Leider bleibt es MICHEL schuldig, seinen Lesern mitzuteilen, wer seine Informanten waren, wie er zu den Informationen gelangte und vor allem, welche Ortsnamen tatsächlich genannt wurden: sollten die Informanten in ihrer Tradition wirklich 'Südostafrika' gesagt haben?

Nach MICHELS Ausführungen sei der erste 'Bara-Häuptling', der von 'Afrika' gekommen sei, Rabib[i] gewesen, der Vater von Ndriamanel[i], dem Gründer der Zafimanel[i]-Dynastie. Von den fünf folgenden Herrschern sei der letzte 1909 gestorben (KENT 1968, S.392). Die Bara wären demnach etwa im achtzehnten Jahrhundert nach Madagaskar übergesiedelt. Sollte es sich bei Ndriamanel[i] um die gleiche Persönlichkeit wie Andriamanel[i] in der Tradition der Betsileo gehandelt haben, so wäre dieser 1790 gestorben. Ob die Zeit seit frühestens Mitte des achtzehnten Jahrhunderts bis zu den ersten Berichten europäischer Anthropologen kaum einhundert Jahre später ausgereicht hätte, die afrikanische Heimatsprache der Bara vollständig gegen das Malagasy einzutauschen, ohne das mehr afrikanische 'Rückstände' zu erkennen seien, als in anderen Dialekten des Malagasy, ist fraglich.

Leider wird die Tradition noch unverläßlicher, betrachtet man MICHELS Argumentationsweise in anderen Aspekten (siehe auch Kapitel 3.3.): So behauptet er, es gäbe religiöse Parallelen zwischen den Bantu und den Bara, die kaum zu unterscheiden seien, die er aber nicht beschreibt, und außerdem würden die Bara 'den gleichen starken Geruch verströmen wie die Bantu', eine wohl äußerst unwissenschaftliche und geradezu groteske Aussage (S.59).

Wenig hilfreich sind auch solche Äußerungen wie die von VÉRIN (1976 in Azania, S.140), Malagasy "*of apparent African physique*" hätten ihm erzählt, ihre Vorfahren kämen aus "*Africa*" und hätten dies auch belegen können.

Während das äußere Erscheinungsbild uns keine gesicherte Information geben kann (vgl. Kapitel 3.1.), bleibt unklar, ob VÉRINS Informanten tatsächlich "*Africa*" gesagt haben und wann und unter welchen Bedingungen diese Migration stattgefunden haben soll. Aus eigener Feldforschungserfahrung kann gesagt werden, daß es sich hierbei wahrscheinlich um auf Madagaskar sogenannte "Makua" handelt, deren 'Vorfahren' vor zwei oder mehr Generationen als Sklaven aus Ostafrika geraubt und nach Madagaskar verschleppt worden sind (vgl. Kapitel 7.1.3.).

Zusammenfassend läßt sich sagen, daß einige Überlieferungen existieren, die Afrika, die Komoren und Madagaskar in Beziehung zueinander setzen. In einem Falle gar enthielt eine afrikanische Tradition (die von Kua) einen malagasy Volksnamen und eine Bootsbezeichnung des Malagasy.

Zudem wurde deutlich, daß die Komoren und Sansibar von einer offenbar afrikanischen Urbevölkerung vor der Ankunft der Shirazi bzw. Swahili bewohnt waren.

Zu den Chroniken der Swahili des Festlandes fanden sich Parallelen in einer Überlieferung auf Madagaskar.

Beobachtet wurde, daß die Glaubwürdigkeit mancher Theorien durch schlechte Wiedergabe in Frage gestellt ist, da angeblich enthaltene europäische Ortsnamen eher den Eindruck einer Übersetzung oder Interpretation des europäischen Wissenschaftlers machen.

2.3. Archäologische Befunde

DART 1925 von der Universität Witwatersrand in Südafrika nutzt Felszeichnungen als historische Berichte. Die Interpretation ist aber erwartungsgemäß oft sehr subjektiv. Es ist dennoch ein interessanter Ansatz, der genauerer Studien bedürfte und vor allem das Zurateziehen der Nachkommen der Zeichner.

Seine Studien wurden vor allem von HROMNIK (1981, siehe Kapitel 3.2.) dahingehend interpretiert, als habe DART die Abbildungen von Indern und 'Indonesiern' beschrieben. Bei der Lektüre der Arbeit von DART stößt man jedoch auf keinerlei Hinweise dieser Art.

Interessant hingegen wäre der vom Autor berichtete Fund eines 180 Fuß langen Bootes bei Ausgrabungen in Transvaal (S.429) als Nachweis alter afrikanischer Meereskultur; doch leider fehlen offenbar bisher genauere Untersuchungen.

Über Funde eindeutig austronesischer Kulturgüter in Afrika oder afrikanischer Kulturgüter in Austronesien ist aus den vorliegenden Werken - mit einer Ausnahme - nichts zu entnehmen: WESTERMANN berichtet, in Zimbabwe seien Perlen südindischer und malaiischer Herkunft etwa aus dem achten oder neunten Jahrhundert gefunden worden (S.413). Da aber die malaiischen Perlen offenbar zusammen mit südindischen gefunden wurden, ist es möglich, daß sie zum

Beispiel von persischen oder indischen Kaufleuten nach Afrika gehandelt worden waren.

Nach VÉRIN (1976, S.145-146) lassen sich archäologisch betrachtet fünf Kulturen auf Madagaskar mit afrikanischem Ursprung identifizieren:

1) Die Kultur früher Küstensiedlungen im Norden der Insel. Die Fundorte zeigen Analogien mit denen der ostafrikanischen Küste zwischen Lamu und Kilwa. Auf Madagaskar erscheinen sie zuerst im Norden und Nordwesten im neunten Jahrhundert bei Irondo und im zwölften Jahrhundert in der Bucht von Ampasindava, Mahilala und auf den Ambariotelo-Inseln.

   "The domination of trading on the East African coast at the turn of the fourteenth century by a dynasty of Hadhrami origin at Kilwa (^ CHITTICK 1974, I, S.239) *also had repercussions in Madagascar."* (S.145)

   Allerdings wohl spekulativ und etwas undeutlich fährt er fort, daß die maritimen Handelsverbindungen dieser Bewohner Möglichkeiten für nicht-islamisierte Bantu dargestellt hätten, die diese seit jener Zeit bis zum Beginn der historischen Zeit genutzt hätten.

2) Die Kultur der Fischer-Gesellschaften der frühen Küstensiedlungen im Westen und Süden der Insel. Von ihnen sind bisher keine früheren Funde als aus dem zwölften Jahrhundert entdeckt worden. An den Fundstellen finden sich viele Objekte aus Eisen und Tonwaren mit eingeritzten Mustern.

3) Die Kultur der Viehhalter und Jäger der Inlandsiedlungen im Westen und Süden. Die Fundstellen stammen aus dem dreizehnten bis sechzehnten Jahrhundert. Hier finden sich nach VÉRIN importierte Objekte, deren Herkunft er uns aber leider nicht verrät. Bei den Tonwaren lassen sich Ähnlichkeiten mit denen der Swahili und der alten Fischersiedlungen (siehe Absatz 2) oben) feststellen. Zwischen den Küchenabfällen finden sich Knochen ausgestorbener Tierarten und allgemein sehr viele Rinderknochen. Metallarbeiten waren bekannt und so auch die Agrarkultur, obwohl Sammel- und Jagdtätigkeit mit zunehmender Rinderzucht vorherrschten.

   VÉRIN spekuliert, daß eventuell die Vazimba zu dieser Kultur gehörten.

4) Östliche Chloritschiefer-bearbeitende Kulturen aus dem elften bis vierzehnten Jahrhundert an der Nordost-Küste, nach VÉRIN 'eine Variante der Swahili-Kultur archaischer Siedlungen', ausgezeichnet durch den Export von aus Chloritschiefer oder Seifenstein gefertigten Gefäßen.

5) Die Handelsposten der 'Antalautse'. VÉRIN spricht von der 'klassischen' Swahili-Zivilisation der Nordwestküste ab dem vierzehnten Jahrhundert. Die Städte finden sich auf Inseln und Halbinseln, ähnlich denen der ostafrikanischen Küste und der Komoren.

Bei den Ausgrabungen des Fundorts Bagamoyo auf Mayotte zeigte sich eine permanente Besiedelung seit mindestens dem neunten Jahrhundert (ALLIBERT & ARGANT 1983). Die gefundenen Töpferwaren (ca. 12.-13. Jahrhundert) zeigen Verbindungen mit der "Kilwa-Shirazi-Periode", die Parallelen mindestens vor allem in Mombasa und auf Manda hat.

Gleiche Ergebnisse sind von den anderen Komoreninseln und archäologischen Ausgrabungen auf Nord-Madagaskar bekannt (WRIGHT 1979).

So fand sich im Nordosten Madagaskars (Irondo) Töpferware aus dem neunten Jahrhundert, die sich mit der von Sansibar aus der gleichen Epoche vergleichen läßt und ein Golddinar, datiert zur Zeit Harun Al-Rashid's (798 n.Chr.).

Im wesentlichen läßt sich die Küstenkultur des westlichen Indischen Ozeans aufgrund archäologischer Erkenntnisse etwa wie folgt gliedern (nach NURSE 1983 u.a.):

1. Periode:

spätestens seit dem achten Jahrhundert, wahrscheinlich früher, entlang der gesamten Küste von Somalia bis Mosambik, einschließlich Sansibar, der Komoren und Madagaskar; die südlichsten Funde davon, inklusive der madagassischen, seit spätestens dem neunten Jahrhundert (C^{14}-Methode).

Sie ist charakterisiert durch den Bau von Lehmhütten, die Kultur lokaler Pflanzenarten, Rinder- und andere Tierhaltung, Verzehr von Fisch und anderen Meerestieren, Eisenverarbeitung, Tonwarenherstellung, Jagd und Handel.

Sie weist relativ geringe Unterschiede zu den benachbarten Bantu-Gesellschaften auf. Import-Waren aus dem Mittleren Osten sind vorhanden, jedoch in relativ geringen Mengen. Die Gesellschaft als solche ist nicht islamisch, obwohl einzelne Familien oder Individuen Moslems gewesen sein können.

Es ist anzunehmen, daß auch diese frühen Küstengesellschaften schon als Swahilisprecher angesehen werden können, da in alten arabisch verfaßten Manuskripten Wörter überliefert sind, die eindeutig heutigen Formen des Swahili entsprechen:

zum Beispiel:

MAS'UDI (ca.1000)	***'mfalme', 'wafalme'***	**= 'König(e)'**
IDRÎSÎ (ca.1150)	***'ngudya'***	**= 'Sansibar'**
	'maqanga' (^m·ga*$^{\tilde{n}}$*ga)	**= 'Heiler'**
	'konde'	**= 'eine Bananenart'**

2. Periode:

an gleichen oder benachbarten Fundorten, charakterisiert durch größere Mengen und größere Vielfalt importierter Waren. Ein eigener Baustil aus Korallenfelsstücken (manchmal ungenau als 'Steinbauten' beschrieben), generell mit Moscheen und Gräbern, daher anzunehmende Islamisierung der Gesellschaften. Älteste Funde dieser Bauart sind bisher die auf Manda aus dem neunten Jahrhundert. Neueste Forschungen deuten auf entsprechende ältere Funde an der tansanianischen Küste (unter Kaole) (pers. Mitteilung, Universität von Dar-es Salaam).

3. Periode:

Im vierzehnten Jahrhundert zahlreiche neue Siedlungen mit der erwähnten Art von Korallenfels-Bauten, insgesamt etwa vierzig (im 16. Jahrhundert circa 50, zuvor etwa 12-20).

Die Kultur scheint einem neuen Höhepunkt zuzustreben, doch mit den brutalen Eingriffen der portugiesischen Kolonialisten und der Intervention des Oman endet die Expansion und die Autonomie der Handelszentren.

3. Theoretische oder sekundäre Quellen

Da wir uns in diesem Teil der Arbeit mit der Potentialität afro-austronesischer Kulturkontakte beschäftigen, werden hier im folgenden Arbeiten zitiert, welche die Möglichkeit eines solchen Kontaktes diskutieren. Wie sich herausgestellt hat, ist in den meisten Fällen die Diskussion der Möglichkeit mit der Annahme verbunden, daß es solche Kontakte gegeben habe oder gegeben haben müsse.

Auf ein Werk, das Afrika und Madagaskar kulturell und gesamt-geschichtlich möglichst völlig zu trennen versuchte, muß jedoch an dieser Stelle kurz eingegangen werden. Es ist das der Brüder GRANDIDIER, deren Arbeiten zu Madagaskar ganze Bibliotheksschränke füllen, und die in vielbändigen Mammutwerken keinen Aspekt, ganz gleich welcher Wissenschaft, auslassen wollten. Ihre Arbeiten sind die - vor allem auf Madagaskar selbst - meistzitierten, und, erschlagen von der scheinbaren Hyper-Kompetenz und der Menge an Material, getraute sich kaum einer ihrer nachfolgenden Kollegen den geringsten Zweifel gegen die von ihnen dargelegten Thesen zu erheben. Für Jahrzehnte, ja bis heute, war und ist die entscheidende Frage an Kulturwissenschaftler zu Madagaskar die, wessen Linie sie folgen: der von FERRAND oder der von den GRANDIDIERS. Denn so wie seit Anfang dieses Jahrhunderts das Werk von FERRAND von den Autoren, die einen afro-madagassischen Kontakt sehen, wie ein "heiliges Buch" angesehen und als Korpus und Quellenmaterial für ihre eigenen Arbeiten genutzt wird, geschieht das gleiche mit den Werken der GRANDIDIERS durch die Gegner einer These afro-madagassischen Kontaktes. Seit den konträren Arbeiten dieser Autoritäten hat sich kaum noch ein Autor die Mühe gemacht, selber nach Material zu suchen.

In ihrem 711 Seiten starken Band über die Ethnographie und Geschichte Madagaskars diskutieren die GRANDIDIERS auf nicht einmal drei ganzen Seiten die afro-madagassischen Beziehungen oder afrikanischen Elemente auf Madagaskar. Das entspricht etwa dem Raum, den sie den äußerst hypothetischen chinesischen und japanischen Migrationen nach Madagaskar widmen.

Alfred GRANDIDIERS Meinung nach ist das 'negride Element' in der madagassischen Rasse nur zu einem geringeren Teil durch Sklavenhandel, aber vor allem durch einen teilweise 'indo-melanesischen Ursprung' der Malagasy bedingt.

Afrikaner waren seiner Meinung nach nicht seetüchtig und unfähig, über das offene Meer zu fahren. Das sei schließlich dadurch belegt, daß es keine frühen Berichte über afrikanische Seefahrten gäbe. Nach Madagaskar seien sie nur als Sklaven (zuerst durch Araber, später durch Europäer) gelangt; daher, das heißt als Sklaven, hätten sie auch keinen Einfluß auf die Kultur der Malagasy haben können.

"Les nègres d'Afriques, qui ne sont nullement marins et qui n'ont pas de bateaux capable de tenir la haute mer, n'ont jamais colonisé volontairement des pays d'outre-mer." (1908, 4, 1, 1, S.170 und fast identisch 4, 1, 2, S.414)

Es findet sich kaum eine spätere Arbeit, die dieses Urteil nicht referiert hätte.

Nach Auffassung der Brüder GRANDIDIER ist die Kultur der Malagasy rein austronesisch. Dieses zeige sich auf dreifache Weise: der Einheit der Sprache, der Sitten und Gebräuche und der wesentlichen und weitverbreitetsten physischen Charakteristika mit Austronesien. Auf fünfundsechzig Seiten und in mehr als zweihundert Anmerkungen werden diese Aspekte beschrieben und als mit der "malayo-polynesischen Welt" "identisch" erklärt (S.5-71). In der ganzen Abhandlung wird aber nicht eine einzige Quelle genannt, aus der das Vergleichsmaterial stammen könnte. Die Arbeitsmethode ist vielmehr, im Text etwas auf Madagaskar zu beschreiben und in einer Fußnote auszusagen, dies sei zu finden zum Beispiel auf Timor, Borneo, Tonga, Melanesien, den Marshall-Inseln, Hawaii, Neuseeland, den Karolinen und vielen anderen mehr. Allein die Karolinen zählen etwa fünfhundert Inseln und das ganze austronesische Gebiet weist unzählige und verschiedenste Kulturen auf. Da zudem nicht eine der insgesamt etwa sechs in Fußnoten erwähnten Quellen einen direkten Bezug zu Austronesien hat, und sich bei genauerer Betrachtung herausstellt, daß die meisten Parallelen lediglich 'angenommen' werden, ist die ganze Abhandlung eigentlich ohne jeden positiven Wert.

Bedenkt man nun die Dominanz der GRANDIDIERS in der Madagaskarforschung über einen längeren und ethnologisch wichtigen, da kulturentfremdenden Zeitraum, gilt KENTS (1970, S.34) Urteil zurecht, der sagt:

"It is safe to say that this legacy of Grandidier is the major reason why the Great Island has been disconnected from its mainland." [1]

Im folgenden werden also die Hypothesen und Theorien, die einen afro-austronesischen Kontakt bejahen und in seinem Wesen zu beschreiben versuchen, analysiert und hinterfragt. Dieses scheint umso bedeutsamer, als sich bei der Aufarbeitung des Materials herausstellte, wie vage und methodologisch fragwürdig viele Arbeiten sind, die aber immer wieder zitiert wurden und so schließlich einen allgemeinen Bekanntheitsgrad und eine allgemeine Akzeptanz erreicht haben, so daß ihre Aussagen bis in populärwissenschaftliche Literatur hinein ihren Weg gefunden haben.

[1] das heißt Afrika.

"Races are constructs of the observer and do not exist empirically."

Aidan Southall (1975, S.213)

3.1. Sogenannte Rassenmerkmale

Die häufigste und wohl älteste Einteilung der Bevölkerung Madagaskars ist die nach oberflächlich physiologischen Merkmalen wie die der Hautfarbe. Seit den frühesten europäischen Berichten ist danach eine Unterteilung in 'schwarze' und 'weiße' Malagasy üblich, typischerweise die einen mit glattem Haar, die anderen mit krausem Haar beschreibend.

So wird in den von FERRAND (1908) gelieferten fünfundachtzig Textzitaten aus dem achtzehnten und neunzehnten Jahrhundert zur Geschichte Madagaskars deutlich, wie beinahe jeder der Autoren zwei Arten der Bevölkerung auf Madagaskar hervorhebt: weiße (glatthaarige) und schwarze (kraushaarige).

Nach HILDEBRANDT (1880) gleichen die Sakalava und Bara "physisch und psychisch" den "afrikanischen Nomadenvölkern":

> "Ich gestehe, dass ich keinen durchgreifenden Unterschied zwischen einem Vertreter solcher Stämme und einem Sakalava zu machen weiß." (S.103)
>
> "Warum sollten nicht auch thatkräftige Afrikaner ihren Weg hierher gefunden haben ..." (S.103)

Sehr verschieden, so HILDEBRANDT weiter, sei jedoch das zweite Element der Madagaskar-Völker, der "Malayen, fast rein erhalten in den hellen, straffhaarigen Hova" (S.103).

Nach einer zwölfmonatigen Reise durch die Zentralprovinzen Madagaskars war MULLENS (1876) sicher, daß die ganze Bevölkerung Madagaskars dennoch eine Rasse sei. Möglich sei lediglich eine Unterteilung in dunkle und helle 'Stämme'. Doch denkt er, daß die Unterscheidung in der Vergangenheit überbewertet wurde. Dunklere und hellere Hautfarbe sei hier eine Adaption an die ökologische Umgebung. Die Malagasy sind nach seiner Meinung ein 'rein malaiisches' Volk. Nur in geringem Ausmaß seien Afrikaner durch den arabischen Sklavenhandel nach Madagaskar gelangt.

> *"And the african element has tainted the original Malagasy race."* (MULLENS 1876)

MULLENS ist geneigt zu denken, daß die einstige Kolonisierung durch Malaien nicht extensiv gewesen sei, sondern auf Madagaskar endete, also nicht bis zum afrikanischen Kontinent reichte.

WALLACE (1882) verweist auf seinen einige Jahre zuvor vor der Londoner Anthropologischen Gesellschaft gehaltenen Vortrag über die "*Race Affinities of the Malagasy*", (auf den sich wohl auch MULLENS 1876 teilweise bezogen hat). Damals habe er, WALLACE, die angeblichen Übereinstimmungen zwischen den Einwohnern Madagaskars und denen Südafrikas diskutiert und sei zu dem Schluß gelangt, daß *"the Malagasy are more truly autochthonous than any other existing race, except perhaps the aborigines of Australia."*

Nun aber habe sich seine Meinung inzwischen ein wenig geändert: die erkannten Parallelen könnten auf zwei mögliche Gründe zurückzuführen sein, nämlich 1) Umgang zwischen Malagasy und Afrikanern oder 2) Derivation von einer gemeinsamen Quelle.

Aufgrund kultureller Parallelen kommt WALLACE nun zu dem Schluß, der Ursprung der Bevölkerung Madagaskars läge in Südostafrika. Einen weiteren afrikanischen Einfluß auf Madagaskar habe es später durch Semiten (und Hamiten) gegeben:

> *"That the Malagasy had at one time much closer relations with the natives of the East Coast of Africa than at present cannot well be doubted."* (S.21)

Nach LINTON (1943) ist die Verschiedenheit der physischen Typen auf Madagaskar Grund genug anzunehmen, daß unterschiedliche Volksgruppen in das madagassische Volk eingegangen sind. LINTON meint, es sei wahrscheinlich, daß die indonesischen Einwanderer den Indischen Ozean über eine nördliche Route überquerten und so die ostafrikanische Küste und schließlich Madagaskar erreichten. Das afrikanische Bevölkerungselement und afrikanische Kulturelemente auf Madagaskar stammen nach LINTON nicht vom Festland, das der Insel Madagaskar gegenüberliegt, sondern von der nordostafrikanischen Küste (S.79).

> *"If the contact between northeastern Africa and Indonesia was broken even fifteen hundred years ago, the chances of Indonesian elements surviving there today would be slight. We must picture the Indonesian settlements as forming at most a thin coastal fringe in inhospitable territory."* (S.80)

Für die Komoren sind schon früh austronesische Elemente in der Bevölkerung angenommen worden, wie die Aussage von WAITZ (1860) zeigt:

> "Nur auf den Comoren und wie Owen (II,103) [1] behauptet, auf den Kerimba-Inseln sind außer Madagascar malaiische Elemente der Bevölkerung sicher." (S.337)

[1] Tatsächlich erwähnt OWEN nur die Raubzüge der Malagasy zu den Inseln: *"The south side of Bembatooka Bay* (° auf Madagaskar) *is inhabited by a tribe termed Seclaves, who, (°...) possessed the same warlike character then as at present. They are likewise noticed by (°...), Benyowsky; and in Mr. Prior's voyage of the Nisus they are stated to be the people who so often harassed the inhabitants of Johanna* (° das ist Nzwani) *and the Querimba Islands."* (OWEN 1833, II, S.103)

Vielleicht sind solche Annahmen durch die geographische Nähe zu Madagaskar oder den beobachteten Kontakt zwischen den Inseln begründet. Eine genauere Untersuchung zu jenem Thema gibt es jedenfalls nicht.

Was Austronesier in Westafrika betrifft, ist WAITZ sehr viel vorsichtiger:

> "Von Malaien in Westafrika ist freilich öfter die Rede [1]: doch fehlen alle weiteren Angaben, aus denen sich entnehmen ließe, in wie weit diese Nachrichten Zutrauen verdienen. Merkwürdig genug ist indessen, daß in Iddah am unteren Niger und in Kassokono nördlich von Dahomey ein Blasebalg im Gebrauch ist der mit dem sehr eigenthümlichen der Malgaschen große Ähnlichkeit hat.
>
> Daß man hier und da gelbe Menschen gesehen hat, wie in Sestos und in Angola (Allg. Hist. der R. III, 480), ist ein Umstand der zu vereinzelt steht, als daß sich ihm einige Wichtigkeit beilegen ließe. Es sind darunter wahrscheinlich vielmehr Muhammedaner aus Nordafrica zu verstehen. Darauf scheinen auch die mulattenfarbigen und schlichthaarigen "Ayeaux-Neger" (Eyeo?) zu deuten welche Landolphe (II, S.86ff.) in Benin sah: ..." (S.378)

HUTTON (1946) stellt fest, daß es 'Negride' in Afrika und Ozeanien gäbe, dazwischen aber nicht. Daraus ergebe sich die Frage nach einer gemeinsamen Abstammung. Doch nicht die Idee einer gemeinsamen Abstammung wird hinterfragt, sondern lediglich die Art, wie man sich die Migration von einem Ort gemeinsamer Entstehung vorzustellen habe. Eine Migration von Asien nach Afrika hält JEFFREYS für unmöglich, offenbar gesteht er den *"Melanesian Negroes"* eine solche Leistung nicht zu. Den afrikanischen "Verwandten" solches zuzusprechen kommt ihm gar nicht erst in den Sinn. Seine Vorstellungen über den Menschenraub durch Araber kommen ihm hier zu Hilfe:

> *"... the Arab slave trade in African Negroes was not a matter of a few stray Africans in modern times but ... this trade encompassed hundreds of thousands of human beings transported eastwards over more than one and a half millennia."* (S.13)

Nachdem er einen Bericht eines gewissen PICKERING von 1840 zitiert, der *"African Negroes"* in Singapur gesehen habe (S.15), kommt er zu dem Schluß,

> *"... the Arab slave trade ... is sufficient to account for the present existence of Oceanic Negroes."*

Damit, so JEFFREYS, seien auch alle Kulturparallelen (vgl. Kapitel 3.2.) erklärt: hier habe keine Übernahme in Form einer Entlehnung stattgefunden, sondern die *"Sudanic Negroes of west Africa and ... the Bantu Negroes of east Africa"* hätten halt lediglich ihre Kultur mitgebracht, als sie als Sklaven nach Osten verschleppt wurden.

JEFFREYS' Aussagen sind jedoch reine Spekulationen; denn die Anfänge melanesischer Kultur sind sicherlich wesentlich älter als der arabische

[1] ^ DES MARCHAIS, SNELGRAVE, W. SMITH, DALZEL.

Menschenraub in Afrika. Zudem gibt es keinerlei Hinweis darauf, daß afrikanische Sklaven in größeren Mengen weiter als nach Persien und Indien gebracht wurden.

Parenti (1946) schließt aufgrund einer Untersuchung von Rassenmerkmalen, wie Hautfarbe und dergleichen, die Möglichkeit eines indonesischen Substrates der Bajuni-Bevölkerung der nördlichen ostafrikanischen Küste nicht aus.

Verbeau (1923) kommt andererseits aufgrund der Vermessung von elf Schädeln zu der Ansicht, daß es ein afrikanisches Element in der Volksgruppe der Bara auf Madagaskar gebe.

Und in einer rassenkundlich-vergleichenden Abhandlung über die Bara Madagaskars und Einwohner Mosambiks gelangt Chamla (1958) zu dem Ergebnis, es gäbe in zwölf von vierzehn körperlichen Merkmalen Übereinstimmungen, deshalb sei nun bewiesen *"for the first time ... an obvious kinship"* (S.191).

Zugleich wurde die Bevölkerung Madagaskars gerne als physiognomisch und psychologisch anders als die festländisch afrikanische beschrieben. So schrieb Billiard (1829):

> *"There is a world of difference between the Malagasy islander and the black African ... separated only by the Mozambique Channel. These differences do not come from more advanced education but from the diversity of origins and organisation. The African gets attached to soil, is obedient, works without introspection; his sole thought is to satisfy the physical needs; and his imagination, confined to a small brain, hardly taxes the function of his stomach: he thrives and improves in slavery, and the sentiment of liberty develops in him only when the treatment is excessively harsh - this black 'par excellence', one that replaces so well the horse and the mule! But, give something to a Malagasy to carry, no matter how light he will find it heavy, too heavy. ... Yes, indeed, the superiority of Malagasy over the African is certain."* (zitiert nach Kent 1970, S.30)

Äußerungen wie diese sind jedoch eher versuchte Rechtfertigungen und Verharmlosungen des Menschenraubs und der Versklavung von Afrikanern durch Europäer als Einschätzungen von synchronen oder historischen Tatsachen.

Doch immer wieder gründen sich Aussagen über die sogenannten Unterschiede zwischen Afrikanern und Malagasy auf Aussagen wie die oben zitierte.

Welche Bedeutung allein "Haartypen" in der Diskussion beigemessen wird, zeigt Bryant (1963):

> *"... Sir Harry Johnston (1912 ...) ... seems to class wavy-haired Blacks (Indians) and woolly-haired Blacks (Africans) all alike as 'Negroes', as well as 'negroids'. One may grant, of course, that all these peoples were in most ancient times, one in origin; but the common ancestor could not have grown wavy hair and woolly hair both at the same time, nor have transmitted to his offspring what he himself did not possess. ... So far as we can see, the older orthodox Asiatic theory of Negro origins is a pure fancy, founded upon no factual evidence whatsoever: there is, indeed, not one single pure 'Negro' soul to point to in the whole of Asia."* (S.36)

Zwei Seiten später dann überrascht er seine Leser mit folgender Aufzählung und Interpretation (1963<!>):

> *"There is a race of pure Negroes in the island of Papua ... and another race of pure Negroes, thousands of miles away, on the western side of that same uncrossable ocean, in Africa ..."* (S.38)

> *"... it seems most likely that the Africans and the Papuans are but two now separated sections of a single woolly-haired 'negroid' offshoot from a still remoter Negro-Australoid parent-race; ..."* (S.46)

> *"There is throughout the same frizzly woolly hair, the same sepia-black skin (with often yellowy facings), the same broadness of nose, fullness of lips, and massive powerfulness of jaw. ... The description ... of the Papuan as 'impulsive and demonstrative in speech and action; his emotions and passions express themselves in shouts and laughter, in yells and frantic leapings; he is bold, impetuous, excitable and noisy, is joyous and laughter-loving', is a picture exact and life-like of the mental characteristics equally of the African Negro."* (S.47)

Angesichts solch rassistischer Willkürlichkeit hat Ferrand (1908, S.497-498) wohl zurecht bemerkt:

> *"Les critères de l'anthropologie manquent décidément de précision scientifique."*

Doch selbst 1970 findet sich noch bei Kent eine oberflächliche und rein subjektive Rassenbeschreibung, die zeigen soll, daß die Malagasy vor allem afrikanischen Ursprungs seien:

> *"Without any claims for statistical precision, it can be said that the Negroid element dominates the human composition of Madagascar."* (S.36)

Zusammenfassend läßt sich feststellen, daß die sogenannte Rassenkunde außer in bezug auf Madagaskar, wo bereits durch andere Disziplinen (vgl. folgende Kapitel) belegt wurde, daß austronesische und afrikanische Elemente existieren, keine Aussagen zustandegebracht hätte, die nachvollziehbar wären. Die einzige Feststellung, die sich herauskristallisieren läßt, ist daher die, daß auf Madagaskar austronesische und afrikanische 'Volkselemente' zu finden sind.

Die Aussagen in diesem Bereich sind aber allesamt subjektive Einschätzungen, verbunden mit reinen Spekulationen. [1] **Es verwundert somit nicht, daß gleiche Beobachtungen zu unterschiedlichen Interpretationen führen. Ausgangspunkt ist zumeist das rein subjektive Empfinden von Äußerlichkeiten, wobei selbst angeblich 'rasseneigene' Charaktereigenschaften zur Bewertung hinzugezogen werden. In anderen Fällen wird die Beobachtung scheinbarer kultureller oder gar mentaler Parallelen zum Anlaß genommen, eine 'Rasseneinheit' zwischen austronesischen und afrikanischen Völkern anzunehmen.**

3.2. Kulturmerkmale

Eine neue Epoche in der historischen Ethnologie wird durch die Trennung von Rasse und Kultur eingeleitet.

Von nun an genügt es, kulturvergleichend vorzugehen, wobei oberflächliche und vereinzelte Kulturmerkmale beispielhaft und offenbar willkürlich herausgegriffen werden, wie etwa bei WAITZ (1860), der noch recht zurückhaltend formuliert:

> "Die Fahrzeuge welche in der Gegend von Delagoa-Bai im Gebrauche sind, sollen sehr denen der Çoromandel- und Malabar-Küste gleichen (Owen I,74), und die Schevas, Nachbarn der Maravis fertigen Zeuge aus Baumrinde auf dieselbe Art welche in Polynesien gewöhnlich ist (...); auf ähnliche unbedeutende Parallelen beschränkt sich aber alles was man sonst in Südafrika auf malaiischen Einfluß zurückzuführen geneigt sein könnte: die spitzen Strohhüte der Makatisse (Betschuanen, ^DELEGORGUE), das llg. Betelkauen bei den Suaheli auf Zanzibar und bei den Weibern der Wanika (^GUILLAIN), das zwar von Malaien stammen, doch leicht genug auch durch Araber von Madagascar oder den Comoren her eingeführt werden konnte." [2] (S.337)

Doch glaubt WAITZ auch solche Analogien zu erkennen, die aussagekräftiger seien. In Wirklichkeit beschreibt er ein Kulturelement, das auf allen Kontinenten weit verbreitet ist bzw. war [3]:

> "Interessanter als die eben angeführten Analogien ist es daß die Mpongwe (Heequard 10) um einen Freundschaftsbund zu schließen eine Ceremonie verrichten die derjenigen der Malaien sehr ähnlich ist, welche schon Magelhaens auf den Philippinen vorfand (°...) und die von dort nach Madagascar verpflanzt worden ist. Livingstone (°...) fand sie bei den Balonda unter dem Namen Kasendi:

[1] Der Darstellung dieser Theorien wurde hier dennoch relativ viel Platz eingeräumt, da - wie noch zu sehen sein wird - auch Entwicklungen der historischen Ethnologie auf sie gründeten bzw. nicht unbeeinflußt von ihnen blieben.

[2] Interpunktion und Orthographie wie im Original.

[3] nämlich das der Blutsbrüderschaft.

wenn zwei miteinander ein Schutz- und Trutzbündnis schließen, gleichsam Blutsfreunde werden wollen, trinken sie gegenseitig jeder aus einem Kruge das Blut das von des andern Händen, Magengrube, rechter Backe und Stirn mit einem Grashalm genommen worden ist." [1] (S.377-378)

Es war Friedrich RATZEL in Leipzig, der als Begründer "einer wahrhaft historischen Methode in der Ethnologie" bezeichnet wurde (SCHMIDT 1937, S.25). Durch seine Betonung der Bedeutung von Wanderungen für die Kulturgeschichte wurde er zum Begründer der Migrationstheorie, eines Gedankens, der bis heute die vorkoloniale Geschichte Afrikas als eine Reihe spektakulärer Wanderungen darstellen läßt, obwohl es in vielen Fällen dafür keinerlei Beweise gibt (Adam JONES 1990, S.77).

RATZEL brachte seine Migrationstheorie zum ersten Mal in einer vergleichenden Untersuchung über die westafrikanischen und melanesischen Bögen zur Anwendung, in denen er charakteristische Ähnlichkeiten im Querschnitt des Bogenstabes, im Material und der Befestigungsweise der Sehne und in der Befiederung der Pfeile nachzuweisen glaubte.

Beinahe beiläufig erwähnt RATZEL noch, daß auch die Eisenverarbeitung, die Rinderzucht und selbst die afrikanischen Hirsearten "asiatischen Ursprunges" seien. Umso weitreichender sind seine Schlußfolgerungen:

> "Fast ganz Afrika erscheint uns zuletzt als ein einziges großes Gebiet mehr oder weniger abgeschwächter asiatischer Anklänge" (1891, S.333)

Der Grund dafür liegt nach RATZEL in der "Gemeinsamkeit der Rasse":

> "Eine Rasse auf beiden Flügeln des Indischen Ozeans" (S.336)

Leo FROBENIUS war RATZELS Schüler und führte dessen Arbeit weiter. Er ergänzte die Liste der "Übereinstimmungen" indonesisch-melanesischer und westafrikanischer Kultur um solche in Masken-, Häuser-, Trommel-, Kleid-, Schildformen und vielen anderen mehr, ohne jedoch zum Beispiel die funktionellen Gründe zu bedenken, die für die morphologischen Parallelen verantwortlich sein können. Wohl durch die Menge der entdeckten Ähnlichkeiten angeregt, setzt er dem Form- oder Qualitätskriterium RATZELS noch ein Quantitätskriterium hinzu und spricht von nun an nicht mehr nur von der Ähnlichkeit einzelner Kulturelemente, sondern ganzer Kulturkomplexe, die er Kulturkreise nennt: Die Kulturkreislehre war erschaffen. Diesem "geographisch-statistischen" Teil seiner Methode versucht er dann noch einen zweiten "evolutionistischen" Aspekt hinzuzufügen.

[1] Interpunktion und Orthographie wie im Original.

> "Ich aber bin guter Hoffnung, (°...) daß der Tag nicht ferne ist, an dem wir eine 'Beschreibung der Kulturformen' geben können, wie die Zoologie eine solche der Tiere, die Botanik eine solche der Pflanzen."

So bemüht sich FROBENIUS, Kulturen losgelöst vom Menschen zu betrachten und als selbständige Organismen zu verstehen, deren Einzelelemente durch die Natur des Ursprungslandes bedingt sind.

> "Tatsächlich! der Homo sapiens ist nur der Träger einer sehr großen Sache. Sie selbst aber, die Kulturen, sind die gewaltigen, selbstständigen Organismen, (°...)" (1898, S.298)

Unter diesen Bedingungen können nun 'sogar' Afrikaner zu Trägern von - natürlich andernorts entstandener - Kultur werden:

> "Sie mögen unsympathisch sein; aber sie haben sich als ebenso gute Kulturträger herausgestellt wie irgend eine andere Rasse der Erde." (S.299)

FROBENIUS geht also wesentlich weiter als viele seiner Vorgänger, da er die gesamte afrikanische Kultur auf einen "malayo-nigritischen Ursprung" zurückführt, mit Ausnahme einiger westafrikanischer Kulturelemente, die jene "von im Norden emporblühenden Industrien" gelernt haben sollen. Die Afrikaner selbst versteht er als völlig unfähig, selber Kulturelemente zu schaffen oder zu entdecken.

> "Wie flach ist der Afrikaner selbst! Das haben uns so viele geschildert: Eine merkwürdige Rasse, diese Neger. Ohne aktive Energie, ohne positive Schaffenskraft, von allen Völkern, mit denen sie zusammentreffen, geknechtet und zu Sklaven gemacht, rächen sie sich an ihren Unterdrückern durch ihre unglaubliche körperliche und geistige Passivität. Wehe dem Volke, das sich mit Negern vermischt! Sobald das Blut dieser dominiert, geht es rettungslos unter in dem trägen, unfruchtbaren Morast, der Negerrasse heißt." (S.298)

Am 14. November 1904 hielt ANKERMANN (1905) einen Vortrag vor der Berliner Anthropologischen Gesellschaft, der, wie er glaubte, ganz der Theorie von FROBENIUS folgte. Zweck dieser Abhandlung war es,

> "die ethnographischen Beziehungen zwischen Ozeanien und Afrika, deren Vorhandensein im allgemeinen längst bekannt ist, etwas bestimmter zu formulieren als es bisher geschehen ist" (S.54).

Auch hier ist Ausgangsbasis und keinesfalls Ergebnis von Forschung, daß

> "Von Osten und Norden her kamen (°...) die Einwirkungen, die der stagnierenden Negerkultur neue Impulse brachten; denn Afrika ist, soweit unsere Kenntnis reicht, niemals gebend, sondern immer nur empfangend gewesen" (S.55).

Dabei sollen seiner Meinung nach Araber und Inder die Verbindung zwischen der Ostküste Afrikas und Südasien hergestellt haben. Diese Aussage ist jedoch eine reine Mutmaßung, da er keinerlei Belege oder Beweise dafür liefert.

Zum ersten Mal in der Kulturkreislehre wird deutlich auf die mögliche Bedeutung Madagaskars hingewiesen:

> "Für Afrika setzt diese Lage der Dinge eine sehr lange währende Verbindung mit Südasien voraus; ... Auf welchem Wege ist nun diese Kultur nach Westafrika gekommen? Da sie sich gegenwärtig gerade im Westen findet, ihre Heimat aber anscheinend irgendwo im südlichen Asien gelegen hat, so muss ihr Weg quer durch den Kontinent gegangen sein. Betrachten wir nun die Verbreitung von Merkmalen dieser Kultur in Ostafrika (Rindenstoff, Sansa, Marimba), so finden wir dieselben besonders in dem Gebiet zu beiden Seiten des unteren Sambesi. Hier erreicht westafrikanische Kultur wenigstens in Fragmenten die Ostküste, und hier können wir also mit einiger Wahrscheinlichkeit das Tor suchen, durch das diese Kultur in Afrika einzog. Diese Vermutung wird zunächst durch die Tatsache unterstützt, dass gerade gegenüber diesem Küstenstrich die grosse Insel Madagaskar liegt, auf der indonesischer Einfluss viel intensiver gewirkt und völlig herrschend geworden ist, und die wohl die Hauptstation in dem Verkehr zwischen dem Archipel und Afrika gebildet hat." (S.73)

Auch ANKERMANN versteht Kultur als einen Organismus, denn seiner Meinung nach war das Tal des Sambesi nicht zuletzt deshalb die einzige Möglichkeit für den Weg nach Afrika, weil die tropische indonesische Kultur auf tropische Umgebung (mit üppigem Pflanzenwachstum etc.) angewiesen sei. Später sei die südasiatische Kultur in der westafrikanischen "Isolierung verkümmert" und in Ostafrika durch einen westasiatischen Einfluß ersetzt worden.

Er betont, daß nicht nur einzelne Kulturelemente nach Westafrika getragen worden seien, sondern "eine Kultur als Ganzes" (S.74). Daher sei anzunehmen, daß es "lange dauernde successive Einwanderungen" gegeben habe. Wahrscheinlich seien die Bantu "das Produkt" der Migrationen "und also für die Träger der westafrikanischen Kultur zu halten."

Da die Vergleiche der Bantusprachen mit dem Malaiischen zu keinem Ergebnis geführt hätten, schlägt er einen Vergleich mit melanesischen oder Papuasprachen vor.

Eine ganz eigentümliche Argumentationsweise findet sich bei der Diskussion der Frage, ob denn die Eisentechnik in Afrika autochthon sei:

> "Von allen Geräten des Eisenschmelzers und Schmiedes ist nur der Blasebalg wegen seiner charakteristischen Form für unsere Untersuchung brauchbar. Derselbe erscheint nun in Afrika in zwei Formen, während man doch meinen sollte, dass, wenn die Neger die Entdecker der Eisentechnik wären, sie sich mit der Erfindung eines Blasebalges begnügt hätten. Einer muss also mindestens fremden Ursprunges sein." (S.75, Hervorhebung von ANKERMANN)

Danach stellt er mit mindestens ebenso vager Argumentation dar, warum beide Arten von Blasebalg nach Afrika importiert worden sein müssen, - und zwar einer der beiden mit einer späteren Migration aus Asien. [1]

Erwähnt sei noch (zumal weitgehend unbekannt), daß sich in der anschließend abgedruckten Diskussion von ANKERMANNS Abhandlung FROBENIUS, auf den sich ANKERMANN zuvor mehrfach beruft, zu Wort meldet und aussagt, daß ihm seine früheren Arbeiten (^1898) "teilweise heute recht leid tun" (S.88). Da es grundsätzlich und auch für die Betrachtung der folgenden Abhandlungen und schließlich auch der vorliegenden Arbeit von Bedeutung ist, sei ein Teil der Kritik zitiert, die nicht zuletzt Selbstkritik ist, weil ja FROBENIUS als einer der Begründer der vorgetragenen Ideen gelten kann. Letztlich gelingt es ihm jedoch nicht, sich von einem evolutionistischen Ansatz zu lösen:

> "Der hier verwendete statistische Teil der Methode geht darauf hinaus, auf einem bestimmten Fleck der Erde finde ich das, dann das, ferner das. Die einzelnen Formen stimmen überein und haben die gleiche Verbreitung. Auf einem anderen Fleck Erde finde ich gleiche oder ähnliche Formen mit gleicher Verbreitung. Nun werden die verschiedenen geographischen Provinzen der Erde erforscht und es kann heute schon gesagt werden, dass es immer mehrere Flecken auf der Erde gibt, die die gleichen Formen, die über ganz bestimmte Provinzen verbreitet sind, aufzuweisen vermögen. Aber über die Frage, ob diese Gleichheiten der Formen auf Verwandtschaft beruhen, vermag dieser statistische Teil der Methode keine Antwort zu geben. Wir können hier nicht so vorgehen, wie bei der Prüfung der Frage etwa nach der Verbreitung einer Affenart. ... Was wir aber heute hier besprochen haben, das ist lediglich statistisches Material, welches für die Frage der eigentlichen Verwandtschaft und Entwicklung - und die Beantwortung derselben muss das Ziel solcher Untersuchungen sein - keine Beweiskraft hat." (S.89)

Trotz dieses Widerrufs kommt es in der Folge geradezu zu einer Schwemme von Arbeiten, die scheinbare und oberflächliche Parallelen in den Kulturen Südostasiens und Afrikas beschreiben und ihre Autoren veranlassen, folgenreiche, doch rein spekulative Theorien aufzustellen.

---

[1] Es war LIVINGSTONE, der als erster bei den Batoka (Chopi) bemerkte, daß *"the bellows of the blacksmith here were somewhat different from the common goat skin bags and more like those of Madagascar"* (1865, S.314-315).

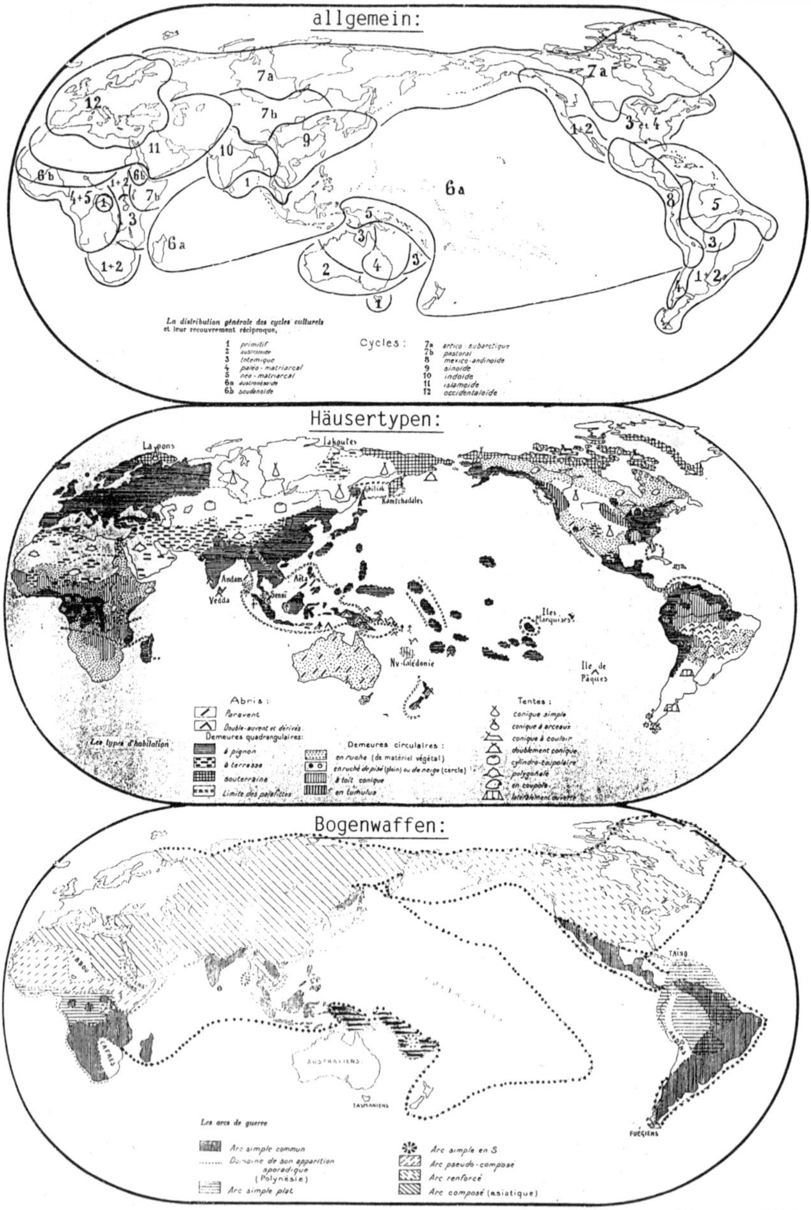

Reproduktionen aus: MONTADON 1934

Bild 8: Beispiele der Kulturkreislehre

Ein Beispiel dafür, daß sich die Theorien der Kulturkreislehre noch lange nicht von rassistischen Vorurteilen freigemacht hatten, sondern im Gegenteil oft sogar Anlaß zur Anwendung derselben gewesen sind, ist die Arbeit von Stuhlmann (1910). Das rassistische Vorurteil von der Kulturlosigkeit der Afrikaner ist nach Stuhlmann Anlaß, jeden Widerspruch von dieser These auf äußeren Einfluß zurückzuführen, und die Theorie somit wieder durch sich selbst zu 'belegen':

> "Um es vorauszuschicken, je mehr ich über die Kulturgeschichte der Afrikaner nachgedacht habe, desto mehr drängt sich mir die Überzeugung von der eigenen geistigen Unproduktivität derselben auf, von ihrem Mangel an bodenständiger Kultur." (S.53)
>
> "Finden wir irgendwo ... höhere Kulturelemente so ist ohne weiteres <!> zu vermuten, daß sie von auswärts stammen, ..." (S.77, Hervorhebung nicht im Original)
>
> "Das fremde, höhere Element geht vielfach im Nigriter ganz allmählich unter, es 'vernegert', und nur Spuren, Relikte fremden Einflusses bleiben übrig, die wir zu suchen haben." (S.78)
>
> "Es ist für mich kein Zweifel, daß der 'Neger', wenn er auch gewiß wie wir zum Menschengeschlecht gehört, in sich nicht dieselben Entwicklungsmöglichkeiten wie andere Völker hat: es ist eine starre Masse, an der fast alles abprallt, von der nur sehr wenig assimiliert wird."

Nach einem Lob der Germanen und Karolinger für ihre durch Assimilation entstandenen 'hohen Zivilisationen', verbunden mit dem Vorwurf an die Afrikaner, daß sie die vierhundert Jahre Kolonialzeit nicht positiv genutzt hätten <!>, beschreibt Stuhlmann den 'physischen Untergang' der Afrikaner als einzige Möglichkeit zur Entwicklung des Kontinentes. Übergangslos kehrt er dann zu seiner ethnohistorischen Betrachtung zurück, indem er eine "indo-malaiische Strömung" als eine der hauptsächlichen Beeinflussungen Ostafrikas annimmt.

Stuhlmann geht davon aus, daß vor unserer Zeitrechnung, "aber immerhin ziemlich spät" Bantu nach Madagaskar übersiedelten. Etwa im dritten bis vierten Jahrhundert seien hinduistische Indonesier von Sumatra dorthin gelangt. Im zehnten Jahrhundert habe dann eine zweite Einwanderung von Sumatra aus stattgefunden. Weiterhin glaubt er, daß solche 'indo-malaiischen' Einflüsse schon früh die Komoreninseln und die ostafrikanische Küste berührt hätten. Als möglich betrachtet es Stuhlmann, daß "häufiger und früher" als für Madagaskar erwähnt, Indonesier nach Afrika gelangt seien.

Dann folgt eine Aufzählung dessen, was diese 'Indo-Malayen' nach Afrika eingeführt haben sollen: Auslegerboote, Segel, viereckige Hütte, Kokospalmblattdach, allerhand Nutzpflanzen, Kokosreibe, Haustiere.

Abgesehen von dem unwissenschaftlichen, rassistischen Ansatzpunkt, enthält die Theorie von Stuhlmann diverse sachliche und logische Fehler. Wie etwa sollen die "Bantu" nach Madagaskar gelangt sein, wenn erst später Indonesier die Boote einführten? Desweiteren haben die Bantu, nach heute allgemein anerkannter Auffassung erst frühestens um vierhundert unserer Zeitrechnung die Küste des Indischen Ozeans erreicht. Die an der Besiedelung Madagaskars zuerst beteiligten Austronesier waren nicht oder nur sehr gering hinduisiert, und es gibt keinen besonderen Grund anzunehmen, sie seien von Sumatra gekommen.

Die Idee zu den angeblich eingeführten Kulturgütern dürfte sich aber STUHLMANN selbst bei der Kulturkreislehre entlehnt haben.

Nach HADDON (1918) sind Doppelauslegerboote und Fischfallen der ostafrikanischen Küste aufgrund einer "Kulturdrift" *("cultural drift")* aus Indonesien über Madagaskar und die Komoren eingeführt worden. Der damalige *District-Commissioner* Montgomery aus Malindi wird von HADDON zitiert:

> *"The 'nghulawa', as used at Malindi, is an outrigger, made in the Comoro Islands and brought here by dhows."* (S.51)

So interessant und bedeutsam diese Information sein könnte, steht sie doch als möglicher Augenzeugenbericht allein da, und darf keineswegs Anlaß zu irgendeiner historischen Theorie dienen.

Die wenigen kritischen Hinterfragungen, wie etwa die von Cyril CROSSLAND (1918) in seinem Leserbrief zu HADDONS Aufsatz, verhallen offenbar ungehört:

> *"Don't you think anthropologists may be stretching a point sometimes in declaring that similar inventions mean actual contact between races?"*

So weist HORNELL (1919, 1920) darauf hin, daß sich die gleichen Auslegerboote außer in Ostafrika nur auf Java fänden. Da die indischen Boote und die der Insel Sri Lanka völlig verschieden von den afrikanischen seien, wäre ein Import über Madagaskar denkbar, zumal die Boote Madagaskars und die Nordjavas geradezu identisch seien.

Zwischen den Völkern Nigerias und Indonesiens sieht MEEK (1925) Parallelen:

> *"The head-hunting rites of many of the Nigerian tribes would seem to suggest an ancient connection with the culture of Indonesia, which was apparently also the home of the banana and xylophone."* (2, S.164)

MEEKS Beschreibung angeblicher äußerlicher Ähnlichkeiten einiger Afrikaner mit Mongoloiden, wahrscheinlich Chinesen (S.165), wurden später von JONES (1964) aufgegriffen und in eine Parallele der Ife-Büsten und dem Erscheinungsbild einiger Indonesier umgewandelt.

WILSON-HAFFENDEN (1930), der einen direkten Bezug auf die von MEEK gelieferten Spekulationen nimmt, schließt eine unabhängige Entwicklung aufgrund einer ähnlichen natürlichen Umgebung nicht aus:

> *"The postulated connection (°...) remains undemonstrated. In its favour it might be argued that some of the inhabitants of Indo-Oceania are (°also) negroid (°...) But against it is the consideration that both the Oceanic and the West*

African areas share largely common environmental conditions. Both are regions of tropical forest, and possess humid climates - circumstances favourable to the use of the banana, the manufacture of wooden instruments and the growth of dark superstitions. This suggests the possibility that the above traits may have been developed independently, under the influence of similar conditions in both territories." (S.213-214)

Nach einer vergleichenden Untersuchung zur Weissagung in Afrika und auf Madagaskar kommt PICQ (1930) zu folgendem Ergebnis:

"Il résulte de cette étude qu'il existe une grande similitude entre les pratiques magiques de l'Afrique et de Madagascar. Même procédés de divination par le sable, même emploi de figures constituées par des combinaisons identiques de traits, mêmes évocations de personnages plus ou moins puissants, mêmes recours à des amulettes: que de points de ressemblance faciles à constater." (S.25)

INGRAMS (1931) schreibt ohne näher darauf einzugehen, die Gebräuche in Verbindung mit Geburt auf Sansibar seien denen in Malaysia sehr ähnlich, und würden somit zeigen, daß Malaien schon sehr früh auf Sansibar gewesen seien. Desweiteren würden dadurch Legenden von Pemba bestätigt, in denen von einem Volk "Jawa" die Rede sei (vgl. Kapitel 2.2.). Weiterhin erwähnt er, daß die Areka-Nuß, Betel und Zuckerrohr wahrscheinlich von Malaien nach Ostafrika gebracht worden seien. Er fährt fort:

"Captain Stigand states that there used to be ancient pottery on the coast said to have come from Malay. A family at Lamu (the Famao) claim descent from some Chinese or Malayans who were wrecked there at an unknown date." (S.87)

PUCCIONI (1947, S.69-71) verweist darauf, daß auf den Bajuni Inseln vor der Flußmündung des Juba 'Indo-Melanesische' Kulturelemente zu beobachten seien, wie zum Beispiel der Seeschildkrötenfang mit Hilfe des *'sucking-fish'*.

HORNBOSTEL (1933) glaubt mit seiner Methodik der Kulturkreislehre festzustellen, daß verschiedene Musikinstrumente Afrikas einen südasiatischen Ursprung haben dürften.

Einer der ersten Autoren, die auf Parallelen im musikologischen Bereich im besonderen eingehen, ist Siegfried NADEL (1931). Ganz im Sinne der Kulturkreislehre schreibt er über Xylophone, die er nach einem ihrer afrikanischen Namen 'Marimba' nennt:

"...in seiner großen Verbreitung, die einmal fast ganz Afrika durchdringt und weiter auch Ostasien, Indonesien und Ozeanien umspannt, wird das Instrument zu einem bedeutsamen Hinweis einer sehr alten, die drei Erdteile verbindenden Kulturgemeinsamkeit." (S.3)

Gefolgt von einem Hinweis auf andere Kulturelemente, die ANKERMANN (siehe Seite 94) zitiert hatte, beschreibt NADEL die Verbreitung des Instrumentes (später von KUNST übernommen):

> "Überschauen wir die Verbreitung der Marimba und fassen wir eine mögliche Beeinflussung von Asien her einmal ins Auge, so erkennen wir, daß gerade das Gebiet der Marimba gewissermaßen den möglichen Einwanderungsweg einer aus Asien kommenden Kulturform par excellence darstellt: das Tal des Sambesi, das der gleiche tropische Charakter mit Südasien verbindet, und dessen Mündung die verbindende, noch in jüngster Zeit indonesischen Einflüssen wiederholt unterliegende Insel Madagaskar vorgelagert ist, mußte zur Einbruchsstelle werden." (S.15) [1]

Die darauf folgende, rein quantitative Darstellung von Ähnlichkeiten ist ein später immer wieder (vor allem von JONES 1964) wiederholtes Muster, um Kulturzusammenhänge 'zu belegen':

> "... treten auch hier wieder die Urformen nicht isoliert, sondern mit bestimmten Kulturelementen verbunden auf, die sich mehr oder weniger deutlich nachweisen lassen. So teilt das Klangbrett seine Beschränkung auf den Kongo mit den Schädeltrophäen und totemistischen Zügen, das Vorkommen im Westen und auf Madagaskar mit der westafrikanischen Giebeldachhütte; die Klangstäbe wieder vereinigen sich mit den Kulturgütern: Bienenkorbhütte und Wurfkeule." (S.15)

> "... eine noch so deutliche, alleinstehende Ähnlichkeit würde eine Übertragungstheorie nur schwer rechtfertigen. Doch hat gerade in der Beziehung von Afrika nach Indonesien und Melanesien [2] die Ethnologie Kulturähnlichkeiten mannigfachster Art nachgewiesen: Waffen-, Schild- und Haustypen, Masken, Pflanzenfaserkleidung, Trommelformen usw. Damit schafft sie für eine Betrachtung der Zusammenhänge des Xylophons ein grundlegendes Kriterium der Kulturwanderung, das Gräbner ('Methode der Ethnologie') als 'Qualitätskriterium' bezeichnet." (S.23)

Ebenfalls aufgrund morphologischer Parallelen in Musikinstrumenten gelangt SACHS (1939) zu dem Ergebnis, daß Migrationen nach Madagaskar aus Indonesien, von der afrikanischen Küste und aus Arabien stattgefunden haben müßten. Die Austronesier seien etwa um 500 nach Christus auf Madagaskar angelangt, da, so seine Begründung, sie keine Gongs und Metallophone mitgebracht hätten.

Die von SACHS als 'arabisch' bezeichneten Instrumente existieren allerdings auch alle zumindest an der ostafrikanischen Küste, und ihre Terminologie beweist, daß sie von dort über die Swahili-Kultur und eventuell die Komoren nach Madagaskar eingeführt worden sind (BERCHEM 1989).

Außerdem sei nach BLENCH (1982, S.83) inzwischen klar geworden, daß viele Instrumente, die SACHS als 'malaiisch' bezeichnet habe, da er sie nur von dort gekannt habe, in den verschiedenensten Teilen Afrikas ebenfalls vorkämen.

[1] Vor allem der letzte Satz dieses Zitates erinnert in Inhalt und sogar Wortlaut an die Theorie von ANKERMANN (1905, S.73), wie sie weiter oben zitiert wurde.

[2] In Wirklichkeit meint er die entgegengesetzte Richtung als Wanderrichtung.

Wachsmann (1953) weist darauf hin, daß eine bestimmte Spielweise für Xylophone in Uganda, bekannt als 'Amakonezi', von Sachs (1939) aus Madagaskar berichtet wurde und auf einem Tempelrelief des vierzehnten Jahrhunderts in Panataran auf Java zu sehen ist. Gemeint ist eine Technik, bei der die beiden höchsten Töne des Instrumentes von einem zweiten Musiker gespielt werden. Weiterhin stellt er fest, daß die Schnitzereien auf den Klangkörpern einiger Xylophone denen von Java ähnlich seien. Beide Beobachtungen werden später von Jones (1964) übernommen.

Kunst beschreibt in seinem Aufsatz von 1935-'36, daß eine bestimmte Art von Metallophonen und Xylophonen ausschließlich mit javanischer Kultur in Verbindung gebracht werden könne und diese Art Instrument nur in einem Gebiet außerhalb des Archipels vorkäme (S.133), nämlich in Afrika. Bei 96 in Museen <!> untersuchten Instrumenten aus den beiden Regionen stellt Kunst eine Stimmungsgleichheit der Tonleitern (S.139) und morphologische Ähnlichkeiten bei den Instrumenten selbst fest. Seine Schlußfolgerung ist, ohne daß er hierfür eine glaubhafte Argumentation böte, daß die afrikanische Form aus Java stamme. Nachdem er noch darauf hinweist, daß es bei den Instrumenten aus Bali und dem Kongo die gleiche Anordnung der Töne gäbe, nämlich von tief nach hoch, wobei nur der höchste Ton vor dem tiefsten angebracht ist, erwähnt er noch, daß Xylophone nach Amerika nur durch die aus Afrika dorthin verschleppten Menschen eingeführt worden seien.

Fünfundzwanzig Jahre später erweitert Kunst (1960) seine früheren Thesen: Die Diskussion konzentriert sich auf ein javanisches Instrument, das dort 'kemanak' genannt wird. Dabei handelt es sich um Klappern, die aus einem Metallblech gefaltet und paarweise aneinander geschlagen werden, um Orchestermusik zu begleiten. Kunst schreibt:

> *"Nowadays this same instrument is found in W-C-Africa among the Fang or Pangwe, and again as an accompanying instrument in religious dances. There is the same dual playing technique, ..."*

Kunst behauptet auch, daß Schaeffner über das gleiche Instrument von den Kissi in Guinea berichtet. Blench (1982) aber kritisiert, Kunst würde fälschlicherweise behaupten, Schaeffner (1954) würde ein dem 'Kemanak' entsprechendes Instrument von den Kissi in Guinea beschreiben.

Kunsts Quelle dafür ist Tessmanns 'Die Pangwe' (Berlin 1913), das ein von Erich Hornbostel geschriebenes Kapitel über Musikinstrumente enthält. Kunst behauptet, Abbildung 121 würde das gleiche Instrument ("same instrument") wie das 'Kemanak' zeigen. Tatsächlich ist das Bild jedoch mit "Schellen" betitelt. Nach Blench ist das dargestellte Instrument auch eine solche, und selbst in Kunsts Reproduktion sind noch die Klangsteinchen in den Schellenkörpern zu erkennen.

Diese Schellen werden normalerweise zum Tanz an das Bein gebunden. Der Text enthält keinerlei Angaben über "dual playing technique" oder eine Beschreibung für den Einsatz bei religiösen Tänzen wie sie KUNST vorgibt zu referieren.

Das kissi Instrument wird 'kende' genannt und in SCHAEFFNER 1954 (*"Les Kissi";* Paris, S.22-25) so beschrieben, daß es in einer Hand gehalten wird, während die andere Hand einen Stab dagegen schlägt und sich so völlig im Einsatz von dem 'kemanak' unterscheidet.

KUNST (1960) illustriert weiterhin eine Flöte von den Atoni auf Timor, um eine Ähnlichkeit mit denen der Bari im Sudan zu zeigen. Nun ist aber die Vielfalt an Flöten allein auf dem afrikanischen Kontinent so enorm, daß es leicht ist, ein Beispiel für irgendeine Parallele dieser Art zu finden. Eine Studie von LAURENTY (1974: *"Les aerophones de L'Afrique Central";* Tervuren) über Flöten aus Zaïre beschreibt nahezu eintausend solcher Instrumente, eingeteilt in mehr als dreißig Klassen. Desweiteren liegen sowohl Timor als auch der südliche Sudan außerhalb der Gebiete, von denen üblicherweise in bezug auf afro-austronesische Beziehungen referiert wird.

In ihrem Aufsatz schicken CULWICKS (1936) gleich eine Aussage voraus, die suggerieren soll, daß die Diskussion um indonesisch-afrikanische Kontakte bereits abgeschlossen sei und es nur noch darum ginge, ergänzende Parallelen und Hinweise zu sammeln, die nun nicht mehr hinterfragt zu werden brauchen, da ja bereits feststehe, daß es einen solchen Kontakt gegeben habe:

> *"Early Indonesian influence on the east coast of Africa is now generally recognized, and it is clear that the intercourse between Indonesian and African peoples both dates from very early times and was once on a considerable scale."* (S.60)

Dieses rhetorische Mittel ist in beinahe allen folgenden Arbeiten sehr beliebt. Mit einem Hinweis darauf, daß andere ja bereits, "bewiesen" hätten, daß Indonesier in Afrika gewesen seien, entzieht man sich der eigenen Beweispflicht und braucht seine Leser nur noch durch Aufzählungen von Ähnlichkeiten zu erstaunen.

Nachdem sie feststellen, daß die Wanyaturu, Waniramba, Wanisanzu in Singida, der Zentralprovinz Tanganyikas, äußerlich Indonesiern ähnlich seien, liefern CULWICKS eine Tradition aus zweiter Hand, die belegen soll, daß diese Völker einst über ein Meer nach Westen segelten (siehe Kapitel 2.2.).

Desweiteren soll das "Fisch-Speisetabu" vor allem für Seekühe, ein Mythos über Diebe, die Pulver durch ein Blasrohr ins Gesicht blasen, und schließlich die Ähnlichkeit in Ohrschmuckformen Sumatras und der Naga Hills Tanganyikas und dem Ostufer des *"Lake Victoria"* auf indonesischen Einfluß in Ostafrika deuten.

Hornell (1928, 1934, 1943, 1946) schließt aufgrund von Kulturparallelen, daß zur Zeit der frühen, weitreichenden Schiffahrt im Indischen Ozean auch Fahrten von Indonesien nach Westen unternommen wurden, die bis nach Arabien, Ostafrika und Madagaskar reichten. Im Zuge solcher Fahrten sei Madagaskar besiedelt worden.

Ausreichende Beweise für die Präsenz von Indonesiern in Afrika sieht Hornell außer in historischen Berichten in dem Vorhandensein von Kanus seiner Meinung nach indonesischer Konstruktionsweise sowie in der 'Kokosnußkultur in Afrika', die den nach Hornell ursprünglich aus Indonesien stammenden Kokosnußschaber einschließt, und in dem Vorhandensein bestimmter musikalischer Instrumente an der Swahili-Küste, wie der "*flat-bar-zither*", der Barttrichterklarinette [1], "*wind-rattles*" und der "*bell-mouthed clarinet*", weiterhin in dem Vorhandensein von Fischreusen, einem Schnur-Figuren-Spiel (, das von Afrika nach Madagaskar eingeführt worden sein soll, da es angeblich in Indonesien unbekannt sei), einer bestimmten Sorte von bunten Glasperlen, die in Zimbabwe gefunden wurden, sowie eventuell in architektonischen Elementen der Ruinen von Zimbabwe und Nanatali, die nach seiner Auffassung als Bantu-Imitationen religiöser (buddhistischer <!>) Indonesier der Küste verstanden werden müssen. Letztere seien zwar von Bantu gebaut, aber indonesisch beeinflußt. So entspräche zum Beispiel unter anderem der konische Turm von Zimbabwe einem buddhistischen Stupa, da beide keinen Innenraum aufwiesen. Diese Idee ist später zunächst von Jones (1964), dann von Hromnik (1981) übernommen worden.

Daß Afrikaner als Sklaven nach Madagaskar kamen, zeigt sich nach Hornell daran, daß sie die austronesische Sprache übernahmen. Die Besiedelung Madagaskars mit Afrikanern sei nur dadurch erfolgt, daß diese als Sklaven von Indonesiern geholt worden seien. Allein wären sie nie bis dorthin gelangt.

Besonders intensiv beschäftigt sich Hornell mit dem Bootsbau als Argument für die Theorie. Er sieht Ähnlichkeiten zwischen den Auslegerbooten Ostafrikas, Madagaskars, der Komoren und Nordjavas und behauptet, ihre Distribution entspräche den Reiserouten der Indo-Pazifischen Region. Unterschiede in der Morphologie der Boote, für Hornell also Modifikationen, sollen zeigen, daß die Übernahme vor recht langer Zeit geschehen sein muß.

Für möglich hält es Hornell, daß ein im Swahili "*mtepe*" genanntes Boot auf ein indonesisches Boot zurückzuführen sei, dem der Ausleger genommen wurde. Vor allem doppelte occuli-Zeichnungen, die sich nur in Afrika, auf den Komoren,

[1] Name von Sachs (1932).

und auf Indonesien an der Seite der Boote beobachten lassen sollen, würden zeigen, daß diese Bootsform nicht arabisch-persischen Ursprunges sei.

In den großen Kanus am Victoria Nyanza sieht HORNELL Parallelen zu Java und Madura; sie hätten sonst keine Parallele in Afrika.

> "*... I can come to no other conclusion than that Indonesian settlements at one time existed upon the east coast of Africa at the time of the Indonesian colonisation of Madagascar; further that the origin of the Victoria Nyanza canoes, equally with the double outrigger of the coast, is to be traced to Indonesian culture exercised upon the Bantu tribes of this region by Javanese settlements along the coast - settlements subsequently obliterated in the same way as was that of the Portuguese at Mombasa in the seventeenth century.*" (1928, S.3)

In einer Abhandlung über asiatische Kultureinflüsse an der ostafrikanischen Küste greift HIRSCHBERG (1943) einige der referierten Ideen auf und handelt sie in einem einzigen Satz ohne Quellenangaben ab:

> "Schließlich sei auch noch kurz der malaiischen Einflüsse an der Ostküste gedacht, auf welche das Auslegerboot und einige mit der Kokospalme in Verbindung stehende Einrichtungen, wie Schöpflöffel aus Kokosnußschalen, die Kokosnußraspel in Schemelform u.a.m. zurückgehen." (S.52)

Auch GROTANELLI (1947) wiederholt einige der von HORNELL aufgeführten Kulturparallelen (Kokosnußschaber usw.) und zieht Parallelen zur Küstenkultur Somalias. Er geht davon aus, daß die "Indonesier", die Madagaskar besiedelten, entlang der somalischen Küste segelten und dort Elemente ihrer materiellen Kultur hinterließen (1941, S.89).

Er ergänzt die Liste angeblicher Kulturparallelen, um Färbetechniken (Plangi) und Schwertformen, die entweder Derivationen eines marokkanischen Typus seien oder afrikanisierte Nachbildungen indonesischer Schwerter, während die "*bell mouthed oboe*" seiner Meinung nach nicht von Persien nach Somalia, sondern aus China über Indonesien nach Nordostafrika gelangt sei. Schließlich formuliert er, daß der "indonesisch-somalische" Kontakt wahrscheinlich nur unter der Beteiligung von und entlang der Route über Indien erfolgt sei (S.177).

Nach einer ausführlichen Beschreibung älterer Vorgehensweisen zur Erklärung von Kulturparallelen will HUTTON (1946) unter einem "theoretisch-methodologischen Ansatz" die Parallelen zwischen Westafrika und Indonesien untersuchen. Sein subjektives Kriterium dabei ist:

> "*In areas so far apart as Indonesia and West Africa a presumption of independent development must obviously be made unless the wealth of identical features of culture prove to be so great that such an hypothesis can no longer be maintained.*" (S.6)

HUTTON glaubt dieses Kriterium in folgenden Fällen, die er oberflächlich beschreibt, erfüllt: Töpferei in Nigeria und auf Calabar, Gräberformen auf Sumatra, den Phillipinen und in Igara, Afrika, die Kopfjagd, die Bedeutung des Unterkiefers auf Celebes und bei den Ewe, weiterhin bei Monolithkultur, Holzplastiken, Steinkreisen, Gräbermarkierungen, in der Eschatologie, dem Totenkult und -glaube, der Kosmologie, Scherzverwandtschaften und Terrassenfeldern. Aufgrund dieser oberflächlichen Parallelen, bei deren Nennung HUTTON nicht berücksichtigt, daß sich unzählige Parallelen dieser Art erdweit finden ließen, kommt er zu dem Schluß, daß Indonesier, 'weil sie ein seefahrendes Volk seien', nicht nur nach Madagaskar gefahren seien, sondern das Kap umrundet und an die Bucht von Benin gelangt seien. Eine Vorstellung, die später von JONES (1964) übernommen wurde. HUTTON berücksichtigt sein zuvor aufgestelltes Kriterium, so schwach es auch ist, selber nicht: denn seine Parallelen sind zwar zahlenmäßig viele, aber nicht zwischen zwei Völkern oder Kulturen, sondern zwischen verschiedenen Teilen zweier Kontinente mit einer Vielzahl von Völkern und Kulturen.

Zurecht weist MURDOCK (1959) darauf hin, daß für diverse Nutzpflanzen Afrikas (zum Beispiel die Banane) ein südostasiatischer Ursprung angenommen werden muß. Allein deshalb, das heißt ohne nähere Anhaltspunkte, weitere Hintergründe oder Beweise für seine Theorie zu liefern, geht er davon aus, daß während des ersten Jahrtausends vor Christus ein maritimer Handel zwischen 'Westindien' und Ostafrika begonnen hätte, der zum Austausch von Agrarprodukten geführt habe. In jener Zeit sollen nach MURDOCK 'Indonesier' aus Borneo die Monsunwinde genutzt haben, um nach Ostafrika zu segeln, wo sie Siedlungen gegründet und nahrungsmittelliefernde Pflanzen ihrer Heimat eingeführt hätten. Später, innerhalb der ersten 1.500 Jahre unserer Zeitrechnung hätten Semiten den Seehandel übernommen, und die 'Indonesier' seien nach Madagaskar emigriert.

Der afrikanische Einfluß manifestiert sich nach MURDOCK in der Viehzucht und im Regierungssystem der Malagasy. Interessanterweise vertritt MURDOCK die Ansicht, der stärkste afrikanische Einfluß fände sich im politischen System der Merina, also der Gruppe, die von anderen Autoren immer wieder als die beschrieben wird, welche auf Madagaskar am deutlichsten austronesische Elemente in jedweder Beziehung zeige. Weiterhin ist bekannt, daß die Merina, die nach MURDOCK andere politische Systeme Madagaskars beeinflußt haben sollen, frühestens im neunzehnten Jahrhundert zum ersten Mal einen politisch stabilen Einfluß erreichten.

MURDOCK stellt außerdem folgende kulturelle Parallelen zwischen Afrika und Madagaskar fest (S. 37-39), von denen er aber jeden Beweis ihrer Existenz und tatsächlichen Beziehung schuldig bleibt:

" *1) monarchical absolutism*

2) eminent domain

3) divine kingship

4) ritual isolation

5) insignia of office

6) capital towns

7) royal courts

8) protocol

9) harems

10) queens (commonly endowed with independent estates)

11) territorial bureaucracy

12) ministers

13) duality of ministerial roles (double function as minister at court and governor of province)

14) titles

15) security provisions (in one way or another, removal of potential 'palace revolutionaries')

16) electoral succession (by designation, by election through ministers, generally from correct royal lineages)

17) anarchic interregnums (due to absence of central authority or through organized violence)

18) human sacrifice as past of royal funerary rites" [1]

Abgesehen davon, daß sich MURDOCK hier nicht auf bestimmte Völker oder Volksgruppen bezieht, sondern einfach eine afrikanische Kultur willkürlich generalisiert, sind alle diese angeblichen parallelen Kulturelemente so abstrakt gewählt, daß man weltweit unzählige "Ähnlichkeiten" aufführen könnte.

In seinem viel zitierten Werk führt MURDOCK schließlich mit gleicher Unwissenschaftlichkeit und in immer höher werdenden Abstraktionsgraden weiter aus:

> *"The social organisation of the Malagasy, like their economy (°...) corresponds almost exactly to what one would expect in a Bornean bilateral society that was subjected to patrilocal influences through Arab and Cushitic contacts. (°...) Matrilineal exogamy, which constitutes the sole discrepancy, possibly reflects the mass impact of Bantu slaves (°...)"* (S.220)

Alle diese angeblichen Beziehungen und Ursprünge von Kulturelementen stehen ohne Beispiele, ohne wirkliche Forschung und ohne Quellen, auf die verwiesen würde. Sie sind somit willkürlich, spekulativ und letztendlich halt- und wertlos.

---

[1] so zitiert aus KENT (1970, Seite 40).

Gegenüber Kulturelementen anderer Natur können Nahrungsmittelpflanzen vielleicht eher auf tatsächliche Verbindungen zwischen Kontinenten hinweisen.

In der Botanik nimmt man im allgemeinen für eine Reihe afrikanischer Nutzpflanzen einen südostasiatischen Ursprung an, weil sich, wie im Falle der Banane, die Wildformen nur dort finden.

CHITTICK (1975) scheint sich darauf zu beziehen, wenn er schreibt:

> *"Numbers of ... food-plants, however, appear to have originated in S-E-Asia and it is difficult to be certain that they did not come to East Africa direct from that region, as is almost certainly the case with the main types of cultivated banana (Musa spp.)."* (S.124)

Demgegenüber plädiert GWYNNE (1975), daß die großen Bananenanbaugebiete von Uganda und Westkenia die ursprünglich aus 'Malaysien' stammenden Vorläuferformen der Pflanze nicht unbedingt auf direktem Wege, sondern vielleicht eher über die arabische Küste oder Madagaskar erhalten haben.

Bedenkt man aber, daß die Banane bereits im PERIPLUS des Erythräischen Meeres für Ostafrika erwähnt wird (siehe Kapitel 2.1.), bedeutet dies, daß die Pflanze vor dem im allgemeinen angenommenen Zeitpunkt für die Besiedelung Madagaskars bereits an der afrikanischen Küste eingeführt worden sein muß. Für die arabische Küste aber hat eigene Bananenkultur noch nie große Bedeutung gehabt; die arabischen Händler hätten also bestenfalls als Überbringer einer Pflanze, mit der sie selbst wenig anzufangen wußten, in Erscheinung treten können. Nicht unerwähnt bleiben sollte, daß die größte Formenvielfalt der Banane, selbst weltweit betrachtet, im Innern des afrikanischen Kontinents, nämlich etwa in Uganda, entwickelt wurde.

DESCHAMPS (1960) argumentiert gegen eine direkte Überquerung des Indischen Ozeans durch 'Indonesier' mit dem südlichen Äquatorialstrom. Stattdessen hält er die nördliche Handelsroute nach Sri Lanka und zum Horn von Afrika für wahrscheinlich.

Darüber hinaus glaubt er nicht, daß es eine frühe afrikanische Bevölkerung auf Madagaskar gegeben habe. Die Vazimba und andere manchmal als 'Ureinwohner' beschriebenen Völker sind seiner Meinung nach entlaufene Sklaven der späteren Küstensiedler.

Zugleich erkennt er afrikanische Elemente selbst für die frühesten 'indonesischen' Siedlungen auf Madagaskar an und meint damit die wichtigen 'nicht-indonesischen' Kulturelemente wie die Rinderhaltung und Hirsekultur.

Er nimmt an, es habe ausgedehnte 'indonesische' Siedlungen an der ostafrikanischen Küste gegeben, die zur Einfuhr von Nahrungsmittelpflanzen wie der Banane, der Yams und dem Taro sowie einigen anderen Elementen der materiellen Kultur, wie dem Xylophon und den Auslegerbooten, geführt haben sollen.

Deschamps glaubt offenbar afrikanische Verwandtschaftssysteme bei der Bevölkerung Madagaskars zu erkennen und führt diese auf viel spätere, teils 'afrikanisierte', teils 'islamisierte' Siedler von der afrikanischen Küste zurück.

Folgende Parallelen zwischen Afrika ("Rhodesia, Zambezi, Mozambique, Swahili") und Madagaskar, die auf einen Kulturkontakt oder gemeinsamen Ursprung zurückzuführen sein sollen, sieht Deschamps:

" *1) atriarchal clan with special rights of maternal uncle*

2) exual freedom for the unmarried of both sexes

3) respect for the female spouse

4) absence of dowry as important feature

5) 'images d'accouplements'

6) incest considered as reinforcing power

7) atmospheric God

8) ancestral cult

9) royal body placed in a river after death

10) serpent ancestors

11) joking relationship

12) mass trial by ordeal through liquid poison

13) castes

14) age groups

15) freemen assemblies curtailing chiefly powers in government

16) 'divinized' princes

17) social importance" [1]

Abgesehen davon, daß man auf dieser hohen Abstraktionsebene und bei der weitgefaßten Definition von Afrika und Madagaskar, Parallelen dieser Art zwischen unzähligen Völkern finden könnte, nennt Deschamps selber an anderer Stelle fünfzehn der siebzehn Punkte, um die engen Beziehungen Madagaskars mit Indonesien zu belegen! Aber auch die zwei nur in Verbindung mit Afrika genannten Parallen, "*serpent ancestors*" und "*joking relationship*", ließen sich ohne Schwierigkeit mehrfach im austronesischen Raum belegen.

Auch Deschamps' Aussage, es gäbe ein ungefähres 61:17, das heißt 4:1 Verhältnis von indonesischen zu afrikanischen Elementen auf Madagaskar [2],

[1] zitiert nach Kent (1970, Seite 43).

beruht auf der willkürlichen Auswahl von Parallelen und bleibt ohne jede Aussagekraft.

KENT (1970, S.50) hat weitere Kulturelemente gezählt, von denen DESCHAMPS angibt, es seien afrikanische Kulturgüter und Techniken:

1) Hirsekultur
2) Soziale Bedeutung von Rindern
3) Rindermarkierungen
4) Das Tragen von 'Togas'
5) Töpferei
6) Baumwollweberei
7) Konstruktion von Getreidespeichern
8) gezähnte Sicheln
9) Holzskulpturen
10) Herabfeilen der Zähne (von FLACOURT schon 1661 erwähnt)
11) Lanzen
12) runde Schilde
13) Beschneidung
14) Tragen kleiner Scheiben an der Stirn

Es wird schnell deutlich, daß dieses einmal mehr nur eine nicht hinterfragte Sammlung von Parallelen ist, die andere Autoren zum Teil bereits zuvor erwähnt haben.

KENT (1968) selbst stellt fest, daß es einen "Großvater-Kult" auf Madagaskar wie auch in Afrika gäbe, und genauso verhalte es sich mit dem *tromba*-Kult Madagaskars: auch in Afrika gäbe es Kulte, bei denen verstorbene Herrscher durch ein Medium zum Volk sprächen. Beispiele oder Details erwähnt KENT nicht. Dennoch zieht er Parallelen, wie auch bei seinen linguistischen Vergleichen (siehe Kapitel 3.3.), mit dem Shona-Reich:

> *"The tromba medium among the Sakalava corresponds to the Shona 'svikiro', while the function and context of the institution offer close parallells with the Shona 'mhondoro'."* (S.519)

Auch Begräbnisriten und andere Kulte, so KENT, seien offenbar vom Festland entlehnt.

Die Vezu Madagaskars und Fischer in Ostafrika seien sich kulturell sehr ähnlich.

[1] zitiert nach KENT (1970, Seite 47).

Ohne seine oberflächlichen Behauptungen zu vertiefen, gelangt KENT zu der schwerwiegenden Schlußfolgerung, daß *"there is no doubt, that the first Malagasy empire was an African creation"* (S.546).

1969 sucht KENT nach afrikanischen Parallelen zu Kulturelementen der Antaymuru.

Seiner Ansicht nach ähneln die Steinstelen der Antaymuru sehr stark solchen aus Nordost-Afrika (S.60). Genauso wie das Altersklassensystem, das auf Madagaskar keine Parallele fände, seien sie am ehesten zu vergleichen mit den Menhiren und Altersklassen der Conso in Äthiopien. Auch der Name der 'heiligen Hauptstadt' der Antaymuru, *Vatomasina* (= svw. 'heiliger Stein') assoziiere eine Megalith-Kultur, die wie die Kunst der Papierherstellung zeigen würde, daß die Regionen der Komoren und Swahili als Ursprungsgebiet der Antaymuru nicht in Frage kämen, da dort diese Kulturelemente fehlten (S.61). Gründe für den Abzug der "Temur" aus Nordostafrika hätten nach KENT religiöse Auseinandersetzungen oder die Expansion der Galla im sechzehnten Jahrhundert sein können. In Bezug auf den Namen "Temuru", der später zu "Antaymuru" geworden sein soll, (was linguistisch durchaus möglich wäre,) verweist KENT auf CERULLI, der in einem epischen Gedicht des fünfzehnten Jahrhunderts ein verschwundenes Volk mit dem Namen "Temur (Semur/Temur)" in Verbindung mit den Somali erwähnt. Die Termini "Temur" und "Sumale" sollen noch in äthiopischem Sprachgebrauch zu finden sein (1970, S.111). Für KENT haben die Antaymuru aufgrund dieser Parallelen ihren Ursprung im Hinterland von Somalia oder in Ost-Äthiopien.

Nach KENT (1970) kann eine Vielzahl von Kunstobjekten und Musikinstrumenten Madagaskars seinen Ursprung in Afrika haben, obwohl einige auch auf bodenständige Entwicklungen zurückzuführen seien (S.34).

So sei zum Beispiel die mit frühen Eisenfunden auf Madagaskar assoziierte Töpferei äußerlich der von 'Süd-Rhodesien' am nächsten (S.38).

Auch die Assoziation von Meeresmuscheln mit dem Königtum, die sich auf Madagaskar fände, sei zwar typisch indonesisch, fände sich aber in Afrika nur in der 'rhodesischen Kulturzone' (S.44).

KENTS Methode besteht häufig darin, ein Kulturmerkmal Madagaskars zu nennen, meistens ohne es dabei genauer zu beschreiben, und dann auszusagen, es hätte eine Entsprechung in Afrika, wiederum ohne Einzelheiten zu nennen; zum Beispiel:

> *"... reliable data describing the funery rites given to Sakalava kings suggest nothing less than massive borrowing from the mainland, to indicate again only a few features and sources."* (1970, S.176)

Weder gibt KENT an, auf welche "*reliable data*" er sich bezieht, noch welches die Merkmale sind, die 'nahelegen' ("*suggest*" <!>), sie seien aus Afrika und nicht von woanders entlehnt oder unabhängig entwickelt. Und so bleibt völlig unklar, was die "*few features und sources*" eigentlich sind.

Oft wird deutlich, daß seine 'Argumente' nichts anderes als subjektive Eindrücke sind:

> *"Anyone who has spent some time observing the Vezo fishermen and their outriggers on the western littoral of Madagascar would be forced to conclude, as I did, that the Mozambique Channel barrier belongs to European mythology"* (S.176)

KENT bedient sich also auch in seinem umfassenden und vielzitierten Werk von 1970 keinesfalls einer eher anzuerkennenden Methode als seine Vorgänger. Und dennoch hat er den Mut, aus seinen Parallelen Geschichte zu rekonstruieren, als seien seine Spekulationen Anlaß genug, die Geschichte Afrikas in weiten Teilen umzuschreiben. Doch ist er ehrlich genug, zumindest in der Argumentation durch Ausdrücke wie "*suggest*" und "*opinion*" (siehe meine <!> im folgenden) ahnen zu lassen, worauf seine 'Beweise' ("*evidence*" (S.246 u.a.)) in Wirklichkeit beruhen:

> *"... these suggest <!> strongly ... that the Great Island was settled by human colonies of any real importance only after they had been on the mainland as such. There is already a substantial body of opinion <!> that the ancient Azanians (old inhabitants of Southern Somalia, Kenya and Tanzania) were at least part-Indonesians."* (S.262, Hervorhebung von J.B.)

KENT nimmt also an, die austronesischen Siedler auf Madagaskar seien zuvor in Afrika gewesen:

> *"... there must have <!> been a vast and fairly gradual human movement from the general direction of Indonesia in the early centuries of the first millennium of our era, a movement one could call 'lakato' (or true outrigger people) ... these must have <!> spread considerably into the interior of east-central and southeast-central Africa, along the waterways and lakes, before the Bantu-speakers left their core area in present-day Congo-Kinshaha. Long before the Bantu reached coastal east Africa, Rhodesia, and Mozambique, they met the 'lakato' in the interior. There should have been <!> some fusion, some conflict, some fights, and some refusion, in short, an Afro-Malagasy race should have <!> resulted from these contacts. ... It was the increasing Bantu pressure into the Indonesians, semi-Indonesians, and semi-Bantu enclaves that impelled the 'lakato' into another gradual mass migration, this time to Madagascar, where a few had gone earlier as the primary but numerically minor salient."* (S.263, Hervorhebung von J.B.)

Nach KENT hat also Druck der Bantuexpansion dazu geführt, daß von den ursprünglich auf dem afrikanischen Kontinent siedelnden Indonesiern, solche, welche unbeeinflußt blieben (KENT beschreibt sie als "*pure and uncultured Indonesians*"), zu den Komoreninseln und nach Madagaskar aufbrachen.

ALLEN (1969) hält die Annahme südostasiatischer 'Kolonien' an der ostafrikanischen Küste nicht für nötig, um einen 'indonesischen' Einfluß auf Afrika zu erklären:

> *"The Indian Ocean would appear to provide a paradise for students of how one culture infects another - how, for instance, Indonesian music might have deeply influenced African music without extensive colonisation ..."* (S.29)

Auch ALLEN hält wie die meisten seiner Kollegen eine quantitative Methode für ausreichend und gibt das auch zu:

> *"It is simply unscholarly to say that there is no evidence of East Africa owing a heavy debt to Southeast Asian imports. This evidence may not yet be conclusive, but it exists in great abundance - ... We may not assume wholesale colonisation or cultural imperialism - maybe there is some other explanation: but East and Central African history can only lose if we pretend the problem does not exist."* (S.29)

KIRBY (1966) ist der Meinung, daß 'Indonesien' eine bedeutende Rolle in der Entwicklung der zentralafrikanischen Kultur gespielt hat.

Da seiner Meinung nach (er beruft sich dabei auf die Witwe von KUNST) das *"drum-chime"* von Burma und von Uganda eine Parallele auf Sumatra haben, folgert er:

> *"Dare I suggest that here we have a definite link - a kind of musical 'missing link' between Burma and Uganda?"* (S.11)

Nachdem er also allen Ernstes davon ausgeht, er habe auf diese Weise eine Kultur-Verbindung von Burma über Sumatra nach Uganda belegt, wiederholt KIRBY die gesamte Xylophon- und *"flat-bar-zither"*-Theorie von HORNBOSTEL und stellt sie sozusagen wie eigene Erkenntnisse dar. Sein ganzes Referat bezeichnet er dann als 'unbestreitbaren Beweis' (*"incontrovertible evidence"*) dafür, daß es einen 'indonesischen Einfluß auf Zentral-Madagaskar' gegeben habe (S.12) und daß 'Indonesier' auch die ostafrikanische Küste, und zwar 'direkt' besucht hätten, das heißt ohne vorher auf Madagaskar gewesen zu sein (S.16).

Desweiteren fühlt er sich veranlaßt zu glauben, daß Afrikaner als Gesandte nach Indonesien geschickt wurden oder daß afrikanische Sklaven 'zu Tausenden' an dem Bau großer Anlagen auf Java beteiligt gewesen seien, z.B. an dem Bau von Borobudur im 8. Jhd., das ohne Mörtel gebaut wurde - gerade so wie Zimbabwe oder Naletale [1].

[1] Die Idee von einem Zusammenhang zwischen eben diesen afrikanischen Steinbauten und der Anlage von Borobudur war bereits 1934 auf ganz ähnliche Weise von HORNELL (^ z.B. die Bilder dort) geäußert worden.

JONES (1964) glaubt beim Messen der Stimmungen von Xylophonen und Metallophonen aus Afrika einerseits und 'Indonesien' andererseits eine Reihe von Übereinstimmungen zu erkennen.

Andere zufällige und oft nicht nachvollziehbare oder verifizierbare Parallelen im Bereich der materiellen Kultur und Sprache sollten seine Theorien unterstützen. Nach einem Aufsatz im Jahre 1959 konnte JONES 1964 in seinem viel zitierten Buch die Messungen zu gleichstufigen Skalen zusammenfassen. Als Antwort auf verschiedene Kritiken, die gegen seine Arbeit erhoben worden waren, fügte JONES einer Neuauflage des Buches (1971) weitere Beschreibungen von Parallelen in der musikalischen Konzeption und Instrumentation beider Kulturräume hinzu, ohne auf eine der beiden Rezensionen (HOOD 1965 und BLACKING 1966) in irgendeiner Weise einzugehen.

Ein Jahr später fühlt sich JONES in seinen Ergebnissen durch die von ihm zitierten (1972) entomologischen Aussagen eines Mediziners bestätigt, der glaubt, daß die Elephantiasis von Indonesien nach Afrika eingeschleppt worden sei (LAURENCE 1968) [1]. JONES bemüht sich darzustellen, daß sich die Verbreitung der Krankheit in Afrika mit der des Xylophons deckt.

Die von JONES durchgeführten aufwendigen und offenbar sehr genauen Messungen im musikologischen Bereich lassen jedoch keine Rekonstruktion der Musik selbst zu. JONES scheint viel daran gelegen, die Stimmungen der von ihm ausgewählten Instrumente so aussehen zu lassen, daß sie seine Hypothese unterstützen. Entsprechend nutzt er eine von ihm erschaffene Methodologie, die es ihm ermöglicht, die benötigten Übereinstimmungen zu erhalten, indem er theoretisch tonale Zentren wählt, die in keinem speziellen und nachweisbaren Verhältnis zur tonalen Organisation der Musik der entsprechenden Instrumente stehen. Eine große Zahl der von ihm untersuchten Instrumente stammt aus Museen. Ihre Musik, so sie überhaupt jemals gespielt worden waren, ist niemals aufgezeichnet worden. Feldforschungen, die für seine Untersuchungen unbedingt nötig gewesen wären, hat JONES offenbar niemals unternommen.

BLENCH (1984, S.84 u.a.) kritisiert, daß seit Beginn der ethnomusikologischen Diskussion um Zusammenhänge zwischen austronesischen und afrikanischen Xylophonen stets nur eine bestimmte Art von Xylophonen ausgewählt worden sei:

[1] Der Mediziner LAURENCE beruft sich für die Rekonstruktion der Ausbreitung der *Wucheria bancrofti* auf Berichte europäischer Seefahrer, die seiner Meinung nach in zeitlicher Abfolge und von Osten nach Westen die Erscheinungen der Krankheit beschrieben.

Eigenartig mutet die Verbindung an, die LAURENCE durch die Art seiner Argumentation zwischen der Krankheit und der Sprachzugehörigkeit der Erkrankten zu sehen scheint:

"This infection is placed in the area of evolution of the Malay-Polynesian-Malagasy language group and it is conceivable that the disease was introduced to Africa by movements of people belonging to the same linguistic group." (S.563)

"This suggests that the coincidence of absolute pitch is a phenomenon of the selection of the instruments for study."

Weiterhin stellt BLENCH dar, daß es in Afrika wesentlich mehr Arten von Xylophonen gibt, als das offenbar in Indonesien der Fall ist:

"... in Africa at least, all the various stages intermediate between the single struck stick and the large frame-xylophone are actually present. Leg-xylophones, pit-xylophones, and xylophones consisting of one or two bars laid on a mortar or clay pot as a resonator provide a fairly convincing line of development for the xylophone with individually resonated keys. Curiously enough, it is in Indonesia that the sequence is more deficient - there seem to be no instruments between the leg-xylophone and the complex orchestral xylophones." (S.85-86)

Auch HOOD (1965) beschreibt viele sachliche Fehler bei JONES und kommt zu dem Schluß:

"The arguments (°...) in connection with the xylophone - 'the chief part of the book' - are founded on an archaic methodology liable to a compounding of errors that in the final result leads us nowhere." (S.1579)

Ganz und gar indiskutabel, da auf unwissenschaftlichen, meist nicht nachvollziehbaren Vergleichen beruhend oder nicht hinterfragt von älteren Autoren abgeschrieben, sind JONES' Parallelen im außermusikalischen Bereich (vgl. auch Kapitel 3.3.), die sich auf den Bootsbau, das Brettspiel, Blasebälge, Färbetechniken, Bronzetechniken, Metallarbeiten, Sitten und Gebräuche und anderes beziehen. JONES zieht mal ein Kulturelement aus einer austronesischen Region mit einem aus einer afrikanischen Region heran, um dann ein anderes aus einer anderen ostasiatischen Kultur mit dem einer wieder anderen afrikanischen Region zu vergleichen. So fällt es BLENCH (1984) nicht schwer, fast alle Verbindungen, die JONES gesehen hat, glaubwürdig zu widerlegen. [1]

[1] Aus unerklärlichen Gründen und ohne jeden Nachweis, sondern lediglich mit einem Hinweis auf die Arbeiten von HORNELL, der sich kaum einer besseren Argumentation als JONES bedient hat, gelangt allerdings auch BLENCH zu dem spekulativen Schluß: *"Undoubtedly there was an important influx from across the Indian Ocean to Madagascar and the East Coast of Africa before 500 A.D."* (S.91).

BLENCH (1984,2) nennt diverse afrikanische Musikinstrumente, auch auf Madagaskar, in Verbindung mit Südost-Asien, ohne daß seine Argumentationen für und gegen einen Ursprung hier oder dort durchschaubar wären. Die meisten dieser Instrumente zeichnen sich durch eine sehr weite Verbreitung (Afrika bis ferner Osten) aus.

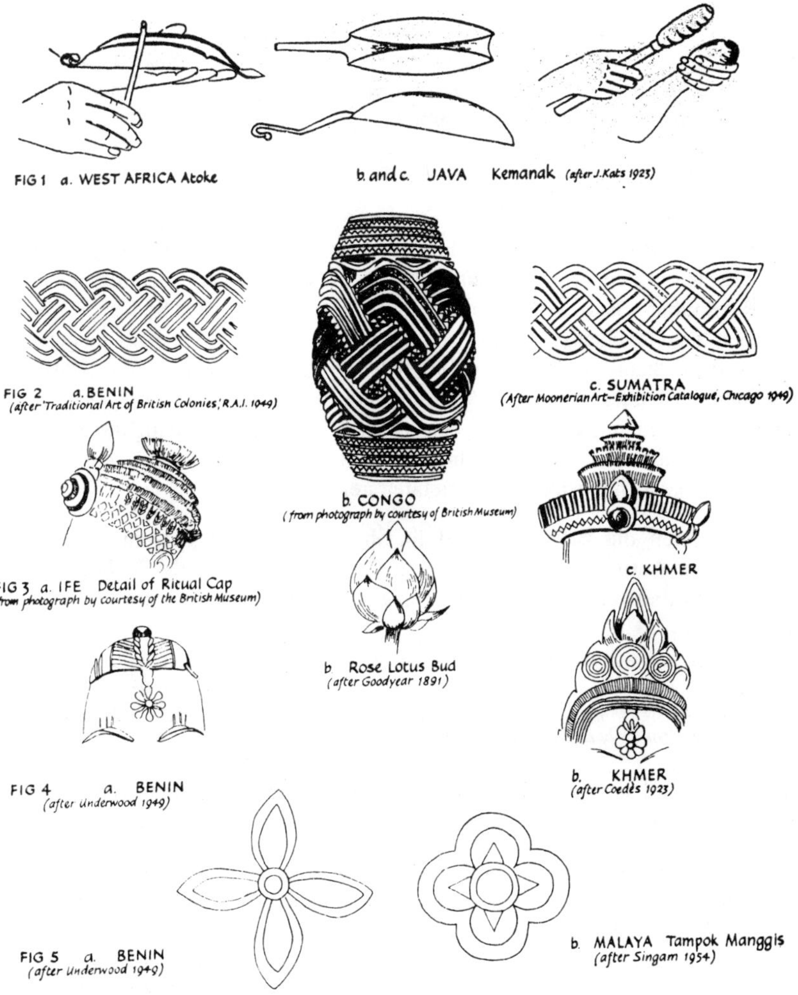

reproduziert aus Jones 1959, S.163

Bild 9: Beispiele oberflächlicher Ähnlichkeiten

Allgemein läßt sich sagen, daß JONES' Arbeit ganz der Methode der Kulturkreislehre folgt.[1] An die Kulturkreislehre erinnert nicht nur die vorausgesetzte Annahme, der afrikanische Kontinent müsse grundsätzlich der kulturempfangende Part einer Beziehung sein. So beschreibt er die äußeren Merkmale der Xylophone für Indonesien als *"artistic and cultivated"*, für Afrika als *"rustic and primitive"* (S.13). Weiterhin geht er davon aus, daß die *"basic characteristics of a primitive peoples's music"* sehr hartnäckig seien und auch bei Einfluß von außen erkennbar blieben (S.3).

CHITTICK & ROTBERG (1975) beschreiben in der Einleitung zu ihrem Sammelband "*East Africa and the Orient*" die Ähnlichkeiten in Geographie und Lebensweise in den Anrainerstaaten des Indischen Ozeans. Darin erwähnen sie, die Reiskultur Ostafrikas stamme im wesentlichen aus Südasien. Nähere Angaben dazu machen sie nicht. Auch ist nicht zu ersehen, weshalb ausgerechnet nur die ostafrikanische Reiskultur ihren Ursprung in Südasien habe, - über den Ursprung der Kultur in anderen Anrainerländern werden keine Angaben gemacht. Offenbar beziehen sie sich auf Südostasien als die allgemein angenommene Ursprungsheimat der Pflanze, ohne jedoch zu berücksichtigen, daß es auch bodenständige afrikanische Reisvarietäten gegeben hat.

Dann fahren die bekannten und für ihre historischen Forschungen zurecht angesehenen Autoren fort, die Meinung der Völkerkundler der Kulturkreislehre vom Beginn dieses Jahrhunderts zu kopieren ohne sie auch nur im geringsten zu hinterfragen:

> *"The coconut palm, again disseminated from the east, furnished a food ... Fronds from the coconut were used for the thatch-like covering of the high-pitched roofs (°...) of the usual rectangular houses, an innovation whose form is ultimately derived from Indonesia."* (S.2)

Entsprechend setzt sich die Einleitung fort: in einer Aufzählung von Einflüssen auf Afrika, durch die Kulturelemente dorthin gebracht worden sein sollen.

Im gleichen Sammelband finden wir in dem Aufsatz von SOUTHALL (1975) noch einmal ein Referat der alten, uns nun wohlbekannten angeblichen Kultureinflüsse Indonesiens auf Afrika:

> *"Indonesian influence on East Africa is markedly different from that on Madagascar. In the latter case this influence must be assumed to have laid the foundations of all languages spoken and all organized societies; in the former no traces of Indonesian languages or social organisation survived. However, to*

[1] Ihre treuesten Anhänger scheint diese Lehre in Südafrika gefunden zu haben. Überhaupt läßt sich sagen, daß ein relativ hoher Anteil der Autoren, die einen bedeutenden indonesischen Kultureinfluß in Afrika sehen, aus Südafrika stammt oder zumindest dort publiziert (zum Beispiel KIRBY, HROMNIK, JONES, BRYANT, BLACKING, BLEEK).

explain the Indonesian derivation of East African outrigger canoes, the sewn plank boats of Lake Victoria, the square two-gabled coastal house design, perhaps the collective cave burials of some of the Nyika peoples, and even the controversial banana and xylophone, one presumes that the Indonesian influences in East Africa, however sporadic, must have spread over a considerable period before the Arabo-Swahili supremacy on the coast and must also probably have continued beyond the arrival of Bantu-speaking Negroes in the coastal regions." (S.211)

SOUTHALL gehört zu jenen Autoren, die einen 'indonesischen' Einfluß auch auf den Komoren annehmen. So findet sich in seinem Aufsatz ohne irgendeinen weiteren Bezug oder eine Quellenangabe die Aussage:

"Comoro culture is very little known to us, but almost certainly has a considerable Indonesian stratum under its predominantly Arab and Swahili elements." (S.203)

Mit Erschrecken können wir also mehrfach feststellen, daß sich die Annahme 'indonesischer Kulturbringer nach Afrika' zunächst vor allem auf Rassismus, später auf den mit rassistischen Vorurteilen vermischten, unwissenschaftlichen Theorien der Kulturkreislehre gründet. Im folgenden nur noch kopiert und nicht hinterfragt, scheint sie längst allgemein anerkannt zu sein und wird viel zu selten zum Gegenstand eigener Forschung, sondern wieder und wieder kopiert wird.

So gibt auch BROWN (1976) allgemein bekannte Theorien im Inhalt wieder [1] und kommt zu dem Schluß:

"There can thus be little doubt that at some time in the past, and certainly towards the end of the first millennium, there were Indonesians on the East African Coast." (S.51)

Geschichtskunde wird so zur Glaubensfrage: entweder man glaubt solche Aussagen oder nicht; nach Beweisführung sucht man vergeblich.

BROWN fährt dementsprechend ohne eine zufriedenstellende Angabe von Gründen fort und erklärt nicht ohne dem 'Rassismus am Rande' genüge zu tun, die Viehzucht sei von Afrikanern nach Madagaskar gebracht worden:

"This is no doubt the reason why modern Madagascar suffers, like Tanzania, from the unproductive passive cattle form of cattle-rearing for which the French have a wonderfully descriptive expression - 'l'elevage contemplatif'."

VÉRIN (1976) weist darauf hin, daß sich auf Madagaskar afrikanische und indonesische Elemente in Form von "*numerous features in the culture*" und den "*traditional social and political systems*" fänden (S.135), bevor er einige rassenkundliche Elemente referiert (S.143).

[1] welche er offenbar vor allem von KENT übernimmt.

Nach dieser Einleitung behauptet er, daß sich an der Nordwestküste Madagaskars das Sozialsystem der Swahili und Bantu wiederfände (S.142). Er erkannte dies offenbar in der beschreibenden Arbeit von Mellis ("*Volamena et Volafotsy*"), die sich selber zum Thema nicht äußert, aber "*from which we see that these societies owe much to East African social organisation.*" (S.137)

Dann wird kurz noch erwähnt, daß das Auslegerboot von Madagaskar nach Ostafrika übernommen worden sei.

Der Leser erfährt also einmal mehr nichts, will er nicht blind der subjektiven Meinung des Autors vertrauen.

Ein Extremfall unter den Arbeiten, die Beziehungen zwischen Indonesien und Afrika aufgrund kultureller Parallelen annehmen, ist die recht junge Arbeit des Südafrikaners Hromnîk (1981) unter dem Titel "*Indo-Africa*". Nach Hromnîk gehen alle kulturellen Bereiche (Sprache, Eisen, Pflanzennutzung usw.) in allen afrikanischen Regionen im wesentlichen oder ausschließlich auf 'indo-indonesischen' Einfluß zurück.

Hromnîks Arbeit steht somit ganz in der Tradition der Kulturkreislehre, ja sogar deren Vorläufertheorie, schrieb doch bereits Ratzel 1891:

> "Afrika kann ethnographisch immer nur mit Südasien verbunden werden und der Begriff Indo-Afrika [1] ist selbst nicht ohne anthropologische Berechtigung, ..." (Ratzel 1891, S.333)

Während die bisherigen Arbeiten schon spekulativ waren, so gründet Hromnîk seine Theorien gar auf sein Gefühl:

> "*In South Africa the connection between the recent and ancient Indonesian population is still felt quite clearly.*" (S.98)

Vergleiche mit Indonesien werden erst gar nicht gemacht; stattdessen werden afrikanische Kulturelemente einfach als außerafrikanisch bezeichnet:

> "*There are however the living people to be seen, their language to be heard, and there are historical records of their ancestors connecting them with Madagascar, Mashonaland, India, and with the ancient and mediaeval trade on the Indian Ocean.. Their images are preserved in the red ochre paintings in many caves and rock-shelters. Their straw hats are worn by the Basotho, and other items of their material culture are also present. The Indonesian presence in South Africa has not been completely obliterated by the overpowering Negroid Bantu influence from the North.*" (S.98)

Die ostafrikanische Bevölkerung bezeichnet er denn auch als "*the Indo-Ethiopio-Indonesian Zanj*" (S.74), während er zugleich Termini wie 'Zimbabwe' (siehe folgende Seite) oder 'afro-asiatisch' ablehnt:

[1] Das ist der Buchtitel von Hromnîk <!>.

"Terms like Afro-Asiatic are of little use since nobody really has a precise definition of the word African." (S.103)

Nach HROMNÎK sollen Inder, welche angeblich die Goldminen von Zimbabwe, das er kurzerhand in "*Sonabar*" umbenennt (S.11), eröffnet haben, indonesische Arbeiter in den 'Bugi-Staaten' von Sulawesi rekrutiert und nach Afrika gebracht haben (S.95).

Die "indonesische Besiedelung" Madagaskars war nach HROMNÎK lediglich ein Nebenprodukt (S.91):

"... settlers of Madagascar did not migrate there on their own and were not intentionally brought there by anybody. There is no demonstrable purpose for their presence there. They appeared there as a by-product of a centuries-long process of exploitation of gold mines in Southern Africa." (S.96)

Daß es sich bei den Siedlern um die zuvor von ihm beschriebenen Arbeiter handelt, schließt er einzig und allein daraus, daß die Malagasy einst Buki genannt wurden (siehe Kapitel 2.1. und swahili *Wa·buki* usw.). Wie HROMNÎK sich die Entstehung dieses 'Nebenproduktes' vorstellt, erzählt er ganz genau, obwohl es jeder historischen Grundlage entbehrt:

"When a ship navigated by an Indian captain with Malabari Macua (°...) sailors at the sails and a number of Bugi labourers on board was wrecked on the east coast of Madagascar, the captain and the crew built a smaller boat out of the remnants of the old one and sailed to East Africa hoping to get on an Indian monsoon boat which would take them back to their wives in India. The Bugi labourers, who brought along their wives as they had been originally intended for permanent settlement in Sonabar, could not be accommodated on the smaller boat and were left behind." (S.96-97)

Während HROMNÎK so genau die Eheverhältnisse der angeblich einstigen Siedler aus Indonesien und Indien zu kennen scheint, lassen seine Literaturangaben und -verweise an Genauigkeit sehr zu wünschen übrig: Zum oben zitierten Absatz gibt es einige Verweise auf Literatur, die nicht den geringsten Bezug auf seine geäußerten Ideen enthalten. Und dieses ist kein Einzelfall. HROMNÎKS Verweise auf Anmerkungen und ähnliches sollen wohl suggerieren, daß er seine Aussagen auf nachprüfbare Quellen und dergleichen stützt. In sehr vielen Fällen aber haben die angegebenen Quellen keinerlei direkten Bezug zum jeweiligen Text, in den allermeisten Fällen zumindest nicht zu dem markierten Satz (zum Beispiel: S.103, Anm.8; S.100, 9. Zeile von unten, vgl. Fig. 53; 54 u.v.a.m.). HROMNÎKS Schaubilder und Karten sind nicht selten ohne Legende, unverständlich oder überhaupt nicht zu erkennen (S.9, Fig.8, Fig.7; S.3, Fig.1; S.14, Fig.13; S.16; Fig.15, 16; S.24, Fig.22 u.v.a.m.).

HROMNÎK scheint auch überhaupt mehr zu wissen, als uns die Geschichtsforschung bislang preisgegeben hat. So berichtet er vom Auftauchen und Verschwinden indischer Lexeme "*in various Bantu languages*" in den letzten 2.000 Jahren <!>, ohne nähere Angaben und ohne daß seine dürftigen Belege irgendetwas dieser Art ahnen ließen. Vielmehr handelt es sich hier wohl bei den wenigen nachvollziehbaren Beispielen um Zufälligkeiten:

"hindi:	*kumbha*	=	*a pot of clay*
swahili:	*ku·umba*	=	*to shape*
malay:	*kumba*	=	*?"* (S.64)

Seine ganze Arbeit ist durchsetzt von mehr oder weniger rassistischen Vorurteilen und polemischen Parolen:

> *"... Negro Africa is and was inhabited by one of the most recalcitrant people in the world. This discovery, although unproclaimed, permeates all archeological writing. ... Hallet cites the appearance of Coca Cola signs on the wall of mud huts as an example of change in Africa. But what he is really showing is that change in Africa comes from outside."* (S.21)

HROMNÎKS Arbeit kann also im Ganzen als unwissenschaftlich, spekulativ und rassistisch bezeichnet werden.

Nicht unerwähnt bleiben sollte, daß von vielen der afrikanischen Kulturelemente, denen die zitierten Werke im Zuge der Kulturkreislehre einen austronesischen Ursprung zusprachen, zur gleichen Zeit unter Anwendung der gleichen quantitativen Ähnlichkeits-Methode von anderen Autoren ein ägyptischer Ursprung verlangt wurde.

Ein Beispiel dafür ist JOHNSTON (1913), der behauptet, Rinder, Schafe, Ziegen, Hunde, Hühner, Hirse, Colocasia, Erbsen, Bohnen, Kürbisse, Melonen, Bananen, der Hüttenbau, die Lehmarchitektur, Stühle, Kopfkissen (er meint Kopfstützen), Trommeln, Harfen, Xylophone, Zither, Brettspiele, Schilde, Bogen, Lanzen und Kampfäxte hätten keine eigene schwarzafrikanische Entwicklungsgeschichte, sondern seien Kopien ägyptischer Kultur.

Natürlich bauen auch diese Arbeiten auf das gleiche Vorurteil auf, daß afrikanische Völker zur Kulturentwicklung "unfähig (gewesen) seien", und sie sind ebenfalls mit rassistischen Bemerkungen durchsetzt. [1]

[1] So beschreibt JOHNSTON zum Beispiel die Sprache der Khoisan als "*beast-like sounds*" (S.8, ^ auch: S.6-7).

Zusammenfassend läßt sich sagen, daß in der Diskussion um afro-austronesische Kulturzusammenhänge aufgrund mangelhafter Methodik bisher keine glaubwürdige Theorie geschaffen werden konnte. Auch die Trennung von Rasse und Kultur (in den Anfängen der Ethnologie als eine Einheit begriffen), brachte keinen Fortschritt in den zum Teil älteren Theorien über afro-austronesische Kontakte. Einzelne Kulturmerkmale wurden beispielhaft und willkürlich bzw. je nach Wissensstand ausgewählt und im Sinne der Elementartheorie (gemeinsamer Ursprung) oder Migrationstheorie (Kultureinfluß) gedeutet. Diese unwissenschaftliche Methode, die zur Entwicklung der Kulturkreislehre, einer Art "ethnographischer Mengenlehre" führte, ist dabei keine Erscheinung der Vergangenheit. Tatsächlich konnte keine Arbeit der historischen Ethnologie zum Thema gefunden werden, die systematisch vorgegangen wäre. Die neueren Arbeiten zeichnen sich zudem unglücklicherweise dadurch aus, daß sie alte Theorien übernehmen ohne sie zu hinterfragen.

Dabei war etwa die Richtung einer möglichen Entlehnung niemals Gegenstand der Diskussion; stets wurde - bewußt oder unbewußt (da ungeprüft referiert) - aufgrund rassistischer Vorurteile (fehlende Fähigkeit zur Kulturentwicklung bei afrikanischen Völkern) davon ausgegangen, daß der afrikanische Kontinent der Nehmer gewesen sein muß.

Die folgende Aufstellung enthält nur einige der angeblich am Kultureinfluß beteiligten Völker oder Regionen und der vermeintlich nach Afrika eingeführten Kulturelemente.

◆ Auflistung einiger angeblich beteiligter Regionen und Völker

Afrika:

'Mosambik', 'Khoisan', Swahili, Wanyika, Mpongwe, 'Westafrika', 'Afrika', 'Madagaskar', 'Sambesigebiet', 'Ostafrika', 'ostafrikanische Küstenregion', 'am Viktoria-See', 'Bantu', 'Nigriter', 'Zaire', Komoren, 'Nigeria', 'Uganda', Pangwe (West-Zentral-Afrika), Kissi (Guinea), Zimbabwe, Nanatali, Wanyaturu, Waniramba, Wamisanzu, 'Bucht von Benin', Shona, Xosa, Baganda, Wanyamwezi, Akamba, Makonde, Ewe, Venda, Madinka, Chopi.

Austronesien:

'Melanesien', 'Indonesien', 'Ozeanien', 'Südasien', 'Madagaskar', Bugi (Sulawesi), 'Malayo-Polynesien', 'Calabar', 'Phillipinen', 'Malaysia', 'Java', Papua, Atoni (Timor), 'Sumatra', 'Indo-Pazifische Region'.

◆ Auflistung angeblich nach Afrika importierter Kulturelemente

Landwirtschaft und Ernährung:

Betelkauen, div. Haustiere (u.a. Rinderzucht, Hühnerhaltung), Fischfallen, div. Nutzpflanzen (u.a. Hirseanbau, Banane, Areka-Nuß, Zuckerrohr, Reiskultur), Fischfang, Seeschildkrötenfang, Bienenkörbe, Fischreusen, Terassenfeldbau.

Kunst und Musik:

div. Musikinstrumente (u.a. Trommelbau, Xylophon, Schneckentrompete, Flöten, Zithern), Ohrschmuck, Schnur-Figuren-Spiel, Musikspielweisen, Musikarten, Brettspiel, Glasperlen.

Gesellschaftsform:

'Sozialsystem', Blutsbrüderschaft, 'Sitten und Gebräuche', Scherzverwandtschaft.

Krankheit:

Elephantiasis.

Religion und Medizin:

Kopfjagd, Bräuche bei der Geburt, 'dunkler Aberglaube', 'Fischspeisetabu', 'bestimmte Mythen', Gräbermarkierung, 'div. religiöse Merkmale', Totenkult, Kosmologien.

Industrie und Handwerk:

Bootsbau (u.a. Typen, Segel, Ausleger), Eisenverarbeitung, Häuserbau (u.a. spitze Strohhütte, viereckige Hütte, Giebeldachhütte), Kokospalmblattdach, Töpferei, Blasebalg, Kokosreibe, div. Waffen (u.a. Bögen, Pfeile, Schildformen, Wurfkeule, Blasrohr, Schwertformen), Schöpflöffel aus Kokosnußschalen, Bronzetechnik, Holzplastiken, Metallarbeiten, Plangi-Technik, Monolithkultur, Masken, Steinkreise, Kleidung aus Rindenbast, Kleidungsformen.

Hierbei wird noch einmal deutlich, wie ungenau die Aussagen im allgemeinen sind. Wie etwa konnte 'Westafrika' oder 'Uganda' oder 'Malayo-Polynesien' mit der Vielzahl ihrer unterschiedlichen Kulturen beteiligt gewesen sein? Schließlich bleibt kaum eine Region in Afrika und in Austronesien ungenannt.

Ähnlich verhält es sich mit den angeblich beeinflußten oder importierten Kulturelementen. Die fast siebzig hier zitierten Elemente entstammen beinahe allen Bereichen menschlicher Kultur, sind aber trotz ihrer Vielfalt im allgemeinen nur oberflächlich beschrieben worden. Zudem ist eine große Zahl von Elementen enthalten, die auch außerhalb der zur Diskussion stehenden Regionen verbreitet sind.

"Il n'est peut-être pas de science qui soit plus le terrain favori d'entreprises des amateurs que la linguistique comparée."

Jacques Dez 1965, S.197.

3.3. Sprachmerkmale

Das Erkennen von scheinbaren Ähnlichkeiten in räumlich weit voneinander entfernten, früher häufig als "primitv" bezeichneten Sprachen ist ein altes Phänomen.

So schrieb im achtzehnten Jahrhundert William MARSDEN in einem Brief an Joseph BANKS:

> *"From Madagascar eastwards to the Marquesas, or nearly from the east coast of Africa to the west coast of Amerika, there is a manifest connexion in many of the words by which the inhabitants of the islands express their simple ideas, and between some of the most distant, a striking affinity. The links of the latitudinal chain remain yet to be traced."* (zit. nach MARRE 1883)

Mancher Linguist oder Historiker glaubt, in afrikanischen Sprachen auf austronesische Lexeme gestoßen zu sein. Doch oft reichten die Beobachtungen gerade noch zur Formulierung von Fragen, wobei man die Antworten schuldig bleibt:

> *"Did Malay navigation extend to the east coast of Africa? and are Zambesi, Kilimany, Mombasa, Kiloa, Masambika, and other names there, of Malay origin, as Mr Freeman suggested?"* (MULLENS 1876, S.168)

Auch typologische Merkmale wurden mit austronesischen Sprachen in Verbindung gebracht. BLEEK (1862-1869) wies darauf hin, daß dort, wo die Khoisansprachen bedeutungsmodifizierende Suffixe verwenden, was sie mit der indo-europäischen Sprachfamilie verbinde, die Bantusprachen Präfixe einsetzten, was ihre Nähe zu den malayo-polynesischen Sprachen zeige.

Ein Wörterbuch der südafrikanischen Zulu-Sprache von BRYANT (1905) enthält ein Kapitel mit der Überschrift: "*A Comparison of the Zulu with the Sanskrit, Arabic, Malay, Papuan, Polynesian and Negro Languages*" (S.67-82).

Ausgehend von der Vorstellung, daß 'primitive Rassen' sozusagen prähistorische Relikte seien, die in einem bestimmten Entwicklungsstadium verharrt hätten, glaubt BRYANT, daß Ähnlichkeiten in den Sprachen verschiedenener 'primitiver Menschenrassen' besonders deutlich eine gemeinsame Abstammung des Menschengeschlechtes zeigen würden, da sie ja ein frühes Stadium unmittelbar darstellten, in dem Völker und Sprachen noch näher miteinander verwandt gewesen sein müssen (S.67).

> *"The Malay languages - for they are numerous - are, like all others of the Eastern Archipelago, in a very low state of development, and in this they resemble much more the Negro than the Bantu tongues, which show a high degree of finish."* (S.73)

Obwohl dieser Ausgangspunkt völlig abwegig ist, da die Sprachen aller Menschen eine gleich lange Zeit der Entwicklung, aber völlig unterschiedliche Sprachgeschichte (Sprachkontakt usw.) aufweisen, wollen wir im folgenden BRYANTS 'sprachliche Analyse' etwas genauer betrachten.

Als erstes stellt er fest, daß sowohl im Bantu als auch im Malaiischen der Druckakzent regelmäßig auf die vorletzte Silbe eines Wortes fällt.

Phonologische Ähnlichkeit sieht BRYANT darin, daß in beiden Sprachfamilien ein Nasal [n] vor bilabialen Lauten zu [m] werde (S.73). Tatsächlich vergleicht er hier weitest-verbreitete Universalien.

Im weiteren stellt BRYANT fest, daß es in den 'malaiischen Sprachen' keine morphologische Numerusunterscheidung gebe, sondern 'Artikel' vor oder nach dem Nomen, die den Singular anzeigten. Darin sieht er eine Ähnlichkeit zu der Entwicklung, welche im Bantu zur Entstehung der Klassenpräfixe geführt habe (S.74). BRYANT gibt keine Beispiele und führt selbst zuvor aus, daß Affixe in beiden Sprachgruppen keine Ähnlichkeit hätten (S.73). Worin er also Parallelen sieht, bleibt völlig unklar, da die Phänomene phonetisch und morphologisch, sowohl von ihrer Funktion als auch syntaktischen Stellung, völlig verschieden sind.

Genausowenig in Beziehung zu sehen sind die von BRYANT im folgenden verglichenen grammatischen Einheiten:

> *"The cases are expressed, as on most occasions too in the Bantu, by prefixing prepositions. The genitive is formed by prefixing 'na', thus, where the Zulu says 'ka Faku' (of Faku, Faku's), the Malay says 'na Faku'. The preposition 'ka' also exists in Malay, but it is equivalent to the Zulu 'nga' (towards, over against), thus 'ka lanit', towards the sky. The preposition 'tu' is equivalent to the Zulu 'ku' (to, towards), thus 'tu ruma', to the house. The preposition 'danan' has the force of the Zulu 'kanye na' (with, along with)."* [1] (S.74)

Auch in den Possessiva und Pronomina glaubt er Ähnlichkeiten, ja sogar Übereinstimmung zu erkennen:

> *"The possessive adjectives we find practically everywhere expressed by particles almost identical with pronominal roots appearing in the Bantu*

[1] Schreibweise der fremdsprachigen Ausdrücke wie im Original.

languages, e.g. 'ku', 'mu', 'ni', 'mi', 'ta', 'na' or similar forms. ... Thus, in the Malay 'ku' (my) is nearly everywhere used for the 1st. person singular; so in the Bantu, wether it be varied as Kamb. 'kwa'; Ku. 'aka'; Su. 'ka'; Swa. 'ngu'; Tu. 'anji'; or U. 'ane'. ...

A similar resemblance and a similar irregularity as to persons and numbers, is apparent all through the list of pronouns in the two linguistic families." (S.74)

Weitere Analogien glaubt BRYANT in der Verwendung des Passivs gefunden zu haben, der seiner Meinung nach in beiden Sprachfamilien gleichermaßen häufiger angewendet würde als in den europäischen Sprachen, die dem Aktiv den Vorzug gäben. Lautlich und funktionell betrachtet sieht er hier eine Parallele, obgleich die entsprechenden Morpheme im Malaiischen als Präfixe und im Bantu als Suffixe eingesetzt werden:

"Both Malays and Bantus have a common disposition to use the passive voice of verbs, where Europeans invariably use the active. But the passive is formed in the Malay quite differently from what it is in the African languages. Amongst several other forms, the prefix 'ka' is used to construct a neuter-passive, giving exactly the same meaning as does the suffix 'eka' or 'kala' in Zulu, thus Mal. 'ka-lihat', get seen, Zulu 'bona-kala'." (S.74)

Im lexikalischen Bereich sieht BRYANT Analogien zum Beispiel zwischen den Formen der Lexeme für 'drei':

"In the numeral 'three' we generally find in the Malay the particle 'ta', 'te' or 'to' as predominant. This is the case also right through the Bantu, e.g. Zulu 'tatu'." (S.74)

Wieder fehlen hier systematische Überlegungen, welche die Annahme einer Verwandtschaft der zitierten Formen belegen könnten.

In der folgenden Wortliste wird dieser Mangel noch deutlicher. Einzelne Wortpaare werden von BRYANT subjektiv als 'ähnlich' empfunden und zum Vergleich vorgeschlagen. Selbst diese angebliche lautliche Ähnlichkeit ist oft so gering, daß sie meist kaum noch nachvollziehbar sein dürfte:

"Zulu	*Malay*	*English*
in-ja	*andjin*	*dog*
isi-kumba	*kulit*	*skin*
u-debe	*bibir*	*lip*
lamba	*lapar*	*be hungry*
tabata	*djabat*	*take*
im-vula	*hudjan*	*rain*
i-duli (knoll)	*bulu (hill)*	
umu-ntu	*tau*	*man*
azi	*isen*	*know*

in-dawo (a place)	*taroh (to place)*		
i-gama	*nama*	*name*	
i-langa	*lanit*	*sun*	
um-zimba	*badan*	*body*	
i-nyama	*daging*	*flesh"* [1]	(Bryant 1905, S.74)

Insgesamt enthält die Liste 50 Wortpaare, die im Zulu und Malaiischen ähnlich sein sollen, dann folgt eine weitere, gleichfalls undurchschaubare Liste mit 30 Einträgen, die Ähnlichkeit zwischen dem Zulu und den Papuasprachen belegen soll.

Doch für diese Gegenüberstellung fällt Bryants 'Analyse' negativer aus. Hier gibt es offenbar selbst für ihn keine 'Ähnlichkeiten' mehr zu erkennen:

> *"If there be any similarity between the Polyesian and Bantu languages, it most probably came about through a common connection with the Papuan races, although, of course, it might also be the last, remaining signs of an interior relationship away in the premordial ages of mankind. As it is, with the few insignificant exceptions below, we can discover nothing in the Polynesian speech that shows any resemblance to the Bantu, wether it be in its grammatical construction or in its vocabulary."* (S.75)

1963 vergleicht Bryant noch einmal austronesische mit afrikanischen Sprachen:

> *"... the most striking resemblance still ... is the strange phenomenon, in Papuasia as in Africa, that, while one half of each family (e.g. the Papuans on the one side, and the Sudano-Guinea Negroes on the other) speaks a vast medley of apparently radically different and mutually unintelligible tongues with no discernible relationship whatever one with the other, the other half (e.g. the Melanesians on the one side, and the Bantu on the other) speaks an equally vast multitude of tongues, but now all displaying a close relationship in grammar and in word. Some more detailed resemblances between the Melanesian and the Bantu-Guinea speech are - a common tendency, on both sides, to classify their nouns, and to employ prefixal and suffixal devices in their construction; the presence of causative, reciprocal and frequentative verbal forms, and the habitual modification of the verbal tenses by the use of equivalents of 'already' and 'still'. Actual lexical resemblances seem to have been almost wholly worn away during the thousands of years since the family dispersal. Yet we note still in the Papuan speech 'Nibaba' for 'father', against the Bantu 'baba'; 'Mama', also, in places, for 'father', against the Bantu 'Mame' for 'mother'; 'Nina' for 'mother', against the Zulu Bantu 'Nina', with the same meaning; 'wana' for 'child', against the Bantu 'Mwana' and 'Ntwana', with the same meaning."* (S.49)

Die Wortvergleiche von Jones (1964) sind noch unmethodologischer und weniger nachvollziehbar als seine Vergleiche in anderen Kulturbereichen (siehe Kapitel 3.2.). So zitiert er Kunst (1949), der die Bezeichnung des

[1] Schreibweise der Ausdrücke im Zulu und Malaiischen jeweils wie im Original.

Grundtones im Javanischen *"bem"* aus dem persisch-arabischen *"bam"* ableitet, und ergänzt, daß im Chopi Mosambiks *"hombe"* wie im Javanischen *"(m)be(m)"* groß bedeute, wie der Klangkörper, der den Grundton hervorbrächte und der größte am Xylophon sei (S.80 und 145). Desweiteren heiße ein Ryhthmus jeweils in Sara (Westafrika) *"la"*, im Malagasy *"lala"*, während im Ostjavanischen *"rarak"* soviel wie 'Serie / in einer Reihe angeordnet' bedeute. Daß es sich jeweils in den ersten beiden Fällen um lautmalerische Ausdrücke handeln dürfte, kommt beiden Autoren offenbar gar nicht erst in den Sinn. Die Beweisführung über regelmäßige Lautentsprechungen ist ihnen ebenfalls anscheinend völlig unbekannt. JONES' unwissenschaftliche Methode, mal ein Beispiel aus einer Sprache Afrikas oder Austronesiens auszuwählen, mal aus einer anderen, ohne jemals seine Quellen anzugeben, macht es unnötig, weiter auf seine vielen Wortreihen einzugehen; sie haben keinerlei Aussagekraft.

Wesentlich zahlreicher und im allgemeinen qualitativ besser sind solche Arbeiten, die sich mit Sprachbeziehungen zwischen afrikanischen Sprachen und dem Malagasy befassen.

DAHLE (1885) betrachtet einen Einfluß des Swahili auf das Malagasy aufgrund der geographischen Nähe als "natürlich". Von der falschen Annahme [1] ausgehend, daß die Swahili-Sprecher der ostafrikanischen Küste niemals selbst irgendeine Verbindung zu Madagaskar gehabt hätten, glaubt er, es seien arabische Händler gewesen, die entlang der Swahiliküste nach Madagaskar gekommen seien und Lexeme des Swahili auf Madagaskar eingeführt hätten (S.101).

Andererseits erkennt er auch Wörter im Malagasy, die einen anderen afrikanischen Ursprung haben müssen:

> *"Wherever a Malagasy word of common occurence and referring to objects of common life is found, not only in Swaheli, but also in other African languages, it is almost certain that it has not been introduced into Malagasy through Swaheli, but belongs to the original African element in Malagasy."* (S.102)

Obgleich er also einen unmittelbaren Einfluß des Bantu auf das Malagasy erkennt, den er - wie oben zitiert - als 'ursprünglich afrikanisches Element im Malagasy' versteht, neigt DAHLE dazu, den arabischen Einfluß auf das Malagasy zu sehr zu betonen.

So führt er den Anlaut [a(N)-] im Malagasy auf den arabischen Artikel *al-* zurück, obwohl er - was wegen der lautlichen Verschiedenheit und des Vorkommens des Anlautes bei eindeutig nicht arabischen Lexemen nicht verwunderlich ist - häufig auf Probleme stößt (^ BERCHEM 1989).

[1] vgl. vorangegangene und folgende Kapitel.

Dahles Arbeit hinterläßt so den Eindruck, als wolle er den Einfluß des Swahili und anderer Bantusprachen zugunsten des Arabischen herunterspielen - entgegen dessen, was der Titel (*"The Swahili Element in the New Malagasy - English Dictionary"*) eigentlich verspricht.

Zudem ist Dahle oft völlig unlogisch:

> *"Maso: eye, should not have been compared with Swa. macho at all, as it is only misleading. As the word for eye, of the same root, occurs in the forms mata, matan, moto etc., in any number of Malayo-Polynesian dialects, there can be no doubt as to the origin ..."* (S.107)

Doch wie kann der lautliche Widerspruch [s] versus [t] zwischen der Form des Malagasy und denen anderer austronesischer Sprachen erklärt werden, da er allein dasteht? Zu der Form des Swahili hingegen gibt es eine regelmäßige Lautentsprechung (^ Berchem 1989).

Besonders deutlich wird Dahles Begehren, den Einfluß des Arabischen überzubewerten, bei der Diskussion von malagasy *haody*:

> *"I believe this word to be Arabic, for the following reasons: - (a) It is not likely that the natives of East Africa had any word for it, as their huts have scarcely any doors to knock at* <!>*; and as the custom of knocking suggests a stage of civilisation above that which they arrived at* <!>*, they must have been taught to do it before they did so. But their first teachers of manners were certainly the Arabs* <!> *..."* (S.112, Hervorhebung nicht im Original)

Dahle scheint die Verwendung des Lexems und die damit in Verbindung stehenden afrikanischen Höflichkeitsregeln selbst gar nicht zu kennen; denn es handelt sich um eine Exklamation, die selbstverständlich auch ohne das Vorhandensein von Türen verwendet werden kann (streng genommen vielleicht nur so Sinn macht). Der Schluß der Aussage erschöpft sich in der Art von Rassismus, wie wir ihm bereits an anderen Stellen begegnet sind.

Wie bereits angedeutet, zeigen nach Dahle afrikanische Wörter im Malagasy, die wohl unabhängig vom Swahili sind, daß es eine afrikanische Urbevölkerung auf Madagaskar gegeben habe:

> *"... the purely African element in Malagasy ... seems to me to prove the original African settlement here in the same way as the Celtic words in English, even without influencing the grammar, prove that the Celts lived in England before the Anglo-Saxons."* (S.114)

1899 beschreibt Richard Burton die Sprache der Komorianer auf Sansibar wie folgt:

> *"The natives of the Archipelago here preserve their own language, which seems to be a superstruction of Javanese and Bali, Arabic, and Sanskrit erected upon a primitive insular dialect, meagre and un-Aryan. Other have detected in it*

a resemblance to that of the Philippine Islands, and hold the people to be of Malay origin." (S.340)

Leider läßt Burton seine Leser völlig im Unklaren, was denn nun an der komorianischen Sprache javanisch, balinesisch oder phillipinisch sei.

Ferrand (1908) sucht zu madagassischen Volksbezeichnungen Entsprechungen auf dem afrikanischen Kontinent und findet die folgenden:

1) Zum Namen der Bara in Torrends vergleichender Grammatik der südafrikanischen Sprachen [1] die westlich des 'Nyassa-Sees' lebenden Mbara.

2) 'Sakalava', was häufig 'Shakalava' ausgesprochen werde, sei eine Fortentwicklung von 'Machoukoulombé', 'Mashkulumbe' oder 'Shukulumbe' / 'Shukulumbwe' vom oberen Sambesi (S.429). Mariano habe eine Zwischenform 'Sukulambe' überliefert, die zwischen bantu 'shukulumbwe' und malagasy 'sakalava' stünde. Die Ableitung von bantu '-lambwe' über die Form des 18. Jahrhunderts, 'lambe', hin zu malagasy '-lava' sei durch die Kontamination und folgende Umdeutung des Namens mit Lexemen des Malagasy, wie *lava* (= 'lang') erleichtert worden.

3) Der Name Kimos[i] (für eine Gruppe der Vazimba) sei eine durch Kontamination entstandene Form aus z.B. swahili *kimo* (= 'Figur / Statur / Gestalt') und malagasy *say* (= 'klein') (S.482).

4) In dem Namen 'Balambo', 'Ambualambo', 'Volambo' oder 'Ambolabe / Ambolambe / Ambolam / Amboilambe', der (unter anderem <?>) ein königliches Geschlecht der Merina des achtzehnten Jahrhunderts bezeichnet, sieht er eine Parallele zu einem von Torrend [2] genannten Volk '(m)Balumbu' am Sambesi (S.441, 445).

   Der Wortstamm *'lumbu'* fände sich beispielsweise im Herero als *'-rumbu'* und im Nyaneka als *'ndumbu'* mit der Bedeutung 'gelb' oder 'weiß'. Neben

[1] Torrend, J.: "A Comparative Grammar of the South African Bantu Laguages"; London 1891, S.9. Torrend selbst sah bereits einige Beziehungen zwischen Austronesien und Afrika:

Father Torrend says that he notices (°...) that it was the southern part of Sofala which was mostly frequented by the Mihradj (Malay) traders, close to what he (IDRÎSÎ) calls the Island of Djalous od Djulus; and that considering that the Zulus in custom closely resemble the Borneans, that the Zulus who have removed to Nyasaland are called Maviti (viti being the proper pronounciation of Fiji), and that Zulu, which he renders 'children of the deep or sky', reminds one of the Zulu Sea and Archipelago, he is led to suspect that the first Zulus who organized the Zulu nation were men who came from Mihradj." (Ingrams 1931, S.87)

[2] Torrend: *"On the Rotse. The Rotse are the people who live on the Zambezi, above the Subia. They are fire-worshippers. Baame baao m-Balumbu, their chiefs are Lumbu. (°...) The word Balumbu (°...) seems to mean 'white people', or more exactly 'yellow people' (°...)"*

der phonetischen Ähnlichkeit würde auch die beschreibende Bezeichnung der Merina-Herrscher als svw. 'Gelbe' in semantischer Hinsicht für diese Theorie sprechen.

Emil BIRKELI (1919-'20, S.307) stellt fest, es gäbe sprachliche Elemente der Swahili, Komorianer und Makua auf Madagaskar. Doch hätten sich diese Minderheiten nicht mit den Malagasy vermischt und ihre Sprachen und Bräuche so erhalten. Ein älteres Bantu-Element sei hingegen in der Sprache aller Malagasy-Volksgruppen enthalten und wäre in folgenden Wortfeldern zu finden (S.312):

1) 'Haustiere und Rinderzucht'
2) 'tägliches Leben'
3) 'Religion und Krankheit'
4) 'Pflanzenbau'
5) 'Jagd und Fischfang'
6) 'Wald und Feld'

BIRKELI führt allerdings keinerlei Beispiele an, kommt aber zu dem Schluß, daß das Vokabular von einer ursprünglichen Bevölkerung stammen müsse, da das 'linguistische Stratum' alle Bereiche des menschlichen Lebens erfasse.

1936 liefert BIRKELI gemeinsam mit einer oberflächlichen ethnographischen Beschreibung der Vazimba Madagaskars etwa einhundert unsystematische und größtenteils unhaltbare Lexemvergleiche zu afrikanischen Sprachen; zum Beispiel:

"buriburi	=	*adj. rond (sakalave)*
bungburu	=	*id. abangba*
purutse	=	*sarbacane*
purulu	=	*tube de pipe*
endri	=	*mère (côte ouest) beosi*
nandro	=	*femme, mangbattu*
rrrroke!	=	*appel d'invocation (sakalave)*
rohke	=	*id. abangba*
kaha	=	*bête (betsileo)*
jahà	=	*id. asandeh*

bizibizi	=	*cartilage (betsileo)*	
vixi	=	*Kongo Dict.*	
bisi	=	*Cameroun"*	(nach S.57-58)

Die wenigen zitierten Beispiele zeigen bereits die geringe Aussagekraft von BIRKELIS Gegenüberstellungen. So wie er auf der Seite des Malagasy aus verschiedenen Dialekten schöpft, bezieht er seine 'afrikanischen' Lexeme aus den verschiedensten Sprachen dort. Die oberflächlichen Ähnlichkeiten in den Lexemen beinhalten keine regelmäßigen Lautensprechungen. Exklamationen, die in seiner Liste ebenfalls enthalten sind, eignen sich im allgemeinen nicht für Lexemvergleiche.

RAZAFINTSALAMA (1928) liefert eine Liste mit Wörtern des Malagasy, die Entsprechungen im Arabischen und/oder im Swahili finden. Dabei geht er sehr unsystematisch vor: Manche Wörter tauchen mehrfach in den Listen auf, auf Lautentsprechungen oder -abweichungen wird nicht ein einziges Mal Bezug genommen, und sehr viele Wörter, für die er eine arabische Etymologie angibt, finden tatsächlich eine ähnlichere Entsprechung im Swahili (^ BERCHEM 1989).

Historische Schlüsse zieht RAZAFINTSALAMA aus dem Vorhandensein von Wörtern mit einer Etymologie im Swahili nicht. Lediglich die Immigration und der Kultureinfluß von "Arabern" wird zu Beginn der Abhandlung ansatzweise dargestellt.

Ein Sonderfall, unter den Arbeiten, welche das Malagasy mit afrikanischen Sprachen vergleichen, sind die von TASTEVIN (1941, 1943, 1945, 1947-'50, 1953, 1955). Nach ihm ist das Malagasy eine 'afrikanische Sprache'.

Zu diesem Ergebnis gelangt er durch eine von ihm entwickelte Methode, sprachliche Elemente phonologisch ihrer Struktur nach zu analysieren. TASTEVIN vergleicht also nicht mehr die tatsächlichen Lautfolgen, sondern ihre nach seinem sogenannten 'kleinen Schlüssel' [1] errechneten Strukturformeln. Insgesamt ist seine Vorgehensweise äußerst undurchsichtig, und die offensichtlichen Ähnlichkeiten mit austronesischen Sprachen werden von ihm einfach ignoriert. Seine Arbeit wird im allgemeinen von späteren Autoren schlichtweg nicht zur Kenntnis genommen.

1954 geht DAHL von einem Bantu-Substrat im Malagasy aus. Er diskutiert die Etymologie einiger Lexeme des Malagasy, die offenbar dem Bantu entlehnt zu sein scheinen. Für den bei manchen dieser Lexeme anzutreffenden Anlaut /a/-, für den es im Bantu keine ausreichende Erklärung gibt, nimmt DAHL an, es handele sich um ein indonesisches, substantivierendes Präfix (S.331).

[1] TASTEVIN, C.: *"La petite clef des langues africaines";* Paris.

Nach DAHL finden Bantulexeme des Malagasy keine Entsprechungen in den Bantusprachen Mosambiks, weshalb zu diesen Sprachen keine Verbindung bestehe. Indessen fände sich ein Teil der Malagasylexeme mit Bantuetymologie in der Sprachgruppe des Swahili und ein weiterer Teil in den Sprachen der Umgebung des 'Viktoria-Sees'. Letztere würden aber nicht auf eine Verbindung mit jenen Sprachen hindeuten, sondern seien Lexeme, die aus der Swahilisprachgruppe inzwischen verschwunden seien. Unklar bleibt hier, woher er zu wissen glaubt, welche Lexeme es einmal im Swahili gegeben habe.

DAHL stellt zurecht fest, daß die Namen domestizierter Tiere im Malagasy aus dem Bantu stammen. Er glaubt, daß diese Wortgruppe die soziale Unterteilung einer ursprünglich zweisprachigen Bevölkerung Madagaskars anzeigt, nämlich in eine pastorale bantusprachige und eine indonesischsprachige, die wie die ursprünglich austronesische, aus der sie stamme, keinen besonderen Bezug zur Viehzucht hatte. Der hohe Stellenwert, den die Rinderhaltung seit vielen Generationen in allen Bevölkerungsteilen Madagaskars genießt, wäre also danach ein Kulturelement afrikanischen Ursprungs, das sich erst mit der Zeit auf der ganzen Insel hat durchsetzen können. Andere Wortfelder, in denen DAHL Lexeme des Bantu im Malagasy feststellt, sind die der Kulturpflanzen und Körperteile.

Im phonologischen Bereich stellt DAHL fest, daß das Malagasy im Gegensatz zu den seiner Meinung nach näheren Verwandten im Austronesischen (wie etwa dem Ma'anyan), aber wie die Bantusprachen, vokalische Auslaute verlangt [1]. Weiterhin macht er unter anderem darauf aufmerksam, daß es zwischen dem Malagasy und dem Indonesischen eine /h/ zu /k/ -Entsprechung gibt, wie zwischen dem Komorianischen und dem Swahili. DAHL orientiert sich jedoch sehr stark an dem evolutionistischen Modell und damit an konstruierten Proto-Formen. Lautentsprechungen werden daher von ihm sogleich zu Lautentwicklungen uminterpretiert.

MICHEL (1957, S.15), auf dessen zweifelhafte Beweisführung bereits eingegangen wurde (vgl. Kapitel 2.2.), präsentiert eine kurze gegenüberstellende Wortliste von etwa fünfzig Lexemen des Merina- und des Bara-Dialektes, die zeigen soll, daß die beiden Dialekte deutlich verschieden seien und daß das Bara dem Bantu näher sei.

Das beschränkte Vorkommen der genannten Lexeme, wie sie MICHELS Liste impliziert, kann aber nicht aus anderen Wörterbüchern verifiziert werden. Zugleich ist unklar, wo MICHEL Parallelen im Bantu sieht. So gibt er als Wortpaar für 'Maniok' merina *'mangahazo'* und bara *'kaza'* an. *'Hazo'* ist eine Bezeichnung

[1] Tatsächlich verlangen aber auch viele ostindonesische Sprachen einen vokalischen Auslaut.

für holzige oder strauchige Pflanzen. Sie ist allgemein im Malagasy verbreitet und eindeutig austronesischen Ursprungs. Das Wort *'kaza'*, das sich in den vorliegenden Wörterbüchern nicht finden läßt, scheint mir aber ebenfalls ein Äquivalent dazu zu sein (etwa $^{\#}$*kazo* <H>) und bleibt zudem ohne Parallele im Bantu. *'Manga'* hingegen ist die Bezeichnung für 'Maniok' in einigen Bantusprachen (Nyika, Bondei, Shambala, Zigua) und im Bantu häufig in zusammengesetzten Substantiven ein Lexem für svw. 'Arabien / aus Arabien / Muskat' (z.B. Sw *pilipili-manga* = 'schwarzer (arabischer) Pfeffer', *njiwa-manga* = eine Taubenart, *mkoma-manga* = *'Punica granatum'*).

MICHELS Wortliste bleibt insgesamt auf diese Weise ohne jede Beweiskraft.

Angeregt von den Diskussionen um Ähnlichkeiten im Bau von Auslegerbooten in Ostafrika, Madagaskar und Austronesien (vgl. Kapitel 3.2.), untersucht PRINS (1959) die mit Auslegerbooten assoziierte Terminologie. Zurecht stellt er fest, daß diese durchgehend Swahili sei und keine Parallelen in den Sprachen der erwähnten Gebiete findet. Seine Schlußfolgerung lautet daher:

> *"Up to the present it has been customary to regard the 'ngalawa' as evidence of Indonesian influence in the form of migrations (°...). This I would reject as mere fantasy. The migrations to Madagascar certainly took place, but there is no proof of the 'ngalawa' playing a part in it."* (S.208)

Nach PRINS handelt es sich daher um eine unabhängige Entwicklung des Auslegerbootes auf den Komoren oder um einen Nachbau vom Hörensagen, eventuell von Madagaskar. Der Bootstyp sei erst Anfang des neunzehnten Jahrhunderts von den Komoren nach Sansibar und anschließend an die ostafrikanische Küste gelangt.

DEZ (1965) mahnt zurecht zur Vorsicht, rein linguistische Betrachtungen direkt in historische Rekonstruktionen umzuinterpretieren. Obwohl das Malagasy eine starke Ähnlichkeit mit indonesischen Sprachen aufweise, sei daraus noch nicht der Schluß abzuleiten, daß Madagaskar zuerst oder ausschließlich von Austronesiern besiedelt worden sei:

> *"Rome n'a peuplé ni la France ni la péninsule ibérique, bien qu'on y parle des langue étroitement apparentées au latin. Les Bulgares ne sont pas des Slaves, mais si on ne connaissait leur histoire antérieure à leur slavisation culturelle, on le croirait cependant."* (S.199)

Vielmehr sei es die Archäologie und die Ethnologie, die zeigen könnten, ob die Annahme einer austronesischen Besiedelung gerechtfertigt sei. Die Linguistik könne solche Ergebnisse nur bestätigen, und im Gegenzug dazu könnten ihre Ergebnisse durch andere Wissenschaften bestätigt werden.

KENT (1968) bedauert, daß bei der Betrachtung Madagaskars der afrikanische Kontext nicht genügend berücksichtigt würde.

Er übersetzt den Herrschernamen *Andriamandazoala* aus einer Genealogie der Bara als *"Crusher of Trees"* und sieht darin eine Entsprechung zur Bedeutung des Herrschertitels von Mwene Mutapa *Matyoremiti* [1]. Den Ehrentitel *ngabé* auf Madagaskar sowie die dort gebräuchliche Bezeichnung für Ahnengeister, *angabé*, vergleicht KENT mit dem Herrschernamen *Umgabe*, der von BENT [2] aus Mwene Mutapa überliefert worden ist. Im folgenden zitiert er, daß die Hauptstadt der Bara *Monongabé* heiße. [3] Die Bezeichnung *"Manankarunga"* (JULIEN) oder *"Manacaronha"* (FLACOURT) für eine Bevölkerung, die Südostmadagaskar vor den Antaymuru bewohnt habe, vergleicht er mit der für die *Makalanga* (*"Mocarangas"* in portugiesischen Quellen) im Gebiet der Mashona von Mwene Mutapa und Zimbabwe. Anschließend spekuliert er, ob es nach seinen bisherigen Ausführungen nicht wahrscheinlich sei, daß das "Suffix" *tsimibaby*, das dem Herrschernamen von *Rabaratavokoka* aus der Tradition der Bara manchmal folge, eine Korruption von *Zimbabwe* sei.

Da in Südmadagskar weite Flächen vorhanden seien, die eine Strauchvegetation aufwiesen, sieht sich KENT veranlaßt, den Namen der Mashikoro in Südwestmadagaskar mit dem der Bezeichnug *mashokora* für ein Waldstück einer bestimmten Pflanzenart in Tansania zu vergleichen (I, S.406).

Schließlich gelangt KENT zu dem Schluß:

> *"While there are many signposts for African connexions, it would be entirely incorrect to infer from them that the early Bara were an African ethnic group, transplanted 'en masse' from the mainland to Madagascar. ..., nearly all the data - even the role of gold - point to definite links with Mwene Mutapa. That political and economic convulsions in old Mwene Mutapa could produce exiles who landed in Madagascar does not seem far-fetched. ... This receptivity, expressed in considerable linguistic, ethnographic and historical materials which cannot be compressed into one or two articles, shows that the Moçambique Channel was no permanent barrier. Long before the sixteenth century, there must have been periods of considerable intercourse between East-South-East Africa and Madagascar."* (I,S.407-408)

Im zweiten Teil seiner Trilogie zieht KENT ähnliche Parallelen zwischen dem Reich der frühen Sakalava und dem der (Ma)Shona. So weist er darauf hin, daß

[1] Erwähnt wird dieser Titel bei ABRAHAM, D.P.: *"The Early Political History of the Kingdom of Mwene Mutapa, 850 - 1589"*; 1962 in: *"Historians in Tropical Africa"*.

[2] BENT, J.T.: *"Ruined Cities of Mashonaland"*; London 1893.

[3] Alle diese Termini sind sich lautlich nur sehr oberflächlich ähnlich: Der Bantuanlaut /u/ geht auf ein Morphem der Bantuklasse Elf zurück, der Druckakzent liegt im Bantu auf der vorletzten Silbe, bei den zitierten Formen des Malagasy aber auf der letzten. Zumindest in der zitierten Form zeigen sich zwischen den Termini deutliche Unterschiede bei der lautlichen Qualität des Nasals.

der Name der 'inländischen Hauptstadt' (Madagaskars) 1602 als *"Rota"* überliefert worden sei und daß dieses der Name sei, den das königliche Zepter Mwene Mutapas getragen habe.

An anderer Stelle zieht KENT eine Verbindung zwischen dem Volksnamen der Antaymuru auf Madagaskar und dem Namen 'Semur oder Temur' eines verschollenen Volkes bei Harar in Äthiopien. Er weist darauf hin, daß 'Semur' letztlich eine Variante von 'Samule' oder 'Somali' sei und daß aufgrunddessen <!> früher eine Verbindung zwischen den Antaymuru und der Gegend von Harar bestanden habe.

Zusammenfassend läßt sich sagen, daß sich KENTS Werk zwar durch einen besonders großen Sammeleifer auszeichnet, mit dem er in den verschiedensten Quellen nach Parallelen sucht, aber leider völlig im Bereich der Spekulationen bleibt, da er sich wie die meisten seiner Mitstreiter keiner wissenschaftlichen Methode (z.B. Berücksichtigen regelmäßiger Lautensprechungen usw.) bedient.

VÉRIN (1975) hat die Vorstellung, daß eine einst weitgehend afrikanische Bevölkerung Madagaskars die Sprache 'indonesischer' Einwanderer übernahm:

> *"Thus to answer the question of malagasy origins it is necessary to find out when, where, and how the Indonesians taught their language to those Africans who must have constituted a very important segment of Malagasy ancestry."* (S.171)

Der afrikanische Spracheinfluß auf das Malagasy stellt sich nach VÉRIN (1976 in Azania) so dar, daß ihm ein Vergleich mit dem Kreol der "*West Indies*", dessen Lexikon zu 95% dem Französischen entstamme, während der Rest vor allem afrikanische Elemente seien, gerechtfertigt erscheint. Im Malagasy seien hingegen lediglich 93% des Lexikons austronesischen Ursprunges (S.138).

Der Einfluß afrikanischer Sprachen manifestiere sich im Malagasy auf zweifache Weise: in der Lexikologie und in der Wortstruktur. Letzteres hätte zur Entstehung von vokalischen Auslauten geführt. [1] Eine genauere Analyse liefert der Historiker nicht.

Die bekanntesten und beliebtesten Beispiele für Sprachbeziehungen zwischen dem Bantu und dem Malagasy entstammen seit jeher und immer noch dem lexikologischen Bereich. An erster Stelle rangieren dabei unbestritten die Volksbezeichnung der 'Vazimba' und die Worte für 'Rind' und 'Huhn'. Selbst der ehemalige Präsident Madagaskars, Philibert Tsiranana beteiligte sich an ihrer Diskussion, indem er auf einer Reise nach Malawi verlauten ließ:

[1] ^ Diskussion von DAHL. Auch einige austronesische Sprachen verlangen vokalische Auslaute.

> *"Ce voyage (°...) a convaincu le Président du fait que les Malawites (°...) sont très proches des habitants de la Grande Ile. Le Chef de l'Etat a rapporté aux Ministres l'existence au Malawi d'une grande tribu du nom de 'Zimba', nom qui s'écrit au pluriel 'Vazimba' à Madagascar.*
>
> *Il a indiqué aussi certaines analogies entre des mots malgaches et malawites. En effet, le boeuf s'appelle 'ombe' au Malawi et 'omby' à Madagascar, la poule 'koho' au Malawi et 'akoho' à Madagascar, et la banane 'kondro' au Malawi et 'akondro' à Madagascar."* (Ministère ... 1969)

Üblicherweise werden, und das inzwischen in fast jedem Reiseführer und in vielen anspruchsvolleren Arbeiten (z.B. SICK 1979, SIBREE 1881), die Termini für 'Rind' und 'Huhn' des Malagasy denen des Swahili gegenübergestellt, ungeachtet der Tatsache, daß sie klanglich zwar ähnlich sind, aber in keiner direkten Beziehung stehen können. Wie wäre sonst der Verlust des Nasals, beziehungsweise die Frikativisierung nur eines velaren Plosivs der Formen des Swahili zu erklären?

- Ml *(a)omb^{i}* = 'Rind'
- Sw *ño^{m}be* = 'Rind'

- Ml *akuhu* = 'Huhn'
- Sw *kuku* = 'Huhn'

MAHDI (1988) stellt fest, daß der Vergleich des Malagasy mit den Barito-, insbesondere den Südost-Barito-Sprachen eine Reihe von Gemeinsamkeiten in der historischen Phonologie offenbart, andererseits die Phonologie des Malagasy Besonderheiten aufweist, die sich offenbar nicht auf die Abstammung der Sprache von Ur-Südost-Barito zurückführen lassen: [1]

1. die Verschiebung von Verschlußlauten zu Fließlauten,
2. der Fortfall der Laryngale,
3. das Verlangen nach vokalischen Auslauten.

Bezugnehmend auf das von DAHL (1954) postulierte Bantu-Substrat, bezweifelt MAHDI (1988, S.211 ff.), daß Bantu-Völker schon vor Ankunft der Ur-Malagasy im ostafrikanischen Raum lebten. Er betrachtet daher die "Bantu-Schicht" im Malagasy als späteres Adstrat durch eine Zuwanderung

[1] Es sind dies die Besonderheiten, welche DAHL (1951/1954) einem Bantu-Substrat zuschreibt.

bantusprachiger Völker über die Komoren nach Madagaskar zu einer Zeit, als die Insel bereits von Malagasy besiedelt war.

MAHDI weist darauf hin, daß der Ursprung der phonologischen Besonderheiten des Malagasy nicht unbedingt im Bantu gesucht werden müsse, da sie keineswegs für austronesische Sprachen untypisch seien. So haben einige austronesische Sprachen Melanesiens auslautende Konsonanten fallenlassen, während andere sie zumindest teilweise durch Hinzufügung eines Stützvokals beibehielten, was ähnlich auch für einige molukko-nusatenggaresische Sprachen Ostindonesiens gilt. Zudem werden in einer Reihe von austronesischen Sprachen Ozeaniens auf der phonemischen Ebene vollständig verlorene, auslautende Konsonanten weiterhin auf der morphophonemischen Ebene reflektiert.

Diese und weitere Beispiele bei MAHDI zeigen, daß zumindest diese phonologische "Besonderheit" des Malagasy in austronesischen Sprachen nicht ungewöhnlich ist, vielmehr scheint eine Tendenz zum Verschwinden auslautender Konsonanten für ostaustronesische Sprachen kennzeichnend zu sein. Obgleich einige ostaustronesische Sprachen heute auslautende Konsonanten aufweisen, handelt es sich nach MAHDI dabei, zumindest in einem großen Teil der Fälle, um eine nachträgliche Entwicklung. Daher könne ein "direkter oder auch indirekter Einfluß von ostaustronesischen Sprachen (°...) die phonologischen Besonderheiten in Malagasy weitgehend genausogut erklären, wie ein Bantu-Adstrat" (MAHDI 1988, S.216). [1]

Nach MAHDI läßt sich auf diese Weise der Einfluß des Bantu "wahrscheinlich " auf die Erscheinung der Stützvokale im Malagasy reduzieren (MAHDI 1988, S.239).

> "Unter dem Einfluß der Bantu-Sprachen erlebten die auslautenden Konsonanten in Malagasy also nur das, was auch mit den arabischen auslautenden Konsonanten in Suaheli geschehen ist. Sie erhielten einen Stützvokal ohne wesentliche Änderungen in ihrer Artikulation. Die Veränderungen gegenüber Ur-Südost-Barito, die heute in der Artikulation dieser Konsonanten festzustellen sind, waren bereits vor dem Wirksamwerden des Bantu-Einflusses eingetreten." (MAHDI 1988, S.240)

In Teil 2 der vorliegenden Arbeit wird auf mögliche Sprachbeziehungen zwischen afrikanischen und austronesischen Sprachen näher eingegangen und eine genaue Analyse vorgenommen werden.

[1] Es ist zu beachten, daß MAHDI hier nur eine der ursprünglich drei genannten phonologischen Besonderheiten diskutiert!

An dieser Stelle kann über die bisherigen sprachvergleichenden Arbeiten zum Thema zusammenfassend gesagt werden, daß es auch bei den Gegenüberstellungen afrikanischer und austronesischer Sprachen an systematischen Untersuchungen weitgehend fehlt. Kriterium ist zumeist die subjektiv empfundene Ähnlichkeit zweier Lexeme oder eine oberflächliche Betrachtung grammatischer Erscheinungen. Die Vergleiche finden dabei vor allem auf hoher Abstraktionsebene zwischen willkürlich ausgewählten Beispielen aus zwei Sprachfamilien statt. Das Theorem regelmäßiger Lautentsprechungen (siehe Teil 2), heute Kernsatz der Methode historisch-vergleichender Sprachwissenschaft, findet in keiner der vorliegenden Untersuchungen Anwendung.

Eine Beziehung zwischen afrikanischen und austronesischen Sprachen (anderen als das Malagasy) konnte auf diese Weise nicht verifiziert werden.

Etwas anders verhält es sich mit der Sprache Madagaskars, der einzigen austronesischen Sprache, bei der afrikanische Lexeme festgestellt wurden. Tatsächlich handelt es sich hier offenbar um eine Beziehung mit den Bantusprachen.

4. Interpretationen, Theorien, Mutmaßungen und deren Diskussion

Die Ansicht, daß Afrika ein passiver, immer nur von außen empfangender Kontinent gewesen sei, findet häufig eine Parallele in (einer bestimmten Art) der Südostasienforschung, in deren Kulturgeschichte des Indischen Ozeans "Indonesien" als *"recipient area"* beschrieben wird, mit dem Hinweis darauf, wie flexibel indonesische Kulturen gewesen seien, die vielen fremden Einflüsse zu inkorporieren, insbesondere solche von Indien. Handelsmissionen, militärische Überfälle oder religiöse Überzeugungsfeldzüge (z.B. Bosch 1961) werden als einzige wahre "Kulturbringer" angenommen. Und die Fähigkeit zu solchen Aktionen sei, so wird vorausgesetzt, natürlich beschränkt (gewesen) auf die "klassischen Hochkulturen" (Indien, Arabo-Persien, China).

Die Gedankenparallele zur europäischen "Überlegenheits"-Geschichte der Kolonialzeit ist nur zu deutlich (Landnahme, einseitiger Handelsvorteil, Versklavung, Missionierung, "Zivilisierung"), und so überrascht es nicht, ein entsprechendes Vokabular in solchen Publikationen vorzufinden: Ausdrücke wie *"Greater India"* oder *"the Indian colonial empires in Further India and Indonesia"* ... deuten die bestehenden Vorurteile an, daß "Indonesien" wie auch "Afrika" "barbarische" Gebiete gewesen seien, die stumm und bewußtlos darauf gewartet hätten, durch das Handeln fremder "Hochkulturen" zivilisiert zu werden.

Eine aktive Bedeutung indonesischer oder afrikanischer Kultur bei solchen Kulturkontakten bleibt jedoch in aller Regel unerwähnt oder wird bestenfalls vage angedeutet, wie etwa bei Sakar (1970, S.132-133):

> *"centuries, if not millennia, before the advent of Indians in the stage of South-East Asia, migrants belonging to what philologists describe as Austronesian stock had fanned out in many lands of the Indian and Pacific Oceans. It is not impossible that the Indian merchants and adventurers ... had followed the same highway of the sea as was marked out for them by their Austronesian predecessors in the pre-historic period, but firm evidence of this hypothesis we have none."*

Dahles Bemühen, bereits 1883 auf schlechte Methodik in der bisherigen Diskussion aufmerksam zu machen und für ein mehr systematisches Vorgehen zu werben, blieb leider ungehört. Dahle wies bereits damals darauf hin, daß Ähnlichkeiten in Sitten und Bräuchen nicht zur Ableitung eines gemeinsamen Ursprunges ausreichten.

Und auf die Frage, wie die Herkunft eines Volkes ausfindig gemacht werden könne, antwortete er mit fünf einfachen Thesen:

1) Es ist nicht nötig anzunehmen, daß ein Volk aus dem anderen entstanden ist, wenn Kommunikation zwischen beiden möglich ist (z.B. wg. Geographie).
2) Ähnlichkeit von Kultur inklusive Tierzucht und Landnutzung ist das am wenigsten wichtige/geeignete Kriterium, weil:
   a) unterschiedlichste Völker oft sehr ähnliche kulturelle Elemente aufweisen.
   b) unterschiedliche Stämme des gleichen Volkes sich andererseits in kulturellen Elementen sehr voneinander unterscheiden können, obwohl sprachlich und anthropologisch eine Einheit besteht. [1]
3) Physiognomie könnte ein wichtiges Kriterium sein, wenn der Untersuchung die Willkür genommen würde.
4) Ein qualitativer Sprachvergleich ist als bedeutendstes Kriterium anzusehen.
5) Traditionen und geschichtliche Erzählungen eines Volkes helfen bei der geschichtlichen Rekonstruktion.

Leider sind DAHLES methodische Ansätze auch bei ihm selbst nur Theorie geblieben, wie vor allem seine zwei Jahre später aufgestellten Thesen (siehe Kapitel 3.3.) zeigen.

4.1. Theorien eines gemeinsamen Ursprungs

4.1.1. Asien-Theorie

Die angeblichen Parallelen von Rasse und Kultur veranlaßten manche Autoren, einen gemeinsamen Ursprung der Völker anzunehmen.

So sieht WALLACE 1902 einen gemeinsamen Ursprung "nigrider Rassen" im Pazifik:

> *"... geographical, zoological and ethnological considerations render it almost certain that if these two races (Papuan and African) ever had a common origin, it could only have been at a period far more remote than any which has yet been assigned to the human race."* (S.454)

[1] Das heißt, kulturelle Merkmale unterscheiden sich zu verschiedenen Zeiten, je nach historischer Entwicklung, Fremdkontakt und so weiter, ohne daß sich der Ursprung des Volkes ändern würde!

Weiterhin sei dieser gemeinsame Ursprung nicht auf einem existierenden Kontinent anzunehmen, sondern auf Landmassen, die einst im Pazifischen Ozean existiert hätten (S.15).

MARETT 1912 ist in seiner anthropologischen Arbeit der Auffassung, die Annahme sei gerechtfertigt, daß die 'negriden Rassen' in Indonesien entstanden seien:

> *"Most striking of all is the diffusion of the Negro stocks with black skin and woolly hair. Their range is certainly suggestive of a breeding ground somewhere about Indonesia. To the extreme west are the Negroes of Africa, to the extreme east the Papuasians (Papuans and Melanesians), extending from New Guinea through the oceanic islands as far as Fiji. A series of connecting links is afforded by the small negroes of the pygmy type, the so called Negritos. It is not known how far they represent a distinct and perhaps an earlier experiment in negro-making, though that is the prevailing view; or whether the negro type, with its tendency to infantile characters, due to the early closing of the sutures, is apt to throw off dwarfed forms in an occasional way."* (S.116)

Die vielen rassistischen Äußerungen in seiner Arbeit (*"breeding", "experiment in negro-making", "infantile characters ..."*) lassen leicht erkennen, auf welch pseudo-wissenschaftlichem Niveau sich MARETTS Arbeit bewegt.

Aufgrund seiner rassenkundlichen Überlegungen geht HADDON (1919) davon aus, daß die ersten Menschen, die Afrika von Asien erreichten, Pygmäen gewesen seien, "*who later specialized into Bushmen and Negrillos*" (S.54). Ihnen seien schließlich "*Negroes*" gefolgt.

Nach Elliot SMITH (1930, 1931) kamen alle schwarzen Rassen, die er als "*Negroes*" bezeichnet, aus Asien. Einige seien nach Osten nach Ozeanien gezogen, andere in den Westen nach Afrika gewandert.

> *"There are suggestions in Southern Persia and India that in ancient times a movement of members of the negroid race traversed this part of the littoral of the Indian Ocean."* (1931, S.17)

Nach dieser Theorie seien die 'negriden Merkmale' der älteren dravidischen Einwohner von Süd-Indien eine Hinterlassenschaft der einstigen "*Negro*"-Bevölkerung dieser Region, die sich mit anderen schwarzen, asiatischen Völkern durch Heirat vermischt hätten.

Die gegenwärtige Abwesenheit von 'Negriden' in diesen Gegenden sei auf die Tatsache zurückzuführen, daß sie sich so stark mit anderen Rassen vermischt hätten, daß ihre 'Individualität' verlorengegangen sei (1930, S.145).

Daß seine ganze Theorie auf rassistischen Vorurteilen beruht und damit jeder wissenschaftlichen Grundlage entbehrt, zeigen Äußerungen wie die folgende:

"Negro and Australian are more primitive than any other living peoples." (1930, S.137)

Ihre flache Nase <!>, so Smith, sei ein sicheres Zeichen ihrer Primitivität, weil es im Foetus-Stadium jeder menschlichen Rasse auftrete. Daß diese Völker das Merkmal einer flachen Nase erhalten hätten, zeige deutlich ihre Tendenz, physisch und psychisch infantile Charakterzüge zu erhalten.

Es ist wohl deutlich geworden, daß die Theorien eines asiatischen Ursprungs der schwarzafrikanischen Bevölkerung ausschließlich Spekulationen sind, die nicht selten auf subjektiven Einschätzungen von 'Rasse' und rassistischen Vorurteilen basieren.

Für diese Theorien gibt es heute, da die ältesten Spuren menschlicher Existenz in Ostafrika gefunden wurden, keine Rechtfertigung mehr.

4.1.2. Lemuria-Theorie

Aufgrund seiner Betrachtung der madagassischen Tierformen hat der englische Zoologe Sclater Madagaskar und andere Inseln des westlichen Indischen Ozeans als Reste eines versunkenen Festlandes aufgefaßt, das schließlich als 'Lemuria' bekannt wurde.

Wallace hat diese Idee dann weiter ausgeführt. Er bemüht sich, Parallelen zur außerordentlichen Fauna Madagaskars zu finden. Er erkennt eine hauptsächliche Beziehung zur Fauna von Afrika, obgleich alle größeren und höheren afrikanischen Tierformen auf Madagaskar fehlen. Desweiteren sucht er nach Ähnlichkeiten mit den 'malaiischen' Ländern und mit Südamerika. Nach Wallace erstreckte sich einst ein später mutmaßlich versunkener Kontinent von Madagaskar bis nach Sri Lanka und nach Sumatra. Seine Annahme, daß auf dieser Verbindung zum Beispiel die Halbaffen oder Lemuriden besonders entwickelt gewesen seien, dürfte dem hypothetischen Kontinent den Namen 'Lemuria' eingebracht haben.

Die Theorie von Lemuria wurde seinerzeit von verschiedenen Forschern dankbar angenommen und vertreten. Haeckel betrachtet den vermeintlichen Kontinent gar als die wahrscheinliche 'Wiege der Menschheit'.

Wake, der bereits 1868 zu dem Schluß gekommen war, daß "*the common origin of the Madecasses and the Bechuanas cannot be doubted*" (S.160), argumentiert ein Jahr später (1869) in der Annahme, daß Madagaskar Teil eines "verlorenen Kontinentes" ("Lemuria") sei, der einst Afrika mit Polynesien verband, daß dieser Kontinent von einer dunkleren und einer helleren Rasse bewohnt gewesen sei. Die ersteren seien die Vorfahren der Melanesier gewesen, die letzteren die der Malagasy und Khoisan.

SEELEY, der sozusagen als einer der Begründer der 'Lemuria-Theorie' gilt, bemerkte 1877:

> *"Though the Negro is now almost confined to Africa and is not migratory, yet formerly a ridge of land ran via Madagascar, the Seychelles and across to Borneo, and hence there was a path for the mixture of races. The submergence of the ridge, leaving now only the tops of hills above the water, has isolated the Negro and the Malay again."*

BRYANT (1963) glaubt die Lemuria-Theorie zu modifizieren, wenn er formuliert:

> *"Our own Lemurian Theory (°...) does not (°...) argue for any intermixture between Madagascan and Malaysian peoples. Its purpose is rather to offer some evidence for the probable existence, in the earlier days of man's infancy, of a central motherland, since become submerged beneath the Indian Ocean, wherein a Negro-Australoid parent-race was born, from which in course of time (°...) both the Negro and the Dravido-Australian races of these present days were ultimately derived (°...) Or are we asked to believe that this and other, extremely ancient humans crossed the intervening seas and landed on their several islands during the short period (only a few thousand years) of the lifetime of the canoe?"* (S.37-38)

Nun, wir wissen heute, daß auch die größten Entfernungen im Indischen Ozean innerhalb der Lebensspanne eines Kanus, ja sogar innerhalb von nur drei Monaten mit Booten, wie sie bereits vor zweieinhalbtausend Jahren gebaut wurden, zurückgelegt werden können (^ SCHÄFER 1992: "Sarimanok"). Wenn die Expedition der Sarimanok und andere auch nicht bewiesen haben, daß solche Fahrten stattfanden, so haben sie doch deren Möglichkeit bewiesen.

Die Notwendigkeit für die Annahme eines Lemurias ist damit entfallen, zumal die Lemuria-Theorie durch geologische Fehlinterpretationen von botanischen, zoologischen und geologischen Beobachtungen unterstützt wurde, die man sich noch vor wenigen Jahrzehnten nicht anders erklären konnte, als durch die Hypothese einer früheren Landverbindung zwischen Kontinenten. Heute weiß man, daß Kontinente niemals "untergehen" können und daß die Parallelen zwischen nun unzusammenhängenden Kontinentalmassen auf deren Drift zurückzuführen ist.

4.1.3. Afrika-Theorie

So wie manche Theorien einen gemeinsamen Ursprung der afrikanischen und melanesischen Völker in Austronesien annehmen, so gibt es andere, die für die (Ur-)Bevölkerung Madagaskars einen afrikanischen Ursprung annehmen.

Nach Bryant (1963) war Logan (ca.1920) der Auffassung, daß die 'Negriden' in Afrika 'entstanden' und dann, irgendwie, durch Asien nach Melanesien gelangt seien.

Aujas (1911) geht von einem ostafrikanischen Ursprung der ersten Einwohner Madagaskars aus, während er glaubt, die Komoren seien zuerst von arabischen 'Kolonialisten' besiedelt worden:

> *"Les origines des habitants de cette île sont obscures. Il semble bien qu'on puisse affirmer que les premiers occupants furent des noirs de la côte orientale d'Afrique (Zendjs)."* (S.125)
>
> *"(°...) Mogdicho, port le plus important, au Moyen Age, de la côte orientale d'Afrique de que partirent les premières colonies arabes qui fondèrent des établissements à Angazidja (°...), à Mohéli, à Anjouan et à Mayotte."* (S.126)

Deschamps glaubt, daß ungefähr um das fünfte Jahrhundert 'Indonesier' an der ostafrikanischen Küste siedelten und sich dort mit der einheimischen Bevölkerung vermischten. Aus diesem Mischvolk seien die 'Proto-Malagasy' entstanden, die nach Madagaskar gewandert seien und sich dort mit anderen Indonesiern und Afrikanern vermengt hätten, welche von Arabern als Sklaven dorthin gebracht worden sein sollen.

Cowan (1881, 1882) nimmt an, es gäbe vier Volksgruppen auf Madagaskar, die afrikanischen Ursprunges seien: die Sakalava, Bara, Betsileo und Tanala.

Von den Bara berichtet er sogar, sie seien direkt als eine Gruppe von Afrika nach Madagaskar übergesiedelt.

Wie willkürlich solche Interpretationen sind, zeigt sich daran, daß aufgrund der gleichen Beobachtungen zwei andere Autoren zu völlig verschiedenen Ergebnissen kommen: Grandidier (1908) behauptet, die Bara seien die Nachkommen eines indischen Schiffbruchs, Faublée (1947) hingegen vertritt die Ansicht, es seien Südostasiaten mit Eisenwaffen gewesen, während Zoborowsky (1907) einen äthiopischen Ursprung der Bara annimmt.

Auch das von Dahl (1954; siehe Kapitel 3.3.) postulierte Bantu-Substrat im Malagasy versteht die Worte mit Bantu-Etymolgie als Relikte einer ursprünglich afrikanischstämmigen und -sprachigen Gesellschaft, die auf Madagaskar nach und nach durch austronesische Elemente überlagert wurde. Dabei bezieht sich

DAHL aber nicht auf eine bestimmte Volksgruppe auf Madagaskar, sondern auf die Bevölkerung Madagaskars allgemein.

Eine Volksgruppe aus Madagaskar, von der besonders häufig spekuliert wurde, sie sei afrikanischen Ursprungs, ist die der Vazimba. Die Vazimba gelten gemeinhin als Urbevölkerung der Insel und werden von den anderen Malagasy als solche angesehen. Als Volksgruppe scheint es sie heute nicht mehr zu geben, und so leben sie vor allem in den Traditionen der anderen Gruppen weiter, die sie als kleinwüchsig beschreiben und für die deren Gräber eine besondere Bedeutung haben.

Der als Kind auf Madagaskar zurückgebliebene Schiffsjunge Robert DRURY beschrieb einst dieses Volk (1729). Doch ist seine Darstellung, wie seine ganze Erzählung einerseits wenig verläßlich, zum anderen ziemlich oberflächlich. Seine Beschreibung der Menschen erinnert eher an die anthropologischen Beschreibungen der Malagasy angeblich austronesischen Ursprunges ('weniger krause Haare'), und auch ethnologisch zeigen sich Parallelen mit Afrika wie auch mit Austronesien ('glasierte Töpferwaren', 'Fischen mit Angel und Netz', 'Essensportionen für die Ahnen/Geister hinter sich und in alle vier Himmelsrichtungen werfen', 'pyramidale Deformation kindlicher Schädel'). Zudem beschreibt DRURY die Vazimba teilweise völlig anders als andere Autoren: Nach ihm bauen sie Bananen und Maniok an, haben Kanus und betreiben Fisch- und Schildkrötenfang, haben aber keine Rinder, Schafe oder Ziegen. Die von ihm angegebenen Namen der Vazimba-Häuptlinge sind eindeutig Malagasy: Andrianerinerina, Andriananjavonana, Andrianahitrahitra, Andrianizinizina, Rasoalao, Rapeto, Ralefotokana, Rafoza usw. [1]

In den wenigen Aufzeichnungen (von BIRKELI) der Sprache der Vazimba finden sich keine Lexeme eindeutig afrikanischer Etymologie (^ BERCHEM 1989).

Vor allem scheint es ihr Name gewesen zu sein, der Anlaß war, für sie einen afrikanischen Ursprung anzunehmen. FERRAND (1903) beispielsweise glaubt, die Vazimba seien eine Bevölkerung afrikanischen Ursprungs, die schon auf Madagaskar gelebt habe, bevor Austronesier immigrierten. Er sieht in der Volksbezeichnung weniger eine Parallele zu den ähnlichen Volksnamen auf dem afrikanischen Kontinent als vielmehr eine Entsprechung zum Bantulexem **-zimu* (= 'Geist'), das seiner Auffassung nach über *Bazimu* zu *Vazimba* hätte werden können; doch ist dies eine untragbare etymologische Ableitung ([mu] -> [mba] <?>).

[1] *Andri* und *Ra* sind hochachtungsvolle Titel-Präfixe des Malagasy. Die reduplizierten oder einfachen folgenden Lexeme entstammen ebenfalls dem Malagasy-Wortschatz austronesischer Etymologie.

So wie schon von der historischen Ethnologie fast ausschließlich die Entlehnungs- oder Einflußrichtung von Kulturelementen aus Austronesien (bzw. Asien) nach Afrika angenommen wurde, verhält es sich gleichermaßen bei der Annahme eines gemeinsamen Ursprungs beider Völkergruppen. Es existiert kaum eine Theorie, die einen afrikanischen Ursprung asiatischer Völker annimmt, obwohl die Formen menschlicher Existenz in Afrika älter zu sein scheinen als auf irgendeinem anderen Kontinent. [1]

Etwas anders verhält es sich bei der Betrachtung Madagaskars, für das von mancher Seite eine Urbevölkerung aus Afrika postuliert wurde.

[1] ^ z.B. Funde im Olduvai George.

"La querelle des origines africaines ou asiatiques des Malgaches est, nous l'avons dit, bien dépassée. Les Malgaches sont les vrais afro-asiatiques de la planète ..."

(VÉRIN 1976, S.73)

4.2. Theorien von Menschenaustausch und Völker- vermengungen

4.2.1. Schiffbruch

Schon Franzisco D'ANDRADA spekulierte 1613 [1] wohl aufgrund von Äußerlichkeiten, die 1559 von DE COUTO in *"Da Asia"* beschrieben wurden, daß 'Javaner' an der Ostküste Madagaskars Schiffbruch erlitten und sich gegenüber den bereits auf der Insel lebenden 'Schwarzen aus Südostafrika' durchgesetzt hätten.

Diese Spekulation wurde später immer wieder vor allem von A. & G. GRANDIDIER wie eine Beobachtung dargestellt. Durch ihre Persönlichkeit und die große Anerkennung als wissenschaftliche Autoritäten, die den Brüdern GRANDIDIER bis heute wiederfährt [2], wurde und wird diese Meinung immer und immer wieder als Faktum zitiert.

Nachdem er sich davon überzeugt hat, daß es günstige Meeresströmungen für die Drift von Indonesien nach Madagaskar gäbe, kommt SIBREE (1884) zu dem Schluß:

> *"it is therefore a confirmation of what has been supposed by several writers, viz., that in pre-historic times, single 'prahus', or even a small fleet of them, have occasionally been driven westward by a hurricane, and that the westerly current has then brought them on still further, until at length these vessels have been stranded on some part of the coast of Madagascar, stretching north and south, as it does, for nearly a thousand miles."*

Auch der englische Anthropologe CRAWFURD ging im neunzehnten Jahrhundert davon aus, daß durch einen Orkan aus dem malaiischen Archipel verschlagene

[1] in: *"Cronica del Rey Dom Joa~o III"*, Band 4, Kapitel 120, S.145.

[2] ^ Kapitel 3.

'Piraten' auf Madagaskar gelandet seien, wobei sie noch einige ihrer notwendigsten Lebensmittel mitgebracht hätten. Seiner Auffassung nach ist der austronesische Einfluß auf Madagaskar aber nur gering und beschränkt sich in sprachlicher Hinsicht auf einige Worte, die sich in die Sprache der afrikanischen Bevölkerung eingebürgert hätten.

Leider ohne Quellenangabe und ohne weitere Einzelheiten zu nennen erwähnt JOHNSTON (1913):

> *"Even in recent years cases have been known of Javanese junks being stranded on the Komoro Islands, in one case with a Javanese crew on board."* (S.428)

Es ist typisch, daß auch über die erste Bevölkerung der Komoren fast nur spekuliert wird.

SALEH (1936) glaubt, daß einige Afrikaner, die bis nach Madagaskar gefahren sein sollen, nicht mehr die Möglichkeiten gehabt hätten, von den Inseln in ihre Heimat zurückzukehren, nachdem einige Inseln, die als Zwischenstation gedient hätten, im Meer versunken seien [1]:

> *"It is difficult to state with any certitude as to who were the aboriginal inhabitants of the islands, but it is more than probable that the early inhabitants were of negroid origin, allied to the Talaousi [2] now found in the central region of Madagascar. These people must have at that remote period been frequenting the islands possibly for the purpose of fishing, and finding them inviting began to make them a sort of halting station. It seems possible also that the local legend in the Comoros that there is a lost city lying deep in the middle of the channel may be attributed to the assumption that the East Coast natives could cross in their fishing smacks, the Mozambique Channel, ..., passing through a chain of islands to the Comoro Archipelago. These intermediary islands having at a later date submerged, the natives not being able to re-cross the channel owing to the force of the current found themselves stranded on the group, and this, it is thought, was the beginning of a permanent settlement of East Coast natives on the Islands."* (S.1)

Wenn auch nicht auszuschließen ist, daß austronesische Schiffbrüchige Madagaskar oder gar die ostafrikanische Küste erreichten und afrikanische Seefahrer auf Madagaskar Schiffbruch erlitten, so kann doch die Besiedelung Madagaskars nicht durch solche Eventualitäten ausreichend erklärt werden. An der Seefahrt waren auf beiden Seiten des Indischen Ozeans fast ausschließlich Männer beteiligt. Madagaskar war aber schon

[1] Die Geschichte der versunkenen Inseln findet sich auch in Traditionen Nordostmadagaskars (^ Kapitel 2.2.).

[2] offenbar 'Antalautse'.

bald nach seiner Erstbesiedelung von kulturell differenzierten und schnellwachsenden Völkergemeinschaften bewohnt. Afrikanische und austronesische Kulturelemente auf Madagaskar lassen sich sicher genausowenig wie der Großteil der Bevölkerung selbst auf einige möglicherweise von Zeit zu Zeit gestrandete Schiffbrüchige zurückführen.

4.2.2. Sklaverei

Es war und ist immer eine beliebte Argumentation gewesen, alle afrikanischen Elemente auf Madagaskar ausschließlich mit dem Einfluß aus Afrika stammender Sklaven zu begründen. So führt beispielsweise der Kolonialbeamte LE BABIER (1916-'17) aus, die Bara sähen 'afrikanisch' aus, weil in sie 'Makua Sklaven' eingegangen seien (ebenda S.71).

Im 17. und 18. Jahrhundert bezogen und exportierten die europäischen Seefahrer, die auf Madagaskar gelandet waren, von dort Sklaven. Im 18. und 19. Jahrhundert bezogen auch die benachbarten Kolonien der Insel *Maurice* und der Insel *Bourbon* zahlreiche Sklaven aus Madagaskar für ihre landwirtschaftlichen Arbeiten.

Genau zu jener Zeit war es, daß arabische Händler (tatsächlich) Afrikaner an die Westküste von Madagaskar und nach Antananarivo brachten.

Noch im 17. Jahrhundert aber wurden nach dem Augenzeugenbericht von MARIANO und BARRETO Malagasy-Sklaven in der Bucht von Madzanga von 'Arabern' der ostafrikanischen Küste geholt. Solches war ja bereits von den arabischen Geographen Jahrhunderte früher. berichtet worden (vgl. Kapitel 2.1.).

Im allgemeinen exportierte Madagaskar also mehr einheimische Sklaven als Afrikaner importiert wurden.

Der Import afrikanischer Sklaven nach Madagaskar ist also relativ weniger bedeutend und erst in jüngerer Zeit erfolgt. Somit können afrikanische Elemente der Kultur oder Bevökerung Madagaskars nicht durch die Verschleppung afrikanischer Sklaven dorthin erklärt werden. Dafür sind diese Einflüsse zu alt und zu weit verbreitet.

So schreibt FERRAND (1908), diesen Umstand erkennend:

> *"On a sans doute introduit à Madagascar des Makua du Mozambique en nombre appréciable, mais nous ne possédons aucune donnée statistique sur cette immigration forcée. Elle est, en tout cas, de date récente. Les relations anciennes rapportent, en effet, qu'au XVIIe siècle on exportait des esclaves de Madagascar; il n'y est pas fait mention d'importation."* (S.490)

> *"On ne peut donc attribuer aux esclaves africains amenés ultérieurement les caractères somatologiques nigritiens constatés chez les Malgaches du XVI siècle. Quant aux survivances bantous relevées dans le vocabulaire et la toponomastique malgaches, il est bien évident qu'elles ne peuvent pas être dues à des esclaves africains."* (S.493)

Überdies wird ein afrikanischer Einfluß gerade auch oft in den politischen Systemen Madagaskars gesehen. Doch wie sollen Sklaven ausgerechnet das politische System geprägt haben? Weiterhin wird immer wieder betont, daß gerade die Volksgruppen, die viele afrikanische Elemente aufweisen sollen (zum Beispiel die der Bara und Sakalava), besonders kriegerisch gewesen seien. Doch wie sollte man annehmen, daß Sklaven oder die Nachkommen einstiger Sklaven sich so verhielten und beispielsweise Raubzüge an die hunderte von Kilometern entfernte afrikanische Küste unternähmen (siehe Kapitel 2.)?

HILDEBRANDT (1880) erwähnt, daß es sogar die Hova-Dynastie gewesen sei, die den Sakalava "von Alters her" tributpflichtig gewesen sei (S.103); erst Radama I. habe mit europäischer Hilfe diesen Umstand beheben können. Und "noch jetzt", so HILDEBRANDT weiter, "brüsten sich die Süd-Sakalaven in unbezwungener Freiheit" (S.103).

Der Verband der Sakalava-Reiche schien Beziehungen zu den Swahili-Stadtstaaten, zumindest aber zu Sansibar, unterhalten zu haben, denn als sie ihre Unabhängigkeit, wie oben erwähnt, nicht mehr aufrecht erhalten konnten, sandten sie 1883 zuerst eine Botschaft, dann gemeinsam mit den Antankara eine Gesandtschaft nach Sansibar, um Hilfe zu erbitten. Der Sultan ging eine Konvention ein, nach der Tsiomeko und Tsiminara, zwei Könige der Antankara, ihm ihre Reiche als Protektorat abtraten. Außerdem entsandte er Truppen nach Nosi Be und versprach, eine Festung bei Ambavatob[i] zu errichten (PRUD'HOMME 1900, S.423-424)

Bedenkt man also, daß die Zahl afrikanischer Sklaven, wie oben ausgeführt, relativ gering gewesen ist und es sich bei der Verschleppung von Sklaven aus Afrika nach Madagaskar offenbar um eine rezente Erscheinung handelt, ist die Annahme eines großen Einflusses aus Afrika stammender Sklaven auf die austronesische Bevölkerung Madagaskars recht unwahrscheinlich.

Im Gegensatz dazu läßt sich anhand historischer Quellen nachweisen, daß die in alten Berichten (siehe Kapitel 2.1.) erwähnten afrikanischen bzw. 'afrikanischsprachigen' Völker nicht als Sklaven auf Madagaskar lebten, sondern politisch unabhängige Reiche bildeten.

4.2.3. Seefahrt, Migration, Eroberung

Wie einst von GRANDIDIER formuliert, so trauen auch viele andere Autoren (siehe Kapitel 2.) Afrikanern keine selbstständige Anreise auf Madagaskar zu, was bedeuten würde, daß es keine afrikanische Urbevölkerung (vgl. Kapitel 4.1.3.) und folglich auch kein Bantu-Substrat (^ DAHL 1954) auf Madagaskar gegeben habe.

Im Gegensatz dazu wurden austronesischen Völkern besondere nautische Fähigkeiten zugesprochen. Schon 1597 schrieb Diogo DE COUTO [1]:

> *"The Javanese are all men very skilled in the art of navigation, in so much that they claim to have been the earliest navigators. (°...) it is certain that the latter formerly sailed even to the Cape of Good Hope and that they have held communication with the island of S. Lourenço [2], where we found numerous natives, tawny and of the Javanese type, who are said to be descended from them (the Javanese)."* [3]

OPPEL (1896) ist der Auffassung, 'Malaien' hätten von den Arabern Kenntnis über Ostafrika und Madagaskar erlangt und seien daraufhin dorthin gefahren. Dann hätten sie sich aus Afrika Sklaven geholt.

Auch nach JOHNSTON (1913) ist es den Afrikanern nicht zuzutrauen, daß sie ohne fremde Hilfe nach Madagaskar fanden. Er glaubt, Araber hätten Afrikaner nach Madagaskar gebracht:

> *"It is easier to suppose that the large negro element of Bantu origin which exists in north-west Madagascar was brought there within the last 2.000 years by Arab ships, before and after the days of Islam."* (S.30)

> *"It is probable that there was no Malagasy settlement of the Comoro archipelago until the 19th century."* (S.30)

In seiner Abhandlung zur Geschichte der Insel Nzwani unterscheidet REPIQUET (1901) drei Bevölkerungsteile. Der älteste sollen 'Buschmänner' aus Austronesien sein, die sozusagen als Abenteurer mit Schiffen die Komoren entdeckten. Warum

[1] Lissabon 1778: *Da Asia*, Dekade 4, Buch 3, Kapitel 1.

[2] das heißt Madagaskar.

[3] zitiert nach HORNELL 1934, S.161.

REPIQUET in diesem Zusammenhang ausgerechnet von 'Buschmännern' spricht, die ja wahrlich im allgemeinen keinen Bezug zum Meer haben, bleibt wie auch die spezifischen Gründe für seine Annahmen völlig unklar:

> *"Nous trouvons ici, trois races distinctes qui, jusqu'à aujourd'hui, ont vécu côte à côte, juxtaposées, sans s'être mélangées au cour des siècles: les Oimatsaha ou Bushmen, les Arabes* [1]*, les Makois.*
>
> *Dans l'ordre chronologique, ce furent les Bushmen, qui occupèrent l'île les premiers (°...)*
>
> *Le Bushman est apparenté à la grande famille malayo-polynésienne. Sortis de l'Insulinde à une époque inconnu, les ancêtres des Bushmen d'aujourd'hui allaient sur leurs 'praos' rapides enquête d'aventures à travers les océans, couraient les mers à la découverte de terre nouvelles, lorsqu'ils abordèrent à Anzouan. De nombreux caractères anatomiques et ethniques attestent l'origine malais des Oimatsaha."* (S.50)

Das afrikanische Element der Bevölkerung auf Nzwani sind nach REPIQUET Makua [2], die in großer Zahl als Sklaven herübergebracht wurden (S.54-55).

VÉRIN (1972) ist der Auffassung, die Bevölkerungsanteile Madagaskars mit afrikanischem Ursprung seien vollständig oder zumindest hauptsächlich Bantu gewesen. Afrikaner seien (wie die 'Indonesier') spätestens vom Beginn des sechsten Jahrhunderts an nach Madagaskar migriert, doch habe diese Bewegung nicht bis in das sechzehnte Jahrhundert angedauert, sondern sei bereits früher beendet worden.

> *"It is arguable that a large proportion of the Africans from the hinterland arrived at the same time and in the same way as the Islamized migrants or the Bantu-speaking people from the mainland coast."* (1976, S.137)

Unklar bleibt jedoch der Anlaß, den VÉRIN für die Migration sieht, und die Art und Weise, wie diese technisch realisiert worden sei.

Schon mehrfach sind die Raubzüge einiger Malagasy-Völker gegen Städte der ostafrikanischen Küste und die Komoren erwähnt worden (siehe Kapitel 2.1.).

Offenbar hatten die Räuber jedoch nie die Absicht, in den überfallenen Ländern zu bleiben. Auch kam es nie zu einem längeren Aufenthalt am gleichen Ort. Ein Kultureinfluß ist in dieser Form daher auszuschließen.

Zwar wurden durch sie von den Komoren Frauen geraubt und nach Madagaskar verschleppt; doch besteht kein Anlaß, hiervon einen kulturellen Einfluß größeren Ausmaßes abzuleiten. Einerseits dürften nur junge Frauen davon betroffen gewesen sein, deren Möglichkeiten, bleibenden kulturellen Einfluß auszuüben, unter den gegebenen Umständen als äußerst gering

[1] gemeint sind muslime Komorianer, wie der Text an anderen Stellen (z.B. S.51-53) zeigt.

[2] REPIQUET nennt noch die Bezeichnungen *Ouatiahoua, Makouendé, O'Nyasa, Oalomoué.*

eingeschätzt werden können, und zum anderen scheint ihre Anzahl auch zu klein gewesen zu sein, als daß man einen bedeutenden kulturellen Einfluß annehmen könnte; wenn auch das genaue Ausmaß dieses Menschenraubes nicht nachvollziehbar ist.

JONES (1964, 1972) sah sich in seiner viel Aufmerksamkeit erregenden Arbeit (siehe Kapitel 3.2.) veranlaßt, einen interkulturellen Vergleich im Bereich der musikalischen Analyse von Stimmungssystemen und Skalen für eine historische Konstruktion zu verwenden. Er vertrat die Hypothese, daß der von anderen Autoren angenommene Einfluß Südasiens auf Madagaskar und die ostafrikanische Küste noch viel umfassender gewesen sei, als von jenen beschrieben wurde. Dieser Einfluß war nach JONES' Auffassung die Folge einer massiven Kolonisation:

> *"... that at some time long before the Portuguese appeared in the Southern Seas, the coasts of Africa were visited by Indonesian. This was no case of a forlorn boat-load or two of storm-tossed mariners driven before the monsoon and wrecked on the African shore. Rather, one has to envisage an Indonesian influence on a considerable scale, an influence whose surviving traces indicate a long period of colonisation reinforced by successive migrations from more than one part of Indonesia, and the indications are that the areas of Africa which became the focal points of this colonisation were the Niger basin and the Congo basin."* (S.2)

Wenn es auch für die Kolonisation Afrikas durch Austronesier, wie von JONES angenommen, keine Belege gibt [1], so haben Migrationen von Afrika und Austronesien nach Madagaskar in jedem Falle stattgefunden [2].

Dabei ist durchaus anzunehmen, daß die Seefahrer ihren (direkten) Weg selber fanden. Hätten 'Araber' ihnen den Weg gewiesen, wie von einigen Autoren postuliert, so wäre eine dadurch erfolgende Besiedelung Madagaskars durch Austronesier sicherlich in ihren Berichten erwähnt worden, da sie entlang ihrer Küsten stattgefunden hätte.

[1] siehe die Diskussion seiner Arbeit in den Kapiteln 3.2. und 3.3.

[2] vgl. die vorangegangenen und folgenden Betrachtungen.

4.2.4. Handel

Auf die Bedeutung des Gewürzhandels wurde bereits bei der Diskussion des Berichtes von PLINIUS hingewiesen (siehe Kapitel 2.1.).

Nach Meinung MILLERS (1969) gibt es in bezug auf den Handel mit Gewürzen noch andere Beweise für einen direkten indonesischen Handel mit Ostafrika zu römischen Zeiten (S.36).

> *"In addition to export via India, there was the sea route from south-east Asia to east Africa, which may have been preferred, pending the opening up of Ceylon as an international entrepôt after the rise of the Sassanids and the new Persian Empire in A.D. 224."* (S.38)
>
> *"The Cinnamon Route, which brought cinnamon from south-east Asia to east Africa via Madagascar, was probably that which brought benzoin, under the name of 'cancamum', to the Somali ports."* (S.39)

Neben Cassia und Zimt sollen auch Ingwer (S.56), Kurkuma (S.64), Aloe-Holz, *"benzoin"*, Kampher, Nelken, *"lakawood"*, Sandelholz, Muskatnuß und Macis (S.149) vom östlichen 'Indonesien' nach Rhapta über Madagaskar, die Komoren und die ostafrikanische Küste gehandelt worden sein (S.149).

Selbst frühe indische Einflüsse seien auf Madagaskar nicht direkt, sondern über Südostasien erfolgt (S.274).

WAITZ (1860) hält es für wahrscheinlich, daß die 'Malaien', die sich in großer Zahl auf Madagaskar niedergelassen hätten, auch nach Ostafrika selbst gekommen seien. Doch habe sich bis jetzt nur so viel ermitteln lassen, daß Javaner in alter Zeit nach Sansibar und Sofala gekommen seien, hauptsächlich um Eisen zu holen (S.377) (wie Dulaurier im *Journal Asiatique* vom August und September 1846 aus IDRÎSÎ nachgewiesen habe).

Es ist auffallend, daß obwohl es so viele Theorien über Kontakte zwischen Austronesien und Afrika gibt, relativ wenig Äußerungen über die möglichen Gründe für Überfahrten etwa von Indonesien nach Ostafrika existieren.

Vor allem ist es erstaunlich, daß in den Theorien der Handel mit wenigen Ausnahmen kaum eine Rolle spielt, obwohl die Existenz eines weiten Handelnetzes im Indischen Ozean doch hinlänglich bekannt und schon früh durch arabische Geographen belegt ist.

Tatsächlich läßt sich aus den historischen Quellen ersehen, wie bedeutend der Handel in der Region des westlichen Indischen Ozeans gewesen sein

muß und daß Handelsbeziehungen mindestens zwischen Madagaskar und Ostafrika direkt (Kilwa) und über die Komoren bestanden.

Handelsbeziehungen zwischen dem östlichen Indischen Ozean und Afrika sind zwar nur über die nördliche Route mittelbar über die Händler Indiens, Persiens und Arabiens belegt; doch wäre anzunehmen, daß, wenn es Kontakte zwischen der Sundaregion und den ostafrikanischen Handelszentren gegeben habe, auch der Handel (wie etwa bei MILLER der Gewürzhandel) eine Rolle gespielt haben muß.

5. Geschichtliche Rekonstruktion

5.1. Natürliche Voraussetzungen

Vor dem Entwurf einer Geschichte des westlichen Teils des Indischen Ozeans aufgrund des geschilderten Quellenmateriales soll noch kurz auf die Bedingungen des Naturraumes eingegangen werden, die Unternehmungen von Seereisen zwischen Afrika und Austronesien begünstigt, erschwert oder gar verhindert haben könnten.

Mit der Bezeichnung "Indischer Ozean" wird ein Gebiet benannt, an das zur Zeit etwa siebenunddreißig Staaten grenzen, in denen ungefähr ein Drittel der Weltbevölkerung lebt. Die Ausdehnung reicht über mehr als einhundert Längengrade hinweg vom afrikanischen Kontinent bis nach Sumatra oder der nur schwer zu definierenden Abgrenzung zum Pazifik und über achtzig Breitengrade von den Küsten Asiens bis zur Antarktik. Und dennoch macht der Indische Ozean nur ein Fünftel der gesamten Meeresoberfläche aus. Doch die Entfernungen sind gewaltig: etwa 4.500 Kilometer von Indien nach Mombasa, 6.400 Kilometer von Sumatra nach Madagaskar, etwa 10.000 Kilometer von Südafrika bis Australien und 8.600 Kilometer von Persien nach Java. Die Entfernung von 300 Kilometer von der ostafrikanischen Küste bis zu den Komoren und den restlichen 400-500 Kilometern bis Madagaskar, wie auch die unmittelbare Entfernung von etwa vierhundert Kilometern zwischen der ostafrikanischen Küste und Madagaskar, erscheinen dagegen relativ gering. Der Kartala, die Höchste Erhebung der Komoren auf Ngazija, soll bei optimalen Wetterbedingungen sogar vom Kap Delgado an der mosambikanischen Küste aus sichtbar sein. Doch auch die größeren Entfernungen lassen sich zumindest rein rechnerisch durch die im Ozean verstreuten Inseln und Inselgruppen dividieren; zu nennen wären die Nikobaren, Andamanen, Lakkadiven und Malediven, die Seychellen und ihre südlich davon gelegenen Inselgruppen, Tromelin, die Chargados, Réunion, Mauritius, Rodriguez, das Chagos-Archipel, die Cocos- und sogenannten Weihnachts-Inseln.

Recht bekannt sind inzwischen die günstigen, da verbindenden Meeresströmungen und vor allem Windverhältnisse an der ostafrikanischen Küste für Seereisen entlang der Küste und von und nach Arabien, Persien und Indien.

Das gesamte nördliche Gebiet des Indischen Ozeans wird von den Monsunwinden beeinflußt, das heißt, von den regenbringenden Winden, welche auch die Meeresströmung beeinflussen. Die Grenze des ozeanischen Monsungebietes wird ungefähr von dem zehnten Grad südlicher Breite gebildet.

Durch den zyklonischen Tiefdruck des südlichen Asiens kommt es zwischen Mai und Oktober zu einer atmosphärischen Zirkulation von Osten nach Westen. Von Oktober bis April bedingt ein Antizyklon oder Hochdruckgebiet in Asien eine umgekehrte Zirkulation von Westen nach Osten.

Während der nördlichen Sommermonate herrschen starke Winde aus Südwesten vor, während im Nordwinter weniger starke Winde aus Norden und Nordosten wehen.

Unter dem Einfluß des Monsuns wechseln auch die Meeresströmungen von Jahreszeit zu Jahreszeit nördlich des zehnten Grades südlicher Breite. Im Nordwinter verläuft die Strömung von Osten nach Westen und in der Arabischen See oder dem Golf von Oman in einer Kreisbewegung bei einer Geschwindigkeit von 30 bis 50 Zentimeter pro Sekunde. In der Bucht von Bengalen ist eine Ost-West-Bewegung von 20 bis 30 Zentimeter das ganze Jahr hindurch vorhanden. Unter dem Einfluß südwestlicher Winde im Nordsommer fließt die Monsun-Strömung mit einer Geschwindigkeit von 40 Zentimeter pro Sekunde von Westen nach Osten in ein Gebiet um 10° auf beiden Seiten des Äquators.

Südlich des Äquators sind die atmosphärischen und hydrologischen Bedingungen zwischen dem zehnten und dreißigsten Grad südlicher Breite, in der Zone der Passatwinde, weniger kompliziert. In den tropischen und subtropischen Gebieten dieses Teils des Indischen Ozeans überwiegen die südöstlichen Winde. Im Sommer und Herbst sind Orkane im westlichen Abschnitt ziemlich häufig. Die Meeresströmungen sind stetig. Das System besteht aus den Strömungen des Passatwindes, von denen eine im südlichen Afrika entsteht, ferner eine im mittleren Teil des Ozeans und schließlich eine vor der australischen Küste.

Alle diese Winde und Strömungen sind für die Navigation seit Menschengedenken genutzt worden und waren schließlich auch in der Zeit der niederländischen, britischen und französischen Unternehmungen seit dem Ende des sechzehnten Jahrhunderts von großer Bedeutung.

Um von Arabien nach Madagaskar zu segeln, reisen (Segel-) Schiffe im Oktober von Arabien ab, um den Vorteil des Nordostmonsuns zu nutzen, der ja von Oktober bis März stetig ist. Etwa Anfang Oktober sind die Winde günstig, um nach Mombasa und Sansibar zu reisen. Um weiter nach Süden vorzudringen, ist es nötig, die Zeit zwischen Dezember und April abzuwarten, wenn die Winde an Stärke zunehmen. Eine Gelegenheit, um nach Norden zurückzukehren, findet sich durch die Umkehr der Windverhältnisse nach April.

In umgekehrter Reihenfolge werden die Wind- und Strömungsverhältnisse genutzt, um in den östlichen Teil des Indischen Ozeans zu gelangen.

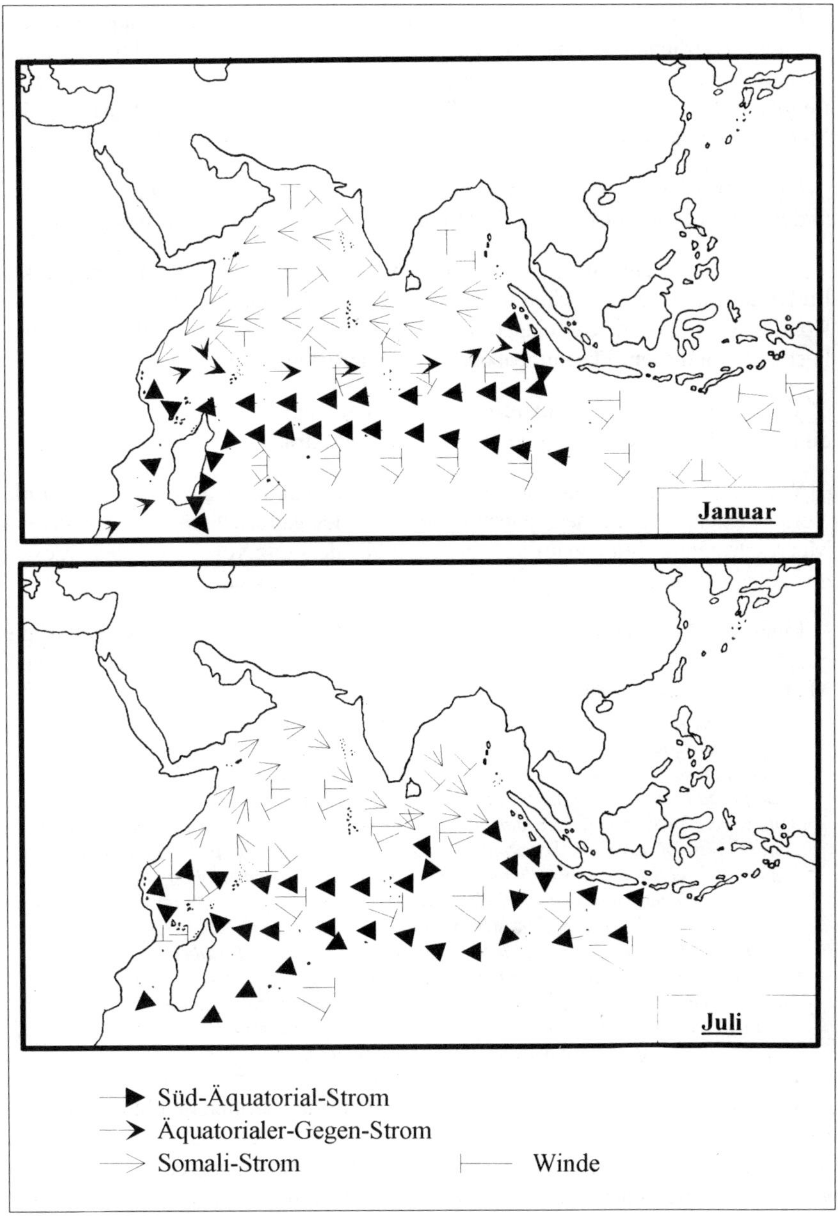

Bild 10: Meeresströmungen und Windverhältnisse im Indischen Ozean

Einer Seereise von etwa Indonesien entlang dieser nördlichen Route hätte also von den natürlichen Voraussetzungen nichts im Wege gestanden. Im Gegenteil: es hätte sich nur um einen Ableger des Fernhandels über diese einst stark frequentierte Route durch den nördlichen Indischen Ozean ('Seidenstraße des Meeres') gehandelt.

Unerklärt bliebe dann aber, warum über solche Reisen der Austronesier nichts in den alten geographischen Berichten und Handbüchern vermerkt worden ist.

Ist es nicht vielmehr so, daß in diesen Berichten, wenn überhaupt, direkte Entfernungsangaben zwischen Inseln der Sundaregion und den dem afrikanischen Kontinent im Osten vorgelagerten Inseln angegeben werden, die nördlichen Festländer in diesem Zusammenhang völlig unerwähnt bleiben?

Wie sind nun also die natürlichen Voraussetzungen für mehr oder weniger direkte Verbindungen zwischen Südostasien und Afrika?

Wie die Schilderung der metereologischen Verhältnisse gezeigt hat, sind die Voraussetzungen dafür sehr günstig: Während des ganzen Jahres weisen sowohl Meeresströmung (Südäquatorialstrom) und Winde stetig von Osten nach Westen und scheinen geradezu direkt auf Madagaskar hinzudrängen.

Einen außergewöhnlichen und doch sehr überzeugenden Hinweis auf die günstigen Bedingungen für direkte Seereisen von der Sundaregion nach Madagaskar liefert 1884 James SIBREE (1884):

> *"In the month of September last a number of small pieces of pumice were sent up to the Capital from Tamatave, where they had been washed ashore not very long before that date. The pieces are rounded by the action of water, and are supposed to have come across the Indian Ocean from the Straits of Sunda, where they were probably ejected during the tremendous eruption of Krakatau off the west coast of Java, in the month of May last year 1883. If this supposition is correct (and there seems little reason to question it, as we know of no other recent eruption on the shores of the Indian Ocean), it supplies not only an interesting illustration of the distances to which volcanic products may be carried by ocean currents, but also throws a little light upon what is still rather an obscure question, viz., How did the Malayo-Polynesian ancestors of the Malagasy come across the 3.000 miles of sea which seperate Malaysia from Madagascar? It is evident from the fact of pumice having come across this great distance that there is a prevalent 'set' of oceanic current in this direction; ..."*

Noch deutlicher bestätigt die erfolgreiche Fahrt der Sarimanok die Möglichkeit einer Seereise auf dieser Route von Ostasien nach Madagaskar. Die Sarimanok war ein Boot, das einem 2.500 Jahre alten Vorbild exakt nachgebaut worden war und 1986 in dreimonatiger Fahrt von der südostphillipinischen Insel Tawi-Tawi unter möglichst weitgehend rekonstruierten Bedingungen nach Madagaskar manövriert wurde (PILS 1986, SCHÄFER 1992 u.a.).

"(°...) there has been over a long period what we might tentatively call an Indian Ocean Culture - some would even say an Indian Ocean Civilisation - to which all lands bordering on it owe at least something; although a good deal of this evidence has still to be posed in the form of unexamined parallels and untested hypotheses."

(ALLEN 1969, S.23)

5.2. Abriß der Geschichte des westlichen Indischen Ozeans

Wenn von der Geschichte des Indischen Ozeans die Rede ist, wird die Präsenz und Bedeutung des afrikanischen Kontinentes und der ihm vorgelagerten Inseln in den meisten Fällen, wenn überhaupt, nur am Rande erwähnt. So lesen wir in einer Monographie über den Handel und die Kulturen des Indischen Ozeans die folgende Aussage:

> *"The Indian Ocean was an area of social and cultural diversity rooted in four different civilisations: the Irano-Arabic, the Hindu, the Indonesian, and the Chinese."* (CHAUDHURI 1985, S.21)

Typischerweise erfährt man statt über die vielen verschiedenen kulturellen Beziehungen [1] nur etwas über die nautischen Leistungen oder weitreichenden Handelsbeziehungen der 'Inder' und 'Araber'.

Die afrikanische Küste und, wenn überhaupt erwähnt, die ihr vorgelagerten Inseln, erscheinen nur als ein weitentfernter, mehr oder weniger unbedeutender Abzweig, passiv und ohne eigene geschichtliche Entwicklung.

Nachdem die vorangegangenen Kapitel bereits gezeigt haben, daß eine solche historische Rekonstruktion nur ein Teil der Wahrheit sein kann, möchte man meinen, es sei so, als ob man etwas über das römische Reich erfahren möchte und hört nur von den phönizischen Seefahrern, welche die dortigen Häfen aufsuchten, und was für großartige Leistungen sie vollbracht hätten.

Nicht zuletzt deshalb soll an dieser Stelle ein durch die zuvor gewonnenen Erkenntnisse erweiterter Abriß der Geschichte vor allem des westlichen Teils des Indischen Ozeans vorgestellt werden, ergänzt durch andere Daten zur afrikanischen Geschichte.

[1] Mit Ausnahme von August TOUSSAINTS *"History of the Indian Ocean"* wird die Region des Indischen Ozeans nicht als eine historische und kulturelle Einheit untersucht, sondern die Studien konzentrieren sich auf einzelne Völker und Kulturen der Küsten und Inseln.

Einzelheiten über die frühe Aktivität des Menschen in der Region des Indischen Ozeans sind im Dunkel der Geschichte verborgen; doch können einige generelle Angaben gemacht werden:

Frühe Zentren der Entwicklung des *Homo sapiens* sind im Hinterland der ostafrikanischen Küste und in dem indonesischen Archipel lokalisiert worden. Die Funde Ostafrikas sind dabei teilweise deutlich älter.

Australien wurde spätestens vor 50.000 Jahren von Völkern besiedelt, die über die nördlich gelegenen Inseln kamen. In den folgenden Jahrtausenden gab es andere Migrationen in der Region des Indischen Ozeans. Südostasien und die malaiische Halbinsel wurden von Völkern besiedelt, die über die Berge des südlichen China kamen. Aus Zentralasien und von der arabischen Halbinsel wanderten Völker in den Mittleren Osten und den Indischen Subkontinent, um sich mit den bereits dort siedelnden Völkern zu vermischen. Aus Zentral- und Nordostafrika migrierten Völker nach und nach in den gesamten ostafrikanischen Raum, der bereits seit Beginn der Geschichte besiedelt war und mit aller Wahrscheinlichkeit als die "Wiege der Menschheit" betrachtet werden kann. Die meisten Küstengegenden des Indischen Ozeans waren bereits besiedelt, bevor die Völker, von deren Wanderungen wir wissen, dorthin gelangten; doch ist uns häufig kaum etwas über die frühesten Siedler bekannt.

Neben diesen Wanderbewegungen, die das Geschichtsbild so häufig prägen und die innerhalb vieler Jahrtausende stattfanden, entwickelten sich im Vergleich zu anderen Regionen schon relativ früh urbane Zivilisationen an den Küsten des Indischen Ozeans. Mesopotamien und das Tal des Indus weisen einige der wohl ältesten städtischen Siedlungen auf. Der Mittlere Osten und Südostasien waren die Zentren von verschiedenen der frühsten bedeutenden technologischen Errungenschaften des Menschen.

Etwa vor fünf- bis sechstausend Jahren waren Kerngebiete kulturellen Ausdrucks an den Küsten des Indischen Ozeans entstanden. Dieses waren:

Nordostafrika, Ostafrika, Südafrika,

Südarabien, der Persische Golf,

der Indische Subkontinent,

das westliche und östliche Südasien

und Australien.

Jedes dieser Gebiete war ein Glied in der gigantischen Kette menschlicher Aktivität, welche sich entlang der Küsten des Indischen Ozeans erstreckte. Und jedes dieser Kettenglieder war eine Zentralregion, die als Ergebnis verschiedener Prozesse von Kulturkontakt mindestens zu ihrer Nachbarregion Verbindung hatte.

Durch die Handelsaktivitäten ihrer Bewohner waren diese Zentren somit in zwei sich gegenüberliegenden Kurven, die sich auf diese Weise bildlich zu einer Art Kreis schlossen, verbunden. Die eine Kurve symbolisiert eine nördliche Verbindung von Südostasien über Südasien, Persien und Arabien bis in das südliche Ostafrika. Die zweite ist eine südlichere Verbindung von Südostasien nach Madagaskar und von dort nach Afrika mit Anschluß an die nördliche Route. Die Reihenfolge der Aufzählung soll dabei keine Richtung implizieren. Entlang dieser Routen fanden - zunächst etappenweise über kleinere Distanzen, später über größere Entfernungen - über Jahrtausende hinweg Migrationen zu Lande und zu Wasser statt, vermischten sich Völker, Kulturen, Sprachen, Religionen und Güter.

Der Charakter der kulturellen Aktivität in jeder der Zentralregionen war natürlich unterschiedlich geprägt und ist es bis heute durch die verschiedenen geographischen, demoskopischen, ökonomischen und sozialen Gegebenheiten. Auch haben fremde Kulturen nicht einfach an einem Ort ältere Kulturen ersetzt, sondern sie verbanden sich mit ihnen und formten so neue lokale Kulturen, die fremde Einflüsse und bodenständige Formen umfaßten.

Seit jeher bot der Indische Ozean ideale Bedingungen für die Kommunikation zwischen den einzelnen Zentralregionen. Zwar haben auch Migrationen entlang der Küsten bzw. im Inland stattgefunden, doch folgten viele Völker den Routen des Meeres, obgleich der teilweise beachtlichen Entfernungen. Das Meer war vor allem Weg für die Austronesier, welche die Inselwelt des östlichen Ozeans besiedelten, der West-Indonesier, die sich auf Madagaskar ansiedelten, der Indo-Arier und Draviden, die nach Sri Lanka und auf die Malediven zogen, der 'Aboriginees', welche die Andamanen, Nikobaren und Australien besiedelten sowie für Afrikaner, Perser, Araber, Inder und schließlich Europäer.

Die Seefahrt im Indischen Ozean ist so alt wie die historische Erinnerung reicht. Schon vor etwa fünftausend Jahren handelte Ägypten über das Rote Meer mit Nordostafrika und direkt oder indirekt mit Ostafrika. Gleichermaßen gab es Handelsverbindungen von Mesopotamien mit Südarabien, Ostafrika und wahrscheinlich dem Indus-Tal. Genauere Angaben über diesen Handel und seine Konsequenzen zu machen ist kaum möglich, da zu wenig über ihn bekannt ist.

Mit Sicherheit war der maritime Handel ein Merkmal der bekannten, frühsten Reiche des Mittleren Ostens, und um das erste Jahrtausend vor Christus war der Handel mit anderen Zentren des Indischen Ozeans ein Merkmal der ökonomischen Geschäftigkeit dieser Region.

Berichte über Reisen nach Punt und Ophir zeigen, daß schon vor dem ersten Jahrtausend weite Seereisen an die ostafrikanische Küste unternommen wurden, lassen aber nur erahnen, daß es an der Küste Strukturen gegeben haben muß, die solche Fernreisen interessant machten.

HERODOT berichtet, daß Pharao Necho um etwa 600 vor unserer Zeitrechnung Phönizier mit dem Auftrag durch das Rote Meer sandte, durch die Straße von Gibraltar ('Tor des Herakles') zurückzukehren (HERODOT Band 1, Buch 4, S.531-533). Nach mehr als zwei Jahren konnte der kluge Pharao, der bereits vor mehr als zweieinhalbtausend Jahren Informationen besaß, die ihn veranlaßten zu glauben, Afrika könne südlich umsegelt werden, die zurückgekehrten Forschungsreisenden empfangen. Jene waren während ihrer weiten Reise mehrmals an Land gegangen, um zu säen und zu ernten, und sie berichteten, daß sich, als sie Afrika umsegelten, die Sonne zu ihrer Rechten erhob, nachdem sie sich zunächst zur Linken erhoben hatte. Gerade diese Beobachtung, die das Vorstellungsvermögen von HERODOT selbst offenbar überstieg, ist es, die beweist, daß dieses der erste bekannte Bericht von einer Umsegelung des Kaps der Guten Hoffnung ist.

Zu seiner Blütezeit im sechsten Jahrhundert vor Christus verband das Iranische Reich, das sich von Anatolien bis zum Indus-Tal erstreckte, die Welten des Mittelmeers und des Indischen Ozeans.

Etwas genauer wird unsere Kenntnis von den Bewegungen der Völker und Güter im Indischen Ozean ab dem vierten Jahrhundert vor Christus. Der Zusammenbruch des Iranischen Reiches vor den Armeen Alexander des Großen verstärkte eher die Verbindung zwischen Mittelmeer und Indischem Ozean, als daß es sie zerstört hätte. 'Alexander' dehnte die griechischen Siedlungen in Afghanistan, dem Hindu Kush und dem Indus-Tal aus und entsandte Expeditionen, um die Küsten des Arabischen Meeres zu erkunden. Es folgte eine rapide Expansion des Handels [1] innerhalb der Region des Indischen Ozeans. Griechische und arabische Händler fuhren vom Roten Meer und Südarabien aus in den Persischen Golf, um Händler zu treffen, die vom indischen Subkontinent nach Westen segelten.

Es gibt keinen Hinweis auf einen Kontakt zwischen Ostafrika und Australien, und es bestand auch nur ein geringer Handelskontakt zwischen Malaysia / Indonesien und Nordaustralien. Viele Beweise hingegen gibt es für Kontakte zwischen Ostafrika, dem Mittleren Osten und Indien und gleichermaßen zwischen Indien und Südostasien, das seinerseits Beziehungen in den Nordwestpazifik, so auch nach China, unterhielt.

Historische Ereignisse außerhalb des Indischen Ozeans, wie etwa der Zusammenbruch des westlichen römischen Reiches und zeitweilige dynastische Unruhen in China beeinflußten die Ausmaße des maritimen Handels in der

[1] Denkbar wäre auch, daß lediglich die Quellenlage besser wird.

Region des Indischen Ozeans. Doch die dortigen Grundmuster, die sich auch unabhängig oder nur indirekt beeinflußt entwickelt hatten, blieben bestehen. Der Zusammenbruch des westlichen römischen Reiches im fünften Jahrhundert und die Ausbreitung des Christentums über den Mittelmeerraum schwächten die dortige Nachfrage nach Gütern aus dem Indischen Ozean. Dies führte wohl auch zu einer Verringerung der Kontakte zwischen dem Mittleren Osten und Ostafrika. Ob es zu einer regelrechten Unterbrechung des Kontaktes kam, ist aber fraglich, wenn auch die Kenntnisse über die ostafrikanische Küste eine Lücke von mehreren Jahrhunderten aufweisen. Wahrscheinlicher ist, daß der Kontakt weiter bestand. Der Mittlere Osten belieferte ja auch weiterhin Byzanz und Persien. Arabische und persische Händler verstärkten jedenfalls ihre Aktivitäten in Indien und auf Sri Lanka, was auch den Handel mit Malaysia und Indonesien belebte.

Über das Ostafrika der damaligen Zeit wissen wir kaum etwas. Aus den wenigen Reiseberichten der alten Zeit erfahren wir gleichsam nichts. Aufgrund archäologischer Grabungen glaubt man rekonstruieren zu können, daß es neolithische Kulturen gewesen sind, die vom Sammeln und der Jagd lebend diese Gegend dünn besiedelten. Doch sind die archäologischen Funde spärlich und die Boden- und Klimabedingungen so beschaffen, daß Relikte vegetabilen Materials und selbst Eisen jener Zeit kaum Chancen gehabt haben dürften, erhalten geblieben zu sein. Vor allem über die frühen Küstenbewohner wissen wir so gut wie nichts. Sollte es dort keine Fischer oder Bootsbauer gegeben haben? Sollte es wirklich nicht zur Ausprägung von Meereskultur in irgendeiner Form gekommen sein? Wie paßt dieses Bild zu dem eines Kontinents, dessen Goldminen (Ophir) zur Entstehung von Sagen in weit entfernten Ländern führten und der schon zu römischer Zeit am Fernhandel teilnahm, wie nicht zuletzt Funde von Münzen und Aufzeichnungen des Gewürzhandels bezeugen?

Wie wir gesehen haben, deutet gerade dieser jahrtausendealte Handel mit Gewürzen und Aromatika darauf hin, daß es weitreichende Handelsbeziehungen gegeben hat, in denen Ostafrika zum einen Produzent (z.B. Weihrauch), zum anderen vielleicht nur Umschlagplatz (Zimt <?>) gewesen sein muß. Es ist denkbar, vielleicht sogar wahrscheinlich, daß zu jener Zeit, zu Beginn unserer Zeitrechnung, im Rahmen des Gewürzhandels mehr oder weniger direkte Beziehungen zwischen Austronesien und der Küste Afrikas bestanden.

Daß Ostafrika an Handel größeren Stils teilnahm und dort ein großer Bedarf an den eingetauschten Waren bestand, läßt sich aus den Berichten über afrikanische Piraten [1] erkennen.

[1] siehe Kapitel 2.1.: SICCULUS bezüglich des Roten Meeres und den PERIPLUS bezüglich der ostafrikanischen Küste.

Die Ausgrabungen von Igombe Ilede legen nahe, daß es im dritten oder vierten Jahrhundert eine "Straße des Goldes" von Rhapta bis Sena am Sambesi gab. KOSMAS berichtet von Kaufleuten des Reiches Axum, die den Äquator überschritten und die Goldminen in der Region des heutigen Tansania besuchten. (KI-ZERBO, S.95) Gold aus dem südlichen Afrika wurde teilweise gegen Metallwaren aus der Eisenindustrie des Reiches Meroe (im östlichen Sudan) eingetauscht.

Obwohl in Abhandlungen zur afrikanischen Geschichte Sammler, Jäger, Viehzüchter, Ackerbauern, Händler oder Buschmänner, Nomaden, Transhumanten und Seßhafte immer deutlich voneinander getrennt werden und dadurch der Eindruck erweckt wird, diese Gruppen hätten keinerlei Beziehungen zueinander unterhalten, höchstens Kriege miteinander geführt oder sich gegenseitig "verdrängt", hat es regen Waren- und Informationsaustausch quer durch den Kontinent gegeben. Wie wäre beispielsweise PTOLEMÄUS sonst zu seinen Informationen gelangt? Wie hätte er zum Beispiel erfahren sollen, daß es im Landesinneren einen schneebedeckten Berg gibt, daß "hinter" diesem Berg hohe Gebirge und Seen gelegen sind, welche die Quellen des Nils bilden? Unzählige Kauris und Perlen aus jener Zeit, die zweifelsohne von der Küste stammen müssen, wurden im Inneren des Kontinents gefunden. Die Elfenbeinfiguren von Khami und Funde von Eisengongs in Zimbabwe beweisen Verbindungen mit dem Kongo und dem afrikanischen Westen (KI-ZERBO, S.95).

Schlußfolgerungen aus Überlieferung, Archäologie und Sprachforschung weisen auf die Ausdehnung der Bantu-Völker nach Osten hin. Die ersten "Vorboten" müssen schon in den ersten Jahrhunderten nach Christus in Ostafrika angekommen sein. Etwa zugleich fand eine Reihe von Innovationen statt: Es finden sich Spuren der Eisenverarbeitung und Töpferei zum Beispiel in Kavirondo, Rwanda, Kasai und Tansania. Die Eisenfunde von J.D. CLARK in einem Graben in Kalombo Falls (am äußersten Südende des Tanganyika-Sees) datieren aus dem ersten Jahrhundert. Die archäologischen Zeugen der Eisenverhüttung aus jener Zeit bleiben Ausnahmen, isolierte Inseln inmitten viel reicherer Überbleibsel neolithischer Kulturen. Dennoch scheint sich die Schmiedetechnik gerade vor dem Jahre 400 durchgesetzt zu haben. Geprägte Töpferwaren und Darstellungen aus Ton finden sich in Verbindung mit Goldgruben, in deren Stollen Skelette von jungen Frauen gefunden wurden. Offenbar arbeiteten hier weibliche Arbeitskräfte mit Eisenwerkzeugen. Zu den Funden gehören Öfen mit Resten von geschmolzenem Kupfer, Zinn und einer Bronzelegierung. Zu diesen Schmiedevölkern, die zugleich Bauern waren, gehörten vermutlich auch die Vorfahren der Sotho, also Bantu, die über tausend Jahre die Minen nutzten, ehe sie (etwa um 1500) weiter nach Süden zogen.

Bantusprecher erreichten also um etwa 400 bis 500 nach Christus die ostafrikanische Küste. Etwa zur gleichen Zeit soll Madagaskar zum ersten Mal von Menschen besiedelt worden sein. Frühe Berichte, die eine afrikanischsprachige Bevölkerung auf Madagaskar erwähnen, zeigen, daß es eine Besiedelung durch Afrikaner gegeben haben muß. Wenn von dieser Population die alten linguistischen und kulturellen Einflüsse, die im Malagasy zu beobachten sind, stammen, handelte es sich um Bantu.

Aufgrund linguistischer Indizien (Dahl 1954) muß es etwa in der gleichen Epoche (aber möglicherweise hundert Jahre früher oder später) zu einer Besiedelung durch Austronesier gekommen sein. Beide Volksgruppen lebten offenbar zunächst so, daß sie im wesentlichen ihre sprachlichen und kulturellen Eigenheiten bewahrten.

Die gegenüberliegende, afrikanische Küste wurde inzwischen (1./4.Jhd.), wie uns der Periplus berichtet, unter anderem von Händlern und Seefahrern aus dem Königreich 'Muza' von Arabien besucht, deren Kapitäne und Mannschaften sich mit der bodenständigen Bevölkerung vermischten und deren Sprache übernahmen. Die Handelsplätze der Küste waren also zu jenem Zeitpunkt keineswegs "arabische Kolonien", wie uns manche Autoren glauben machen wollen (z.B. Westermann) oder arabische Enklaven, sondern vielmehr einheimische Handelsstädte, in die Fremde assimiliert wurden.

Auch Händler aus Persien und Indien kamen an die ostafrikanische Küste und handelten Waren von und bis nach China, das selbst erst im dreizehnten oder vierzehnten Jahrhundert Expeditionen nach Afrika ausrüstete (Duyvendak 1949). Offenbar nahm Madagaskar bereits an diesem Handel teil (^ Periplus) und exportierte Schildpatt.

Mindestens seit dem neunten Jahrhundert läßt sich auch eine Besiedelung der Komoren und Madagaskars von Norden her durch Swahili feststellen, die spätestens nun eigene Handelsposten dort errichteten.

Aus dem zehnten Jahrhundert (945-946) wird von einem Raubzug von Austronesiern mit tausend Schiffen gegen Städte der ostafrikanischen Küste berichtet. Die für heute mit den Mitteln der damaligen Zeit unvorstellbare Weite der Reise quer durch den Indischen Ozean war offensichtlich kein Grund für die Piraten, nicht der Kunde von dem Reichtum Ostafrikas zu folgen.

Bedenkt man, daß die nach Afrika gehandelten Waren vor allem Luxusgüter waren (Glas, Porzellan, Stoffe usw.), die Menge, Größe und Austattung der Städte, sowie die weiten Handelswege in das Landesinnere und die dort blühenden Reiche (z.B. Mwene Mutapa, Inyanga, Khami usw.), die Gold und andere Metalle förderten, ihre Felder großzügig bewässerten (z.B. Engaruka, Usambara, Zimbabwe usw.) und Tierfelle, Elfenbein und Honig (wohl Produkte der sog. 'Jäger und Sammler') einhandelten, muß Ostafrika tatsächlich auch solche Strukturen und Lebensweisen aufgewiesen haben, die von reichem

Wohlstand geprägt waren. Auch die über Jahrhunderte sich vollziehenden Bewegungen einzelner Völker und die Kriege, von denen wir in den geschichtlichen Abhandlungen immer so viel lesen und die offensichtlich die Traditionen der Völker so geprägt haben, vermochten diese Strukturen über vielleicht mehr als eineinhalb Jahrtausende nicht zu zerstören.

Das bekannteste der ostafrikanischen Reiche jener Zeit ist das von Mwene Mutapa mit seinem typisch afrikanischen sakralen Königtum. Die Entstehungsgeschichte des Reiches ist noch nicht geklärt, doch war es schon Jahrhunderte alt, als die Portugiesen im sechzehnten Jahrhundert zum ersten Mal davon hörten. Älteren Berichten zufolge blühte im zehnten Jahrhundert ein Reich 'Zanj' im Süden von Sofala, das über dreitausend Soldaten mit Reitochsen verfügt haben soll und dessen Reichtum in Gold, Elfenbein und Eisen bestand (nach WESTERMANN, S.413). Wesentlich älter als das eigentliche Mwene Mutapa scheinen auch die Ruinen von Zimbabwe, Inyanga, Dhlodhlo und Khami zu sein, Siedlungen mit Bauten aus tonnenschweren Steinblöcken. Die Bewohner müssen sehr gute Kenntnisse von Landwirtschaft und Hydrogeologie gehabt haben. Die Terrassenbauten und Anlagen, die als Speicher dienten, beweisen dies. In einem Fall wurde gar ein Fluß umgeleitet, damit er parallel zur Höhenlinie floß. Weiter südlich, in Mapungwe (Nord-Transvaal), wurde 1932 eine Fundstätte entdeckt, in der kleine, mit Blattgold überzogene Rhinozerosfiguren, zwölftausend Goldperlen, Gegenstände aus Kupfer und chinesisches Porzellan gefunden wurden. Offenbar handelte es sich um Grabbeigaben, wie Skelette bewiesen, die reich geschmückt waren. Anthropologisch wurden diese als Khoisan (Buschmänner) klassifiziert, Völker, die heute hauptsächlich weiter südlich leben. (WESTERMANN)

Von anderen Staaten oder Infrastrukturen wissen wir noch viel weniger: Die Historiker LEAKEY und später SUTTON fanden in Tansania Reste einer großen Siedlung aus dem zehnten bzw. sechzehnten Jahrhundert, deren Häuser auf künstlichen Terrassen an Hügeln errichtet waren. In dem ganzen Gebiet der heutigen Länder Kenya, Uganda, Tansania und Malawi sind zahlreiche, verstreute Reste großangelegter Siedlungen gefunden worden. So gibt es Spuren großer alter Verbindungsstraßen, die auf einer Länge von ungefähr tausend Kilometern das Gebiet des Nyassa-Sees mit dem Hochland von Nairobi verbanden. Die Straßen waren auf einer Breite von drei bis fünf Metern planiert, durchbrachen Hügel, überquerten auf Dämmen Niederungen und waren offenbar manchmal mit Kieselsteinreihen an den Rändern befestigt. Feldterassen und Kanäle zur Bewässerung werden immer wieder aus jener Zeit in der Region entdeckt. (nach KI-ZERBO, S.193)

Alle diese Elemente entstanden, ohne daß wesentliche Fremdeinflüsse bis dahin jemals in das Inland vorgedrungen waren. Die fremden Kaufleute hielten sich lediglich in wenigen Städten der Küste auf. Die Vermittlung und der

Transport der Waren erfolgte durch die Organisation der Swahili, die aber wohl selbst niemals in das Hinterland vordrangen. Andernfalls gäbe es auch sicherlich Berichte und Traditionen darüber. Alle in Arabisch oder Swahili verfaßten Überlieferungen beziehen sich aber lediglich auf die Region des Meeres, niemals enthalten sie Informationen über das Landesinnere. Dort produzierten bantusprachige Bauernvölker, zu denen Spezialisten in Bergbau und Metallverarbeitung und in anderen Berufen gehörten. Nachfrage und Angebot durch den Handel der Küste mögen dabei durchaus indirekt zum Aufblühen dieser Gemeinwesen beigetragen haben. Später immigrierten dann noch Hirtenvölker in die Region.

Madagaskar stand dabei auch in einem ständigen Austausch zum afrikanischen Festland. Kilwa war anscheinend ein wichtiger Anlaufhafen für den Meeresverkehr von und zur Insel. Eines dieser Schiffe, ein Auslegerboot, kam im Jahre 1228/'29 aus uns unbekannter Ursache vom Kurs auf Kilwa ab und erreichte offenbar unversehrt Aden (Ibn al-MUJAWIR).

Zwischen dem elften und vierzehnten Jahrhundert soll es eine zweite Besiedlungswelle Madagaskars (und zwar des Hochplateaus) von Austronesien aus gegeben haben (DESCHAMPS).

Bis in das vierzehnte oder fünfzehnte Jahrhundert hinein scheinen die Handelsstädte der ostafrikanischen Küste souveräne Stadtstaaten gewesen zu sein, die in wirtschaftlicher Beziehung der um sie herum siedelnden Völker bestanden. Nun aber begannen einzelne Stadtstaaten über andere zu dominieren. Einer der ersten scheint Kilwa, dann der von Pate gewesen zu sein. Nach einem portugiesischen Bericht von 1505-'06 waren die Komoren politisch oder wirtschaftlich abhängig von Kilwa, das inzwischen auch den Handel von Sofala kontrollierte bzw. dieses dominierte. Schon im dreizehnten Jahrhundert gab es von Kilwa aus eine Straße ins Inland, die den Sambesi überquerte und bis zu den Goldlagern vordrang. Verbindungen bestanden außerdem bis zum Nyassa-See und den Kupferminen von Shaba.

Die Swahili unterhielten viele Städte auf Madagaskar. Nach Afrika exportierte man von Madagaskar Reis, Rinder und wenige Sklaven. Manche Stadtstaaten scheinen einen großen Teil ihrer Nahrungsmittel von der Insel bezogen zu haben.

Offensichtlich gab es noch immer Sprecher afrikanischer Sprachen (außer Swahili) zumindest im Südwesten Madagaskars.

Vor allem ab dem fünfzehnten Jahrhundert erlebte der Küstenhandel durch die europäische Nachfrage nach afrikanischen Gütern (wobei Europa oft nicht wußte, woher die Waren tatsächlich stammten) einen Aufschwung. Doch schon durch die Kreuzzüge und die italienisch-venezianisch und -genuesische Vorliebe für afro-asiatische Waren (wie Gold, Elfenbein und Gewürze) wurde vor allem der

Handel der Araber so unterstützt, daß sie den weitaus größten Teil des Handels von der ostafrikanischen Küste übernahmen. In Indien bestand nach wie vor eine große Nachfrage nach Elfenbein, Eisen und Kupfer. Auch Schildpatt wurde über Oman nach Asien gehandelt sowie eine zunehmende Zahl von Sklaven.

Die indischen Partner im Handel mit Afrika waren die moslemischen Fürsten von Gujerat und Kandesh sowie die Bahamaniden von Dekkan. Vor allem die Araber handelten mit afrikanischen Waren aber noch weiter in den Osten, über Sri Lanka und den Golf von Bengalen bis nach Indonesien und nach China.

Unter dem nun schon seit längerem erheblichen Einfluß der Europäer gewann für Madagaskar bis zur ersten Hälfte des 17. Jahrhunderts der Sklavenexport an Bedeutung. Die dortigen Handelsstädte standen nun offenbar unter eigener Verwaltung. Ihre Handelsbeziehungen hatten sich von Süden nach Norden ausgedehnt: zu den Handelspartnern aus Mombasa und Malindi kamen nun noch solche von Lamu und Pate.

Um 1800 kam es zu einer Reihe räuberischer Expeditionen verschiedener, sich zu diesem Zweck verbündender Malagasy-Völker gegen die Komoren und die ostafrikanische Küste. Der Raub von Frauen, die auf die Heimatinsel verschleppt wurden, legt nahe, daß die Raubzüge nicht nur zur Bereicherung an den dort gelagerten Waren dienten, sondern auch soziale Ursachen hatten.

Zu Beginn des neunzehnten Jahrhunderts konnte das Sultanat von Sansibar mit europäischer Hilfe seinen Einfluß und seine Macht ausbauen: die Sprache und Kultur der Swahili gewann noch einmal größeren Einfluß auf die sich inzwischen selbständig entwickelnden Sprachen und Kulturen der Komorianer und islamischen Malagasy (darunter die sog. Antalautse).

Bis zum Ende des neunzehnten Jahrhunderts wurden die Handelsstädte der SwahiliKultur auf Madagaskar und an der Küste von Europäern übernommen, (die sich der Swahili als Handlanger bedienten,) und vor allem als Sklavenmärkte genutzt.

Mit dem Ende der Verschleppung von Sklaven verloren insbesondere diese Städte auf Madagaskar an Bedeutung, da schon seit einiger Zeit ebenfalls mit Hilfe der Europäer die Malagasy des Hochlandes politisch auf der Insel dominierten. Die Städte verschwanden teilweise ganz oder wurden von dem entstehenden Malagasy-Staat assimiliert. Nur wenige Relikte sind zunächst erhalten geblieben (z.B. Maruduka, siehe Kapitel 7.1.1.). Die einst von Afrika nach Madagaskar gewanderten Völker waren entweder versklavt und verschleppt worden oder hatten Malagasy als Sprache übernommen. Vom afrikanischen Kontinent nach Madagaskar verschleppte Sklaven (sogenannte 'Makua') und deren Nachkommen erlitten das gleiche Schicksal: kulturell entwurzelt übernahmen sie nach und nach Sprache und Kultur der Malagasy.

Nachdem nun festzustellen war, daß

- **die äußeren Bedingungen für afro-austronesische Kontakte eher günstig sind,**
- **alte Quellen von solchen Kontakten in wenigen Fällen berichten,**
- **zumindest auf Madagaskar afrikanische und austronesische Volksgruppen über längere Zeit ansässig gewesen sind, ehe sie sich vermischten und**
- **der afrikanische Kontinent Strukturen aufwies, die tatsächlich von Interesse für seefahrende Völker des Indischen Ozeans waren,**

ist es gerechtfertigt, nach Elementen eines solchen Kulturkontaktes zu suchen.

Dabei eignen sich ethnographisch vergleichende Studien, wie zu sehen war, nur unter vielen Vorbehalten (siehe Kapitel 3.2.). Dieses ist begründet in:

- **kultureller und ethnischer Vielfalt auf Madagaskar,**
- **(der Möglichkeit von) Kulturuniversalien,**
- **den zumeist sehr oberflächlichen und räumlich begrenzten ethnographischen Studien,**
- **den vielfältigen kulturellen Einflüssen auf Madagaskar, wobei afrikanische und austronesische Elemente zu einem eigenständigen, vielseitigen, madagassischen Kulturgepräge verschmolzen (Kultursynkretismus),**
- **der eigenen Entwicklung (Weiterentwicklung der Kulturen) auf Madagaskar und**
- **der Tatsache, daß die Trennung afrikanischer und austronesischer Elemente aus diesen Gründen kaum möglich erscheint.**

Hingegen bietet sich der Bereich der Linguistik als Untersuchungsgegenstand an, da

- **afrikanische und austronesische Sprachen nach alten Quellen (^ 2.1.) längere Zeit parallel auf Madagaskar existierten,**
- **Kultureinflüsse bzw. -elemente oft an Sprachen identifizierbar sind (Wörter-und-Sachen-Forschung),**
- **eine günstigere (wenn auch mangelhafte) Quellenlage existiert als bei ethnographischen Studien und**
- **parallele, aber voneinander unabhängige Entwicklungen durch eine treffliche Methodik eher erkannt werden können.**

Daher sollen im folgenden möglicherweise an einem Kulturkontakt beteiligte Sprachen auf Entlehnungen, Kontaminationen und gemeinsame Entwicklungen, die auf einen Kontakt zurückzuführen sind, untersucht werden.

"From the full present situation we may deduce the past, but from the limited past we may not discover the present, since there is too little documented historical material to permit us to ignore the inferences that we would make from a full knowledge of the synchronic data."

(Sharifa M. ZAWAWI; 1979)

Teil 2: Sprachvergleich

6. Methodik

6.1. Sprachbeziehungen und ihre Bedeutung für kulturhistorische Zusammenhänge

In der Art, wie Völker und ihre Kulturen nicht ohne Einfluß von anderen bestehen, sondern im Laufe der Geschichte untereinander Veränderungen bewirken, so entwickeln sich auch ihre Sprachen nicht ohne gegenseitige Einwirkung.

Zwischen als verwandt geltenden Sprachen ist bislang der genetische Faktor der Sprachentwicklung immer von besonderem Interesse gewesen. Dabei sollen durch verschiedene Methoden Sprachen und Dialekte meistens nach Art eines Stammbaumprinzips auf eine gemeinsame Ursprache zurückgeführt und in Relation zueinander gebracht werden. Die historische Aussage solcher Sprachgliederungen, die eher Klassifikationen mit Aussagen über die sprachliche Nähe der so geordneten Idiome darstellen, ist jedoch sehr fraglich (vgl. MÖHLIG 1974; 1978; 1980).

Bereits 1932 forderte Carl MEINHOF (MEINHOF & van WARMELO 1932, S.117) eine Sprachgliederung, die nicht nur den genetischen Aspekt und die abgelaufene Sprachdivergenz berücksichtigt. Eine solche Betrachtung, die auch die gegenseitige Beeinflussung von Sprachen einbezieht, muß auf deren tatsächlichen Geschichte beruhen. Da auch die Fremdeinflüsse, denen die Idiome ausgesetzt gewesen sind, von ihr erfaßt werden sollen, wird außerdem eine Betrachtung der Beziehungen mit nicht verwandten Sprachen zunehmend interessant.

Gelegentlich wird davon ausgegangen, daß eine solche Untersuchung der Sprachrelationen in Verbindung mit einer kulturhistorischen Auswertung fehlende andere Quellen zur Geschichtsforschung ersetzen kann. Diese Annahme beruht auf der einfachen, logischen Überlegung, daß die Sprecher solcher Sprachen, die aufeinander eingewirkt haben, einem mehr oder weniger intensiven Kontakt ausgesetzt gewesen sein müssen, der auf die eine oder andere Art in den idiomatischen Phänomenen seinen Ausdruck findet. Eine Reihe von Beispielen für die kulturhistorische Deutung sprachhistorischer Prozesse findet sich in dem von Christopher EHRET und Merrick POSNANSKY 1982 herausgegebenen Buch *"The Archeological and Linguistic Reconstruction of African History."*

Die Interpretation sprachhistorischer Ergebnisse zu ethnohistorischen Erkenntnissen ist aber in ihrer Methodik noch nicht genügend ausgereift, so daß bisher von ihren Möglichkeiten nur zögernd und unter Vorbehalt Gebrauch gemacht werden kann.

Nach MÖHLIG (1980) zeigt der sprachsoziologische und dialektologische Kenntnisstand, daß sprachhistorische Vorgänge nicht grundsätzlich mit gleichen völkergeschichtlichen Faktoren, wie Migrationen, Handelsbeziehungen oder anderen interethnischen Kontakten korrelieren.

Tatsächlich können gleiche sprachliche Sachverhalte mit kulturell und soziologisch unterschiedlichen Bedingungen einhergehen. Deshalb ist eine regelmäßige Ableitung ethnohistorischer Vorgänge von bestimmten sprachgeschichtlichen Ergebnissen offenbar nicht möglich.

Wie bereits angedeutet, kommen bei der Untersuchung von Sprachbeziehungen nicht als verwandt angesehener Sprachen nur stattgefundene Prozesse der Sprachkonvergenz in Betracht. Sprachkonvergente Vorgänge bestehen vor allem in der Übernahme von Wörtern und ihrer gleichen, ähnlichen oder inhaltsverwandten Bedeutungen von einer Gebersprache durch eine Nehmersprache. Solche Lexeme, die ihren Weg durch den "Entlehnung" genannten Prozeß in das Lexikon einer Sprache gefunden haben, werden allgemein als "Lehnwörter" bezeichnet und können in der Nehmersprache bis dahin unbenannte Sinninhalte benennen oder nach und nach dann veraltete Formen ersetzen. [1]

Nicht nur im lexikalischen Inventar einer Sprache können Entlehnungen beobachtet werden. Zum Bereich linguistischer Entlehnung zählt man im allgemeinen alle ein- oder wechselseitigen Beeinflussungen zweier verschiedener Sprachen. Exogene sprachliche Merkmale außerhalb des Lexikons lassen jedoch meistens nur die Tatsache der Übernahme fremden Sprachgutes und eventuell deren Richtung erkennen. Bei einer Interpretation der Analyse lexikalischer Entlehnungen hingegen können zumindest in günstigen Fällen, wegen des konkrete Sachverhalte bezeichnenden semantischen Inhalts des Untersuchten, Aussagen über die Art des Kontaktes zwischen den Sprechergemeinschaften gemacht werden. Hypothesen über kulturelle Kontakte zwischen Sprechergesellschaften scheinen vor allem dann möglich, wenn in bestimmten semantischen Bereichen Entlehnungen besonders häufig auftreten.

[1] Als Lehngut einer Sprache soll solches Material bezeichnet werden, über das eine Sprache nicht verfügen würde, wenn sie es nicht durch einen Fremdeinfluß erhalten hätte, das heißt Material, das nicht ausschließlich aus dem zu einem früheren Zeitpunkt der Sprache eigenen Material hat entstehen können.

Als allgemein anerkannt gilt, daß Entlehnungen im Bereich des Kulturwortschatzes einer Sprache mit größerer Leichtigkeit erfolgen als im Bereich des Grundwortschatzes. Während Sprachbeziehungen auf dem Gebiet des Elementarwortschatzes aber lediglich etwas über die Intensität des Kontaktes, dem Sprechergemeinschaften ausgesetzt waren, aussagen können, besteht bei der Betrachtung und Analyse intersprachlicher Beziehungen im Kulturwortschatz die Möglichkeit, etwas über die Qualität der Konnexion zu erfahren.

Eine Auswertung der Sprachbeziehungen im Bereich des Kulturwortschatzes kann hier bei der ethnohistorischen Rekonstruktion hilfreich sein, indem sie sprachgeschichtliche Zusammenhänge und die daran beteiligten Sprechergemeinschaften zu ergründen versucht. Der Beitrag zur Wort-Sach-Forschung wird somit zur Brücke zwischen Sprachgeschichte und Völkergeschichte.

6.2. Methodologische Vorüberlegungen

Die Lehnwortforschung kennt bisher kaum allgemein anerkannte Vorgehensweisen, und insbesondere die Methodik der Interpretation ihrer Ergebnisse ist weitgehend individuellen Auslegungstechniken überlassen.

Um so dringlicher erscheint es mir, zunächst die Vorgehensweise bei der Erstellung der vorliegenden Arbeit darzustellen.

6.2.1. Lehnwortidentifizierung

Eine Maßnahme, die zu Beginn jeder Interpretation von Sprachbeziehungen im Bereich von Lehnwörtern stehen muß, ist eine möglichst genaue Trennung von angestammtem und entlehntem Wortgut. Bereits bei der Findung und Identifizierung von übernommenen Lexemen sollten Wortfelder als höherrangige Strukturen berücksichtigt werden, um die Findung weiterer Lehnwörter zu erleichtern und zugleich erkennen zu lassen, ob in bestimmten semantischen Bereichen besonders häufig Entlehnungen stattgefunden haben, die kulturhistorische Rückschlüsse zulassen.

Einige Kriterien, nach denen das Lexikon einer Sprache zur Erkennung von Lehnwörtern untersucht werden kann, sind:

a. untypische Lautgestalt von Wörtern

b. Widersprüche zur Lautentwicklung

c. untypische morphologische Merkmale

d. lautliche Ähnlichkeit mit Wörtern analogen Inhalts in nicht verwandten Sprachen

e. Inhalt von Wörtern

f. idiomgeographische Distribution von Wörtern

Nachfolgend sollen die genannten Verfahren zur Lehnwortidentifizierung mit Beispielen aus dem Bantu und dem Malagasy kurz dargestellt werden.

a. untypische Lautgestalt von Wörtern

Jede Sprache zeichnet sich durch ein eigenes System von Lautungsnormen aus. Findet sich im Lexikon einer Sprache eine Form mit einer phonetischen Struktur, die für das Lautsystem der betreffenden Sprache untypische Merkmale aufweist, kann davon ausgegangen werden, daß es sich um Lehngut handelt.

Zum Beispiel sind Primärlexeme im Malagasy ursprünglich höchstens dreiradikalig. Wörter mit mehr als drei Silben, die keine Komposita sind und keine wortbildenden Affixe enthalten, sind deshalb immer entlehnte Formen.

Die Bezeichnung des Malagasy für Papier, *taratas*^{i}, besteht aus vier Silben, obwohl das arabische Etymon قرطاس [kartâs] zweiradikalig ist. Die Lautfolge [rt] ist im Malagsy jedoch nicht erlaubt, deshalb wurde ein [a] eingeschoben. Da auch konsonantische Auslaute der Phonologie widersprechen, wurde das Wort durch ein auslautendes [^{i}] ergänzt und somit auf insgesamt vier Silben ausgedehnt.

Taratas^i könnte auch aus dem Swahili entlehnt worden sein, wo aufgrund gleicher phonetischer Regeln wie im Malagasy die Form *karatasi* aus dem arabischen Etymon entstanden ist.

Weitere Beispiele entlehnter, vierradikaliger Lexeme im Malagasy sind: *tafasiri, serimala, alakamis*^{i} u.a. [1]

Ein anderes Paradigma für die Identifizierung von Lehngut aufgrund untypischer Lautgestalt geben die Phoneme [th], [dh] und [gh] durch ihre eingeschränkte Distribution im Lexikon des Swahili. Wörter, die einen der drei Konsonanten aufweisen, sind in der Regel aus dem Arabischen entlehnt; zum Beispiel:

- swahili *thurea* = 'Plejaden' ^ arabisch ثريا
- swahili *dhuria* = 'Nachkommen' ^ arabisch ذرية
- swahili *ghali* = 'teuer' ^ arabisch غالي

[1] Zur Etymologie, Bedeutung und für weitere Beispiele siehe Berchem 1989.

b. Widersprüche zur Lautentwicklung

Auch durch lauthistorischen Vergleich lassen sich Lehnwörter identifizieren.

Die uraustronesische Wortform für Auge(n) heißt **mata* und findet sich zum Beispiel im Toba Batak, in der Bahasa Indonesia und im Ma'anjan als *mata*.

Im Malagasy heißt der Singular und Plural (beide sind im Malagasy wie in den austronesischen Sprachen lautlich nicht zu unterscheiden) für Auge(n) *maso*.

Eine zunächst vielleicht anzunehmende lauthistorische Entwicklung von austronesisch **mata* zu malagasy *maso* ist jedoch nicht zulässig, da sie den regelmäßigen, historischen Lautentwicklungen widerspricht. Die Wortform *maso* des Malagasy muß also eine Entlehnung sein. Tatsächlich ist das Lexem aus dem Swahili übernommen worden (^ BERCHEM 1989).

c. untypische morphologische Merkmale

Stellt sich bei der Betrachtung des Lexikons heraus, daß sich innerhalb der Lautstruktur eines Wortes ein fremdsprachiges Morphem erhalten hat, deutet dies auf einen Entlehnungsvorgang hin und weist zugleich dessen Richtung deutlich aus.

Ein Phänomen im Lexikon der Dialekte des Malagasy ist, daß manche Wortstämme mit oder ohne ein anlautendes [a] auftreten. Beispiele dafür sind unter anderen:

- *akida* neben *kida* = 'Banane'
- *aomby* neben *omby* = 'Rind'
- *aondry* neben *ondry* = 'Schaf'
- *aizina* neben *izina* = 'Dunkelheit'

RICHARDSON (1885, S.1) beschreibt diesen Anlaut [a] als einen Zusatz, den manche Sprecher vor Lexeme, die mit [o] beginnen, anfügen. Bereits die wenigen oben angeführten Beispiele zeigen, daß diese Beschreibung unzureichend ist.

An anderer Stelle (vgl. TASTEVIN 1947) ist geäußert worden, es handele sich um eine Art Artikel. Da der zugefügte Anlaut jedoch in keiner Weise das Lexem syntaktisch oder semantisch qualifiziert und nur bei einigen bestimmten Nomina erscheint, kann diese Interpretation nicht richtig sein.

Überdies zeichnen sich die mit [a] anlautenden Wortformen zum Teil durch dialektale Distribution aus, so daß der Einsatz des Anlautes nicht als fakultativ oder funktionsbestimmt beschrieben werden kann.

Bei einer Analyse der Wortformen, die in manchen Dialekten oder generell mit [a] anlauten, zeigt sich, daß der Anteil mit dem Bantu vergleichbarer Wortformen relativ hoch ist.

Der vokalische Anlaut [a] bei einigen Wörtern des Malagasy läßt sich auf eine Erscheinung der Bantusprachen zurückführen. Dort zeichnen sich die Nomina durch die Zugehörigkeit zu verschiedenen Klassen aus, was sich grammatisch meistens in der Präfigierung mit bestimmten Silben zeigt.

Der zuvor beschriebene Anlaut [a] läßt sich auf solche Präfixe zurückführen und kann somit für die Identifizierung von Lehnwörtern Bedeutung haben (^ Berchem 1989). Das Malagasy scheint die Tendenz zu haben, diese Relikte lauthistorisch abzubauen.

Im weiteren Verlauf der Arbeit (Kapitel 8.1.3.) wird deutlich werden, daß sich das hier beschriebene Phänomen präziser interpretieren läßt und für die Deutung der Sprachbeziehungen eine Rolle spielen kann.

d. lautliche Ähnlichkeit mit Wörtern analogen Inhalts in nicht verwandten Sprachen

Entlehnte Wörter haben sich oft in ihrer lautlichen Struktur der Phonologie der Nehmersprache so angepaßt, daß sie nicht durch Widersprüche oder Besonderheiten zum Lautsystem auffallen. Werden aber in zwei nicht als verwandt angesehenen Sprachen Formen mit verhältnismäßig großer semantischer und lautlicher Ähnlichkeit [1] gefunden, die nicht auf Onomatopoesie oder anderem elementarem Lautsymbolismus beruhen kann, ist dies ein Hinweis auf eine Entlehnung. Können durch andere Beispiele die lautlichen Unterschiede durch regelmäßige Lautentsprechungen belegt werden, ist somit sichergestellt, daß es sich um die Übernahme einst fremden Wortgutes durch die eine Sprache aus der anderen handelt.

Die Kokosnuß heißt im Malagasy beispielsweise *dafu*. Diese Form läßt sich nicht auf einen austronesischen Wortstamm zurückführen. [2] Im Swahili heißt die Kokosnuß ebenfalls *dafu*. Die semantische und lautliche Ähnlichkeit ist Beweis für eine Entlehnung.

[1] Dabei gelten solche Wörter als ähnlich, die bei einer im weitesten Sinne gleichen oder inhaltsverwandten Bedeutung die gleiche oder nur geringfügig unterscheidbare Form (z.B. gleicher Wortstruktur und Lautung) oder eine hörbare Analogie aufweisen. Die Abweichungen von einer anzunehmenden Grundform müssen sich letztlich lauthistorisch erklären lassen.

[2] vgl. im Austronesischen: Tg *niyog*; Tb,Ma *niur*; Nd *'enoh*; Fi,Sa,To,Fu,Sm *niu'*.

Ein Längenmaß, das einer Elle entspricht, heißt im Malagasy *mikono*. Genauso heißt das Wort im Swahili für 'Arme // Hände'. Auch hierbei handelt es sich folglich um eine Übernahme fremden Wortguts.

e. Inhalt von Wörtern

Semantische Inhalte einer Sprache sind in bestimmten Relationen strukturiert. Solche Wortfelder sind zum Beispiel Verwandtschaftstermini, Taxonomien, Farbbezeichnungen und Partonomien.

Stellt sich heraus, daß mehrere Wörter eines Wortfeldes zweifellos als Entlehnungen zu identifizieren sind, ist es wahrscheinlich, daß noch andere Mitglieder des gleichen Wortfeldes oder sogar die ganze Wortfeldstruktur auf Entlehnung zurückzuführen sind.

Als Beispiel für das Malagasy sei auf das Wortfeld des Schiffbaus hingewiesen, in dem sich eine beachtliche Anzahl von Entlehnungen aus dem Swahili findet (^ BERCHEM 1989).

f. idiomgeographische Distribution von Wörtern

Werden sprachliche Formen in einem geographisch zusammenhängenden Raum verglichen und stellt sich dabei heraus, daß sich die Formen trotz Ähnlichkeiten nur unregelmäßig entsprechen, ist wahrscheinlich, daß es sich um Lehnwörter handelt.

Ein Beispiel für den als "parallele Drittentlehnung" (MÖHLIG 1972) bekannten Vorgang ist das Malagasywort für 'Bezahlung / Entlohnung', das sich auf *gharama* (gleicher Bedeutung) des Swahili oder direkt auf dessen arabisches Etymon (غرم) zurückführen läßt.

Auf Madagaskar existieren dafür die beiden dialektalen Varianten *karama* und *garama*, ohne daß es eine regelmäßige [k]-[g]-Entsprechung zwischen den Dialekten gäbe. Wäre das Lexem auf eine Urform des Malagasy zurückzuführen, hätte es sich lauthistorisch nur ohne Unterschied im Anlaut entwickeln können. Die unterschiedliche Qualität des Anlautes ist Beweis dafür, daß das Wort auf unabhängigen, also parallelen, Wegen entlehnt wurde, wobei der uvulare Plosiv des Etymons, der im Phoneminventar des Malagasy nicht vorhanden ist, in dem einen Falle als [k] und in dem anderen als [g] nachgeahmt wurde.

6.2.2. Lehnwortherkunft

Nach der Identifizierung von Lehnwörtern, ergibt sich die Frage nach ihrer Herkunft. Insbesondere wenn der Entlehnungsvorgang in kulturhistorischem Kontext gesehen werden soll, ist es unerläßlich, zu bestimmen, woher die Formen tatsächlich entlehnt wurden. Auch die Identifizierung des ursprünglichen Gebers und des Entlehnungsweges sind dabei von Interesse.

Nach MÖHLIG (1980) sind die folgenden drei Prinzipien Grundlage für eine systematische Untersuchung zur Lehnwortherkunft:

1) eine möglichst genaue phonetische Erfassung der zu vergleichenden Formen
2) die Analyse ganzer Wortgruppen, nicht Einzelwörter
3) der Vergleich einer möglichst großen Zahl von Idiomen in einem geographisch zusammenhängenden Raum

Bei einigen Nomina des Malagasy ist eine eindeutige genealogische Zuordnung zunächst schwierig, da sie Ähnlichkeiten mit Formen analoger Bedeutung sowohl in den Bantu- als auch in den austronesichen Sprachen aufweisen; vergleiche:

- *mati* = 'Tod'
  - ^ austronesische Sprachen: *mati* [1], *mate, make* usw.
  - ^ swahili: *mauti*
  - ^ arabisch: موت [mauth]

- *vua* = 'Frucht'
  - ^ swahili: *ua* = 'Blüte'
  - ^ westindonesisch: *buah* = 'Frucht'

- *maso* = 'Auge'
  - ^ austronesiche Sprachen: *mata* usw.
  - ^ swahili: *macho* (Plural von *jicho*) = 'Augen'

Erst eine genauere Kenntnis der regelmäßigen Lautentsprechungen kann entscheiden helfen, mit welcher Form das Malagasywort wirklich direkt verwandt ist.

In den beiden erstgenannten Fällen wäre die Swahiliform *mauti* aufgrund der Lautentsprechungen (^ BERCHEM 1989, 3.3., Abb. 10) als *#mauty* und *ua* als *#ua* oder *#mahua* (von der Pluralform *maua* des Swahili) entlehnt worden. Von

[1] entstanden aus pumati *('tot sein') von* pati *('sterben')*.

einigen austronesischen Formen hingegen lassen sich die Begriffe des Malagasy regelmäßig ableiten.

In dem an dritter Stelle genannten Fall bedarf es einer Kenntnis der Grammatik des Swahili, um die Frage nach der Herkunft zufriedenstellend zu lösen. Die Pluralform von *jicho* heißt dort *macho*, und davon läßt sich für das Malagasy regelmäßig *maso* ableiten. Die Ableitung von der austronesischen Form wäre hier regelmäßig nicht möglich.

Eine Reihe von Wörtern des Malagasy läßt sich sowohl mit Lexemen des Swahili als auch mit solchen des Arabischen lautlich vergleichen.

Das Wort *mizana* für 'Waage' im Malagasy ist nicht auf die ähnliche Form *mizani* des Swahili zurückzuführen; denn diese wäre regelmäßig zu #*mizan*^{i} geworden. Etymon muß also das arabische ميزان [mizaan] sein, das wegen des konsonantischen Auslautes um ein [a] ergänzt wurde.

Anders verhält es sich im Fall von *faras*^{i} (= 'Pferd') im Malagasy. Aufgrund der gleichen Argumente wie in dem vorher geschilderten Beispiel muß diese Form von *farasi* des Swahili abgeleitet sein und nicht von dem arabischen فرس [faras].

Nicht durch das Argument regelmäßiger Lautentsprechungen zu klären ist hingegen die genaue Herkunft von *sadaka* = 'Opfertier' im Malagasy. Diese Form kann regelmäßig sowohl von *sadaka* = 'Opfer' des Swahili als auch von صدقة [sadaka] des Arabischen abgeleitet werden.

6.3. Verfahrensweise

Aufgrund der geschichtlichen Rekonstruktion lassen sich Sprachfamilien und Sprachen bestimmen, die möglicherweise an afro-austronesischen Kulturkontakten beteiligt waren. Ziel dieses Teils der vorliegenden Arbeit ist es, durch vergleichende Methoden Hinweise auf solche Sprach- und Kulturkontakte zu erhalten und Relikte fremden Sprachgutes, das im Rahmen dieser Kontakte ausgetauscht wurde, zu bestimmen.

Im folgenden werden zunächst die möglicherweise beteiligten Sprachen und Sprachfamilien benannt und kurz beschrieben (Kapitel 7.), bevor die sprachvergleichenden Analysen und ihre Ergebnisse dargestellt werden (Kapitel 8.).

Ein umfassender Sprachvergleich sollte die drei Bereiche Phonologie, Morphologie und Syntax beinhalten. Im Bereich der Phonologie wurde eine Erfassung und Darstellung der Phonemsysteme und ihre quantitative und qualitative Analyse vor allem durch das während der Feldforschung gesammelte Material möglich.

Für den Sprachvergleich in den Bereichen Morphologie und Lexikologie wurde eine Datenbank geschaffen, die den Zugriff nach Bedeutung und Funktion der sprachlichen Einheiten und die Gegenüberstellung lautlich ähnlicher Formen erleichtern sollte.

Als Vergleichsmaterial dienten hier im wesentlichen für die Bantusprachen die Einträge bei GUTHRIE (1967), JOHNSTON (1919) und Wörterbucheinträge verschiedener Quellen für die Komorensprache und das Swahili (siehe auch Bibliographie). Für das Austronesische wurden die Einträge bei DEMPWOLFF (1937) und BLUST (1980-1986) [1], das Material über das Ma'anyan von DAHL (1951) und Wörterbucheinträge verschiedener Quellen für das Indonesische verwendet.

Die Datenbank wurde mit über 12.000 Einträgen zur Morphologie und Lexikologie afrikanischer und austronesischer Sprachen gefüllt. Die Einträge wurden formal nach lautlicher Ähnlichkeit verglichen. Die dabei verglichenen Einheiten waren zuvor durch ähnliche Bedeutung oder Funktion ausgewählt worden.

[1] Die Rekonstruktionen der beiden Autoren blieben weitgehend unberücksichtigt; lediglich ihre Einträge zu verschiedenen Sprachen eignen sich als Vergleichsmaterial, da es sich nur hierbei um tatsächlich existente Formen mit eindeutiger Lautung handelt.

7. Auswahl der Sprachen; potentielle Geber- und Nehmerzentren

Aus der vorangegangenen geschichtlichen Rekonstruktion (siehe Teil 1) lassen sich bestimmte potentielle Geber- und Nehmerzentren für sprachbeeinflussende Prozesse erkennen. Diese sind auf der afrikanischen Seite das Komorianische, das Swahili und andere Bantusprachen (wie etwa das Makua) und auf der austronesischen Seite das Malagasy auf Maore und Madagaskar sowie hypothetisch andere austronesische Sprachen.

Kontakte zwischen dem Austronesischen und einer anderen afrikanischen Sprachfamilie als der des Bantu konnten nicht verifiziert werden.

Die folgende Graphik zeigt die Geber- und Nehmerzentren und bewertet ihre möglichen Kontakte.

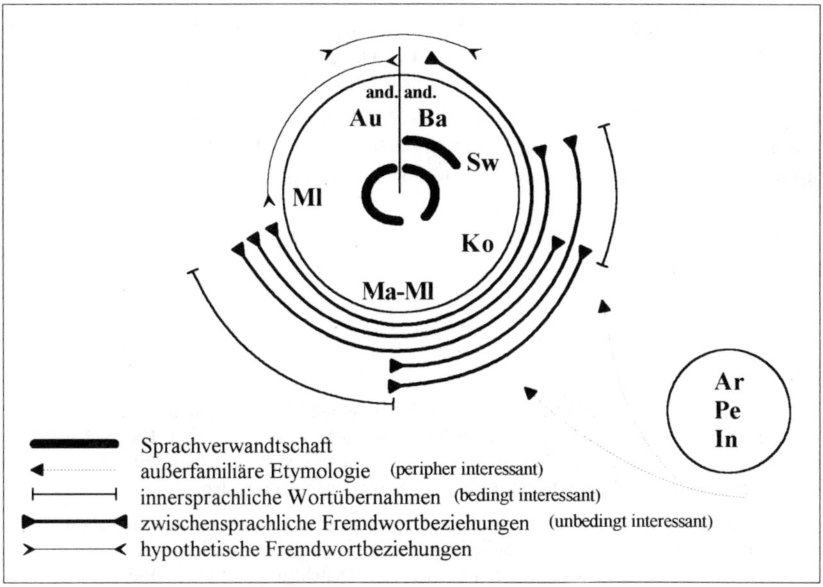

Bild 11: Potentielle Geber- und Nehmerzentren

Im Folgenden sollen diese Sprachen und vor allem ihre Sprechergemeinschaften kurz beschrieben werden, bevor dann die eigentlichen Sprachbeziehungen dargestellt werden.

7.1. "Bantu"

Die Bantusprachen, die genealogisch innerhalb der niger-kordofanischen Sprachen dem bantoiden Zweig des Benue-Congo zugerechnet werden, stellen nicht nur in sprachgeographischem Sinne, sondern auch wegen der Vielfalt an Idiomen und aufgrund der hohen Zahl ihrer Sprecher die größte afrikanische Sprachfamilie dar.

Das Verbreitungsgebiet der Bantusprachen erstreckt sich über eine sehr große Fläche, die etwa der Europas entspricht. Ihre Sprecher bewohnen somit fast ein Drittel des afrikanischen Kontinents (siehe Bild 12). Die Ausdehnung dieses Gebietes reicht von Osten nach Westen quer durch den Kontinent und vom Südsudan im Norden bis in den äußersten Südosten Afrikas. Die Verbreitung einiger Bantusprachen überschneidet sich teilweise mit der anderer Sprachfamilien oder wird von diesen unterbrochen.

Obwohl sich die Sprachen des Bantu durch viele Ähnlichkeiten auszeichnen, die auf eine relativ enge genealogische Verwandtschaft schließen lassen könnten, gibt es bisher keine allgemein anerkannte innere Gliederung der Sprachengruppe, die dem meist geforderten, genetischen Modell entsprechen würde. Auch ihre linguistische Abgrenzung gegen zwar als weiter entfernt verwandt geltende Sprachen nach Nordwesten und Norden ist immer noch problematisch.

GUTHRIE ordnete 1948 die Bantusprachen in einem Referenzsystem, das in einer revidierten Fassung von 1971 noch heute meistens verwendet wird. Das System beruht auf einer groben Einteilung der Idiome nach geographischen Kriterien und einer detaillierten Untergliederung nach linguistischen Merkmalen.

Fünfzehn oberste Gliederungseinheiten werden dabei als Zonen mit Buchstaben von A bis S benannt. Sie untergliedern sich in bis zu neun Sprachgruppen, die mit durch zehn teilbare Zahlen bezeichnet werden. Dialektgruppierungen und einzelne Sprachen werden dann durch Einer angegeben. Kleine Buchstaben, die den Siglen nachgestellt werden, kennzeichnen Dialekte und Sprachvarianten.

Die im folgenden angeführten Beispiele aus den Arbeiten von GUTHRIE sind häufig mit diesen Kürzeln als Sprachangaben versehen.

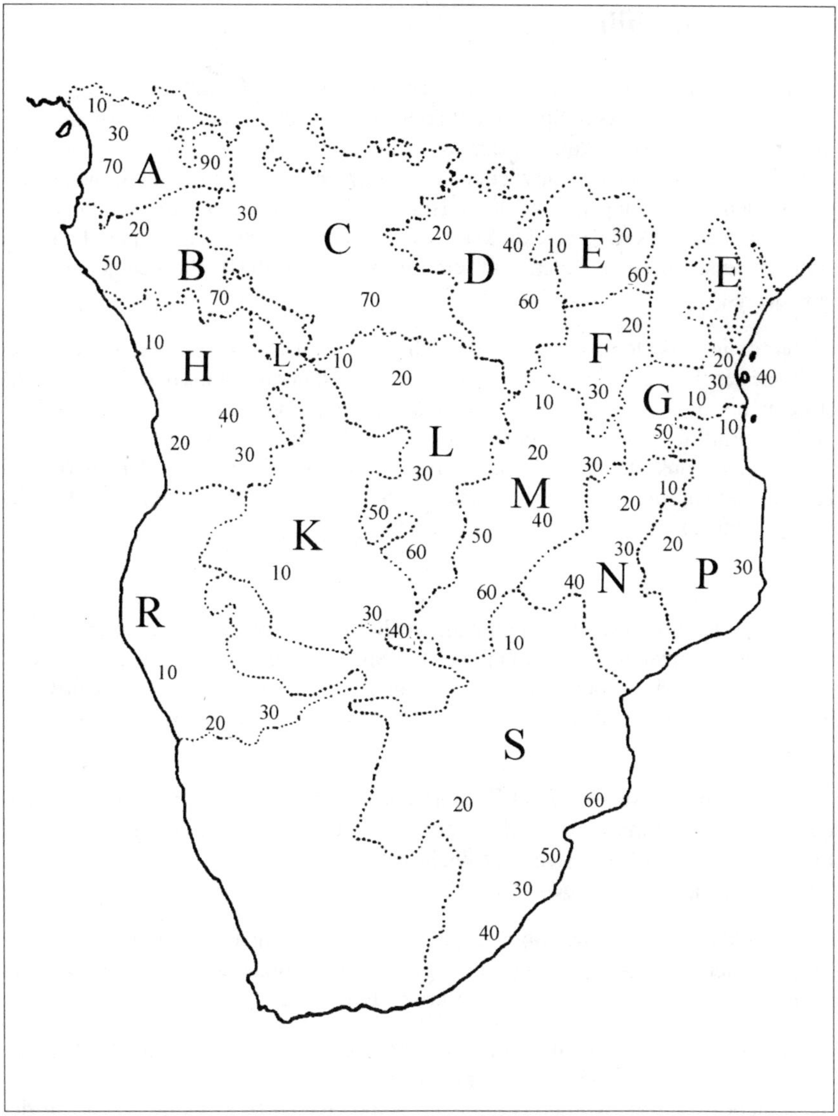

Bild 12: Das Sprachgebiet des Bantu und seine Klassifikation nach Guthrie

7.1.1. Swahili

Als alte Verkehrssprache vor allem des Handels in Ostafrika muß dem Swahili bei der Betrachtung von Sprachkontakten afrikanischer und außerafrikanischer Sprachen besondere Aufmerksamkeit zukommen. Das Swahili hatte sich zunächst an der Küste entwickelt und war insbesondere die Sprache der städtischen Ansiedlungen von Mogadishu im Norden bis Beira im Süden, wo es zur Ausprägung lokaler Dialekte kam. Die etwa 30 zu unterscheidenden Dialekte sind teilweise so verschieden, daß eine gegenseitige Verstehbarkeit nicht mehr gegeben ist.

Bereits in vorkolonialer Zeit hatte sich Swahili als Verkehrssprache nicht nur entlang der Küste, sondern auch entlang der innerafrikanischen Karawanenstraßen bis in das Gebiet der großen ostafrikanischen Seen ausgebreitet. Den größten Einfluß übten so die Dialekte von Mombasa *(ki·mvita)* und Sansibar *(ki·ungudya)* aus. Über die Ausbreitung des Swahili entlang der maritimen Handelsrouten, die von der ostafrikanischen Küste wegführten, ist sehr viel weniger bekannt.

Auf den Komoren wird Swahili heute nicht mehr gesprochen, soll aber bis zum Ende des neunzehnten Jahrhunderts die Sprache des Handels zwischen den Komoren und ihren benachbarten Gebieten gewesen sein. Später wurde es zusätzlich von den Europäern bis zu einem bestimmten Grade als Verwaltungs-, sprache eingesetzt.

So erwähnt BAUMANN (1891) Komorianer kämen nach Ostafrika und sprächen eine Sprache, die mit dem Swahili verwandt sei. Eine direkte Verständigung sei in dieser Sprache mit den Festländern nicht möglich, doch sprächen die Komorianer auch alle fließend Swahili.

Tatsächlich ist das Swahili auf den Komoren (zumindest seit langem) eine Fremdsprache, die einzig und allein zur Kommunikation mit Händlern der swahilisprachigen Küste und Inseln Verwendung findet.

Die Möglichkeit, daß das Komorianische, welches gelegentlich als Dialekt des Swahili betrachtet wurde, aus einem Dialekt des Swahili entstanden ist, ist bisher noch nicht diskutiert worden. Eine engere sprachliche Beziehung, vor allem der beiden südlichen Dialekte der Komorensprache, wird von ROMBI (& MÖHLIG 1980) mit der Dialektgruppe des Swahili von Siyu, Pate und Lamu gesehen. Bei der Feldforschung für die vorliegende Studie wurde jedoch deutlich, daß sich die Komorensprache nicht nur durch das Fehlen der Verstehbarkeit von den Dialekten des Swahili abgrenzt, sondern daß es auch stark ausgeprägte

Unterschiede im Bereich der Morphologie gibt. Die bisherigen dialektrometrischen Messungen mit deutlich niedrigeren Meßwerten als zwischen den entferntesten Dialekten des Swahili, führten jedenfalls bislang nicht zu einer historischen Interpretation und werden den besonderen Merkmalen und Eigenarten der Komorensprache nicht gerecht. (vgl. Kapitel 7.1.2.)

Die Rolle des Swahili auf Madagaskar ist bislang nicht untersucht worden. Obgleich das Vorhandensein swahilisprachiger Gemeinschaften in Nordwestmadagaskar mehr oder weniger bekannt ist, wurde über ihre Geschichte und die dortige dialektale Situation bisher kaum berichtet. Die Feldforschung konnte hier für Aufklärung sorgen.

Die einzige, relativ geschlossene Gemeinschaft von Swahilisprechern an historischem Ort auf Madagaskar fand sich in *Ambanuru* auf der Insel Nosi Be vor der Nordwestküste der großen Insel. Dieser Ort wird von seinen Bewohnern meist als *Maruduka* bezeichnet. Bereits dieser Name sagt einiges über den Ort und seine Bewohner aus. Das Wort ist zusammengesetzt aus zwei Lexemen, malagasy *maru* mit der Bedeutung 'viel' und swahili *duka*, was 'Geschäft / Laden' bedeutet und nicht im Lexikon des Malagasy vorhanden ist. So ist bereits dieser Name ein Synonym für die Parallelität von madagassischen und swahili Elementen, wie sie sich heute dem Besucher des Ortes darstellt. Zugleich gibt die Semantik des Namens Auskunft über die einstige Bedeutung des nun kleinen, zum Teil verlassenen und wirtschaftlich bedeutungslosen Ortes: Es handelt sich um ein ehemaliges Handelszentrum.

Nicht alle Bewohner des Ortes sprechen heute noch Swahili. Dieses ist zum einen in Migrationen begründet und zum anderen in der Weigerung junger Menschen, Swahili zu lernen. Sie wollen aus Gründen der problematischen Integration in die madagassische Gesellschaft nur Malagasy und Französisch lernen und weigern sich, sich in der Konversation mit ihren Eltern einer afrikanischen Sprache zu bedienen, mit der ein geringes Sozialprestige verbunden zu sein scheint. So sind es fast ausschließlich sehr alte Menschen, die in Maruduka noch Swahili verstehen und sprechen können. Sprachsoziologisch interessant mag die Tatsache sein, daß es offenbar nur Sprecher gibt, die Swahili entweder gut oder gar nicht können. Sprecher, die nur ein wenig Swahili sprechen oder verstehen können, findet man wohl aufgrund der totalen Verweigerung der Jugend nicht.

Die Swahilisprecher von Maruduka selbst bezeichnen ihre Sprache als *kiswahili*. Bisher war über ihren Dialekt recht wenig bekannt. Doch im Rahmen der Feldforschung konnte eindeutig festgestellt werden, daß die Idiome aller Swahilisprecher des Ortes eindeutig dem Dialekt von Sansibar entsprechen. Der zugleich festgestellte Einfluß der Komorensprache und des Malagasy auf das Swahili von Maruduka ist kein in der Sprache gefestigter, sondern besteht in individuellen und gelegentlichen 'Ausrutschern', die durch die Mehrsprachigkeit der Sprecher und die abnehmende Sprachfrequenz bedingt sind.

Andererseits ist der Einfluß der Komorensprache spürbarer als der des Malagasy, der nur in der Übernahme von Lexemen als 'Lückenfüller' erkennbar wird, das heißt, immer dann, wenn dem Sprecher ein Wort auf Swahili nicht auf Anhieb einfällt. Letzteres wird zum Beispiel dadurch deutlich, daß solche Phrasen aus dem Malagasy häufig in Swahili wiederholt werden, sobald dem Sprecher sein 'Ausrutscher' bewußt wird oder ihm die Entsprechung im Swahili nunmehr einfällt.

Die Tatsache, daß das Swahili von Maruduka dem Dialekt von Sansibar entspricht, könnte darauf hindeuten, daß es sich bei der Ansiedelung der Sprache auf Nosi Be um eine relativ junge Erscheinung handelt, auch wenn sich offenbar einige archaische Phänomene hier erhalten haben (zum Beispiel: Zb *-kaa* ↔ Nb *-kaya*).

Die Swahilisprachigkeit oder die Anwesenheit von Swahilisprechern hätte also frühestens mit der Ausbreitung des *kiunguja* zur Zeit des großen Sultanates von Sansibar im neunzehnten Jahrhundert begonnen oder wäre auf den Gebrauch des Swahili durch europäische Sklavenräuber, Händler und Beamte, die Bedienstete und Mittelsmänner von der Swahiliküste mitbrachten, eingeführt worden, wie es auch einige persönliche Traditionen der Bewohner des Ortes (siehe Interviews im Anhang) vermuten lassen könnten.

Somit wäre erklärt, warum es hier nicht wie in anderen städtischen Siedlungen von Swahili zur Ausbildung eines eigenen Dialektes oder wie auf den Komoren sogar zur Ausprägung einer eigenen mit dem Swahili in sprachlicher Beziehung stehenden Mundart gekommen ist.

Die Ergebnisse der Archäologie widerlegen jedoch diese Möglichkeit. Danach hat es bereits mindestens im neunten, spätestens zehnten Jahrhundert <!> unserer Zeitrechnung eine städtische Siedlung, die mit den Funden früher ostafrikanischer Siedlungen der Swahili bzw. ihrer Vorgängerkultur problemlos verglichen werden kann, an der Stelle des heutigen Maruduka gegeben. Die Tradition eines Handelspostens der frühen ostafrikanischen Handelsunion auf Nosi Be ist also wesentlich älter, als es die heutige sprachliche Situation zunächst vermuten läßt.

Eine hypothetische Betrachtung mag zur Erklärung dieses scheinbaren Widerspruches dienen: Stellen wir uns einmal die sprachliche Situation des Ortes in der Zukunft vor: Vielleicht wird es bereits in einem Jahrzehnt hier keine Sprecher des Swahili mehr geben. Von der Swahilisprachigkeit der vorausgegangenen Generationen zeugen dann bestenfalls noch einige rudimentäre, wohl eher unwillentlich übernommene Lexeme, wie wir sie bereits heute auf ganz Nosi Be (siehe z.B. Bild 35) und ja auch im Malagasy der großen Insel selbst in recht großer Zahl (^ BERCHEM 1989-'90) finden.

Daß es heute keine eigene regionale Sprachvariante in Maruduka gibt, bedeutet also nicht zwangsweise, daß es nie einen eigenen Dialekt gegeben hat. Vielleicht war der Handelsposten linguistisch wie organisatorisch auch eher mit den Komoren verbunden oder zumindest über die Komoren mit der ostafrikanischen Küste assoziiert. Beim heutigen Kenntnisstand können wir diese Fragen nicht eindeutig klären. Komorianer, vor allem von Nzwani, finden sich heute jedenfalls in vielen Teilen der Insel Nosi Be, auch in unmittelbarer Nähe von Maruduka. Sie sind nach eigenen Angaben auf Nosi Be jedenfalls wesentlich länger ansässig als etwa die meisten Komorianer in der Region von Madza^{n}ga, die erst in den siebziger Jahren unseres Jahrhunderts aus politischen Motiven dorthin umsiedelten.

Häufigere aber dennoch nur gelegentlich zu beobachtende mögliche Entlehnungen der Swahilisprecher von Maruduka aus dem Komorianischen sind zum Beispiel:

- *ewa* = Exklamation <^ auch: Alt-Swahili>
- *ne* = 'aber' <^ Bantu, d.h. Alt-Swahili <?>>
- *sabu* = Interrogativpartikel, wie Zb *dye*
- *mtu-mama* = 'Frau' (^ Ma *mtru-mama*, Zb *mwanamke*)
- *pare* = 'Weg', wie Zb ^{n}*dyia*

Zwar finden alle diese Beispiele heute eine Parallele in den Komorensprachen und offenbar nicht im Swahili, doch ist es nicht mit Sicherheit auszuschließen, daß es sich um archaische Formen des Swahili handelt.

Zudem ist eine "falsche", das heißt nicht immer "passende" Verwendung der Konkordanz von Adjektiven, Verben und dergleichen zu den Nominalklassen Neun und Zehn zu beobachten. Da es sich dabei jedoch um ein unregelmäßig zu beobachtendes Phänomen handelt, liegt hier offenbar kein Einfluß des Komorianischen vor, in dem (zumindest in einigen, wenn nicht allen Dialekten) zum Beispiel Tierbezeichnungen regelmäßig Konkordanz der Klassen Neun und Zehn aufweisen. Seine Parallele findet diese Beobachtung wohl eher in der nachlässigen Sprechweise einiger ostafrikanischer Swahilisprecher, die vor allem in den gleichen Fällen auf die gleiche Art Konkordanzen unregelmäßig verwenden.

4 Photographien von den Ruinen der alten Stadt während der Feldforschung 1992 und eine historische Photographie (reproduziert aus Johnston, S.440): *"ruler of the trading communities at Nosy Be"* (Bild mitte oben)

Bild 13: Ansichten des historischen Maruduka

Gueunier (o.J., 1980) hat darauf hingewiesen, daß in der Literatur der Swahilisprecher von Maruduka offenbar dem Malagasy und dem Komorianischen entlehnte (das heißt lehnübersetzte) Schlußsätze in Erzählungen Verwendung finden; vergleiche:

- SwNb *Basi, si mimi ndo nilosema kina dadi, hao ndo waongo walotifundisha izo.* = 'Nun, nicht ich bin es, der eine Lügengeschichte erzählt, es sind die Lügner, die so lehrten.'
- SwNb *Si mimi mwongo, ni watu wa zamani.* = 'Nicht ich bin der Lügner, es sind die Leute früher.'
- Ml *Tsi anganu anganu, tsi zaho mavandi fa iro taluha.* = 'Das ist keine Geschichte, nicht ich bin der Lügner, sondern es sind die Alten.'
- Ml *Angano, angano, tsy mavandy fa reo taloha, io volaña-e!* = 'Geschichte, Geschichte, nicht ich bin der Lügner, es sind die Alten!'
- Ml *Tsy zaho mavandy fa reo antaloha.* = 'Nicht ich bin der Lügner, sondern es sind die Alten.'
- SwNb *Nikawawacha hapo na furaha hiyo, mimi nikaja zangu Maruduka hapa, nakulazeni kwa hadithi.* = 'Ich verlasse Euch hier mit dieser Freude, ich gehe hier in Maruduka nach Hause, ich habe Euch mit einer Geschichte zufriedengestellt.'
- KoMa *Tsiilishi vale tsija tsiketsi vanu.* = 'Ich lasse Euch hier und bin schon zu Hause.'

Diese Gegenüberstellung wirft jedoch mindestens zwei Probleme auf. Erstens wäre der Hintergrund des Erzählers und seiner Geschichten zu hinterfragen. Alle Beispiele aus Maruduka stammen aus den Arbeiten von Gueunier, und es gibt Anzeichen dafür, daß er alle Geschichten von einem <!> bestimmten Koranschullehrer gesammelt hat. So zeigt sich zum Beispiel im ersten Beispielsatz ein deutlich komorianischer Einfluß: Die Verwendung des Morphems -/*ti*/- für Sw -/*tu*/- [1PsPl], die bei Gueunier ständig anzutreffen ist, konnte von mir in den Untersuchungen vor Ort aber nicht ein einziges Mal beobachtet werden. Weiterhin ist nicht auszuschließen, daß es sich hier in semantischer Beziehung um weitverbreitete Universalien handelt.

Auch Gueuniers Angabe, daß die Erzählzeit im Swahili auf Nosi Be durch -/*ma*/- statt Zb -/*me*/- und nicht -/*lo*/- statt Zb -/*li*/- markiert wird, kann ich in keiner Weise bestätigen. Meine vierzehn Informanten benutzten ausschließlich -/*li*/- und kannten weder -/*lo*/- noch -/*ma*/-.

Das heute in Maruduka gesprochene Swahili ist also eindeutig eine Form des Swahili-Dialektes von Sansibar. Gefestigte Entlehnungen sind weder aus der Komorensprache noch aus dem Malagasy nachzuweisen, obwohl andererseits im

Malagasy-Dialekt von Nosi Be mehr Lehnworte des Swahili enthalten sind, als in den bekannten Dialekten der großen Insel.

Dieses bestätigt offenbar die in den Interviews (siehe Anhang) gemachte Aussage, daß das Swahili auf Nosi Be früher einen wesentlich größeren Einfluß hatte, als es heute der Fall ist, wo es innerhalb relativ kurzer Zeit vom Malagasy verdrängt wird.

Auf Nosi Be finden sich auch in anderen Orten (Amboaivuaniu, Antanandav[a], Ambatuloak[a]) noch vereinzelt Swahilisprecher. Sie alle teilen mit den swahilisprachigen Bewohnern von Maruduka den gleichen Sansibar-Dialekt, stammen aus Maruduka oder sind Nachfahren verschleppter Sklaven (siehe Interview im Anhang).

In sprachlicher Hinsicht gilt das gleiche für den geringen Anteil alter Swahilisprecher an der Bevölkerung Antserañanas. Dort besteht jedoch kein Anlaß, eine längere Tradition von Swahilikultur im weitesten Sinne anzunehmen. Vielmehr kann davon ausgegangen werden, daß die Swahilisprachigkeit hier kaum mehr als ein Jahrhundert alt ist und vor allem von (ehemaligen) Komorianern herrührt, die in einer Zeit, als Swahili auf den Komoren noch Handels- und Verwaltungssprache war, vor allem unter europäischem Einfluß hierher gelangten.

7.1.2. Komorianisch

Komorianisch ist die auf den vier Komoreninseln gesprochene und dort beheimatete Bantusprache. Gelegentlich ist sie in der Literatur als Dialekt des Swahili bezeichnet worden. Obwohl historisch betrachtet eine solche Aussage einen gewissen Wahrheitswert haben kann, sind Komorianisch und Swahili heute nicht untereinander verstehbar und weisen große Unterschiede vor allem in der Verbalmorpholgie auf. Außerdem ist bekannt, daß Swahili neben dem Komorianischen als Handels- und Verkehrssprache gebraucht wurde.

Jede Insel der Komoren weist ihren eigenen, von den Sprechern selbst als charakteristisch empfundenen Dialekt auf. Die Komorensprache läßt sich in zwei Dialektgruppen aufteilen: eine westliche und eine östliche. Zur westlichen Gruppe zählen die Dialekte von Ngazija und Mwali, zur östlichen die von Nzwani und Maore [1]. Innerhalb des Nzwani lassen sich noch eine südliche und eine nördliche Variante unterscheiden. Das Maore kennt drei Varianten: eine mit

[1] Für den Namen dieser Insel finden sich mehrere verschiedene Schreibweisen: Mahuri, Mahore, Maori, Mayotte (typischerweise im Französischen) usw. Tatsächlich wird die Insel im Swahili [mauri] genannt, was im Komorianischen der Form [mauti] oder auch [maote] regelmäßig entspricht.

deutlich erkennbarem Einfluß des Dialektes von Nzwani und eine weitere mit deutlichem Einfluß des Ngazija und eine dritte ohne erkennbaren Einfluß eines anderen Dialektes. Unklar ist dabei jedoch noch die Distribution, die von einigen Informanten als dorfweise, von anderen eher als familiengebunden dargestellt wird.

7.1.3. Makua

Vor allem in der Region von Maintirano, aber auch an anderen Orten der Westküste Madagaskars, kann man noch einige Familien afrikanischer Herkunft finden, die Makua sprechen können. Das Makua ist eine Sprache oder vielleicht eher eine Sprachengruppe des Bantu, die an der Nordküste und in dem anschließenden Hinterland des heutigen Mosambik gesprochen wird. Die Klassifizierung der als Makua bezeichneten Sprachen und Dialekte ist noch sehr unausgereift.

Die Makua Madagaskars sollen die Nachfahren einer Population sein, die zur Zeit des Sklavenhandels vom afrikanischen Kontinent nach Madagaskar verschleppt wurde. Die aus Afrika geraubten und nach Madagaskar verschleppten Menschen entstammten tatsächlich sicherlich unterschiedlichen Völkern. Der größte Anteil von ihnen dürften jedoch Makua gewesen sein; denn auch heute noch sind die Makua eines der größten Völker Mosambiks.

Die Bezeichnung *Makua* ist auf diese Weise im Malagasy zu einem Synonym für 'Afrikaner' oder 'Afrikanischstämmige' geworden und bezeichnet also nicht nur Makua im ursprünglichen Sinne.

Die meisten der Madagaskar-Makua sollen bis zum Anfang des neunzehnten Jahrhunderts von islamischen Händlern als Sklaven nach Madagaskar verschleppt worden sein. Aber einige Familien geben heute an, ihre Vorfahren seien nicht als Sklaven, sondern freiwillig als Auswanderer oder Händler nach Madagaskar gekommen. Ob solche Aussagen nur durch falschen Stolz begründet sind oder auf Tatsachen beruhen, ist nicht zu klären.

Jedenfalls vermeiden es die Madagaskar-Makua in letzter Zeit ihre Traditionen zu pflegen und ihre Sprache zu sprechen, nicht zuletzt um ihre Integration und vor allem die ihrer Kinder in die madagassische Gesellschaft zu fördern. Da diese teilweise noch zweisprachigen Minderheiten gesellschaftlich bisher sehr isoliert waren und sich, wann immer sie es mit anderen Malagasy zu tun hatten, des Malagasy bedienten, verwundert es nicht, daß sich im allgemeinen kein Einfluß ihrer Sprache auf das Malagasy feststellen läßt. Nur innerhalb der Makua-Gemeinschaften selbst scheinen einige sprachliche Elemente den Sprachverlust zu überleben und mehr oder weniger Eingang in die neue Muttersprache zu finden. Dazu zählen neben einigen Exklamationen unter anderem Fabelgestalten aus traditionellen Märchen und Anekdoten. So zum Beispiel die des *Namarukulu*, einer Charaktergestalt, die funktionell ungefähr der des *Sungura* in Tierfabeln des Swahili entspricht, und ehemalige Tierbezeichnungen, die zu Namen von Fabelwesen geworden sind, da es diese Tiere nicht auf Madagaskar gibt; wie zum Beispiel *Trepu* (= 'Name eines Monsters im Märchen'; aus makua *trepu* = 'Elephant').

7.2. "Malagasy"

Eine hypothetische Beziehung zwischen Bantusprachen und einer oder mehreren anderen austronesischen Sprachen als dem Malagasy, wie sie etwa von früheren Arbeiten (siehe Kapitel 3.3.) gelegentlich angenommen worden war oder durch die mögliche Anwesenheit von Sprechern austronesischer Sprachen an der ostafrikanischen Küste hätte ausgelöst worden sein können, konnte durch einen lexikalischen und morphologischen Vergleich der Sprachkorpora bislang nicht verifiziert werden.

Es blieb also als einzige mit Sicherheit am Sprachkontakt beteiligte austronesische Sprache das Malagasy übrig.

Ihre Sprache gilt heute als das vielleicht einheitlichste Merkmal der Bevölkerung Madagaskars und zugleich wohl als der deutlichste und am wenigsten anzuzweifelnde Beweis für einen entscheidenden austronesischen Einfluß auf die Insel.

Bei einem Vergleich des Malagasy mit den austronesischen Sprachen ergab sich in der Phonetik, Syntax und übrigen Grammatik eine Ähnlichkeit mit den auf der malaiischen Halbinsel, Java, Sumatra und Kalimantan gesprochenen Sprachen.

Zwischen dem größten Teil der Lexikologie des Malagasy und dem Wortschatz westindonesischer Sprachen lassen sich mehr oder weniger große Ähnlichkeiten feststellen. Der Norweger Otto Christian Dahl fand 1951 eine weitgehende Übereinstimmung zwischen dem Malagasy und dem Ma'anyan auf Kalimantan.

Der allgemein geringe Anteil von Wörtern aus dem Sanskrit und manche archaische Sprachelemente lassen darauf schließen, daß die Trennung des Malagasy von den übrigen westindonesischen Sprachen und seine von ihnen unabhängige Weiterentwicklung bereits vor oder bei Beginn der Hinduisierung Südostasiens erfolgte, das heißt um die Mitte des ersten Jahrtausends nach Christus.

Sieht man einmal von dem noch sehr hypothetischen Uraustrisch (SCHMIDT 1906; BENEDICT 1942; 1975) ab, läßt sich das Malagasy dem Uraustronesischen als höchster Ordnung angliedern.

Die folgende graphische Darstellung zeigt die genealogische Zuordnung des Malagasy.

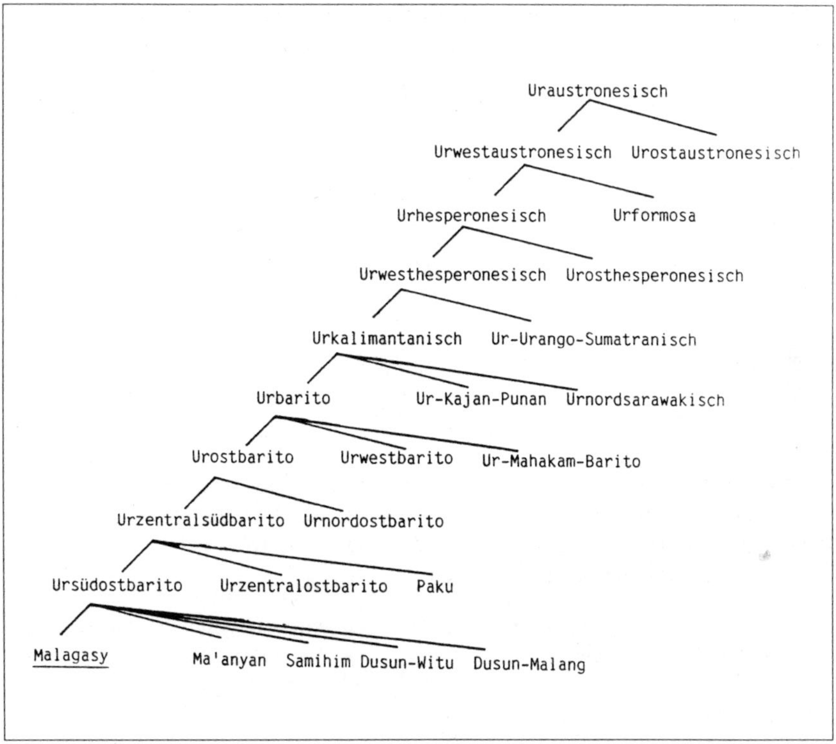

Bild 14: Der genealogische Anschluß des Malagasy an das Uraustronesische

7.2.1. Hauptdialektgruppen

Ein Vergleich der heutigen Dialekte des Malagasy zeigt eine sehr starke phonetische Ähnlichkeit zwischen ihnen. Auch in Bezug auf die Grammatik läßt sich eine bemerkenswerte Einheit in der Sprache der Insel feststellen. Es ist der Bereich der Lexikologie, in dem sich die relativ größten Verschiedenheiten zwischen den Dialekten erkennen lassen.

Die konventionelle Einteilung der Dialekte trennt nicht zwischen Volkskunde und Linguistik; sie folgt vor allem den volkskundlichen Einteilungen. Sprachwissenschaftlich eher nachvollziehbar ist die hin und wieder anzutreffende Einteilung in eine westliche und eine östliche Spracheinheit: *Malagasy occidental* und *Malagasy oriental*. [1]

Die typischen Unterscheidungsmerkmale der beiden Dialektgruppen sind die folgenden:

Malagasy occidental		*Malagasy oriental*		
[l] vor [i]	versus	[d] vor [i], z.B.		
val^i		*vad*^{i}	=	'Ehepartner'
mambul^i		*mambud*^{i}	=	'kultivieren'
malinik^i		*madinik*^{i}	=	'klein'
finales [ts-VOK]	versus	finales [tr-VOK], z.B.		
lavitse		*lavitra*	=	'weit'
ambolitse		*ambolitra*	=	'kräftig'
inlautendes [ti]	versus	inlautendes [tsi], z.B.		
vitik^i		*vitsik*^{i}	=	'Ameise'
fatik^i		*fatsik*^{i}	=	'Knochen'

Alle Dialekte sind untereinander verstehbar. Ein beachtlicher Teil des Wortschatzes ist über die ganze Insel verbreitet, und die parallele Benutzung von Lexemen innerhalb eines Dialektes, die zunächst wie dialektale Varianten erscheinen, ist offenbar keine Seltenheit. [2]

Nicht zuletzt aufgrund dieser Beobachtungen kann davon ausgegangen werden, daß alle sogenannten Dialekte des Malagasy einen gemeinsamen Ursprung und bis in rezentere Zeit die gleiche oder eine sehr ähnliche Sprachgeschichte aufweisen.

[1] Die übliche Nomenklatur für die Dialekte des Malagasy bedient sich der Volksbezeichnungen. Demnach gehören zu den Westdialekten *(Malagasy occidental)* das Sakalava, Vezu, Mahafal^i, Tanalana und Tandruy und zu den Ostdialekten *(Malagasy oriental)* das Tanus^i, Taymanambondru, Taisak^a, Sahafatra, Taifas^i, Taimuru, Tambahuak^a und Betsimisaraka der Ostküste sowie das Bara, Betsile^u, Merina und Tsimihet^i des Hochplateaus. Das Tankarana des Nordens und bis zu einem gewissen Grade auch das Tanus^i im Süden sind Dialekte, die als Übergang zwischen den westlichen und östlichen bezeichnet werden können.

[2] Homonymie, die Bildung von Sekundärlexemen sowie die Übernahme 'fremder' Lexeme werden durch Sprachtabus und dergleichen begünstigt (^ Berchem 1989).

7.2.2. Antalautse

Mit dem Begriff "Antalautse" oder "Antalautra" wird im allgemeinen eine vor allem handeltreibende, islamische Gemeinschaft Nordwestmadagaskars bezeichnet. Noch heute gelten die Antalautse entlang der Küste als erfolgreiche Kaufleute.

Häufig wird davon ausgegangen, daß es sich um eine Bevölkerung überseeischen Ursprunges handelt. Dazu könnte die Bezeichnung selbst Anlaß geben. Ausgehend davon, daß es sich um einen Terminus handelt, der sich nach der Morphologie des Malagasy erklären läßt, erhält man das Lokativpräfix /an(ta)/ und den regelmäßigen Lautentsprechungen folgend das austronesische Lexem /laut/, das 'Meer' bedeutet. Antalautse würde demnach 'die am Meer' oder 'die vom Meer', das heißt 'die über das Meer kamen' bedeuten. Die Bezeichnung wird offenbar im achtzehnten Jahrhundert zum ersten Mal erwähnt (RANTOANDRO, S.198).

Islamische Bevölkerungsteile hat es in der Region aber schon sehr früh gegeben. Sie werden zum Beispiel 1506 von Tristan da Cunha in der Bucht von Madza$^{\tilde{n}}$ga erwähnt. Archäologische Funde von Moscheen in der Region Madza$^{\tilde{n}}$ga werden auf den Beginn des fünfzehnten Jahrhunderts datiert (RANTOANDRO [1] , S.201).

Interessant ist in diesem Zusammenhang die Aussage von Loius MARIANO (1613), der 1613 im Gebiet der Antalautse eine islamische <?> Küstenbevölkerung erwähnt, welche nicht Malagasy, sondern eine afrikanische Küstensprache spricht, schwarzer Hautfarbe ist und sich kulturell mit den Handelsstädten der ostafrikanischen Küste vergleichen läßt.

> *"Sur toute la côte entre Mazalagem (Boina) et Sadia, qui a environ une longueur de 130 lieues, on parle sur le bord même de la mer, une langue analogue à celle des cafres, c'est-à-dire des pays de Mozambique et de Malindi, et les habitants ressemblent sous le rapport de la couleur et des usages, aux nègres d'Afrique dont paraît-il, ils descendent. Mais à une petite distance de cette côte de même que dans tout l'intérieur de l'île et sur le reste des côtes, on ne parle que la langue bouque, qui est particulière aux indigènes et diffère totalement de la langue cafre, mais qui est très semblable au malais."* (MARIANO 1613)

Die von MARIANO gemachten Aussagen sind so deutlich, daß wir davon ausgehen können, daß er hier auf Madagaskar Handelsposten der Swahili (i.w.S.) beschreibt. Demnach erscheint es wahrscheinlich, daß die Antalautse Nachkommen dieser frühen Swahili sind, die nach und nach das Malagasy als ihre einzige Sprache übernommen haben, ihrer Handelstätigkeit aber bis heute treu geblieben sind.

[1] siehe Bibliographie 1 in 14.1.

Die oralen Überlieferungen passen in dieses Bild: TRIMINGHAM (1964, S.198) gibt afrikanische und komorianische Traditionen wieder, nach denen Shirazi des Persischen Golfes als Vorfahren der Swahili in mehreren Schiffen ihre ursprüngliche Heimat verließen und in verschiedenen Regionen landeten. Das letzte Schiff erreichte 'Boeni'. Die später Mazalagem genannte Siedlung in Nordwestmadagaskar (vgl. Kapitel 2.1.) wurde auch Boina genannt.

Auf der anderen Seite interpretiert VÉRIN (1975) eine Tradition der Antalautse aus der Bucht von Boina dahingehend, daß ihre Vorfahren von einer Insel (genannt "Kadzembi") gekommen seien, die zwischen den Komoren und der afrikanischen Küste existiert haben soll. Der Tradition zufolge ist die Insel als Gottesstrafe später untergegangen, - vielleicht ein Bild für den Abriß der Beziehungen zum Mutterland?!

Aus portugiesischen Quellen ist zu erkennen, daß die ostafrikanischen Seefahrer auf Nordwestmadagaskar den wichtigsten Hafen der Antalautse, Langani, in der Bucht von Madza$^{\tilde{n}}$ga, ansteuerten, sowie die Bucht von Boina und Madza$^{\tilde{n}}$ga selbst im neunzehnten Jahrhundert. Hauptsächlich hatten Lamu und Mombasa Beziehungen nach Boina, aber man weiß, daß in der Mitte des sechzehnten Jahrhunderts auch Malindi Schiffe dorthin entsandte (COACM I, S.99, Balthazar de SOUSA 1557).

Die Betrachtung des Dialektes der Antalautse als Spurensuche in ihrer Geschichte wird damit besonders interessant.

7.2.3. Maore-Malagasy

Der Malagasy-Dialekt auf Maore (/ Mayotte) ist der einzige Dialekt des Malagasy, der außerhalb von Madagaskar beheimatet ist. Seine Distribution auf der Insel ist dorfweise (siehe Bild 15). Dörfer mit Muttersprachensprechern des Malagasy und solche mit Muttersprachensprechern des Komorianischen *(ši·maore)* sind mehr oder weniger gleichmäßig über die ganze Insel verteilt, nur im Nordwesten überwiegen komorianisch-sprachige Dörfer. Ob sich die beiden Sprechergemeinschaften heute auch noch ethnologisch trennen lassen, ist unsicher, und bedürfte detaillierterer Untersuchungen. [1]

[1] Der Islam hat in der Bevölkerung offenbar unterschiedlich lange Traditionen. Während die Maore-Sprecher und die Sprecher des Maore-Malagasy-Antalautse (^ folgende Seite) 'gefestigte' und historisch weitreichende islamische Traditionen aufweisen, sind die Sprecher des Malagasy-Oriental (^ folgende Seite) häufig erst seit zwei oder drei Generationen Moslems (persönliche Mitteilungen).

Die Malagasy-Sprecher auf Maore selbst unterscheiden zwei Dialektvarianten. Beide werden als *kiBuši* oder präziser *kiBuši kimaore* bezeichnet. Während die eine Variante von den Sprechern selbst nicht gesondert benannt wird, was darauf hinweisen könnte, daß es sich hier um die als ursprünglicher verstandene handelt, wird die andere, die im wesentlichen nur in drei Dörfern (Mtsapere, Wangani und Poroani) anzutreffen ist, als *kiantalauts*^{i} bezeichnet. Dieser Terminus weist auf die Antalautse hin, eine islamische Gruppe, die an der Nordwestküste Madagaskars als handeltreibend bekannt ist (vgl. Kaptel 7.2.2.).

Versucht man den Malagasy-Dialekt von Maore den Dialektgruppen des Malagasy (*oriental* versus *occidental*) anzugliedern, so zeigt sich, daß die beiden Dialektvarianten jeweils einer anderen Dialektgruppe zuzuordnen sind; vergleiche:

Malagasy occidental	*Malagasy oriental* (vgl. Kapitel 7.2.1.)		
MlMa *kiantalautsi*	MlMa *kibuši*		
val^{i}	*vad*^{i}	=	'Ehepartner'
malinik^{i}	*madinik*^{i}	=	'klein'
vitik^{i}	*vitsik*^{i}	=	'Ameise'
fatik^{i}	*fatsik*^{i}	=	'Knochen'

Die Existenz zweier Dialektvarianten auf Maore, die sich unterschiedlichen Dialektgruppen auf Madagaskar zuordnen lassen, muß historisch begründet sein: Von Madagaskar aus hat es folglich zwei unabhängige Migrationen aus zwei unterschiedlichen Regionen der Insel nach Maore gegeben.

Der Malagasy-Dialekt von Maore ist selbst in der speziellen Literatur über die Komoren und ihre Sprachen kaum bekannt. Die offenbar einzigen neueren Werke, die auf malagasysprechende Gemeinschaften auf Maore eingehen, sind das recht umfangreiche Wörterbuch von GUEUNIER (1986) und die vor allem ethnologische Arbeit von LAMBEK (1978). Ansonsten muß auf wesentlich ältere Literatur zurückgegriffen werden, um das Vorhandensein dieser Sprachgemeinschaften überhaupt erwähnt zu finden.

1911 veröffentlichte AUJAS unter anderem eine Beschreibung des Besessenheitskultes auf Maore, gemeinsam mit dem Text eines Liedes in Malagasy. 1920 wurde eine Malagasy-Toponymie auf Maore (anonym) publiziert. GEVREY (1870), Magistrat auf Maore, veröffentlichte einen Aufsatz, der unter anderem Angaben zur Sprachsituation auf der Insel enthält. So schreibt GEVREY:

> *"Du souahéli et du malgache, il s'est formé dans les Comores un idiome véritablement indigène, l'antalote, qui renferme, en outre, plusieurs mots cafres. L'antalote est à peu près exclusivement parlé dans les campagnes et les villages; les villes parlent souahéli."* (S.170)

GEVREYS Aussage enthält einige interessante Angaben, auf die näher einzugehen lohnt. Nach GUEUNIER (1986, S.333) kann das Antalautse auf Maore nicht als *"idiome indigène aux Comores"* bezeichnet werden, da es sich nicht dort entwickelt habe. Vielmehr handele es sich um einen Dialekt des Malagasy, der den seefahrenden und handelnden Gemeinschaften der *"anciennes échelles"* der Nordküste Madagaskars eigen sei. Von dort sei er nach Maore gebracht worden. GEVREY setzt dabei wohl die Richtigkeit der allgemein anerkannten Theorien zum Ursprung des Antalautse auf Madagaskar (siehe Kapitel 7.2.2.) und eine weitgehende Äquivalenz der Antalautse-Dialekte von Maore und Madagaskar voraus.

Ohne zugleich die Annahme eines gemeinsamen Ursprunges der Dialekte zu widerlegen, läßt sich jedoch beobachten, daß der Antalautse-Dialekt von Maore einige Eigenheiten besitzt, die auf eine eigene Entwicklung schließen lassen. Dazu gehört der Einfluß des Komorianischen. Trotz der Ähnlichkeit des Antalautse-Dialektes von Maore mit dem Dialekt der Antalautse in der Region von Madza^{n}ga, finden viele seiner Lexeme Entsprechungen aber offenbar nur in den südwestlichen Dialekten des Malagasy. Das Antalautse Maores wird heute nur noch in drei Dörfern der Insel gesprochen. GEVREYS Aussage ließe vermuten, daß es 1870 von einem größeren Teil der ländlichen Bevölkerung gesprochen wurde, als es heute der Fall ist.

Daß Swahili "nur in den Städten" gesprochen worden sei, bestätigt unsere Feststellung, daß es ausschließlich als Verkehrssprache genutzt wurde und nicht als autochthone Sprache der Komoren aufgefaßt werden kann. Erstaunlicherweise ignoriert GEVREY hingegen das Komorianische völlig. Vielleicht hält er es aber auch fälschlicherweise für Swahili. Der Maore-Dialekt des Komorianischen muß zu GEVREYS Zeiten jedenfalls schon entwickelt gewesen sein (^ HEEPE 1920).

GEVREYS Aufsatz enthält zwei Wortlisten. Die erste bezieht sich auf die Variante des Swahili, die zu der damaligen Zeit als Verkehrssprache vor allem in der Administration auf den Komoren Verwendung fand, heute aber verschwunden und durch das Französische ersetzt worden ist. Die Liste könnte vermuten lassen, daß diese Form des Swahili von Komorianisch und Malagasy durchsetzt war. Wahrscheinlicher dürfte jedoch sein, daß die fraglichen Lexeme auf die Mehrsprachigkeit von GEVREYS "Informanten" zurückzuführen sind (vgl. Kapitel 7.1.1.: Sprachsituation in Maruduka); denn ihre Muttersprache war Komorianisch oder Malagasy. Die zweite Liste betrifft das *"antalote"*, ist in ihrer Transkription wie die erste ungenau und wahrscheinlich nicht konsequent, enthält aber einige interessante Lexeme.

Dem zweiten Malagasy-Dialekt auf Maore schenkt GEVREY keine gesonderte Beachtung, obwohl dieser Dialekt für die linguistische und historische Forschung bedeutsame Merkmale aufweist (siehe Kapitel 8.).

nach: GUEUNIER 1987

Bild 15: Distribution malagasy-sprachiger Dörfer auf Maore

7.3. Zusammenfassung der Sprachsituation

Die folgende Abbildung zeigt, welche der behandelten Sprachen wo in welchen Dialekten gesprochen wird.

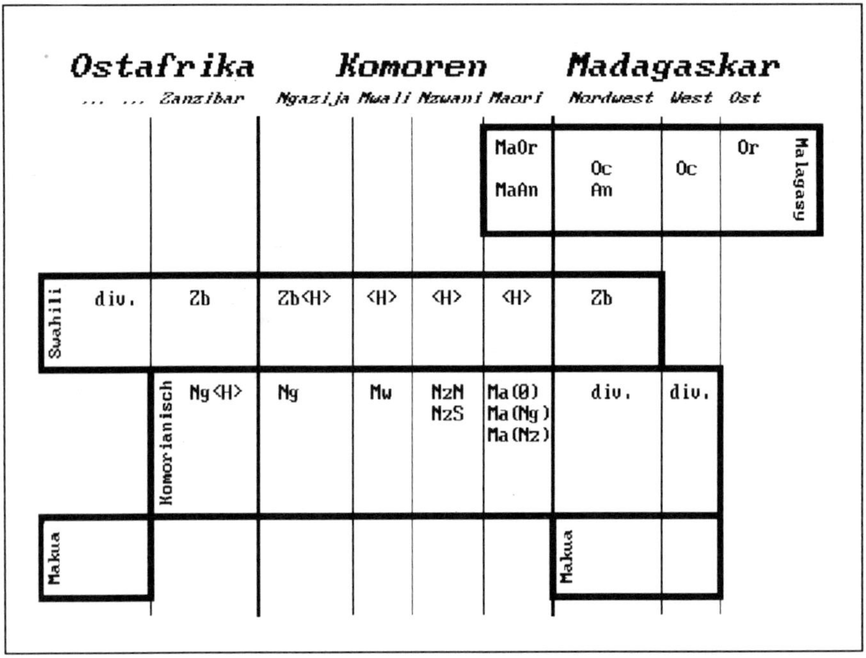

Bild 16: Zusammenfassende Graphik zur Sprachsituation aus heutiger Sicht

<H> zeigt, daß es sich um eine historische Situation handelt, die heute so nicht mehr besteht.

div. steht jeweils für eine Vielzahl von Dialekten.

8. Vergleichende Analysen

8.1. Phonologie

8.1.1. Darstellung der Phonemsysteme

Da die Phonemsysteme insbesondere des Komorianischen und des Malagasy bisher nur ungenügend in der Literatur repräsentiert sind, sollen im folgenden zunächst die Lautinventare [1] tabellarisch dargestellt werden.

[1] Dabei ist eine Beschränkung auf die Konsonantensysteme dadurch gerechtfertigt, daß alle vorgestellten Sprachen fünf Kardinalvokale in je zwei Varietäten (geschlossen und offen) kennen. Dieses gilt auch für das Malagasy, für das in der Standardorthographie nicht zwischen [o] und [u] (beide dargestellt durch 'o') unterschieden wird. Tatsächlich wäre aber zumindest in den untersuchten Dialekten diese Unterscheidung zu treffen:

voli	=	'Pflanzung'	versus	*vuli*	=	'gegrillte Banane / Maniok'
vori	=	'Schaum'	versus	*vuri*	=	'versammelt'

Lautinventar des Swahili		bilabial	labiodental		(ad)dental		alveolar	retroflex	palatal	velar	pharyngal	uvular	glottal
explosiv	stimmlos	p			ţ					k			
	pränasal												
	aspiriert	p^h					t^h			k^h			
	stimmhaft											q	(')
	pränasal	^{m}b					^{n}d			$^{\tilde{n}}g$			
	aspiriert												
implosiv	stimmhaft	B			Ḑ					G			
	pränasal												
lateral							l						
gerollt							r						
affrikativ	stimmlos								tš				
	<!> aspiriert								$tš^h$				
	stimmhaft								dy				
	pränasal								^{n}dy				
frikativ	stimmlos		f		t̄		s		š	h	ħ		
	pränasal												
	stimmhaft		v		d̄		z						
	pränasal						^{n}z						
nasal		m					n		ny	ñ			
gleitend		w							y				

Bild 17

Lautinventar des Ngazija und Mwali		bilabial	labiodental		(ad)dental		alveolar	retroflex	palatal	velar	pharyngal	uvular	glottal
explosiv	stimmlos	p			ţ					k			
	pränasal	^{m}p			^{n}ţ					$^{\tilde{n}}$k			
	aspiriert												
	stimmhaft											q	(')
	pränasal	^{m}b			^{n}ḑ					$^{\tilde{n}}$g			
	aspiriert												
implosiv	stimmhaft	B			Ḑ					G			
	pränasal												
lateral							l						
gerollt							r						
affrikativ	stimmlos						ts	tr	tš				
	pränasal						^{n}ts						
	stimmhaft						dz		dj				
	pränasal						^{n}dz	^{n}dr					
frikativ	stimmlos		f		t̄		s		š	h	ħ		
	pränasal		^{n}f										
	stimmhaft	ß	v		d̄		z						
	pränasal	^{m}ß	^{n}v										
nasal		m					n		ny				
gleitend		w							y				

Bild 18 [1]

[1] /^{n}dr/ ist ein Allophon von /r/ nach /n/, zum Beipsiel:

-rema = 'schlagen' → */ha·n(i)·rema/* → *ha^{n}drema* = 'er schlug mich'.

Lautinventar des Nzwani		bilabial	labiodental		(ad)dental		alveolar	retroflex	palatal	velar	pharyngal	uvular	glottal
explosiv	stimmlos	p			ţ					k			
	pränasal	^{m}p			^{n}ţ					$^{\tilde{n}}$k			
	aspiriert												
	stimmhaft											(q)	
	pränasal	^{m}b			^{n}ḑ					$^{\tilde{n}}$g			
	aspiriert												
implosiv	stimmhaft	B			Ḑ					G			
	pränasal												
lateral							l						
gerollt							r						
affrikativ	stimmlos						ts	tr	tš				
	pränasal												
	stimmhaft						dz	dr					
	pränasal							^{n}dr					
frikativ	stimmlos		f		t̄		s		š	h	ħ		
	pränasal												
	stimmhaft	ß	v		d̄				j				
	pränasal	^{m}ß	^{n}v				^{n}z						
nasal		m					n		ny				
gleitend		w							y				

Bild 19

Lautinventar des Maore		bilabial	labiodental		(ad)dental		alveolar	retroflex	palatal	velar	pharyngal	uvular	glottal
explosiv	stimmlos	p			ţ					k			
	pränasal				^{n}ţ								
	aspiriert	p^{h}			ţ^{h}					k^{h}			
	stimmhaft												
	pränasal	^{m}b			^{n}ḑ					^{ñ}g			
	aspiriert												
implosiv	stimmhaft	B			Ḑ					G			
	pränasal												
lateral							l						
gerollt						^{m}r	r						
affrikativ	stimmlos						ts	tr					
	pränasal						^{n}ts						
	stimmhaft						dz	dr	dj*				
	pränasal						^{n}dz	^{n}dr					
frikativ	stimmlos		f		t̄		s		š	h			
	pränasal		^{n}f										
	stimmhaft	ß*	v				z						
	pränasal												
nasal		m					n		ny				
gleitend		w							y				

Bild 20 [1]

[1] * <?>.

Lautinventar des Maore-Malagasy		bilabial	labiodental		(ad)dental		alveolar	retroflex	palatal	velar	pharyngal	uvular	glottal
explosiv	stimmlos	p			ţ					k			
	pränasal	^{m}p			^{n}ţ					^{ñ}k			
	aspiriert												
	stimmhaft	b			ḑ*					g		q	(')
	pränasal	^{m}b			^{n}ḑ					^{ñ}g			
	aspiriert												
implosiv	stimmhaft	B			Ḑ								
	pränasal												
lateral							l						
gerollt							r						
affrikativ	stimmlos						ts	tr	tš				
	pränasal						^{n}ts	^{n}tr	^{n}tš				
	stimmhaft						dz	dr	dj				
	pränasal						^{n}dz	^{n}dr	^{n}dj				
frikativ	stimmlos		f		t̄		s		š	h	ħ		
	pränasal												
	stimmhaft		v		d̄*		z		j				
	pränasal												
nasal		m					n		ny	ñ			
gleitend		w							y				

Bild 21 [1]

[1] /d̄/ ist oft ersetzt durch /d/ in allen Fällen.

Lautinventar des Malagasy		bilabial	labiodental		(ad)dental	*1	alveolar	retroflex	palatal	velar	pharyngal	uvular	glottal
explosiv	stimmlos	p			ţ					k			
	pränasal	^{m}p			^{n}ţ					^{ñ}k			
	aspiriert												
	stimmhaft	b				d				g		q	(')
	pränasal	^{m}b				^{n}d				^{ñ}g			
	aspiriert												
implosiv	stimmhaft												
	pränasal												
lateral							l						
gerollt							r						
affrikativ	stimmlos						ts	tr					
	pränasal						^{n}ts	^{n}tr					
	stimmhaft						dz	dr					
	pränasal						^{n}dz	^{n}dr					
frikativ	stimmlos		f				s			h			
	pränasal												
	stimmhaft		v				z						
	pränasal												
nasal		m					n		ny	ñ			
gleitend		w							y				

Bild 22 [1]

[1] *1 apicodental vor /a/, /e/, /i/;
alveolar vor /o/, /u/.

8.1.2. Quantitativer Vergleich

Ein rein quantitativer Vergleich der Inventare, das heißt der Anzahl der Phoneme, zeigt, daß das Maore-Malagasy deutlich mehr (ca. dreißig Prozent) Phoneme enthält als die Malagasy-Dialekte der großen Insel.

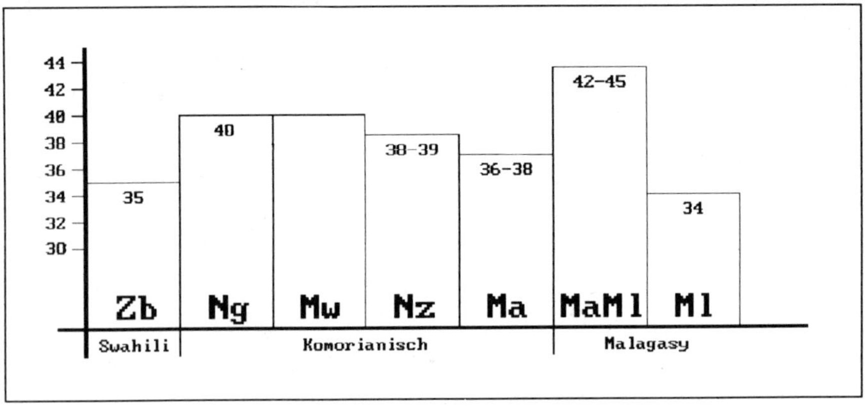

Bild 23: Quantitativer Phonemvergleich

Der auf Maore gesprochene Dialekt des Malagasy unterscheidet sich also bereits durch die Anzahl der Phoneme wesentlich von den übrigen Dialekten des Malagasy. Worin ist dieser relativ große Umfang des Lautinventars des Maore-Malagasy begründet?

Ein interfamiliärer Vergleich zeigt, daß die Phoneme, die das Maore-Malagasy zusätzlich zum Lautinventar des Malagasy aufweist, eine Entsprechung sowohl im Swahili beziehungsweise im Komorianischen haben. Die folgende Tabelle veranschaulicht dies.

Tatsächlich können die im Maore-Malagasy, nicht aber im Malagasy vorhandenen Phoneme, bereits als Kriterium zur Identifizierung von Wörtern mit Bantu-Etymologie verwendet werden (siehe Kapitel 8.3.).

synoptische Darstellung von Phonemen I		bilabial	labiodental		(ad)dental		alveolar	retroflex	palatal	velar	pharyngal	uvular	glottal
explosiv	stimmlos	m s k n				m s k n				m s k n			
	pränasal	m K n				m k n				m K n			
	aspiriert	s k				s k				s k			
	stimmhaft	m				m				m		m s K n	
	pränasal	m s k n				m s k n				m s k n			
	aspiriert												
implosiv	stimmlos												
	pränasal												
	stimmhaft	M s k n				M s k n				s k n			
	pränasal												
lateral							m s k n						
gerollt							m s k n						
affrikativ	stimmlos						m k n	m k n	M s K n				
	pränasal						m k n	m	M				
	stimmhaft						m k n	m k	M s̃ n				
	pränasal						m k n	m k n	M s̃				
frikativ	stimmlos		m s k n		M s k n		m s k n		M s k n	m s k n	M s k n		
	pränasal		k n										
	stimmhaft	k n	m s k n		M s K n		m s k n		M K				
	pränasal												
nasal		m s k n					m s k n		m s k n	m s			
gleitend		m s k n							m s k n				

Bild 24: Synoptische Darstellung von Phonemen I
'Malagasy - Komorianisch - Swahili' [1]

[1] m = Malagasy (Oc, Or) s = Swahili (Zanzibar) K = nur im Nzwani
M = nur Maore-Dialekt n = Ngazija (W-Ko) k = Maori (E-Ko)

Die Phoneme /t̄/, /d̄/ und /h̄/ sind auch im Swahili und Komorianischen ursprünglich Entlehnungen aus dem Persisch-Arabischen.

Die Implosiva /B/ und /D/ sind typische Phoneme des Bantu. Bemerkenswert ist, daß sich bisher innerhalb des Malagasy-Dialektes von Maore die Unterscheidung von stimmhaften Explosiven und Implosiven (außer /G/) erhalten hat: Es handelt sich nicht um Allophone, sondern um Phoneme, die jeweils auf Lexeme bestimmter Etymologie beschränkt sind.

Ein im folgenden tabellarisch dargestellter innerfamiliärer Vergleich zeigt die Unterschiede des Komorianischen zum Swahili und des Malagasy zum Ma'anyan, der bislang dem Malagasy als ähnlichsten empfundenen austronesischen Sprache (Dahl 1951).

Bei diesen innerfamiliären Vergleichen wird deutlich, daß sich sowohl das Komorianische als auch das Malagasy von ihren nächsten Verwandten vor allem durch das Vorhandensein bestimmter Affrikativa unterscheiden. Ob diese gemeinsame Besonderheit auf eine gegenseitige Beeinflussung oder einen gemeinsamen sprachhistorischen Prozeß zurückgeht, muß durch eine qualitative Analyse überprüft werden.

synoptische Darstellung von Phonemen II		bilabial	labiodental		(ad)dental		alveolar	retroflex	palatal	velar	pharyngal	uvular	glottal
explosiv	stimmlos	Z k n			Z k n					Z k n			
	pränasal	K n			k n					K n			
	aspiriert	Z k					Z k			Z k			
	stimmhaft											Z K n	
	pränasal	Z k n					Z k n			Z k n			
	aspiriert												
implosiv	stimmlos												
	pränasal												
	stimmhaft	Z k n			Z k n					Z k n			
	pränasal												
lateral							Z k n						
gerollt							Z k n						
affrikativ	stimmlos						k n	k n	Z				
	pränasal						k n		Z				
	stimmhaft						k n	k	Z				
	pränasal						k n	k n	Z				
frikativ	stimmlos		Z k n		Z k n		Z k n		Z k n	Z k n	Z k n		
	pränasal		k n										
	stimmhaft	k n	Z k n		Z K n		Z k n		K				
	pränasal						Z k n						
nasal		Z k n					Z k n		Z k n	Z			
gleitend		Z k n							Z k n				

Bild 25: Synoptische Darstellung von Phonemen II
'Komorianisch - Swahili' [1]

[1] Z = Swahili (Dialekt von Sansibar) K = nur im Nzwani
k = Maori (Ost-Komorianisch) n = Ngazija (West-Komorianisch)

synoptische Darstellung von Phonemen III		bilabial	labiodental		(ad)dental		alveolar	retroflex	palatal	velar	pharyngal	uvular	glottal
explosiv	stimmlos	Ml Mn					Ml Mn			Ml Mn			
	pränasal	Ml Mn					Ml Mn			Ml Mn			
	aspiriert												
	stimmhaft	Ml Mn					Ml Mn			Ml Mn			
	pränasal	Ml Mn					Ml Mn			Ml Mn			
	aspiriert												
implosiv	stimmlos												
	pränasal												
	stimmhaft												
	pränasal												
lateral							Ml Mn						
gerollt							Ml Mn						
affrikativ	stimmlos						Ml	Ml					
	pränasal						Ml	Ml					
	stimmhaft						Ml	Ml	Mn				
	pränasal						Ml	Ml	Mn				
frikativ	stimmlos		Ml				Ml Mn			Ml			
	pränasal												
	stimmhaft		Ml				Ml						
	pränasal												
nasal		Ml Mn					Ml Mn		Ml Mn	Ml Mn			
gleitend		Ml Mn							Ml Mn				

Bild 26: Synoptische Darstellung von Phonemen III
'Malagasy - Ma'anyan'

8.1.3. Qualitativer Vergleich

Auf der Seite der Komorensprachen und des Swahili lassen sich die folgenden regelmäßigen Merkmalsunterscheidungen im phonologischen Bereich feststellen, die eine Entsprechung im Austronesischen haben:

	SwZb	KoNg	Mw	Nz	Ma
1)	-frik	+frik	+frik	+frik	+frik
2)	+stop	-stop	-stop	-stop	-stop
3)	-ger	+ger	+ger	+ger	+ger
/	-lat	+lat	+lat	+lat	+lat
4)	+asp	-asp	-asp	-asp	+asp
	-nas	+nas	+nas	+nas	-nas

1)

+stop
+cor

SwZb	**KoNg**	**Mw**	**Nz**	**Ma**
-frik	+frik	+frik	+frik	+frik

Alveolare Plosiva im Swahili entsprechen Affrikativa im Komorianischen:

- stimmhaft:

Zb *ma·**D**afu* Ng *zi·**dj**afu* Nz *ši·**dz**avu* Ma *ši·**(d)j**avu*
(= 'Kokosnüsse')

- stimmlos:

Zb ***t**ano* Ng ***ts**ano* Nz ***ts**ano* Ma ***ts**ano*
(= 'fünf')

Bei den pränasalierten Homorganen ist die Situation wesentlich komplizierter:

Die stimmhafte Variante des Swahili findet sich auch im Ngazija, entspricht im Nzwani und Maore aber einem retroflexen / gerollten Affrikativ:

Zb *tu*^{n}***da***	Ng *tru*^{n}***da***	Nz ^{n}*tu*^{n}***dra***	Ma *tru*^{n}***dra***
(= 'Frucht')			

Wie dieses Beispiel bereits zeigt, ist die Situation bei den Stimmlosen jedoch völlig anders: Das Swahili kennt keinen pränasalierten alveolaren stimmlosen Plosiv, einige seiner Dialekte (ki·amu, ki·mvita, ki·jomvu, ki·vumba, ki·vanga) kennen stattdessen eine aspirierte Variante, wie der Dialekt von Sansibar als Klassenmerkmal der Klassen Neun und Zehn (siehe folgenden Abschnitt 4)). Das Nzwani hingegen zeigt wie einige andere Bantusprachen (vgl. folgendes Beispiel) das pränasalierte Phonem. Das Ngazija und Nzwani aber weisen an dieser Stelle einen nicht-pränasalierten retroflexen / gerollten Affrikativ auf: [1]

Am *-ka**t***^{h}*a*	Pokomo *-ke*^{n}***ta***	Zigua *-ka*^{n}***t***^{h}*a*	
Zb *-ka**ta***	Ng *-ka**tra***	Nz *-ka*^{n}***tta***	Ma *-ka**tra***
(= 'schneiden')			

Für diese Merkmalsreihen gibt es Entsprechungen im Bereich des Austronesischen, die zeigen, daß das Malagasy phonetische Eigenarten mit den Komorensprachen teilt, die offenbar auf gleiche phonetische Entwicklung zurückzuführen sind:

Ml ***dz**ukuka*	Tg ***d**uñk·r·u*	Ma ***d**oñko*
(= 'sich ducken')		
Ml *vu**ts**i*	Tg *bu**t**il*	Tb *bu**t**ir*
Ma *bu**t**ir*	Nd *bu**t**ih*	Sa *'u**h**i'*
(= svw. 'Korn')		
Ml *ran**dr**ana*	Tb *dan**d**an*	Ja *dan**d**an*
(= 'Trossen flechten')		
Ml *lani**tr**a*	Tg,Tb,Ja,Ma,Nd *lañi**t***	Fi,Sa,To,Fu,Sm *lañi* **Ø**
(= 'Himmel')		
Ml ***tr**usa*	Tg,Ma,Nd ***d**usa*	Tb,Ja ***d**osa*
(= svw. 'Sünde')		

[1] Anhand des folgenden Beispiels ist die typische Entsprechungsreihe dargestellt; in Einzelfällen gibt es Abweichungen davon, die wohl auf innersprachliche Entlehnungen zurückzuführen sind.

2)

-cor

SwZb	**KoNg**	**Mw**	**Nz**	**Ma**
+stop	-stop	?	-stop	-stop
-dent	-dent	?	+dent	+dent

Nicht-koronale Plosiva des Swahili entsprechen Frikativa im Komorianischen:

Zb ^{m}*wa**k**a* (= 'Jahr')	Ng ^{m}*wa**h**a*	Nz ^{m}*wa**h**a*	Ma ^{m}*wa**h**a*
Zb *-fu**p**i* (= 'kurz')	Ng *-fu**β**i*	Nz *-fu**v**i*	Ma *-fu**v**i*

Betroffen sind vor allem stimmlose Phoneme; doch auch bei stimmhaften läßt sich - wenn auch in geringerem Ausmaß - die gleiche Tendenz feststellen:

Zb ^{m}*be**G**u* (= 'Samen')	Ng ^{m}*be**h**u*		
Zb *m·**g**eni* (= 'Gast')	Ng *m·**w**eni*		
Zb *-o**G**a* (= 'baden')			Ma *-ho**w**a*
Zb *u·**B**o*$^{\tilde{n}}$*go* (= 'Gehirn')	Ng *u·**w**o*$^{\tilde{n}}$*gwe*		Ma ***h**o*$^{\tilde{n}}$*go*

Dieses gilt nicht für die pränasalierten bzw. aspirierten Homorgane:

Zb **k**^{h}*uku* (= 'Huhn')	Ng $^{\tilde{n}}$**k***uhu*	Nz $^{\tilde{n}}$**k***uhu*	Ma **k**^{h}*uhu*
Zb **p**^{h}*epo* (= 'Wind')	Ng ^{m}**p***eβo*	Nz ^{m}*pevo*	Ma **p**^{h}*evo*
Zb $^{\tilde{n}}$**g***uvu* (= 'Kraft')	Ng $^{\tilde{n}}$**g***uvu*		Ma *i·*$^{\tilde{n}}$**g***uvu*
Zb ^{m}**b***uzi* (= 'Ziege')	Ng ^{m}**b***uzi*	Nz ^{m}**b***udzi*	Ma ^{m}**b***uzi*

Vergleichbare Phänomene der Frikativisierung finden sich bei den austronesischen Sprachen, wobei auch hier wieder die Formen des Malagasy denen der Komorensprachen entsprechen:

Ml *va**h**una* (= eine Pflanze)	Tg *ba**k**oñ*	Tb *ba**h**uñ*	Ja,Nd *ba**k**uñ*
Ml *a**f**u* (= 'Feuer')	Tg,Nd *a**p**oi*	Tb,Ma *a**p**i*	To,Fu,Sm *a**f**i*
Ml ***h**i**h**i* (= svw. 'Zahn')	Tb,Ma ***g**i**g**i*	Ja ***g**i**g**it*	
Ml ***v**a**v**a* (= svw. 'Mund')	Tg,Tb ***b**a**b**a*	Ma ***b**a**b**ah·an*	

Auch hier sind pränasalierte Konsonanten ausgenommen:

Ml *va**h**uana* (= eine Pflanze)	Tg,Ja,Ma *be**ñk**uañ*		Tb *ba**kk**uañ*
Ml *a**mp**atra* (= svw. 'ausgebreitet')	Tb *a**pp**ar*	Sa *e**p**a*	Ja,Ma,Nd *a**mp**ar*
Ml *haru**ñg**ana* (= eine Pflanze)	Tb *garu**ñg**añ*		Nd *garu**ñg**añ*
Ml *a**mb**i* (= svw. 'Zusatz')	Tg,Tb *a**mb**i*		Ja *a**mb**en*

3)

	+cor				
	SwZb	**KoNg**	**Mw**	**Nz**	**Ma**
Anlaut	-lat	-lat	?	-lat	-lat
Inlaut	(-lat)	+lat	?	+lat	+lat

Ng *Daho* (= 'Haus')	Nz *DaGo*		Ma *Dao*
Ng *ma·laho* (= 'Häuser')	Nz *ma·laGo*		Ma *ma·lao*
Zb *moto* (='Feuer')	Ng *moro*	Nz *moro*	Ma *moro*
Zb *tunda* (= 'Frucht')	Ng *trundra*	Nz *tunda*	Ma *trundra*
Zb *ma·tunda* (= 'Früchte')	Ng *ma·rundra*	Nz *ma·runda*	Ma *ma·rundra*

Auf austronesischer Seite finden sich für diese Merkmalsentsprechungen Parallelen:

Ml *lalana* (= 'Weg') Ml *anadalana* (= 'Linie')
Tb,Ja *dalan* (= 'Weg')

Ml *ranu*	Tg *lanao/danao*	Tb *dano*
Ma, Nd *danao* (= svw. 'Gewässer')	Fi *ndrano*	Sm *lanô'*

4)

+stop -voice				
SwZb	**KoNg**	**Mw**	**Nz**	**Ma**
+asp (-nas)	-asp +nas	? ?	-asp +nas	+asp (-nas)

Es handelt sich hierbei um die phonologischen Eigenschaften des Nominalklassenmerkmales der Klassen Neun und Zehn.

Betroffen sind stimmlose Plosiva:

- bilabial:

  Zb $\boldsymbol{p}^{h}$*epo* (= 'Wind') Ng $^{m}\boldsymbol{p}$*eβo* Nz $^{m}\boldsymbol{p}$*evo* Ma $\boldsymbol{p}^{h}$*evo*

- alveolar:

  Zb $\boldsymbol{t}^{h}$*a*^{m}*bi* (= 'Nudeln') Ng $^{n}\boldsymbol{t}$*a*^{m}*bi* Nz $^{n}\boldsymbol{t}$*a*^{m}*bi* Ma $\boldsymbol{t}^{h}$*a*^{m}*bi*

- palatal :

  Zb $\boldsymbol{k}^{h}$*uku* (= 'Huhn') Ng $^{ñ}\boldsymbol{k}$*uhu* Nz $^{ñ}\boldsymbol{k}$*uhu* Ma $\boldsymbol{k}^{h}$*uhu*

  Zb $\boldsymbol{t\check{s}}^{h}$*ini* (= 'unten') Ng $^{n}\boldsymbol{ts}$*ini* Nz *(u·)*$^{n}\boldsymbol{ts}$*ini* Ma $\boldsymbol{ts}^{h}$*ini*

Das Malagasy kennt weder Aspiranten noch Pränasale im Anlaut.

Nicht jede NK-Kombination innerhalb eines Lexems im Malagasy ist ein Pränasal. Werden Pränasale wie Nasale mit folgenden Konsonanten oder Nasale mit folgenden Konsonanten wie Pränasale gesprochen, wird das Wort nicht mehr verstanden. Zwischen der Nasal-Konsonant-Folge liegt immer eine Morphemgrenze, zum Beispiel:

> */trañu/ /ni/ /tseiki/* → *[trañuntseiki]* = *[trañun'tseiki]*
> = 'Haus der Kinder' / 'Kinderhaus';
> (orthographisch: *tranun'tseiky*)

auch:

> *[antananarivo]* [1] - und nicht: #*[a^{n}tananarivo]*
> ⇐ */an/* = [Lokativpräfix] + */tanana/* = 'Siedlung' + */arivo/* = 'tausend'

Wahrscheinlich ist es durch den Präfixcharakter eines aNK-Anlautes bedingt, daß in der Regel in allen entprechenden Fällen des Malagasy die NK-Kombiantion nicht als Pränasal realisiert wird:

- *ante^{n}dri* = 'Dattel'

  (obwohl es sich nicht um ein Präfix handelt, also nicht #*an·te^{n}dri*)
- *ampu^{n}dra* = 'Esel'

Vergleiche aber Maore-Malagasy:

- *a^{n}tendri* neben *ante^{n}dri*
- *a^{m}pu^{n}dra*

Tatsächlich wurde das anlautende /a/ mit folgendem Nasal in der Vergangenheit häufig morphologisch zu erklären versucht, da das entsprechende Etymon erst mit dem folgenden Konsonanten begann (vgl. Sw *tende, punda*). Manche Autoren spekulierten gar, es handele sich um ein Relikt des arabischen Artikels /al/, obwohl die Etymone in den meisten Fällen eindeutig nicht arabisch sind.

Der arabische Artikel ist vielmehr in den wenigen Fällen, wo das Malagasy direkt aus dem Arabischen entlehnt hat als /ali/- inkorporiert worden; vergleiche:

alahamadi	= ein arabischer Monat	^ Ar *al-Ḥamal*
alizauza	= ein arabischer Monat	^ Ar *al-djauza*
adimizana	= ein arabischer Monat	^ Ar *al-mizaan*

[1] Name der Hauptstadt von Madagaskar.

Für den Bereich der Entlehnungen läßt sich also beobachten:

Sw,Ma /K^h/ ⇒ Ml /K/

Dort, wo das Malagasy aus dem Swahili oder dem Maore entlehnt, wird der aspirierte Anlaut durch seine nicht aspirierte Variante ersetzt; denn das Malagasy kennt keine aspirierten Konsonanten. Dort also, wo im Malagasy ein ursprüngliches Bantulexem der Klassen Neun oder Zehn mit einem stimmlosen Plosiv beginnt, ist es aus dem Swahili oder aus dem Maore entlehnt (, soweit eine Entlehnung aus einer anderen Bantusprache oder aus dem Arabischen ausgeschlossen werden kann).

Ng,Nz /^{N}K/ ⇒ Ml /(V)NK/

Dort, wo das Malagasy aus dem Ngazija oder aus dem Nzwani entlehnt, wird der pränasalierte Anlaut in einen Nasal und folgenden Plosiv aufgelöst; denn das Malagasy kennt keine Pränasale im Anlaut. Zusätzlich wird - da das Malagasy keine silbischen Nasale kennt - ein Vokal /a/ präfigiert. Dieser Vokal könnte auch (gleichzeitig) aus dem mitentlehnten Determinationspräfix (Vokal der Pronominalkonkordanz) des Ngazija oder Nzwani hervorgegangen sein.

Dort also, wo im Malagasy ein ursprüngliches Bantulexem der Nominalklassen Neun und Zehn mit der Anlautfolge /aNK/ beginnt, wobei der Konsonant ein stimmloser Plosiv ist, ist es aus dem Ngazija oder Nzwani entlehnt (soweit eine Entlehnung aus anderen Bantusprachen ausgeschlossen werden kann). Dort aber, wo im Malagasy ein ursprüngliches Bantulexem der Klassen Neun und Zehn mit der Anlautfolge /aNK/ beginnt, wobei der Konsonant ein stimmhafter Plosiv ist, ist eine genauere Differenzierung des Entlehnungsweges daraus nicht möglich (da auch das Swahili und das Maore pränasalierte stimmhafte Plosiva kennen).

8.2. Morphologie

8.2.1. Die Gleichsetzungspartikel

Das Bantu kennt ein Präfix, das zur Bildung nominaler Gleichsetzungsphrasen dient. Dieses Morphem lautet im Swahili /ni/-; vergleiche:

Sw *dalili ya·^{m}vua ni·ma·wingu*
|'Zeich."des Reg.' '=' 'Wolken' |
= 'Anzeichen des Regens sind Wolken'

Sw *ny·umba hii ni·ny·umba y·angu*
|'Haus' 'd.' '=' 'Haus' 'mein' |
= 'dieses Haus ist mein Haus'

Auf den ersten Blick gibt es auch im Malagasy eine Partikel /ni/, die wie im Swahili zur Bildung von Gleichsetzungssätzen dient: [1]

Ml *mavesatra ni·vatu*
|'schwer' '=' 'Stein'|
= 'ein/der Stein ist schwer'

In einfachen Gleichsetzungssätzen wie diesem muß die Partikel /ni/ eingesetzt werden. Es ist nicht möglich, sie einfach wegzulassen:

Ml # *mavesatra vatu* / # *vatu mavesatra*
= 'ein/der Stein ist schwer'

---

[1] Diese Partikel ist zu unterscheiden von einer gleichlautenden genitivischen Partikel des Austronesischen, die ebenfalls im Malagasy zu finden ist:
Toba-Batak: (Beispiele aus: Warneck 1977)
parbue ni hau
|'Frucht' Gen 'Baum'|
= 'die Früchte des Baumes'
Malagasy: (Beispiele aus: Richardson 1885)
tranon' ni uluna — *lazain' ni rai·k^{u}*
|'Haus' Gen 'Person'| — |'ges.' 'v.' 'V.m.'|
= 'Haus einer Person' — = 'das Gesagte meines Vaters'/'gesagt von meinem Vater'

Hingegen ist eine Satzumstellung mit Hilfe der Partikel *dia*, ähnlich wie zum Beispiel im Indonesischen, durchaus üblich. Die Partikel /ni/ verändert ihre Stellung zum Nomen nicht.

Ml	*mañga ni·lanitra*	*ni·lanitra dia mañga*
	|'blau' '=' 'Himmel'|	|'=' 'Himmel' Fok 'blau' |
	= 'der Himmel ist blau'	'blau ist der Himmel'
	bibi ni·ombi	*ni·ombi dia bibi*
	|'Tier' '=' 'Rind' |	|'=' 'Rind' Kop 'Tier'|
	= 'ein Rind ist ein Tier'	

Vor einem Verb oder Adjektiv wird die Partikel zur Substantivierung eingesetzt:

Ml	*ni·maru*	^ *maru* = 'viel'
	|'=' 'viel' |	
	= 'das, was viel ist'	

Ml *ni·maru no mavesatra kukua nohu ni·vitsi*
|'=' 'viel' SM[1] 'schwer' 'mehr' 'als' '=' 'wenig'|
= 'das, was viel ist, ist schwerer als das, was wenig ist'

Die Partikel des Malagsy wird manchmal als Artikel übersetzt (z.B. RAJEMISA-RAOLISON 1969). Wie die oben gezeigte substantivierende Funktion der Partikel bereits nahelegt, ist diese Art der Übersetzung durchaus berechtigt. Fraglich bleibt, ob es auch eine funktionelle Übereinstimmung gibt. Tatsächlich hat die Partikel im Malagasy eine Funktion, die der eines Determinativums entspricht.

Bei einfachen Gleichsetzungssätzen etwa muß das grammatische Subjekt durch /ni/ determiniert sein.

Ml *tsara ni·hazu*
|'gut' '=' 'Baum'|
= 'der/ein Baum ist schön'

Für einfache Verbalsätze trifft das nur zu, wenn das Subjekt nicht durch ein Pronomen repräsentiert ist.

Ml *marari ni·zaza*
|'krank' '=' 'Kind'| * wobei *marari* [Vb] = 'krank sein'
= 'das/ein Kind ist krank'

[1] Subjektmarkierer.

Ml *marari izy*
|'krank' 'er'|
= 'er ist krank'

In den oben aufgeführten Beispielen und ihren Übersetzungen wurde bereits deutlich, daß die determinative Funktion der Partikel vor allem eine grammatische, aber keine deiktische, ist. Sowohl der bestimmte als auch der unbestimmte Artikel sind im Deutschen mögliche Übersetzungen. Über die grammatische Determination hinaus geht hingegen der bestimmte Artikel des Malagasy (*ilay*).

Ml *marari ilay zaza*
|'krank' Art 'Kind'|
= 'das Kind ist krank'

Die folgenden Beispiele zeigen noch einmal die Subjektdetermination und machen deutlich, daß es sich bei der Partikel /ni/ nicht um eine Fokuspartikel handeln kann.

Ml *mamak*^{i} *teni izao ni·mpianatra* (einfache Satzstellung)
|'lesen Wörter' 'nun' '=' 'Schüler'|
= 'die Schüler lesen jetzt'

Ml *ni·mpianatra izao dia mamak*^{i} *teni* (Subjektfokus)
|'=' 'Schüler' 'nun' Kop 'lesen Wörter'|
= 'die Schüler lesen jetzt' (oder wohl eher:)
= 'es sind <!> die Schüler, die jetzt lesen'

Die Partikel wird aber nicht nur zur Determination des Subjekts eingesetzt, sondern kann auch dem Objekt vorausgehen.

Ml *tia ni·zaza izi*
|'lieb.''=''Kind' 'er'|
= 'er liebt das Kind'

Ml *tsi·tia ni·mamañgi olona izi*
|Neg'lieb.''=''besuchen' 'Leute' 'er'|
= 'er liebt es nicht, Leute zu besuchen'

Ml *mamono ni·bibi ni·zaza*
|'töten' '=' 'Tier' '=' 'Kind'|
= 'das Kind (agens) tötet das Tier (patiens)'

Sind zwei Objekte vorhanden, steht /ni/ immer bei dem Benefizienten.

Ml *manome buki ni zaza ilay lehilahi*
|'geben' 'Buch' '=' 'Kind' Art 'Mann' |
= 'der Mann gibt dem Kind ein Buch'

Die Partikel /ni/ geht aber etymologisch nicht einfach auf den westindonesischen Artikel (bzw. Demonstrativ) *ini* zurück. Letzterer existiert als solcher auch im Malagasy, folgt aber dem Nomen, auf das er sich bezieht:

Ml *lalan*[a] *ini* (RICHARDSON 1885)
|'Weg' 'd.'|
= 'dieser Weg'

= indonesisch: *djalan ini*

Vergleiche auch:

Ml *ini ni anau* (RICHARDSON 1885)
|'ds.''=' 'deines'|
= 'dieses ist deines'

Die folgenden Beispiele und ihre wörtlichen Übersetzungen zeigen, daß sich eine determinative und eine gleichsetzende Funktion durchaus nicht ausschließen, sondern sogar relativ nahe beieinander liegen können.

Ml *mamiku ni teninau*
= svw. 'mein Angenehmes sind deine Worte'
= 'deine Worte sind mir angenehm'

Ml *no vinidiku ni ondrini*
= svw. 'mein bereits gekauftes ist sein Schaf'
= 'ich habe sein Schaf gekauft'

Ml *malana tsara ni vovoka*
= svw. 'gut entfernt ist der Staub'
= 'der Staub ist gründlich entfernt worden'

Ml *mampitad*[i] *ni uluna ahu*
= svw. 'wen/was (ich) zum suchen veranlasse, sind die Leute'
= 'ich veranlasse die Leute zum Suchen'

Das Malagasy kennt also eine Partikel /ni/, die in ihrer Funktion über die einer gleichlautenden Partikel des Bantu weit hinausgeht.

Sie ist deutlich zu unterscheiden von einer gleichlautenden genitivischen Partikel des Malagasy und einiger anderer austronesischer Sprachen:

AuTb *parbue ni hau* (aus: WARNECK 1977)
|'Frucht' Gen 'Baum'|
= 'die Früchte des Baumes'

AuMl *tranon' ni uluna* (aus: RICHARDSON 1885)
|'Haus' Gen 'Pers.' |
= 'das Haus einer Person'

GUTHRIE (1970) weist die Verbreitung der Gleichsetzungspartikel im Bantu wie folgt aus und betont ihre auf die östliche Region beschränkte Distribution:

D.61	Rwanda	*ni*	
E.44	Zanaki	*ne*	x
E.51	Gikuyu	*ne*	
F.33	Langi	*ne*	
G.42d	Swahili	*ni*	
K.31	Luyana	*ni*	
M.42	Bemba	*ni*	x
N.44	Sena	*ni*	
P.25	Mavia	*ni*	x

(x : *"restricted occurence"*, siehe folgendes Zitat)

*"As C.S. 2265 is almost confined to the eastern region, it is possible that a stabilizing element *NÉ, occured in Proto-Bantu, although the fact that some of the entries have a restricted occurrence (being used only in class 9 and 10) may make the validity of the C.S. less certain."* (GUTHRIE 1970, S.245)

Das auf Ostafrika beschränkte Vorkommen der Partikel im Bantu und die dort in einigen Fällen anzutreffende Anwendungsbeschränkung auf Klasse Neun und Zehn, den typischen Lehnwortklassen des Bantu, legt nahe, daß es sich für diese Sprachfamilie um eine Innovation handelt.

Die genitivische Funktion der Partikel im Austronesischen findet keine Parallele im Bantu. Eine solche genitivische Funktion hätte sich im Bantu wegen des Konkordanzsystems auch kaum einbürgern können. Eine Funktionserweiterung von einer Genitivpartikel zu einer Gleichsetzungspartikel oder zu einem Determinans ist jedoch methodisch schwer nachvollziehbar.

Etymologisch betrachtet bleibt der Ursprung der determinierenden Partikel /ni/ des Malagasy unklar. Es ist jedoch nicht auszuschließen, daß sie aus einer Kontamination des üblicherweise nachgestellten Demonstrativs *ini* und einer ähnlich lautenden Form /ni/ des Bantu entstanden ist. Eine weitere Möglichkeit wäre der etymologische Ursprung der Bantupartikel im Austronesischen. Dann wäre das Präfix eine Innovation des Malagasy, die bei ihrer Entlehnung in das Bantu eine gewisse Funktionsmodifizierung erfahren hätte. Gegen diese letztgenannte Möglichkeit spricht aber, daß die negative Gleichsetzungspartikel, quasi das Gegenstück der hier diskutierten Form, eindeutig aus dem Bantu in das Malagasy entlehnt wurde (siehe folgendes Kapitel).

8.2.2. Die Negationspartikel

Als Gegenstück zur affirmativen Gleichsetzungspartikel /ni/ kennen einige Bantusprachen die Partikel /si/ in der Funktion einer Negation.

Sw *m·nyama yu·le si·simba, ni·kondoo*
= 'jenes Tier ist kein Löwe, es ist ein Schaf'

Sw *kw·enda mbio si·kufika*
= 'schnell gehen ist nicht ankommen'
(iSv. 'schnell gehen bedeutet noch nicht ankommen')

GUTHRIE (1970) gibt die Distribution der Partikel wie folgt an:

D.61	Rwanda	*si*
E.51	Gikuyu	*ti*
F.33	Langi	*si*
G.42d	Swahili	*si*
G.44	Ngazija	*tsi*
R.21	Kwanyama	*fi*

Im Bantu ist diese Partikel recht deutlich von einer nur unter bestimmten Bedingungen erscheinenden, oft gleichlautenden, negierenden Verbalpartikel zu unterscheiden; GUTHRIE (S.245):

> *"From the information in C.S. 2266x,y it is difficult to decide what primary is reflected in these entries. There is of course always the possibility that there is some relationship between these interlocking C.S. and the negative verbal elements in C.S. 2239c,h. Nevertheless (°...) it is not possible to reach any firm conclusions about the probable shape of the primary to which they may be due. For this reason any attempt to correlate these negative stabilizers with the*

negative verbal elements within the framework of Common Bantu is fraught with uncertainties."

Es fällt auf, daß sich die Verbeitung der negierenden Gleichsetzungspartikel im wesentlichen mit der Distribution der affirmativen deckt, und auf (ursprünglich) östliche Sprechergemeinschaften beschränkt zu sein scheint.

Auch das Malagasy kennt eine solche Partikel. Sie lautet /tsi/. [1]

Ml	*tsi·fahamarinan*^{a}	= 'Ungerechtigkeit'
Ml	*fahamarinan*^{a}	= 'Gerechtigkeit'
Ml	*tsi tsara*	= 'nicht gut'
Ml	*tsara*	= 'gut'

Die Partikel /si/ ist im Malagasy Präfix am Prädikat - im Gegensatz zur affirmativen Partikel /ni/. Da im Malagasy das Subjekt dem Prädikat regelmäßig folgt, steht die negierte Nominalphrase hier also am Anfang des Satzes. Die folgende Subjektphrase bleibt dem affirmativen Satz gegenüber unverändert; vergleiche:

Ml	*ombi ni·bibi*	*tsi·ombi ni·bibi*
	|'Rind' '=' 'Tier'|	|'≠' 'Rind' '=' 'Tier'|
	= 'das Tier ist ein Rind'	= 'das Tier ist kein Rind'

Eine Satzumstellung mit Hilfe von *dia* verändert auch hier die Nominalphrasen nicht:

Ml	*tsi·vatu ni·bibi*	*ni·bibi dia tsi·vatu*
	|'≠' 'Stein' '=' 'Tier'|	|'=' 'Tier' Kop '≠' 'Stein'|
	= 'ein Tier ist kein Stein'	= 'ein Tier ist doch kein Stein'

Im Bantu hingegen ist /si/ immer Präfix der gleichgesetzten, prädikativen (Nominal-)Phrase; vergleiche:

Sw	*m·nyama i·le ni·ño*^{m}*be*		*m·nyama i·le si·ño*^{m}*be*
	| 'Tier' Dem '=' 'Rind' |		| 'Tier' Dem '≠' 'Rind' |
	= 'jenes Tier ist ein Rind'	=	'jenes Tier ist kein Rind'
Sw	*m·nyama si·ji·we*		*ku·ibia wa·tu, si·vi·zuri*
	| 'Tier' '≠' 'Stein' |		|Kl12'best."Leute"≠'Kl8'gut' |
	= 'ein Tier ist kein Stein'		= 'Leute zu bestehlen, das ist nicht gut'

[1] ^ auch: Ml *tsia*, Sw *siyo* = 'nein'.

Ml *tsi·tsara ni·manohima ni·antitra*
| '≠' 'gut' '=' 'widerspr.' -*[1] 'alt' |
= 'es ist nicht gut, den Alten zu widersprechen'

Lautlich betrachtet ist die Form des Malagasy nur mit der des Komorianischen gleichlautend. Im Malagasy hat die Partikel jedoch eine Funktionserweiterung gegenüber den Gebersprachen erfahren, so daß sie hier, anders als im Bantu, generell zur Negation, also etwa auch zur Verneinung von Verbalphrasen, eingesetzt wird.

Ml *Tsi na·hit*^{a} *olun*^{a} *ahu zan*^{i} *an·tsen*^{a}.
|NEG 'sah-' 'Person' 'ich' ART LOK 'Markt' |
= 'Ich habe die Leute auf dem Markt nicht gesehen.'

Ml *Kwe izi tsi hu av*^{i}.
|NEG 3PS NEG FUT 'komm-'|
= 'Er wird bestimmt nicht kommen.'

Die Negationspartikel /tsi/ des Malagasy kann in Verbindung mit der des Bantu gesehen werden. Entweder ist sie aus dem Komorianischen entlehnt, oder sie ist im Malagasy und Komorianischen jeweils der gleichen Lautentwicklung erlegen und ist wie ihr affirmatives Gegenstück austronesisches Etymon für die Formen des Bantu. Die letztere Möglichkeit ist aber deshalb auszuschließen, weil keine Entsprechung in anderen austronesischen Sprachen als dem Malagasy nachgewiesen werden konnte.

Der Ursprung der Partikel ist daher im Bantu anzunehmen. Es ist dies eine Erkenntnis, die darauf hinweist, daß auch der Ursprung der affirmativen Gleichsetzungspartikel eher im Bantu zu suchen ist.

8.2.3. Das Präfix des Instrumentalis und Diminutiv

Das Präfix der Klasse Sieben dient im Bantu unter anderem zur Bildung von Intrumentalnomen zur Beschreibung der Art und Weise; zum Beispiel:

SwZb	*ki·araBu*	=	'Arabisch'
SwZb	*ki·amu*	=	'die Sprache von Lamu' // 'nach Lamu-Art'
SwZb	*ki·ungwana*	=	'noble Art'

[1] hier substantivierend, ^ Kapitel 8.2.1.

In den Dialekten der Komorensprache lautet das Präfix dieser Funktion regelmäßig \ši\-; zum Beispiel:

KoNg, Mw, Nz, Ma	*ši·$^{\tilde{n}}$gazidja*	=	'die Sprache von Ngazija' // 'nach Ngazija-Art'
SwZb	*ki·$^{\tilde{n}}$gazidja*	=	'die Sprache von Ngazija' // 'nach Ngazija-Art'

Interessanterweise gibt es im Komorianischen einen Fall, in dem \ki\- als Präfix für ein Nomen der Art und Weise gebraucht wird; vergleiche:

KoNg, Mw, Nz, Ma	*ši·maore*		=	'Maore'
	ši·^{n}zwani		=	'Nzwani'
	ši·swahili		=	'Swahili'
KoNg, Nz	*ši·Buši*	<selten>	=	'Malagasy'

aber:

KoMa, Ng, Mw, Nz	*ki·Buši*	=	'Malagasy'

Diese Unregelmäßigkeit könnte die Form für das Komorianische als einstige Innovation ausweisen. Doch kommt das Swahili als rezente Gebersprache wohl nicht in Frage, da der Inlaut des Lexems nicht mit dem der Swahili-Form übereinstimmt.

Vielmehr ist die Form des Komorianischen dem Maore-Malagasy entlehnt. Das Maore-Malagasy kennt das Präfix \ki\- nicht nur in der Form (MaMl) *ki·Buši*, vielmehr hat es dieses Präfix offenbar aus dem Swahili übernommen und setzt es operativ ein:

MlMa	*ki·Dini*	=	'religiös'
MlMa	*Dini*	=	'Religion'
MlMa	*ki·Dunia*	=	'irdisch'
MlMa	*Dunia*	=	'Erde'
MlMa	*ki·ulu^{m}belu*	=	'menschlich'
MlMa	*ulu^{m}belu*	=	'Mensch'

aber auch:

MlMa	*ki·gara^{n}ter^{a}*	=	'nach Art der Hauptinsel Mayotte // diesen Teil betreffend'
MlMa	*gara^{n}tera*	=	'die Hauptinsel von Mayotte'

vgl. französische die Bezeichnung *grande terre* für den größeren Teil von Mayotte.

MlMa	*ki·adzuadz*[u]	=	'Komorianisch'
^ Ml	*adzuadz*[u]	=	'Komorianisch'

Ein Präfix \ki\- in dieser Funktion gibt es im Malagasy der Hauptinsel und anderen austronesischen Sprachen nicht.

In allen Dialekten des Malagasy gibt es aber ein operatives Präfix \ki\- in einer anderen Funktion, die ebenfalls dem des Präfix für Klasse Sieben im Bantu entspricht. Es dient zur Bildung des Diminutiv.

Im Malagasy wird das Präfix im allgemeinen einem reduplizierten Wortstamm affigiert.

SwZb	*ki·la*[ñ]*go*	[Klasse 7]	=	'Türchen'
SwZb	*m·la*[ñ]*go*	[Klasse 3]	=	'Tür'

MaMl	*ki·mwana·mwana*	=	'Püppchen'
MlMa	*mwana*	=	'Kind'

(^ Sw, Ko *mw·ana* = 'Kind')

Ml	*ki·tranu·tranu*	=	'(Spielzeug-)Häuschen'
Ml	*trano*	=	'Haus'

Ml	*ki·sambu·sambu*	=	'(Spielzeug-)Schiffchen'
Ml	*sambu*	=	'Schiff'

(^ Sw *chombo* = 'Schiff', wobei /ch/- ein Allomorph von /ki/- ist.)

Das Präfix /ki/- hat zumindest in der Vergangenheit im Malagasy offenbar häufig zur Wortbildung (Substantivierung) gedient:

Ml	*ki·faf*[a]	=	'Besen'
Ml	*faf*[a]	=	'(Säuberung durch) Fegen'
Ml	*mi·faf*[a]	=	'fegen'
Ml	*ki·dia·dia·(m)borun*[a]	=	ein Strauch
Ml	*dia*	=	'Weg // Schritt'
Ml	*voruna*	=	'Vogel'
Ml	*ki·zeho·zeho*	=	'Ameisen' usw.
Ml	*zeho·zeho*	=	'Krabbeln einer Masse'
Ml	*ki·masi·masi*	=	'eine Heuschreckenart'
Ml	*masi·masi*	=	'langsam / inaktiv'

Zwar ist aus anderen austronesischen Sprachen ein wortbildendes Präfix /kè/ (Bahasa Indonesia) oder /ka/ (javanisch) (siehe Kapitel 8.2.5.) bekannt, doch dient es dort zur Bildung von Abstrakta. Es unterscheidet sich somit sowohl lautlich als auch funktionell von dem des Bantu.

Auch die Komorensprachen kennen kein Präfix /ki/-. Hier entwickelte sich das entsprechende Morphem des Bantu zu /ši/- bzw. /hi/-:

SwZb	*ki·tu*	=	'Gegenstand'
KoNg	*hi·*^{n}*dru*	=	'Gegenstand'
KoNz	*ši·*^{n}*tu*	=	'Gegenstand'
SwZb	*ki·umbe*	=	'Kreatur'
KoNg	*ši·u*^{m}*be*	=	'Kreatur'

Das Präfix /ki/- des Malagasy muß also ursprünglich aus dem Bantu des Festlandes oder dem Swahili entstammen. Gegen eine Entlehnung aus dem Swahili spricht die allgemeine Verbreitung des Präfix auf der Insel, die sich eher mit der solcher Lexeme deckt, die zwar dem Bantu entstammen, aber nicht über das Swahili entlehnt worden sein können (vgl. Kapitel 8.3.3.). Zudem sind Präfixe keine Einheiten, die leicht als operative Elemente entlehnt werden. Präfixe scheinbar 'fremder' Etymologie vermitteln daher eher den Eindruck eines Substrats oder eines langanhaltenden, starken Einflusses etwa durch die Mehrsprachigkeit einer Gesellschaft.

Diese Überlegungen gelten gleichermaßen für die folgenden Morphemanalysen.

8.2.4. Das Infinitivmorphem

Das Malagasy kennt eine Form des Infinitivs, die durch ein Präfix /h(u)/- gebildet wird. Sie tritt offenbar nur auf, wenn das entsprechende Verb durch ein anderes regiert wird.

Ml	*asa·ina h·andeha*		= 'gebeten zu gehen'
Ml	*mandeha*	{INF}	= 'gehen'
Ml	*andeha*		= 'laß(t) uns gehen'
Ml	*rats*^{i} *ni ha*^{ñ}*galatr*^{a}		= 'es ist schlecht zu stehlen' [1]
Ml	*rats*^{i} *ni ma*^{ñ}*galatr*^{a}		= 'schlecht ist, wer stiehlt'

[1] Beispiel aus Dahl 1954, S.355.

Dieses Präfix findet eine Parallele in dem Klassenmorphem $^{\#}$/ku/- der Klasse Fünfzehn der Bantusprachen, die mit ihm Verbalnomen und Infinitive bildet.

SwZb	*ha·tak·i kw·e^{n}da*	= 'sie/er will nicht gehen'
SwZb	*kw·enda*	= '(das) Gehen'
KoNg	*ka·tsu·ha^{n}dza hw·e^{n}da*	= 'sie/er will nicht gehen'
KoNg	*hw·e^{n}da*	= '(das) Gehen'

Seine nächste Entsprechung findet das rudimentäre Morphem des Malagasy in den Komorensprachen, in denen das üblicherweise im Bantu anzutreffende /ku/- die lautliche Eigenschaft [+stop] nicht aufweist.

Zudem gibt es nach RICHARDSON (1885, S.330) im Malagasy ein, wahrscheinlich nicht mehr operatives Präfix /ku/-, das zur Substantivbildung dient.

Ml	*kufeh^i*	= 'Seil'
Ml	*mi·feh^i / mam·eh^i*	= 'binden / knoten'

Aus dem vorliegenden Material lassen sich jedoch kaum Beispiele für diese Funktion belegen, und das Morphem scheint in keinem Zusammenhang mit dem des Bantu zu stehen, da es sich im Falle des Malagasy keinesfalls um Verbalnomen handelt, die mit diesem Morphem gebildet werden, sondern wohl eher um Instrumentalnomen.

Ein besonderes Phänomen zeigt sich bei der Betrachtung der Verben des Maore-Malagasy. Hier läßt sich generell bei entlehnten Verben eine Silbe [ku] beobachten.

Beispiele für Entlehnungen sind:

MlMa	*-kua^{n}dika* [1]		=	'schreiben'
SwZb	*ku·a^{n}dika*	{INF}	=	'schreiben' [2]
KoNg	*hu·a^{n}dziha*	{INF}	=	'schreiben
MlMa	*-kupa^{n}dra*		=	'besteigen'
SwZb	*ku·pa^{n}da*	{INF}	=	'ersteigen'
KoNg	*hu·pa^{n}dra*	{INF]	=	'besteigen' [3]

[1] Der vorangehende Bindestrich deutet in solchen Fällen darauf hin, daß es sich nicht um eine vollständige Form des Verbs handelt, sondern nur um den Verbalstamm, der im Satz einer Präfigierung von /*mi*/- bedarf.

[2] Den Wortstamm betrachtend wäre in diesem Beispiel eher davon auszugehen, daß die Form des Maore-Malagasy aus dem Swahili entlehnt ist.

[3] In diesem Fall hingegen deutet die Lautung des Wortstammes eher auf eine Entlehnung aus

MlMa	*-kuamin*^{i}		=	'glauben'
SwZb	*ku·amini*	{INF}	=	'glauben'
KoNg	*hu·amini*	{INF}	=	'glauben'
Ar	امن	[âmin]	=	'glauben'

Beispiele für nicht entlehnte Verben sind:

MlMa	*-hirats*^{i}	=	'sprechen'
Ml	*-hirats*^{i}	=	'sprechen'
MlMa	*-ta*^{m}*ponu*	=	'beginnen'
Ml	*-ta*^{m}*pun*^{a}	=	'beginnen'
MlMa	*-petak*^{a}	=	'berühren'
Ml	*-petak*^{a}	=	'angeheftet sein'

Zum einen handelt es sich bei den mit /ku/ gebildeten Lexemen um Nomen, die aus einem Verbalstamm gebildet sind; zum Beispiel:

MlMa	*kupa*^{m}*ba*		=	'Hausbautechnik mit Raphia'
KoNg	*hu·pa*^{m}*ba*	{INF}	=	'herrichten / schmücken'
SwZb	*ku·pa*^{m}*ba*	{INF}	=	'schmücken / verzieren'

Dieses Phänomen entspricht dem oben beschriebenen des Malagasy und scheint auch im Maore-Dialekt nicht häufiger vorzukommen als in den anderen Dialekten des Malagasy.

Zum anderen erscheint die Silbe aber auch an Verbalstämmen in der Funktion von Verben, und zwar offenbar in der Regel gemeinsam mit einem der beiden austronesischen Verbalpräfixe /mi/- oder seltener /mañ/-.

MlMa	*mi·kutu*^{n}*da*	=	'überwachen'
MlMa	*mi·kutedjeme*^{a}	=	'sich auf etw.verlassen'
MlMa	*mi·kušauri*	=	'bedenken'
MlMa	*mañ·kuakea*	=	'akzeptieren'

Lautlich gesehen kann die Silbe nicht dem Komorianischen entlehnt sein, wie wir es heute kennen, denn das dortige Infinitivmorphem, das als Geberform in Betracht kommen könnte, lautet dort in allen Dialekten regelmäßig [hu]. Denkbar wäre, zwar, daß die Form entlehnt wurde, bevor sich im Komorianischen [k] zu [h] entwickelte, so man denn aufgrund der Lautensprechung swahili [k] zu komorianisch [h] eine solche Entwicklung postulieren will. Doch ist kaum

dem Komorianischen.

anzunehmen, daß der Malagasy-Dialekt von Maore diese archaische Form erhalten hätte, weil er doch einem Milieu ausgesetzt war, in dem sich die Entwicklung [k] zu [h] sowohl im Malagasy als auch im Komorianischen durchsetzte. Gerade die Tatsache, daß wir hier, in einem Malagasy-Dialekt in komorianischer Umgebung, eine Silbe mit der Lautung [ku] finden, deutet also wohl daraufhin, daß es sich um eine jüngere Erscheinung handelt, die nach der Lautenwicklung [k] zu [h], auftrat.

Als Gebersprache bliebe also das Swahili. Doch gibt es einige Argumente, die eine Beziehung zwischen dem Infinitivmorphem des Swahili und der gleichlautenden Silbe noch ungeklärter Herkunft und Funktion im Maore-Malagasy in Frage stellen:

Im Swahili dient das Morphem, wie bereits erwähnt, zur Bildung von Verbalnomen bzw. Infinitiven in periphrastischen Konstruktionen.

SwZb *Ku·imba ku·me·kw·isha.*
= 'Das Singen ist beendet.'

SwZb *Kw·enda mbio si·kufika.*
= 'Schnell gehen ist nicht gleich ankommen.'

SwZb *A·na·taka ku·soma.*
= 'Sie/Er möchte lesen.'

Im Maore-Malagasy dient es ohne Zeifel keinem solchen Zwecke.

MlMa *Ampi·kunadi mi·kunadi.*
= 'Der Muezzin ruft zum Gebet'
(wörtl. 'Der, welcher zum Gebet ruft, ruft zum Gebet.')

MlMa *Zahu tsisi kiu ne·ro zahu ni·kunia amba zahu hi·kutwali.*
= 'Ich habe kein Buch, das ich lesen will.'
(wörtl. 'Ich habe kein Buch, von dem ich will, daß ich es studieren möchte.')

Diese Beobachtung muß nicht zwangsläufig zu dem Schluß führen, daß es sich nicht um eine Entlehnung aus dem Swahili handeln kann, denn es könnte ja sehr wohl nur die Lautung, also das Morphem als (nunmehr funktionslose) Silbe mitenlehnt worden sein. Aber Verbalnomen treten im Alltagsgebrauch des Swahili eher selten auf, und die periphrastischen Konstruktionen sind zwar häufiger, doch wäre auf diese Weise nicht zu erklären, warum nur Infinitive entlehnt wurden und keine Verben ohne dieses Morphem, obwohl sie doch in anderen, nämlich flektierten, Formen noch häufiger gebraucht werden.

Außerdem findet sich die Silbe [ku] im Maore-Malagasy auch an solchen Lexemen, die eindeutig dem Französischen entlehnt wurden.

MlMa	*mi·kudima^{n}di*		=	'verlangen'
^ französisch	*demander*		=	'verlangen'
MlMa	*mi·kutoroji*		=	'anfragen'
^ französisch	*interroger*		=	'befragen'
MlMa	*mi·kuseri*		=	'(er)zwingen'
KoMa	*hu·seri*	{INF}	=	'zwingen'
^ französisch	*serrer*		=	'bedrängen'
MlMa	*mi·kuderesi*		=	'drillen / abrichten'
^ französisch	*dresser*		iSv.	'dressieren'

Diese Verben französischer Etymologie sind im Swahili aber nicht bekannt.

Einer Entlehnung aus dem Swahili widerspricht auch, daß sich das Phänomen ebenfalls bei solchen Verben findet, die eindeutig dem Komorianischen entlehnt sind.

MlMa	*mañ·kushi^{n}dra*		=	'besiegen'
KoNg	*hu·shi^{n}dra*	{INF}	=	'besiegen'
SwZb	*ku·shinda*	{INF}	=	'besiegen / überwinden'
MlMa	*mi·ku^{n}dra*		=	'bauen'
KoMa	*hu·^{n}dra*	{INF}	=	'bauen'
SwZb	--- [1]			

Gerade diese letzten Beispiele zeigen, daß das Maore-Malagasy die Silbe [ku] losgelöst von den Lexemen entlehnt haben muß.

Für die Silbe selbst kann keine andere etymologische Herkunft gefunden werden, als die aus dem Swahili.

Da sich die Silbe ausschließlich an allen entlehnten Verben findet, ist bei dieser Eigenschaft auch nach dem Grund zu suchen, der für die Entstehung des Phänomens verantwortlich ist. Wie sonst wäre es zu erklären, daß eine Sprache entlehnte Verballexeme durch eine aus einer anderen Sprache entlehnte Silbe ergänzt?

Der Grund hierfür dürfte in der unterschiedlichen Verbalmorphologie des Swahili und des Malagasy zu finden sein.

[1] das heißt kein vergleichbares Lexem.

Das Malagasy kennt als westindonesische Sprache keine Personalmarkierungen am Verb. Im Gegensatz dazu markieren das Swahili und das Komorianische als ebenfalls agglutinierende Sprachen Konkordanz zum grammatischen Subjekt und häufig Konkordanz zum Objekt und dann zum regierenden Nomen, wenn es sich um eine Relativkonstruktion handelt; und zwar jeweils durch Präfixe.

Ml	*zahu man·uratra*	=	'ich schreibe'
Ml	*anau man·uratra*	=	'du schreibst'
Ml	*izahay han·uratra aminau*		
	| 'wir' Futur 'schreib.' 'dir' |	=	'wir werden dir schreiben'
Ml	*tavovav[i] izay nan·uratra taminay*		
	| 'sie' 'welch-'Verg.'schreib.' 'uns' |	=	'sie, die uns schrieb'
SwZb	*ni·na·andika*	=	'ich schreibe'
	|1PsSg-Gegenw.-'schreib.'|		
SwZb	*u·na·andika*	=	'du schreibst'
	|2PsSg-Gegenw.-'schreib.'|		
SwZb	*tu·ta·ku·andikia*	=	'wir werden dir schreiben'
	|1PsPl-Futur-2PsSg-'schreib.'|		
SwZb	*a·li·ye·tu·andikia*	=	'er/sie, d.uns schrieb'
	|3PsSg-Verg.-Rel.-1PsPl-'schreib.'|		

Auch das Französische kennt eine Verbalflexion, wenn diese auch durch Suffixe erfolgt:

j'écris	[jekri]	=	'ich schreibe'
nous écrivons	[nuzekrivo~ñ]	=	'wir schreiben'
vous écrivez	[vuzekrive]	=	'ihr schreibt'
ils ecrivent	[ilzekriv]	=	'sie schreiben'

Um fremde Verben in das Malagasy integrieren zu können, muß der Maore-Dialekt also neutralere Formen des Verbs finden, das heißt solche, die keine veränderlichen Affixe tragen. Eine neutralere Form wäre der Verbalstamm, der aber im Bantu dem Imperativ Singular entspricht.

SwZb *andika* {IMP} = 'schreibe'

Das Verbalnomen bzw. der Infinitiv sind mit Abstand die neutralsten Formen, die semantisch betrachtet ausschließlich die mit dem Sinnträger in Verbindung gebrachte Aktion oder einen entsprechenden Zustand bezeichnen.

SwZb *ku·andika* = 'Schreiben'

Das Maore-Malagasy hat also offenbar das Klassenpräfix für Verbalnomen aus dem Swahili entlehnt (so wie es ja auch z.B. Wörter aus dem Swahili entlehnt hat) und zumindest noch eine ganze Weile operativ genutzt. Die Funktion dieses Morphems wurde dabei geringfügig modifiziert, um neutrale, das heißt unveränderliche Verbalstämme zu bilden, auf welche die grammatischen Regeln des Malagasy angewandt werden können.

Ein flektiertes Verb hätte nur umständlich durch das Malagasypräfix /mi/- als Verb gekennzeichnet werden können.

SwZb	*a·na·andika*	→	MlMa	#*mi·anaandika*	<?>
SwZb	*tu·li·andika*	→	MlMa	#*mi·tuliandika*	<?>

Auch die durch das Malagasy-Präfix erweiterte Form des Verbalstammes wäre vermutlich noch zu stark von zweisprachigen Sprechern (Malagasy und Swahili) als Imperativ empfunden worden. Außerdem ist /mi/- im Swahili Klassenpräfix für Nominalbildungen.

MlMa #*mi·andika*

Anders verhält es sich offenbar mit dem Verbalnomen bzw. der Infinitivform.

SwZb	*ni·na·andika*				
SwZb	*tu·na·andika*	→ (SwZb/)MlMa	*ku·andika*	→ MlMa	*mi·ku·andika*
SwZb	*wa·li·andika*				

8.2.5. Das nominale Wortbildungspräfix /ka/-

Im Malagasy läßt sich ein altes, nicht mehr operatives wortbildendes Präfix erkennen. Dieses lautet /ka/- und dient zur Bildung von Substantiven.

Ml	*kamur*^{i}	=	'Teich, Pfütze'
	ma·mur^{i}	=	'sammeln' usw.
Ml	*kanos*^{a}	=	'Feigling'
	osa	=	'schwächlich'
Ml	*kanovo*	=	'Kelle'
	ma·novo	=	'schöpfen'
Ml	*katsara*	=	'Güte'
	tsara	=	'gut'

GUTHRIE (1970) unterscheidet für das Bantu zwei gleichlautende, wortbildende Präfixe. Zum einen ist dies ein reines wortbildendes Präfix ohne Einfluß auf die Konkordanz für Nomina, die hauptsächlich Personen bezeichnen.

E.15	Ganda	*ka*
F.21	Sukuma	*kha*
G.12	Kaguru	*ka*
M.42	Bemba	*ka*
N.31c	Mañanja	*ka*
P.21	Yao	*ka*

Zum anderen handelt es sich um das Präfix der Nominalklasse Zwölf.

C.83	Kuba	*ka*
E.31b	Kisu	*xa*
G.22	Asu	*ka*
G.24	Bondei	*ka*
H.21	Mbundu	*ka*
L.31b	Lulua	*ka*
N.43	Tete	*ka*
P.21	Yao	*ka*
S.13a	Manyika	*ka*
S.15	Ndau	*ka*

ferner:

D.42	Ndandi	*aka*
E.45	Nata	*aka*
F.31	Nilamba	*e+ka*
G.62	Hehe	*aka*
K.31	Luyana	*aka*
M.42	Bemba	*aka*
R.31	Herero	*oka*

Auch im Austronesischen besteht ein wortbildendes Präfix /ka/. Dort bildet es vor allem Abstrakta.

Nd	*ka·gogop*	=	'Sorge'
	gogop	=	'besorgt'
Tg	*ka·puti*	=	'Weißheit'
	puti	=	'weiß'

Tb	*ha·linu*		=	'Spiegelung'
	lino	<H>	=	'sich spiegeln'

Da sich die Präfixe des Bantu und des Austronesischen lautlich und funktionell sehr ähnlich sind, kann keine eindeutige Aussage über die Etymologie des Affix im Malagasy gemacht werden. Während ein austronesischer Ursprung wahrscheinlich ist, kann alternativ oder zusätzlich ein Einfluß des Bantu nicht ausgeschlossen werden.

8.2.6. Der Futuranzeiger

Die Bildung des Futurs erfolgt im Malagasy durch die Voranstellung der Partikel /hu/ vor das Verb.

Ml	*tranu hu·vak*^{i}	=	'das Haus wird zerfallen'
Ml	*andev*^{u} *hu·afak*^{a}	=	'Sklaven werden frei sein'

vergleiche:

Ml	*tu*$^{\tilde{n}}$*ga izi*	=	'er/sie kommt'
Ml	*hu·tu*$^{\tilde{n}}$*ga izi raha*^{m}*pitsu*	=	'er kommt morgen' [1]

Aus dem vorliegenden Material läßt sich für das Austronesische keine Parallele finden. Doch das Bantu kennt in einigen Sprachen eine Partikel /ku/, die sich aufgrund regelmäßiger Lautentsprechungen mit dem Futuranzeiger des Malagasy in Beziehung sehen läßt. Nach GUTHRIE, der von folgenden Fällen berichtet, hat die Partikel in einigen Sprachen die Funktion eines progressiven Aspektanzeigers (P), in anderen hingegen dient sie zur Bildung des Futur (F):

C.32	Bobangi	*ko*	(P)
G.12	Kaguru	*ku*	(P)
K.13	Ponda	*ku*	(P)
M.23	Nyika	*ku*	(P)
N.21	Kamanga	*ku*	(P)
P.21	Yao	*ku*	(P)
D.28b	Hôlôhôlô	*ako*	(P)
C.32	Bobangi	*ko*	(F)
E.45	Nata	*ko*	(F)

[1] Beispiel aus: DAHL 1954, S.355.

F.24	Kimbu	*ko*	(F)
L.62	Nkoya	*ku*	(F)
M.23	Nyika	*ku*	(F)

Denkbar wäre, daß in den genannten Fällen der Futuranzeiger aus dem Infinitivpräfix entstanden ist, das gemeinsam mit einer zweiten Verbform in einer periphrastischen Konstruktion ursprünglich zur Bildung des Futurs diente. Das entsprechende Infinitivpräfix hat eine weitere Verbreitung (siehe Kapitel 8.2.4.).

Im Komorianischen findet sich zwar das Infinitivmorphem als /hu/, doch in Verbindung mit der Form des Futur wird es nur noch bei einsilbigen Verbalstämmen nach den Tempus- und Personalmarkierern eingesetzt. Der Tempus- und Aspekt-Markierer für das Futur lautet hier /ng/ bzw. /tsu/.

KoNg	*ngamhudja*	=	'ich werde kommen'
KoNz	*atsuh(u)e"da*	=	'er/sie wird gehen'

8.3. Lexikologie

8.3.1. Entlehnungen in das Malagasy über die Handelswege der Swahili

Ein Ergebnis aus der Betrachtung des historischen Kontexts (siehe Teil 1) war die Feststellung, daß es über einen langen Zeitraum Handelsbeziehungen zwischen der ostafrikanischen Küste und Madagaskar direkt und über die Komoren gegeben hat. Somit ist es wahrscheinlich, daß sich auch bei einer sprachlichen Analyse dieser Kontakt belegen läßt. Dominiert wurden die Handelsbeziehungen offenbar von Swahili, deren Sprache einst als Sprache des Handels auf den Komoren und entlang der Westküste Madagaskars in Gebrauch war. Lehnworte des Malagasy aus dem Swahili oder Komorianischen sind also durchaus denkbar, wie auch andererseits Entlehnungen aus dem Malagasy in das Swahili möglich sind (etwa für eingehandelte Waren und dergleichen; vgl. Kapitel 8.3.2.).

Bei der Suche nach Entlehnungen aus dem Swahili und Komorianischen in das Malagasy wurde schon bald deutlich, daß in dieser Beziehung etwa zwischen drei Dialektgruppen des Malagasy zu unterscheiden ist:

1) Der Dialekt des Malagasy auf der Komoreninsel Maore.

2) Die Dialekte des Malagasy (occidental) unmittelbar an der Nord- und Westküste Madagaskars.

3) Die übrigen Dialekte des Malagasy (oriental und solche occidentalen, die nicht unmittelbar an der Küste gesprochen werden).

Der besseren Übersichtlichkeit wegen sollen im folgenden die beiden letztgenannten Dialektgruppen zunächst gemeinsam behandelt werden. Erst zum Ende des Kapitels soll dann auf die Unterschiede eingegangen werden.

Bei einer etymologischen Zuordnung von etwa 2'500 Lexemen [1] des Maore-Malagasy [2] (zum größten Teil aus dem Wörterbuch von GUEUNIER) ergab sich das folgende quantitative Ergebnis:

Anzahl der Lexeme, die

1)	- französischen Ursprunges sind:	**148**
2)	- religions-arabischen Ursprunges sind:	**≥ 25** [3]
3)	- offenbar keine Entsprechung im Bantu, aber im Malagasy haben:	**1'080**
4)	- eine Entsprechung (auch) im Bantu haben: [4]	**1'089**

Zusammenfassend läßt sich etwa folgende mengenmäßige Tendenz formulieren: Nach Abzug der Lexeme anderer Etymologie verbleiben ungefähr gleich viele Lexeme (50%), die aus dem Bantu in das Malagasy entlehnt worden sind, [5] wie solche, die etymologisch dem austronesischen (malagasy) Wortschatz zuzurechnen sind.

---

[1] Bei der Betrachtung dieser Auszählung sind jedoch folgende Probleme zu berücksichtigen:

Es handelt sich um Wörterbucheinträge, das heißt Mehrfachnennungen und -zählungen des gleichen Lexems (z.B. als Derivation) können vorkommen (vor allem bei solchen Lexemen, die aus dem Malagasy stammen). Daraus folgt: Die Zahl der unter 3) angegebenen Lexeme ist also relativ eher geringer anzusehen.

Weiterhin handelt es sich teilweise um ein recht spezielles Vokabular, das sich bei der Suche in anderen Wörterbüchern zum Vergleich oft nicht finden läßt. Solche Fälle sind bei der Zählung ausgelassen worden.

[2] Das Maore-Malagasy weist zwei Dialekte auf. Manche Lexeme werden jeweils nur von einem Dialekt referiert, bei anderen gibt es keinen Hinweis auf ihre Dialektdistribution. Eine Unterscheidung der beiden Dialekte, fand bei der Zählung daher nicht statt.

[3] Gemeint sind hier Termini der allgemeinen Umgangssprache. Im speziellen Sprachgebrauch der Religion ist die Menge der Entlehnungen aus dem Arabischen vermutlich größer.

[4] Unter 4) wurden auch solche Lexeme gezählt, die ihre Etymologie möglicherweise <?> im Austronesischen haben, aber auch im Bantu zu finden sind (vgl. 8.3.4.). Die Anzahl solcher Lexeme ist relativ gering und mag (geschätzt) etwa so groß sein, wie die, welche wegen (*1) bei 3) abgezogen werden müßte.

[5] wenn auch ursprünglich eventuell aus dem Arabischen/Persischen/Indischen entlehnt: siehe im folgenden.

Das Maore-Malagasy unterscheidet sich also lexikologisch deutlich von den anderen Dialekten des Malagasy und wird in seiner alltäglichen Form nachweislich von anderen Malagasy-Sprechern nicht ausreichend verstanden.

Manche Lexeme des Maore-Malagasy, die ihren Ursprung im Malagasy haben, gelten als veraltet gegenüber ihren Synonymen, die ihren Ursprung im Bantu haben, und werden allgemein seltener verwendet. Dieses hat seine Ursache darin (und beweist damit), daß der andauernde Kontakt mit dem Komorianischen und der (nachlassende) geringere Kontakt zum Malagasy Madagaskars sich in der Übernahme komorianischer Lexeme auswirkt.

Bei einer Untersuchung der Lexeme des Maore-Malagasy, die eine Entsprechung im Arabisch/Persisch/Indischen aufweisen, wurde festgestellt, daß es offenbar keine gibt, die nicht auch im Swahili und/oder Komorianischen entsprechende Entlehnungen aus dem Arabisch/Persisch/Indischen aufweisen.

Insgesamt waren dies 296 Lexeme, von denen noch 92 (oder 31%) ihren Weg bis in das Malagasy der großen Insel gefunden hatten.

Eine genauere Analyse der Entlehnungswege ergibt den in der folgenden Graphik und anschließend erläuterten Sachverhalt.

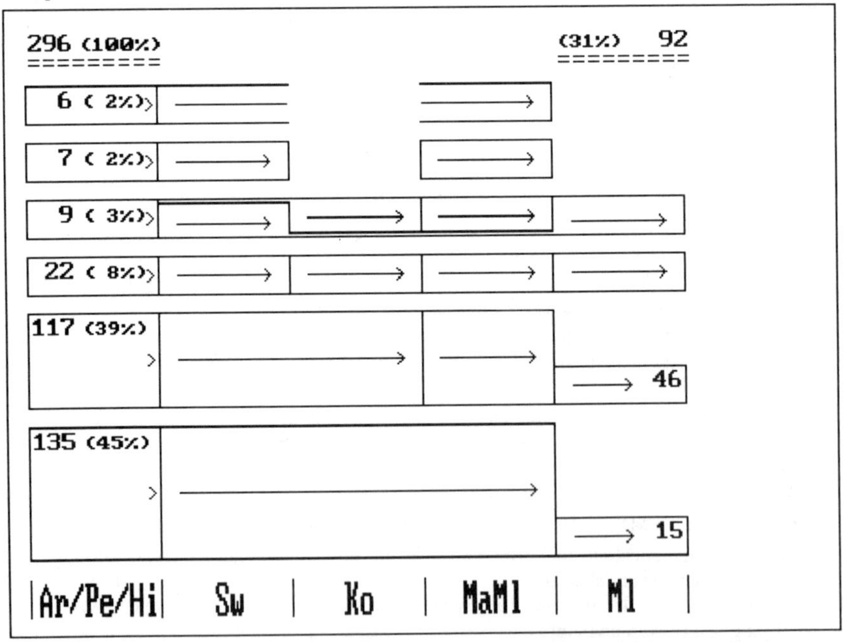

Bild 27: Entlehnungswege und Mengen solcher Lexeme des Malagasy, die eine Entsprechung im Ar/Pe/Hi aufweisen

Hypothetisch wird für alle diese Lexeme, wie allgemein üblich, ein arabisch/persisch/indischer Ursprung angenommen. [1]

Die Pfeile in der Graphik zeigen die Entlehnungsrichtung an. Teilen sich mehrere Sprachkolumnen einen Pfeil, so deutet das darauf hin, daß die Wortformen der entsprechenden Idiome so ähnlich sind, daß innerhalb dieser Gruppe eine genauere Bestimmung des Entlehnungsweges nach formalen Kriterien nicht möglich ist.

Bei insgesamt 45% der 296 Lexeme des Maore-Malagasy, aber nur 16% der 92 Lexeme des Malagasy der Hauptinsel ist dies der Fall: das heißt, hier ist eine genauere Bestimmung des Entlehnungsweges nicht möglich: die Lexeme können direkt aus dem Arabischen/Persischen/Indischen oder aber über das Swahili oder Komorianische entlehnt worden sein.

Doch bei 54% der Lexeme im Maore-Malagasy und sogar 84% der Lexeme des Malagasy läßt sich ein Entlehnungsweg über das Swahili und/oder Komorianische erkennen. Gemeint ist damit natürlich, daß die Wörter nicht nur räumlich über die ostafrikanische Küste und die Komoren weitergegeben wurden, sondern zunächst Eingang in die dort gesprochenen Sprachen gefunden haben und von Sprechern des Swahili oder Komorianischen an Malagasysprecher übergeben wurden. [2] Das Malagasy hat diese Lexeme also nicht aus einem direkten Kontakt mit Arabisch/Persisch/Indisch-Sprechern übernommen, wie dieses bisher im allgemeinen gerne angenommen wurde.

Die Bestimmung des Entlehnungsweges wurde nach folgenden Kriterien vorgenommen:

1) phonetisch:

Arabische Etymone, die auf einen Konsonanten auslauten, werden im Swahili im allgemeinen durch den Vokal \i\ ergänzt. Im Malagasy aber werden

[1] Diese Annahme wäre in einigen Fällen sicherlich in Frage zu stellen, in denen das Ar/Pe/Hi eher aus den afrikanischen Sprachen entlehnt haben dürfte als umgekehrt. So wird im allgemeinen die Bezeichnung des Swahili für Pfeffer, *pilipili* auf das arabische فلفل zurückgeführt. In keinem anderen Falle aber ist arabisch [f] zu swahili [p] geworden. Auch das sanskrit [pipal], [pipul], [pipèl] (^ *Piper*) ist als Geberform für das Swahili nicht vorstellbar. Andererseits weist in den Komorensprachen der entsprechende Silbenanlaut wie im Arabischen die Eigenschaft [-stop] auf: KoNg *ßilißili*, KoMa *vilivili*. Komorianisch [-stop] zu swahili [+stop] ist eine regelmäßige Entsprechung (^ 8.1.3. 2)) und deutet auf eine Lautentwicklung von [p] zu [ß] bzw. [v] hin. Das Komorianische kann somit Geber für das Arabische gewesen sein, wie das Swahili etwa für das Sanskrit (Elision [pi(li)pil(i)]). Einige Pfefferarten sind in Afrika heimisch, andere in Asien und Amerika.

[2] Die vier Prozent Lexeme, die anscheinend keine Entsprechung im Komorianischen haben, können wohl für eine Interpretation vernachlässigt werden, da es wahrscheinlich ist, daß sie lediglich im Untersuchungsmaterial nicht vorkamen.

konsonantisch auslautende Lehnworte grundsätzlich durch den Vokal \a\ ergänzt (BERCHEM 1989).

Ar	ميزان	=	'Waage'
Ml	*mizan*^{a}	=	'Waage'
SwZb	*mizani*	=	'Waage'

Dort also, wo das Maore-Malagasy einen Auslaut aufweist, der weder durch Assimilation entstanden sein kann noch dem typischen Auslaut \a\ des Malagasy entspricht, muß das Lexem dem Swahili oder Komorianischen entlehnt worden sein und nicht direkt dem Arabisch/Persisch/Indischen.

Die beiden folgenden Beispiele veranschaulichen dieses.

Ar	قانون	=	'Regel / Gesetz'
SwZb	*kanuni*	=	'Regel / Gesetz'
KoNg	*kanûni*	=	'Regel / Gesetz'
MlMa	*kanuni*	=	'Regel / Gesetz'

Ar	زمور		
Ml	*a*^{n}*dzumar*^{i}	=	'eine Oboe'
MlMa	*a*^{n}*dzumar*^{i}	=	'eine Oboe'
KoNg	^{n}*dzumari*	=	'eine Oboe'
SwZb	*zumari*	=	'eine Oboe'

2) morphologisch:

In einigen Fällen weisen Lexeme des Malagasy lautliche Bestandteile auf, die nicht im arabisch/persisch/indischen Etymon vorhanden sind. Es handelt sich dabei um Morpheme des Bantu, die das Malagasy nicht kennt. In diesen Fällen muß das Lexem dem Swahili oder Komorianischen entlehnt worden sein und nicht direkt dem Arabisch/Persisch/Indischen.

Pe	دارصين	=	*'Cinnamomum'*
SwZb	*m·dalasini*	=	*'Cinnamumum zeylanicum'*
KoNg,Ma	*m·darasini*	=	*'Cinnamumum zeylanicum'*
MlMa	*mdarasin*^{i}	=	*'Cinnamumum zeylanicum'*

Ar	كتب	=	'Abhandlung'
SwZb	*m·kataBa*	=	'Schriftstück'
KoNg	*m·kataBa*	=	'Schriftstück'
MlMa	*mkataBa*	=	'Schriftstück'

Das Maore-Malagasy hat in den beiden Beispielen das Klassenpräfix der Klasse Drei als lautlichen Bestandteil des Wortes aus dem Swahili oder Komorianischen mitentlehnt. Der Entlehnungsweg ist somit einwandfrei belegt.

Im folgenden Fall wird die anlautende Silbe \mu\ der arabischen Geberform im Swahili wie ein Klassenpräfix der Klasse Drei behandelt. Es wird daher zur Pluralbildung durch das Präfix \mi\ der Klasse Vier ersetzt. Das Maore-Malagasy zeigt eben dieses, hier funktionslose Pluralmorphem als lautlichen Bestandteil seines Wortes.

Ar	مدّة	=	'Zeitspanne / Periode'
SwZb	*muda*; Pl: *mi·da*	=	'Weile'
KoNg	*mûda*; Pl: *mi·da*	=	'Moment'
MlMa	*mida*	=	'Moment'

3) semantisch:

Es ist nicht außergewöhnlich, daß Lexeme beim Prozeß der Entlehnung oder danach eine Veränderung der Bedeutung erfahren. Äußerst unwahrscheinlich wäre es aber, wenn Lexeme in verschiedenen Nehmersprachen die gleiche semantische Wandlung erführen.

Viemehr muß in solchen Fällen angenommen werden, daß das Lexem, nachdem es in der ersten Nehmerspprache einen semantisachen Wandel erfahren hat, weiter entlehnt worden ist; zum Beispiel:

Ar	تاجر	=	'Handel treiben'
SwZb	*tadyiri*	=	'reich'
KoNg	*tadjiri*	=	'reich'
MlMa	*tadjir*^{i}	=	'reich'
Ar	زمان	=	'lange Zeit'
SwZb	*zamani / ki·zamani*	=	'Vergangenheit'
KoNg,Ma	*zamani*	=	'Vergangenheit'
MlMa	*zaman*^{i} / *ki·zaman*^{i}	=	'Vergangenheit'

Mehr als doppelt soviele Lexeme des Maore-Malagasy wie die, welche eine Entprechung im Bantu und Ar/Pe/Hi haben, weisen eine Entsprechung nur im Bantu auf (nämlich 708). Von diesen sind 150 (oder 21%) auch im Malagasy der Hauptinsel zu finden, und zwar in unterschiedlicher dialektaler Distribution.

Die folgende Graphik stellt diesen Sachverhalt bildlich dar.

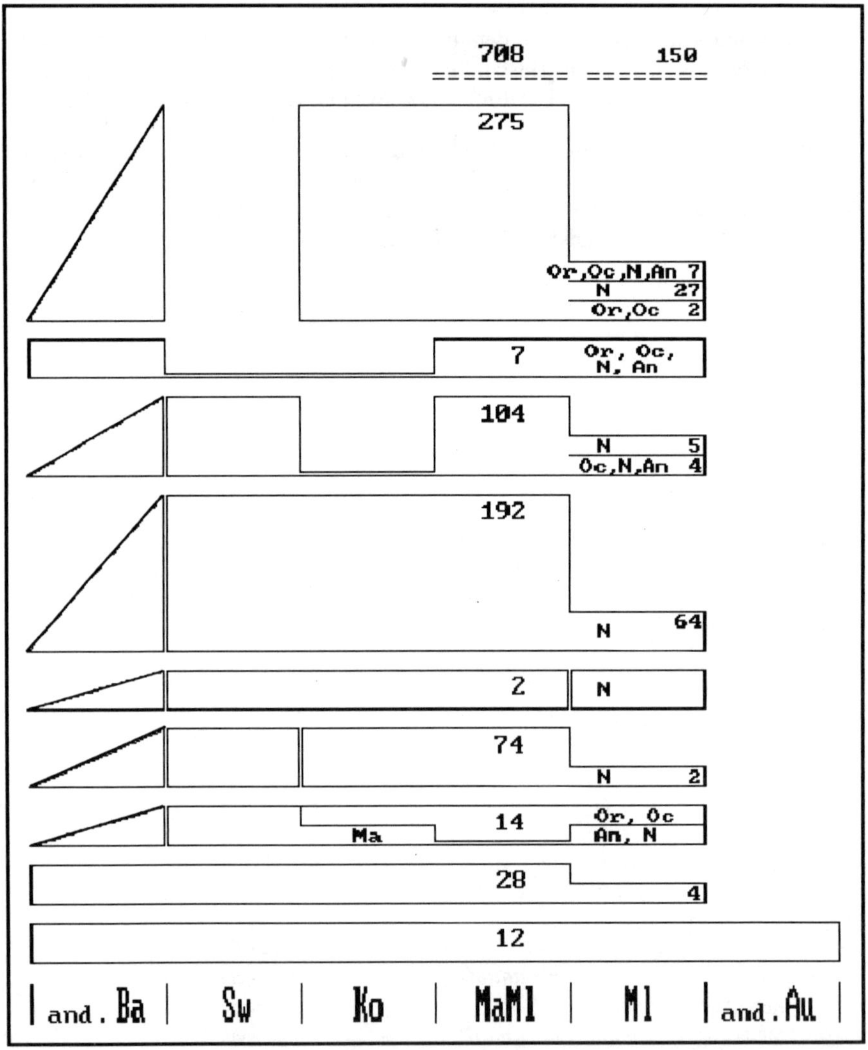

Bild 28: Mengen solcher Lexeme, die eine Entsprechung im Bantu und Malagasy haben (NICHT im Ar/Pe/Hi) mit Beteiligung des Maore-Malagasy

In der Graphik zeigen die abgeschrägten Flächen in der Kolumne des Bantu, daß die entsprechenden Lexeme zumindest teilweise mehr oder weniger ähnliche Entsprechungen in einigen anderen Bantusprachen als Swahili oder Komorianisch aufweisen. Eine genauere Auszählung ist aufgrund der hierfür zu bearbeitenden Menge von Quellen für die Bantusprachen (soweit überhaupt vorhanden) nicht möglich. So gibt es einen unbestimmten, aber relativ geringen

Prozentsatz von Lexemen ohne bisher nachweisbare Entsprechung in anderen Bantusprachen als dem Swahili und Komorianischen. Regelmäßige Kästchen hingegen deuten an, daß für alle Lexeme Entsprechungen in einigen anderen Bantusprachen als Swahili oder Komorianisch bestehen.

Die Darstellung selbst gibt noch keine Auskunft über die Etymologie oder den Entlehnungsweg der Lexeme. Denkbar sind zum Beispiel auch Lexeme mit austronesischer Etymologie im Komorianischen.

Deutlich erkennbar ist die hohe Zahl von Lexemen, die sich das Swahili bzw. Komorianische und zumindest das Maore-Malagasy und einige Dialekte des Malagasy der Hauptinsel teilen.

Davon sind etwa 40% der Lexeme ohne Beteiligung des Swahili entlehnt, 275 davon stehen für die Beziehung des Komorianischen zum Maore-Malagasy, begünstigt durch die Geschichte und Geographie. In vielen Fällen läßt sich eindeutig belegen, daß das Maore-Malagasy aus dem auf der gleichen Insel gesprochenen Maore-Dialekt des Komorianischen entlehnt hat.

MlMa	$vi^{\tilde{n}}gu$	=	'Wolken'
KoMa	$vi^{\tilde{n}}gu$	=	'Wolke'
KoNg	$Bi^{\tilde{n}}gu$	=	'Wolke'
SwZb	$wi^{\tilde{n}}gu$	=	'Wolke'

⇒ MlMa ← KoMa

MlMa	*matra*	=	'Öl'
KoMa	*ma·tra(matra)*	=	'Öl'
KoNz	*ma·ta*	=	'Öl'
KoNg	*ma·fura*	=	'Öl'
SwZb	*ma·futa*	=	'Öl'

⇒ MlMa ← KoMa

aber:

Ml	$ampu^{n}dra$	=	'Esel'
MlMa	$ampu^{n}dra$	=	'Esel'
KoMa	$p^{h}u^{n}dra$	=	'Esel'
KoNg	$^{m}pu^{n}dra$	=	'Esel'
SwZb	$p^{h}u^{n}da$	=	'Esel'

⇒ Ml ← KoNg

Für etwa 16% aller 708 Lexeme wurde keine Entsprechung im Komorianischen gefunden. In einzelnen Fällen mag dies auf Lücken im Quellenmaterial schließen lassen; doch ist die Summe zu hoch, um alle Fälle so erklären zu können. Vielmehr wird hier der Einfluß des Swahili deutlich, der auf eine ganz fremde Sprache (Malagasy) stärker gewirkt haben wird, als auf eine verwandte (Komorianisch). Zudem wird hier die wichtige Stellung der Insel Maore im Swahili-Handel mit Madagaskar, wie sie aus den Seehandbüchern der Swahili überliefert ist (vgl. Teil 1), linguistisch belegt.

Betrachten wir diese Sachverhalte nach Wortfeldern aufgeschlüsselt, so ergibt sich:

Die 'Fremdwortbeziehungen' zwischen Swahili (i.w.S.) - Komorianisch (i.w.S.) - Maore-Malagasy - Malagasy betreffen keineswegs nur solche Lexeme, an denen in der Nehmersprache ein 'Mangel' bestanden hätte ('Bedarf', da mit dem Wort eine 'Sache' als Innovation eingeführt wurde); vielmehr ist es häufig so, daß im Malagasy für den gleichen semantischen Gehalt mehrere Bezeichnungen (Synonyme) unterschiedlicher Etymologie bestehen.

SwZb	*ku·andika*	=	'schreiben'
MlMa	*mi·kuandika*	=	'schreiben'
MlMa	*man·uratra*	=	'schreiben'
Ml	*man·uratra*	=	'schreiben'
SwZb	*ma·wi*$^{\tilde{n}}$*gu*	=	'Wolken'
MlMa	*mai*$^{\tilde{n}}$*ngu*	=	'Himmel'
MlMa	*la*$^{\tilde{n}}$*gitr*^{a}	=	'Himmel'
MlOr	*la*$^{\tilde{n}}$*gitr*^{a}	=	'Himmel'

Fremdwortbeziehungen finden sich sowohl im Kulturwortschatz wie auch im Grund- oder Basiswortschatz.

- zum Beispiel im Kulturwortschatz:

MlMa	*a*$^{\tilde{n}}$*gano*	=	'Mehl'
KoNg	$^{\tilde{n}}$*gano*	=	'Mehl'
SwZb	$^{\tilde{n}}$*gano*	=	'Weizen(korn)'
MlAt	*mavul*^{i}	=	'Schirm'
MlMa	*mavul*^{i}	=	'Schirm'
KoMa	*mavule*	=	'Schirm'
KoNg	*mw·avuli*	=	'Schirm'
SwZb	*mw·avuli*	=	'Schirm'

- zum Beispiel im Grundwortschatz:

Ml<N>	*ru^{m}b^{o}*		=	'Bauch'
MlMa	*maru^{m}b^{o}*		=	'Bauch'
KoNg	*trûmbo*	[Sg]	=	'Bauch'
KoNg	*ma·rûmbo*	[Pl]	=	'Bäuche'
SwZb	*[ma·]tumbo*		=	'Bauch//Bäuche'
Ml<NW>	*-a^{m}bara*		=	'sprechen'
MlMa	*mañ·a^{m}bara*		=	'sagen'
MlMa	*a^{m}ba*		=	'daß'
KoNz	*a^{m}ba*		=	'daß'
KoNg	*hw·a^{m}ba*		=	'sagen'
SwZb	*kw·a^{m}ba*		=	'daß'

Dieses deutet zum einen auf die (hohe) Intensität des Kontaktes und zum anderen darauf, daß es sich hier nicht so sehr um Überlagerung, Verdrängung oder *'superiority'*-Prozesse gehandelt hat, [1] sondern um solche der 'Sprachmischung'.

Im Maore-Malagasy scheinen die folgenden Wortfelder nur Lexeme austroesischer Herkunft (via Malagasy) zu enthalten:

- Numeralia
- Verwandtschaftstermini
- Pflanzentaxa (außer Kultur- und allgemeinen Nutzpflanzen)

Entsprechungen mit dem 'Bantu' finden sich teilweise in allen anderen, aber vor allem in folgenden Wortfeldern:

- Musikinstrumente; zum Beispiel:

MlMa	*ambiu*	= 'ein Schlaginstrument'
KoMa	*^{m}biu*	= 'ein Schlaginstrument'
SwZb	*^{m}biu*	= 'ein Blashorn'

(MlMa ← Ko/Sw)

Ml	*goma*	=	'Tanzfest'
MlMa	*goma*	=	'Trommel'
KoNg	*$^{\tilde{n}}$goma*	=	'Trommel'
KoMa	*$^{\tilde{n}}$goma / Goma*	=	'Trommel' / 'Trommelschall'
SwZb	*$^{\tilde{n}}$goma*	=	'Trommel // Tanzfest'
(SwZb	*Goma*	=	'große Trommel')
Ml	*dzedze*	=	'eine Zither'

[1] - wie dieses etwa in jüngerer Zeit der Fall ist, wenn Sprecher des Swahili oder Makua auf Madagaskar das Malagasy übernehmen (siehe Kapitel 7.1.1., 7.1.3.).

MlMa	*dze(^{n})dze*	=	'ein Musikinstrument'	
KoMa	*dze^{n}dze*	=	'ein Zupfinstrument'	
KoNg	*^{n}dzedze*	=	'ein Zupfinstrument'	
SwZb	*zeze*	=	'ein Zupfinstrument'	

(MlMa ←[1] KoMa)

Ml<NE>	*kaya^{m}ba*	=	'ein Musikinstrument'	
MlMa	*m(u)kaya^{m}ba*	=	'ein Musikinstrument'	
KoMa	*m·kaya^{m}ba*	=	'ein Musikinstrument'	
KoNg	*mu·kaya^{m}ba*	=	'ein Musikinstrument'	
SwZb	*kaya^{m}ba*	=	'ein Musikinstrument'	

(Ml<NE> ← Sw; MlMa ← Ko)

- Werkzeuge; zum Beispiel:

MlMa Or	*ampañga*	=	'Haumesser'	
MlMa An	*pañga*	=	'Säbel'	
KoNg	*^{m}pa$^{\tilde{n}}$ga*	=	'großes Messer'	
SwZb	*p^{h}a$^{\tilde{n}}$ga*	=	'Haumesser'	
Ba	**-pa$^{\tilde{n}}$ga*	=	'Buschmesser'	GUTHRIE: 1441

(MlMa ← Ko<W>)

MlNb,Mj	*ampo^{n}dr^{o}*	=	'Stakstab'	
MlSo	*po^{n}dro*	=	'Stakstab'	
MlVz	*ampondz^{o}*	=	'Stakstab'	
KoNg	*^{m}po^{n}dro*	=	'Stakstab'	
SwZb	*p^{h}ondo*	=	'Stakstab'	
Ba	**-po^{n}da*	=	'stoßen'	

(MlNb,Mj ← KoNg; MlSo ← Sw/Ko<E>)

MlNb,So	*utra*	=	'Bogen eines Bohrers'	
SwZb	*u·ta*	=	'Bogen'	
KoNg	*u·tra*	=	'Bogen'	
Ba	**-ta*	=	'Bogen'	GUTHRIE: 1631

(MlNb,So ← Ko<W>)

[1] Die Enlehnungsrichtung weist eindeutig in das Malagasy, da der Wortstamm im Bantu weit verbreitet ist (^BERCHEM 1989).

- Tiere; zum Beispiel:

MlMa Or	*andiwa*	=	'Taube'	
MlMa An	*diwa*	=	'Taube'	
KoMa	*^{n}diwa*	=	'Taube'	
KoNg	*^{n}dzi(w)a*	=	'Taube'	
SwZb	*^{n}dyiwa*	=	'Taube'	
Ba	**-jiba*	=	'Taube'	GUTHRIE:939

(MlMa Or ← KoMa)

Ml<N>	*makamba*	=	'Krabbe'
MlMa	*anka^{m}b^{a}*	=	'Krabbe'
KoNg	*^{n}ka^{m}ba*	=	'Krabbe'
SwZb	*k^{h}a^{m}ba*	=	'Krabbe'
ZbSw	*ma·kamba*	=	'Krabben'

(Ml<N> Ko/Sw [Klasse 6]; MlMa ← KoNg)

Ml	*ko$^{\tilde{n}}$gu(n^{a})*	=	'Wanze'	
MlMa	*anko$^{\tilde{n}}$g^{u}*	=	'Wanze'	
KoNg	*$^{\tilde{n}}$ku$^{\tilde{n}}$guni*	=	'Wanze'	
SwZb	*k^{h}u$^{\tilde{n}}$guni*	=	'Wanze'	
Ba	**-ku$^{\tilde{n}}$guni*	=	'Wanze'	GUTHRIE:1232

(Ml ← Ba, evtl. Ko<W>; Aufgrund der weiten Verbreitung im Malagasy wäre in diesem Falle auch eine Beziehung mit einer anderen Bantusprache als dem Komorianischen denkbar, vgl. z.B. GUTHRIES G.23=Shambala, N31c=Mañanja *$^{\tilde{n}}$k^{h}u$^{\tilde{n}}$guni*)

Ml<Vz>	*antsa$^{\tilde{n}}$g^{i}*	=	'ein Fisch'
MlMa	*antsa$^{\tilde{n}}$g^{u}*	=	'ein Fisch'
KoNg	*^{n}tsa$^{\tilde{n}}$ga*	=	'ein Fisch'
SwZb	*tša$^{\tilde{n}}$ga / tša$^{\tilde{n}}$gu*	=	'ein Fisch'

Ml<Sk>	*antsa^{n}dz^{i}*	=	'eine kleine Krabbe'
MlMa	*antsa^{n}dz^{i}*	=	'eine kleine Krabbe'
KoNg	*[ma·]dja^{n}dze*	=	'eine Krabbe'

MlMa	*šinam^{a}*	=	'Tier'	
KoMa,Nz_1	*ši·nyama*	=	'Tier'	
KoMa,Nz_2	*zi·nyama*	=	'Tiere'	
KoNg	*i·nyama*	=	'Tier'	
KoNg	*zi·nyama*	=	'Tiere'	
SwZb	*ny·ama*	=	'Tier'	
Ba	**-yama*	=	'Tier'	GUTHRIE:1909

(MlMa ← Ko<E>)

- Nutzpflanzen; zum Beispiel:

Ml<N>	*kudri*	=	'eine Bohnenart'	
MlMa	*anku^{n}dr^i*	=	'eine Bohnenart'	
KoMa	*k^{h}u^{n}dre*	=	'eine Bohnenart'	
KoNg	*$^{\tilde{n}}$kude*	=	'eine Bohnenart'	
SwZb	*k^{h}u^{n}de*	=	'eine Bohnenart'	
Ba	**ku^{n}de*	=	'Bohne'	GUTHRIE:1222

MlMa	*antsa^{m}p^u*	=	'eine Palme'
Ko	*m·tsa^{m}pu*	=	'eine Palme'
SwZb	*m·tapo*	=	*'Cycas sp.'*

- Nautik; zum Beispiel:

MlAn	*b<u>a</u>ri*	=	'Meer'
MlMa	*Bahari(n^i)*	=	'Meer'
Ko	*Bahari[ni]*	=	'Meer [Lokativ]'
SwZb	*Bahari[ni]*	=	'Meer [Lokativ]'
Ar	بحر	=	'Meer'

(MlAn,Ma ← Ko/Sw ← Ar)

MlNb	*-treka*	=	'(Segel) hissen' [1]	
SwZb	*-tweka*	=	'(Segel) hissen'	
Ba	**-tek-*	=	*'draw (water)'*	GUTHRIE:1700

Ml<N>	*sukani*	=	'Steuerruder'
SwZb	*sukani*	=	'Steuerruder'
Ar	*sukhan*	=	'Steuerruder'

(Ml ← Sw ← Ar)

Ml<NW>	*sa^{m}b^u*	=	'Schiff'	
MlMa	*sa^{m}b^u*	=	'Schiff'	
SwZb	*tš·o^{m}bo*	=	'Schiff'	
Ba	**-yo^{m}bo*	=	'Boot'	GUTHRIE:2118

(Ml ← Ba)

---

[1] Auf Nosi Be werden die Swahili von älteren Leuten manchmal als *mu^{n}treka* (svw. 'welcher das Segel hißt') bezeichnet, ohne daß die ursprüngliche Bedeutung des Wortes noch bewußt wäre.

MlMa *-kutrua* bedeutet ebenfalls svw. 'Segel hissen (und zwar das einer Piroge)'. Dieses Lexem dürfte auf Sw *-kutua* (= 'plötzlich an etwas ziehen') zurückzuführen sein.

Ml<Nw>	*kasi*^{a}	=	'Ruder'	
MlSk	*kasi*^{a}	=	'Ruder'	
Ko<W>	$^{\tilde{n}}$*kasi*	=	'Ruder'	
SwZb	*k*^{h}*asia*	=	'Ruder'	
Ba	**gapi*	=	'Ruder'	GUTHRIE:1014
Luhya	*e·*$^{\tilde{n}}$*gasi*	=	'Ruder'	GUTHRIE:1014
Ganda	*e*$^{\tilde{n}}$*kasi*	=	'Ruder'	GUTHRIE:1014
Hôlôhôlô	$^{\tilde{n}}$*gasi*	=	'Ruder'	GUTHRIE:1014

(Ml<NW>,Sk ← Sw /KoMa $^{\#}$*k*^{h}*asia* [1])

- Religion; zum Beispiel:

Ml<NW>	*mutrume*	=	'Prophet'	
MlMa	*m(u)trume*	=	'Prophet'	
KoNg	*m·tume*	=	'Prophet'	
KoMa	*m·trume*	=	'Prophet'	
SwZb	*m·tume*	=	'Prophet'	
SwZb	*-tuma*	=	'senden'	
Ba	**-tum-*	=	'senden'	GUTHRIE:1831

(MlMa,<NW> ← KoMa [2])

MlMa	*mu*$^{\tilde{n}}$*gu*	=	'Gott'	
KoNg	*m·*$^{\tilde{n}}$*gu*	=	'Gott'	
KoNz,Ma	*mu·*$^{\tilde{n}}$*gu*	=	'Gott'	
SwZb	*mu·*$^{\tilde{n}}$*gu*	=	'Gott'	
Ba	**-du*$^{\tilde{n}}$*gu*	=	'Gott'	GUTHRIE:715

auch:

KoNz	*ka mu·*$^{\tilde{n}}$*gu a·venze*	=	'wenn Gott will'	
MlMa	*ka mu*$^{\tilde{n}}$*gu avenze*	=	'wenn Gott will'	
MlMa	*pevon*^{i}	=	'Paradies'	
KoMa	*p*^{h}*evo·ni*	=	'Paradies'	
KoNg	^{m}*βeβo·ni*	=	'Paradies'	
SwZb	*pepo·ni*	=	'Paradies'	
SwZb	*p*^{h}*epo*	=	'Geist'	
Ba	**-pepo*	=	'Geist'	GUTHRIE:380
Ba	*-ni*	=	[Lokativ]	

[1] in den vorliegenden Quellen zum Maore-Dialekt des Komorianischen nicht belegt, wahrscheinlich aber in dieser aufgrund regelmäßiger Lautentsprechungen konstruierten Form geläufig.

[2] Denkbar wäre in solch einem Falle natürlich auch eine Entlehnung aus dem Swahili in das Malagasy vor einer Lautentwicklung [t]->[tr].

Auch Lehnübersetzungen lassen sich belegen:

Eine Vogelart (*Butorides striatus rutenbergi*) heißt:

Ko	*tšu*^{ñ}*ga-ma·dzi*	=	'Hüter des Wassers'
MlMa An	*širuru-madji*	=	'Hüter des Wassers'
MlMa Or	*amp·itsu·*^{ñ}*garan*^{u}	=	'Hüter des Wassers'

Als Sprichwort bzw. Metapher findet sich: [1]

SwZb	*wewe ni·kisu, mimi ni·nyama*
MlMa	*ana*^{u} *mes*^{u} *za*^{o} *a*^{m}*bomat*^{i}

= 'du bist daß Messer, ich bin das Fleisch'
(im Sinne von 'ich bin in deiner Gewalt')

Auffallend ist die große Zahl von Lehnwortbeziehungen im Bereich der Landwirtschaft:

- zum Beispiel in der Feldnutzung: [2]

MlOr	*ampemb*^{i}	=	'Hirse'	
MlOc	*ampemb*^{a}	=	'Hirse'	
UrBa	*-*pe*^{m}*ba*	=	'Hirse'	
Sw	*m·pemba*	=	'Hirse'	VELTEN 1933
D.42	*omu·he*^{m}*ba*	=	'Hirse'	GUTHRIE: 1475
E.15	*omu·we*^{m}*ba*	=	'Hirse'	GUTHRIE: 1475
E.51	*m·bê*^{m}*bê*	=	'Mais'	GUTHRIE: 1475
E.55	*m·be*^{m}*be*	=	'Mais'	GUTHRIE: 1475
E.62a	*y·e*^{m}*ba*	=	'Mais'	GUTHRIE: 1475
E.74b	*mw·e*^{m}*ba*	=	'Hirse'	GUTHRIE: 1475
F.31	*o·pe*^{m}*ba*	=	'Hirse'	GUTHRIE: 1475
G.24	*ma·He*^{m}*ba*	=	'Mais'	GUTHRIE: 1475
G.62	*uwu·pe*^{m}*be*	=	'Hirse'	GUTHRIE: 1475
P.21	*ma·pe*^{m}*ba*	=	'Hirse'	GUTHRIE: 1475

Das Malagasy hat die oben angeführten Bezeichnungen für 'Hirse' aus dem Bantu entlehnt, wo sich eine Protoform rekonstruieren läßt. Denkbar ist, daß das Etymon im Komorianischen als $^{\#m}$*pe*^{m}*ba* bestand, was sich aus dem vorliegenden Material zwar nicht nachweisen läßt, jedoch der Form des Malagasy regelmäßig entspräche (vgl. Kapitel 8.1.3.). Unterstützt wird diese Annahme durch die Betrachtung einer zweiten Bezeichnung für 'Hirse' im Malagasy:

[1] Andere Sprichworte sind sogar in ihrem Wortlaut entlehnt; zum Beispiel:
ZbSw, MlMa *Hasira hasara.* = svw. 'Wut bringt Schaden/Verlust.'

[2] siehe auch obige Beispiele für Nutzpflanzen.

Ml<D>	*murama*	=	'Hirse'

Dieses Lexem weist eine Ähnlichkeit mit dem Urbantu-Wortstamm **-tama* für 'Korn' auf, der zum Beispiel in der Swahili-Bezeichnung *mtama* für 'Hirse' erscheint. Eine archaische Form der Bezeichnung in der Nominalklasse Drei dürfte $^{\#}$*mutama* geheißen haben. Auf den Komoren entspricht ein [t] des Swahili regelmäßig einem [r] (HEEPE 1920, S.22). Tatsächlich heißt die Hirse und der Mais im Maore *mrama(-mtsa)*. Die Form des Malagasy ist folglich über die Komoren aus dem Bantu entlehnt worden.

Ml$_1$	$a^{n}t(r)e^{n}dri$	=	'Dattelbaum'
Ml$_2$	$te^{n}d^{i}$	=	'Datteln'
MlMa Or	$a^{n}tre^{n}dri$	=	'Dattelbaum'
MlMa An	$mute^{n}de$	=	'Dattelbaum'
KoNg$_1$	$^{n}tre^{n}dre$	=	'Dattelfrucht'
KoNg$_2$	$m\cdot tre^{n}dre$	=	'Dattelbaum'
SwZb$_1$	$m\cdot te^{n}de$	=	'Dattelbaum'
Sw$_2$ <H>	$mu\cdot te^{n}de$	=	'Dattelbaum'
SwZb$_3$	$t^{h}e^{n}de$	=	'Dattelfrucht'

(Ml$_1$, MlMa Or ⟵ KoNg$_1$; MlMa An ⟵ Sw$_2$; Ml$_2$ Sw$_3$ /KoMa [1])

MlMa	$a^{n}tsa^{m}pu$	=	'*Cycas sp.*'
KoNg$_1$	$m\cdot tsa^{m}pu$	=	'*Cycas sp.*'
KoNg$_2$	$^{n}ta^{m}pu$	=	'Frucht einer *Cycas sp.*'
SwZb	$m\cdot tapo$	=	'*Cycas sp.*'
SwZb	$t^{h}apo$	=	'Frucht einer *Cycas sp.*'

(MlMa ⟵ KoNg$_2$)

Ml<N>	$be^{\tilde{n}}gal^{i}$	=	'*Solanum melongena*'	
MlMa	$Be^{\tilde{n}}gan^{i}$	=	'*Solanum melongena*'	
KoMa	$Be^{\tilde{n}}gani$	=	'*Solanum melongena*'	
Ml	$betr^{u}$	=	'Limone'	
MlMa	$betr^{u}$	=	'Limone'	
KoNg	*vatru*	=	'Limone'	
Ml	$tu^{\tilde{n}}ul^{u}$	=	'Zwiebel'	MALZAC
Ml<N>	$do^{\tilde{n}}gul^{u}$	=	'Zwiebel'	
MlTs	$di^{\tilde{n}}gol^{u}$	=	'Zwiebel'	
MlMa	$Du^{\tilde{n}}ul^{u}$	=	'Zwiebel'	

[1] Die Bezeichnung KoMa $t^{h}e^{n}de$ ist in den vorliegenden Quellen zum Maore-Dialekt des Komorianischen nicht belegt, wahrscheinlich aber in dieser aufgrund regelmäßiger Lautentsprechungen konstruierten Form geläufig.

KoMa	*ši·ru^{ñ}gu*	=	'Zwiebel'	
KoNg	*i·tru^{ñ}gu*	=	'Zwiebel'	
Ko<?>	*Du^{ñ}gulu*	=	'Zwiebel'	
SwZb	*ki·tunguu*	=	'Zwiebel'	

Ml<NW>	*ho^{ñ}ku*	=	'*Rhizophora sp.*'	
MlAn	*"aaoko"*	=	'Mangrove'	GEVREY
$MlMa_1$	*ho^{ñ}ku*	=	'*Rhizophora sp.*'	
$MlMa_2$	*ko^{ñ}ku*	=	'*Rhizophora sp.*'	
KoNg	*m·ho^{ñ}ko*	=	'*Rhizophora sp.*'	
$SwZb_1$	*m·koko*	=	'*Rhizophora sp.*'	
$SwZb_2$	*k^{h}oko*	=	'Mangrovendickicht'	

Auch im Bereich der sogenannten Kokosnußkultur (vgl. Kapitel 3.2.) lassen sich Fremdwortbeziehungen belegen. Jedoch weist die Entlehnungsrichtung zumindest im sprachlichen Material von der afrikanischen Küste und den Komoren nach Madagaskar und nicht umgekehrt, wie es in den unter 3.2. referierten Meinungen angenommen wurde. Die Bestimmung der Entlehnungsrichtung ist durch übernommene Morpheme der Geberform und etymologische Analysen des Wortstammes zumeist eindeutig:

Ml<D>	*dafu*		=	'Kokosnuß'
Ml<N>	*sidzav^{u}*		=	'Kokosnuß ...'
Ml<SW>	*madraf^{u}*		=	'Kokosnuß ...'
MlMa	*kidjav^{u}* [1]		=	'Kokosnuß ...'
KoMa,Nz	*ši·dzavu*		=	'Kokosnuß ...'
$KoNg_1$	*i·djavu*	[Sg]	=	'Kokosnuß ...'
$KoNg_2$	*zi·djavu*	[Pl]	=	'Kokosnüsse ...'
SwZb	*[ma·]dafu*		=	'Kokosnuß / Kokosnüsse ... [2]'

(Ml<D> ← Sw; Ml<N> ← Ko)

MlMa	*kital^{i}*	=	'Kokosnuß ...'
SwZb	*ki·tale*	=	'Kokosnuß ... [3]'

MlMa	*korom^{a}*	=	'Kokosnuß ...'
SwZb	*k^{h}oroma*	=	'Kokosnuß ... [4]'

[1] für den Anlaut /ki/ siehe Kapitel 8.2.3.

[2] im dritten Reifestadium.

[3] im zweiten Reifestadium.

[4] im vierten Reifestadium.

Ml	*mukut*^{i} [1]		=	'Kokospalmblatt'	
MlMa	*makutr*^{i}		=	'Kokospalmblatt'	
KoNg$_1$	*kuri*	[Sg]	=	'Kokospalmblatt'	
KoNg$_2$	*ma·huri*	[Pl]	=	'Kokospalmblätter'	
SwZb	*[ma·]kuti*		=	'Kokospalmblatt'	
Ml<N>	*a*^{m}*buz*^{i}		=	'Hocker zum Kokosnußschaben'	
KoNg	^{m}*buzi* [2]		=	'Hocker zum Kokosnußschaben'	
SwZb	^{m}*buzi*		=	'Hocker zum Kokosnußschaben'	

(ML ← Ko/Sw)

MlMa	*tsak*^{i}		=	'Kokosraspeln'	
Ko	*tsahi*		=	'Kokosraspeln'	
SwMv	*t*^{h}*aki*		=	'Kokos-Fruchtfleisch'	
MlMa	*añgizi*		=	'Melasse'	
KoNg	^{ñ}*gizi*		=	'Melasse'	
SwZb	^{ñ}*gizi*		=	'Palmsirup'	
Ml	*tre*^{m}*b*^{o}		=	'Palmwein'	
MlMa	*tre*^{m}*b*^{o}		=	'Palmwein'	
MlMa	*tre*^{m}*bo-tam*^{u}		=	'süßer Palmwein'	
Ko	*tre*^{m}*bo*		=	'Palmwein'	
SwZb	*te*^{m}*bo*		=	'Palmwein'	
SwZb	*te*^{m}*bo la tamu*		=	'süßer Palmwein'	
Ml	*(m)a(ha)bib*^{u}		=	'Frucht der *Anacardium occidentale*'	
Ml<NW>	*mabibu*		=	'Frucht der *Anacardium occidentale*'	
MlMa	*ma(ha)BiB*^{u}		=	'Frucht der *Anacardium occidentale*'	
MlMa	*m̲bibu*		=	'*Anacardium occidentale*'	
KoNg	*m·bibu*		=	'*Anacardium occidentale*'	
SwZb	*[ma·]BiBu*		=	'Frucht der *Anacardium occidentale*'	
Ml	*koroso*		=	*'Frucht der Anacardium occidentale'*	
Sw	*korošo*		=	*'Frucht der Anacardium occidentale'*	
MlMa	*maile*		=	*'ein Getreide'*	
KoNg	*maele*		=	*'Reis (gekocht)'*	
SwZb	*ma·wele*		=	*'eine Hirse'*	
Ila (M.63)	*ma·βele*		=	*'eine Hirse'*	GUTHRIE:70
Ba	**-bede*		=	*'eine Hirse'*	GUTHRIE:70

[1] evtl. Anlautentwicklung aus Nominalpräfix der Klasse 3, /mu/, für Pflanzen im Bantu <?!>.

[2] auch: ^{m}*buza-nazi*.

MlNb,Sk	*antse*^{m}*b*^{i}	=	*'(Getreide)Bruch'*
MlMa	*matse*^{m}*b*$^{e/i}$	=	*'Reisbruch'*
Ko	*matse*^{m}*be*	=	*'Reisbruch'*
SwZb	*tš·e*^{m}*be*	=	*'Getreidekorn'*

(MlMa ← Ko, MlNb ← z.B. Sw)

MlMa	*maji*^{m}*b*^{i}	=	*'Colocasia antiquorum* [1]*'*	
KoNg	*[ma·]dji*^{m}*bi*	=	*'Colocasia antiquorum'*	
MlOc	*buz*^{u}	=	*'Adansonia digitata'*	
Ml<N>	*boz*$^{o/i}$	=	*'Adansonia digitata'*	
MlAn	*buyu*	=	*'Adansonia digitata'*	
MlMa	*<u>m</u>buyu*	=	*'Adansonia digitata'*	
KoMa,Nz	*m·buyu*	=	*'Adansonia digitata'*	
KoNg	*m·buu*	=	*'Adansonia digitata'*	
SwZb	*m·buyu*	=	*'Adansonia digitata'*	
Ila (M.63)	*i·βuzu*	=	*'Adansonia digitata'*	
Ba	**-buyu*	=	*'Adansonia digitata'*	Guthrie:214
MlMa	*m(u)kad*^{i}	=	*'Pandanus sp.'*	
SwZb	*m·kadi*	=	*'Pandanus sp.'*	
Ml	*mohogo* [2]	=	*'Manihot esculenta* [3]*'*	
Ml<NW>	*mahogo*	=	*'Manihot esculenta'*	
MlAn	*mohogo* [4]	=	*'Manihot esculenta'*	
MlMa	*muhogo*	=	*'Manihot esculenta'*	⇒
KoNg	*mu·hoGo*	=	*'Manihot esculenta'*	
KoNz,Ma	*mu·hoGo*	=	*'Manihot esculenta'*	
SwZb	*mu(·)hoGo*	=	*'Manihot esculenta'*	

Die Bezeichnung *muhogo* ist bei den Bantusprachen Ostafrikas häufiger vertreten, was sich auf Entlehnugen aus dem Swahili zurückführen läßt (vgl. Berchem 1989, S.51). Die dialektale Variante *mahogo* des Malagasy ist wohl ebenfalls auf die Swahiliform zurückzuführen. Dort wird der Anlaut [mu] gelegentlich wie ein nominaler Konkordant behandelt und paradigmatisch durch das Präfix /ma/- für Früchte oder den Plural des Augmentativ ersetzt.

[1] d.i. eine Taro-Art.

[2] vielleicht tatsächlich [muhogo] <?>.

[3] d.i.Maniok.

[4] vielleicht tatsächlich [muhogo] <?>.

MlMa$_1$	*mwina*	=	'*Lawsonia inermis*'[1]	
MlMa$_2$	*munya*	=	'*Lawsonia inermis*'	
KoMa	*mw·ina*	=	'*Lawsonia inermis*'	
SwZb	*m(u)·hina*	=	'*Lawsonia inermis*'	
Ml<NW>	$pa^{m}ba$	=	'Kapok // Baumwolle'[2]	
MlMa	$pa^{m}ba$	=	'Kapok // Baumwolle'[3]	
KoMa	$u\cdot va^{m}ba$	=	'Baumwollstrauch'	
KoNg	$pa^{m}ba$	=	'Kapok'	
SwZb	$p^{h}a^{m}ba$	=	'Baumwolle'	
Ml	*mu·rama*	=	'Hirse'	
MlMa	*mramamutsa*	=	'eine Hirse'	
KoMa$_1$	*m·rama*	=	'Maispflanze'	
KoMa$_2$	*mi·rama*	=	'Maispflanzen'	
KoMa$_3$,Nz	*m·rama-m()tsa*	=	'eine Hirse'	
KoNg$_1$	*trama*	=	'Mais'	
KoNg$_2$	*ma·rama*	=	'Mais'	
SwZb	*m·tama*	=	'eine Hirse'	
Ml	$mananas^{i}$	=	'Ananas'[4]	
KoMa	*nanasi*	=	'Ananasfrucht'	
KoNg	*m·nanasi*	=	'*Ananas sativus*'	
SwZb	*ma·nanasi*	=	'Ananasfrüchte'	

(Ml ← Sw, weil /ma/ = Nominalpräfix der Bantuklasse 6, vgl. Berchem 1989, S.49)

Ml	$mu^{n}dra$	=	'Grummet eines Reisfeldes'	
		=	'junge Pflanze zum pikieren'	
MlMa	$mu^{n}dra(ni)$	=	'Feld'	
KoMa	$mu\cdot{}^{n}dra$	=	'Feld/Getreidefeld' <?>	
SwGu	$mu\cdot{}^{n}da$	=	'Getreidefeld'	Sacleux
SwMv	$m\cdot{}^{n}da$	=	'Getreidefeld'	Sacleux
MlMa	$šo^{m}bo$	=	'ein landwirtschaftliches Gerät'	
KoMa	$š\cdot o^{m}bo$	=	'Werkzeug / Gerät'	
KoNg	$š\cdot o^{m}bo$	=	'Werkzeug / Gerät'	
SwZb	$tš\cdot o^{m}bo$	=	'Werkzeug / Gerät'	

[1] d.i.Hennastrauch.

[2] Pflanze oder Produkt.

[3] Pflanze oder Produkt.

[4] Pflanze und Frucht.

Das folgende Beispiel zeigt eines der Lexeme, die sprachlich den Handel zwischen Madagaskar und Ostafrika belegen. Wie in Teil 1 dargestellt, war Reis lange Zeit eines der Hauptexportgüter Madagaskars an die afrikanische Küste. Die Form des Swahili ist aus dem arabischen باب [kaab] entstanden und dürfte, nachdem sie durch das Nominalpräfix der Klasse Sieben ergänzt worden war, zunächst #*kikaBa* gelautet haben. Von dem durch Metathese möglichen #*kibaka* läßt sich die Form des Malagasy regelmäßig ableiten.

Ml	*kibah*^{a}	=	'ein Reismaß'
MlMa Or	*kiBaB*^{a}	=	'ein Reismaß'
SwZb	*ki·BaBa*	=	'ein Reismaß'

- zum Beispiel in der Tierhaltung:

Ml	*ampu*^{n}*dra*	=	'Esel'
MlMa	*ampu*^{n}*dra*	=	'Esel'
KoNg	^{m}*pu*^{n}*dra*	=	'Esel'
KoMa	*p*^{h}*u*^{n}*dra*	=	'Esel'
SwZb	*p*^{h}*u*^{n}*da*	=	'Esel'

- zum Beispiel in der Fischerei:

Ml<N>	*maka*^{m}*b*^{a}	=	'Garnele'
MlMa	*a*^{n}*ka*^{m}*ba*	=	'Garnele'
KoNg	^{n}*ka*^{m}*ba*	=	'Garnele'
SwZb	*k*^{h}*a*^{m}*ba*	=	'Garnele'

(Ml ← KoNg)

MlVz	*antsa*^{ñ}*gi*	=	'ein Fisch'
MlMa	*antsa*^{ñ}*gu*	=	'ein Fisch'
KoNg	^{n}*tsa*^{ñ}*gu*	=	'ein Fisch'
SwZb	*tš*^{h}*a*^{ñ}*gu*	=	'ein Fisch'

(Ml ← Ko)

Ml	*antsa*^{n}*dzi*	=	'eine kleine Krabbe'
MlMa	*antsa*^{n}*dzi*	=	'eine kleine Krabbe'
KoNg	*(ma·)dja*^{n}*dze*	=	'eine kleine Krabbe'

Ml	*drakak*^{a}	=	'eine Krabbe'
MlMa$_1$	*drakak*^{a}	=	'eine Krabbe'
MlMa$_2$	*drakatr*^{a}	=	'eine Krabbe'
KoMa	*drakaka*	=	'eine Krabbe'

MlMa	*ga^{n}dro*		=	'Krabbenschere'	
SwZb	*ga^{n}do*		=	'Hummerschere'	
MlMa	*kats^{a}*		=	'eine Seeschildkröte'	
SwZb	*kasa*		=	'eine Seeschildkröte'	
MlMa	*-kutsoho^{a}*		=	'mit Gift fischen'	
KoNg	*-tsohoa*		=	'auf eine bestimmte Art fischen'	
SwZb	*-chokoa*		=	'(Muscheln etc.) herausbrechen'	
MlMa	*muhi$^{\tilde{n}}$ga*		=	'Aal'	
$KoNg_1$	*m·hu$^{\tilde{n}}$ga*	[Sg]	=	'Aal'	
$KoNg_2$	*mi·hu$^{\tilde{n}}$ga*	[Pl]	=	'Aale'	
MlMa	*wavu*		=	'Fischfilet'	
KoNg	*wavu*		=	'Fischfilet'	
SwZb	*wavu*		=	'Fischfilet'	
MlSk	*musipi*		=	'Angelschnur'	MELLIS:170
MlMa	*m(u)šipi*		=	'Angelschnur'	
SwZb	*m·šipi*		=	'Angelschnur'	

Weiterhin findet sich eine Reihe weiterer, ethnohistorisch interessanter Fremdwortbeziehungen; zum Beispiel:

MlMa	*hirim^{u}*	=	'Altersklasse'	
Ko	*hirimu*	=	'Altersklasse'	
Sw	*hirimu*	=	'Altersklasse'	
$MlMa_1$	*kio*	=	'Buch'	
$MlMa_2$	*kion^{i}*	=	'Koranschule'	
MlMa An	*tšuho*	=	'Buch // Koranschule'	
$KoMa_1$	*šio*	=	'Buch // Koranschule'	
$KoMa_2$	*šôni*	=	'in der Koranschule'	
KoNg	*zio*	=	'Buch // Koranschule'	
$SwZb_1$	*tš·uo* [1]	=	'Buch // Koranschule'	
$SwZb_2$	*tš·uo·ni*	=	'in der Koranschule'	

(* Sw /tš/, Ko /š usw. sind Allomorphe des Nominalpräfix Sw /ki/, Ko /ši/ usw. der Klasse 7 im Bantu.)

MlNb	*maga^{n}dja*	=	'ein Tanz'	
MlMa	*maga^{n}dja*	=	'ein Tanz'	
SwMr	*ma$^{\tilde{n}}$ga^{n}dja*	=	'ein Tanz von Kilwa' [2]	SACLEUX

[1] ⇐$^{\#}$/*ki*/+/*uo*/.

MlMa	*m̲šogoro*		=	'ein Tanz'
KoNg	*m·šoGoro*		=	'ein Tanz'

Ml	*ke^{m}ba*		=	'ein Turban'
MlMa	*(a$^{\tilde{n}}$)ke^{m}ba*		=	'ein Turban'
KoNg	*ki·(y)e^{m}ba*		=	'ein Turban'
KoLm	*ki·ye^{m}ba*		=	'ein Turban'
SwZb	*ki·le^{m}ba*		=	'ein Turban'

MlMa$_1$	*kiko^{i}*		=	'ein Herrenkleidungsstück'
MlMa$_2$	*šikwa^{i}*		=	'ein Herrenkleidungsstück'
KoMa,Nz	*ši·koi*		=	'ein Herrenkleidungsstück'
KoNg$_1$	*i·koi*		=	'ein Herrenkleidungsstück'
KoNg$_2$	*/hi·koi*		=	'ein Herrenkleidungsstück'
KoNg$_3$	*zi·koi*	[Pl]	=	'Herrenkleidungsstücke'
SwZb	*ki·koi*		=	'ein Herrenkleidungsstück'

(MlMa$_1$ ← SwZb; MlMa$_2$ ← KoMa,Nz)

Ml	*kirobo*		=	'vierter Teil einer Geldwährung'
MlMa	*kiroBo*		=	'vierter Teil einer Geldwährung'
Sw	*ki·roBo*	<H>	=	'ein Viertel Piaster'

Obwohl das Lexem Sw *roBo* (='Viertel') orientalischen Ursprunges ist, sind aufgrund des zugesetzten Klassenpräfixes /ki/ der Klasse Sieben des Swahili alle genannten Formen auf die des Swahili zurückzuführen: Es ist dieses ein weiterer sprachlicher Beleg für die Handelsaktivitäten der Swahili.

MlMa	*m(u)rima*	=	'Afrika'
MlMa	*mu$^{\tilde{n}}$gwana murima*	=	'freier Afrikaner [2]'
Ko	*mrima*	=	'Afrika (seine Küste)'
Ko	*m·$^{\tilde{n}}$gwana*	=	'Nicht-Sklave'
Sw	*mrima*	=	'ein Küstenabschnitt [3]'
SwZb	*m·$^{\tilde{n}}$gwana*	=	'Nicht-Sklave'

In bezug auf die beiden Dialektvarianten des Maore-Malagasy läßt sich folgendes feststellen:

[1] Vgl.: Maga^{n}dya ist auch der Name eines Volkes in Mosambik.

[2] das heißt jemand, der nicht als Sklave auf die Komoren kam oder kein Nachkomme eines Sklaven ist.

[3] und zwar der zwischen Vanga und Rufiji.

Der Einfluß des Komorianischen auf das Malagasy von Maore stellt sich so dar, daß das *kiBuši kiantalaots*^{i} stärker vom Komorianischen und Swahili beeinflußt ist und daher dem Kontakt länger ausgesetzt sein dürfte als das *kiBuši 'oriental' kimaore*.

Lexeme des Bantu in der Variante des *Kiantalautse* finden ihre ähnlichsten Entsprechungen häufig im Swahili, die des orientalen Dialektes im Komorianischen.

MlMa An	*kipini*	=	'ein Schmuckstück'
SwZb	*ki·pini*	=	'ein Schmuckstück'
MlMa Or	*šipini*	=	'ein Schmuckstück'
KoMa	*ši·pini*	=	'ein Schmuckstück'
KoMa	*ši·pini-zi·pini*	=	'ein Schmuckstück'
MlSk	*zupin*^{i}	=	'ein Schmuckstück'

MlMa An	*mute*^{n}*de*	=	'eine Palme'
SwZb	*m·te*^{n}*de*	=	*'Phoenix dactylifera'*
SwZb<H>	*mu·tende*	=	*'Phoenix dactylifera'*
Ml	*a*^{n}*tre*^{n}*dr*^{i}	=	*'Phoenix dactylifera'*
Ml	*a*^{n}*te*^{n}*dri*	=	*'Phoenix dactylifera'*
MlMa Or	*a*^{n}*tre*^{n}*dr*^{i}	=	*'Phoenix dactylifera'*
Ko	*m·tre*^{n}*dre*	=	*'Phoenix dactylifera'*

Wie bereits erwähnt läßt sich in bezug auf Lehnworte aus dem Komorianischen bzw. Swahili auf Madagaskar eine Unterscheidung in zwei Dialektgruppen treffen.

So finden sich zwar einige Lexeme dieser Etymologie, die auf der ganzen Insel bekannt sind, aber die meisten - und davon sind erwartungsgemäß vor allem die nautischen Termini betroffen - sind nur den Sprechern unmittelbar an der Nord- und Westküste bekannt.

Dementsprechend konnten in den Malagasy-Dialekten von Madzanga, Nosi Be und Swalala insgesamt 92 nautische Termini ausfindig gemacht werden, die dem Swahili entlehnt wurden. [1]

MlNb,Mj	*mi·treka*	=	'Segel hissen'
Sw	*ku·tweka*	=	'Segel hissen'

[1] Die meisten dieser Lexeme konnten in Madza^{n}ga gesammelt werden, weniger auf Nosi Be, wo kaum noch Verkehr mit Dhaus stattfindet, und die wenigsten in Swalala.

MlMj	*makupa̲-*^{a}	=	'ein Leinenblock'
SwTo	*ma·kupa*	=	'best. Leinenblöcke'
SwLm	*ma·kupaa*	=	'best. Leinenblöcke'
MlMj.Nb,So	*keke*	=	'ein Bohrer' [1]
Sw	*k*^{h}*eke*	=	'ein Bohrer' [2]

Der folgende Fall zeugt von einer mehrfachen Entlehnung nach Madagaskar:

MlOr(Oc)	*lupo*^{n}*d*^{o}	=	'Stakstab'
MlVz	*ampo*^{n}*dzo*	=	'Stakstab'
MlSo	*po*^{n}*dro*	=	'Stakstab'
MlMj.Nb	*ampo*^{n}*dro*	=	'Stakstab'
KoMa	*p*^{h}*o*^{n}*dro*	=	'Stakstab'
KoNg	^{m}*po*^{n}*dro*	=	'Stakstab'
Sw	*p*^{h}*o*^{n}*do*	=	'Stakstab'
Sw	*/upo*^{n}*do*	=	'Stakstab'

In diesem Falle haben die Malagasy-Dialekte der Vezo und von Madza^{n}ga und Nosi Be aus den westlichen Komorendialekten entlehnt und der Dialekt von Swalala aus dem Komorendialekt von Maore. Das Malagasy anderer Dialekte weist einen Anlaut auf, der auf das Morphem der Bantuklasse Elf zurückgeht. Letzteres deutet darauf hin, daß die Entlehnung zu einer frühen Zeit aus dem Swahili stattfand, als jenes noch dieses Morphem besaß, oder daß aus einer anderen Bantuprache entlehnt wurde (siehe Kapitel 8.3.3.).

8.3.2. Austronesische Anklänge im Komorianischen / Nordostbantu

Wie bereits in Kapitel 2.2. erwähnt ist die Errichtung der Dynastie Inya Fwambaya auf eine afrikanischstämmige Volksgruppe auf den Komoren zurückgeführt worden. Die Namen dieser und anderer komorianischer Dynastien weisen etymologisch betrachtet einige interessante Aspekte auf.

Inya ist zurückzuführen auf *nya* und bedeutet 'Mutter'. Es verweist auf die Matrilinearität der Dynastie. Das Lexem aber ist im Bantu recht ungewöhnlich und kann in Beziehung zum Austronesischen gesehen werden.

[1] beim Bootsbau verwendet.

[2] ebenso.

AuMn	*ineh*	=	'Mutter'	
AuTb	*ina*	=	'Mutter'	
AuMa	*bèt·ina*	=	'Muttertier'	
AuNd	*ine*	=	'Mutter'	
AuTg	*ina*	=	'Mutter'	
MlHo	*in·eni*	=	'Mutter'	DEMPWOLFF
MlAs	*(i)endri*	=	'Mutter'	
MlAs	*reni*	=	'Mutter'	
MlMe	*reni*	=	'Mutter'	
MlAd	*reni*	=	'Mutter'	

(* wobei *reni* aus /ra/+/ini/ entstanden ist; vgl.: Ml /ra/ = Titelpräfix der Hochachtung)

KoNg	*inya*	=	komorianischer Dynastietitel [1]	
KoNg	*eny·ahe*	=	'seine/ihre Mutter'	
	(* /*eny*/ [Lexem] + /*ahe*/ [Possessiv 3. Person Singular])			
KoNg	*eny·aho*	=	'deine Mutter'	
	(* /*eny*/ [Lexem] + /*aho*/ [Possessiv 2. Person Singular])			
Sw <H>	*nina* [2]	=	'Mutter'	SACLEUX
SwMo	*nina*	=	'Mutter'	SACLEUX
SwLm	*nina*	=	'Mutter'	SACLEUX
SwTk	*inya*	=	'Mutter von jemandem'	SACLEUX
SwTk	*nya-* [3]	=	'Mutter von jemandem'	SACLEUX
SwGu	*inya*	=	'Mutter von jemandem'	SACLEUX
SwGu	*nya-*	=	'Mutter von jemandem'	SACLEUX

Vergleiche hingegen:

[1] siehe den einleitenden Abschnitt diesen Kapitels.

[2] *nina* ist auch ein Lexem des archaischen Swahili:

"les esclaves appellent encore leur mère 'nina'. Par ailleurs ce terme n'est plus employé aue dans qqs expressions ou locutions spéciales. (SACLEUX)

So zum Beispiel in Aphorismen:

"Mwana mtukana nina, kuzimu enda kiona, enda pigwa mkatale, pingu na mikono nyuma, na silisili za chuma za moto. = 'L'infant qui insulte sa mère il verra dans l'autre monde, il sera mis au bloc; et enchaîné les mains derrière le dos avec des chaînes de feu.'

Pendo za mwana zi matakoni mwa nina. = 'L'amour pour l'enfant est (n'a d'autre siège que) sur les genoux de la mère.'" (SACLEUX)

[3] *"'inya' sàbrège en 'nya' avec les pron. suffixes sing. et plur. de la 2e pers., avec le pron. pl. de la 3e:*

'nyawe' = *ta mère (= nyoko [souvent injurieux])*
'nyani' = *votre mère*
'nyavo' = *leur mère"* (SACLEUX)

Mangbattu	*nandro*	=	'Frau'	GUTHRIE:135
BaSw	*nyanya*	=	'Großmutter'	
AuTb	*nyonya*	=	'verheiratete Frau'	
spanisch, portugiesisch	*nyanya*	=	'große Schwester / Amme'	
aber dort:	*niña*	=	'Kind / Mädchen'	

Das Präfix /*fw*/ des dynastischen Titels vor Vokal ist eine Variante des komorianischen Titels *Fe* oder *Fu*. Jener ist nach SACLEUX (1939-1941, S.418) eine Abkürzung von *Fumu* oder *Fumo*. Dieses wiederum soll mit dem Bantuwort für 'Lanze' zusammenhängen, das als 'Herr der Lanze' zu einem Herrschertitel wurde, aus dem zum Beispiel auf Pate und Lamu ein Namensteil der Regierenden entstand (DAMIR et al. 1985, S.36). Auch in dem Namen der Dynastie Inya Fwambaya setzt sich der zweite Teil des Namens aus diesem Titel und einem zweiten Eigennamen zusammen. *-mbaya* ist dabei auf den arabischen Namen Ubayya zurückzuführen. Der komorianische Name ist hingegen FePirusa (siehe Kapitel 2.2.).

Eine weitere Sprachbeziehung läßt sich in einer der Bezeichnungen für 'Banane' im Austronesischen, im Malagasy, Komorianischen und Nordostbantu entdecken:

AuMn	*punsi*	=	'Banane'	
Ml_1	$fu^{n}ts^{i}$	=	'Banane'	
$MlBe_2$	$fu^{n}ts^{i}$	=	'*Ravenala madagascariensis*' [1]	
Ml_3	$afu^{n}ts^{i}$	=	'Banane'	
Ml_4	$afuts^{i}$	=	'Banane'	
Ml_5	$hu^{n}ts^{i}$	=	'Banane'	
Ml_6	$u^{n}ts^{i}$	=	'Banane'	
Ml_7	uts^{i}	=	'Banane'	
Ml_8	$alimuts^{i}$	=	'Banane'	
MlMa	$(h)u^{n}ts^{i}$	=	'Banane'	
KoNg	*dzu* [Sg]	=	'Banane'	HEEPE-1920
KoNg	*ma·zu* [Pl]	=	'Bananen'	HEEPE-1920
KoNg	*ôntsi*	=	'Banane'	
SwZb	*-zu*	=	'Banane'	JOHNSTON-1919
SwLm	*-zu*	=	'Banane'	JOHNSTON-1919
Sw<N>	*izu*	=	'Banane'	NURSE-1983

[1] wie die Banane zu der Familie der *Musaceae* gehörig. Die Blätter ähneln sehr denen einer Bananenstaude.

Pokomo	*ma·izo*	=	'Banane'	MÖHLIG-1980
Mijikenda	*ma·izo*	=	'Banane'	NURSE-1983
Dahalo	*ma·zu*	=	'Banane'	MÖHLIG-1980
Ilwana	*ma·azo*	=	'Banane'	MÖHLIG-1980
Nika	*-zu*	=	'Banane'	JOHNSTON-1919

Alle Formen des Malagasy lassen sich regelmäßig mit der Bezeichnung des Ma'anyan vergleichen und auf die gemeinindonesische Form **pun[t]i[']* (DAHL 1951, S.323) und das uraustronesische **pu(ñ)[tTC]i* (MAHDI 1988, S.191) zurückführen. Der unterschiedliche Stammanlaut im Malagasy und Westindonesischen ist nur ein Beispiel für die regelmäßige Entsprechung Au [p] zu Ml [f]. In einigen Dialekten des Malagasy ist im vorliegenden Fall dieser Anlaut zu [h] abgeschwächt worden beziehungsweise ganz entfallen.

Die austronesische Form ist offenbar von Madagaskar über die Komoren bis zur afrikanischen Küste weiter verbreitet worden.

Der Wandel des stimmlosen, kaum hörbar auslautenden Konsonanten [^{i}] zu [u] läßt sich durch die assimilatorische Kraft des ersten Vokals erklären.

Die Entwicklung von [ts] über komorianisch [dz] zu [z] ist durchaus denkbar, da sich die jeweiligen Entsprechungen auch in anderen Fällen belegen lassen. [1]

Aufgrund morphologischer Prozesse, nämlich der Eingliederung in die Nominalklasse Sechs, entsteht im Bantu schließlich die Form *ma*(V)*zu*.

Sehr leicht läßt sich aus dieser Entwicklungsreihe eine Form *#mauzu* rekonstruieren, die in das Arabische [2] entlehnt wurde, und dort als *maûz* erhalten geblieben ist.

---

1 Ko [dz] <-> Ml [ts] (Sw [z]); zum Beispiel:

KoNg	*dza*^{n}*dze* [Sg], *madza*^{n}*dze* [Pl]	=	'eine Krabbe'
Ml	*antsa*^{n}*dzi*	=	'eine Krabbe'
Sw	$^{\tilde{n}}$*guzo*	=	'Pfeiler'
KoNz	$^{\tilde{n}}$*gidzo*	=	'Pfeiler'
KoMa	$^{\tilde{n}}$*gudzo*	=	'Pfeiler'
MlMa	*añguts*^{u}	=	'Pfeiler'

2 Die von manchen Autoren angenommene Entlehnung des Bantu aus dem Arabischen ist schon deshalb unlogisch, weil zeitlich gesehen in Arabien gewiß nicht Bananen angebaut wurden, bevor dieses in Afrika der Fall war. Der arabische Gelehrte Al-Mas'udi erwähnt die Banane an der ostafrikanischen Küste im zehnten Jahrhundert, und es ist wahrscheinlich, daß er wie an anderen Stellen auch die einheimische Bezeichnung übernimmt. Tatsächlich gibt es keinerlei Hinweis darauf, daß Pflanze oder Bezeichung von Arabern nach Afrika eingeführt wurden.

Die Entwicklung läßt sich also wie folgt zusammenfassen:

Uraustronesisch:	**pu$^{(n)}$[tTC]i*	
	↓	
Malagasy:	*fu$^{(n)}$ts^{i}*	
	↓	
	u$^{(n)}$ts^{i}	
	↓	
Ngazija:	*dzu* [Sg] *ma·zu* [Pl]	/ *#udzu* / *#ma·uzu*
	↓	↓
div. Bantu:	*ma·*(V)*zu*	
Arabisch:		*(al-)maûz*
		↓ evtl. + Ml *(f)u$^{(n)}$ts^{i}*
Malagasy:		*alimuts^{i}*

Einige ähnliche Bezeichnungen anderer Bantusprachen [1] legen nahe, daß der Wortstamm auf dem afrikanischen Kontinent innerhalb des Bantu weiterentlehnt wurde. Doch sind die vorliegenden Quellen für genauere Analysen noch zu lückenhaft. Die schlechte Quellenlage besteht nicht zuletzt dadurch, daß die häufig völlig verschiedenen Bezeichnungen für die vielen unterschiedlichen Bananensorten in Wörterbüchern und Wortlisten kaum repräsentiert sind.

Die Bezeichnung Ml *alimuts^{i}* läßt sich eindeutig mit dem arabischen Ausdruck *al-maûz* in Verbindung bringen. Der im Malagasy funktionslose arabische Artikel (*al-*) ist erhalten geblieben und weist deutlich das Arabische als Gebersprache aus.

Dabei ist fraglich, ob die Form des Malagasy nur aus der arabischen Bezeichnung entstanden ist (*al-maûz* → *#al(i)mauts^{i}* → *alimuts^{i}*) oder durch das Aufeinandertreffen einer fremden Bezeichnung (*al-maûz*) und einer bereits vorhandenen (*(f)u$^{(n)}$ts^{i}*) und deren Fusion geformt wurde. [2]

Auch die dialektale Form MlMe *akundrufunts^{i}* (RICHARDSON 1885) ist aus der Fusion zweier Lexeme (Ba *aku^{n}dru*, Au/Ml *fu^{n}ts^{i}*) enstanden.

---

[1] zum Beispiel: Zaramo *-zuzu*; Ngumba, Njem *-zo* (JOHNSTON 1919).

[2] Solche, durch Kontamination entstandenen Wortschöpfungen sind im Malagasy durchaus nicht ungewöhnlich. So ist zum Beispiel die Bezeichnung für 'Erdnuß', Ml *vua^{n}dzu*, aus dem austronesischen Lexem Ml *vua* (Au **buah*) für 'Frucht' und dem Bantulexem **-jugu* (zum Beispiel: Sw *^{n}dyugu* u.a.; ^ GUTHRIE (C.S.961), der darauf hinweist, daß die Bezeichnung älter sein dürfte als die Pflanze in Afrika) entstanden.

Andere Entlehnungen aus dem Austronesischen in das Komorianische oder Nordost-Bantu konnten in dem vorliegenden Material nicht gefunden werden. [1]

8.3.3. Anklänge des Bantu im Malagasy

Im Malagasy finden sich einige Lexeme, vor allem im Kulturwortschatz, welche etymologisch gesehen dem Bantu entstammen, aber nicht über das Komorianische oder Swahili entlehnt worden sein können. Die meisten davon wurden im Bereich der Landwirtschaft festgestellt:

1)

Die auf Madagaskar am weitesten verbreitete Bezeichnung für 'Banane' ist *ako"dro*. Dieses Wort hat eindeutig Beziehungen zu einem auf dem afrikanischen Kontinent ebenfalls weit verbreiteten Wortstamm des Bantu mit gleicher Bedeutung (siehe Bild 29). Bereits der arabische Gelehrte Al-Idrisi hat diesen Wortstamm von der ostafrikanischen Küste überliefert (vgl. Kapitel 2.1.).

Aus dem vorliegenden Vergleichsmaterial konnte für das Austronesische keine vergleichbare Form nachgewiesen werden.

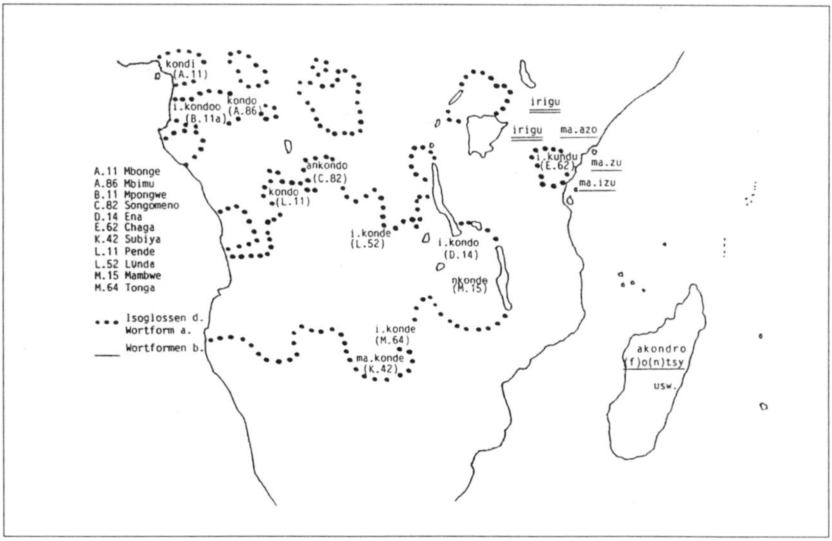

Bild 29: Verbreitung des Wortstammes *-ko"do*

[1] Auch die von Dahl (1954) gesehene Parallele zwischen MlMe *akani* = 'Nest', AuMn *hanai* = 'Nest', KoNz *(ñ)kana* = 'Nest' konnte aus dem vorliegenden Material für das Komorianische nicht verifiziert werden.

Kaum belegt und offenbar wenig verbreitet [1] ist eine andere Bezeichnung für 'Banane'. Diese lautet im Malagasy *(a)kida* und findet eine einzige ähnliche Form in dem Lexem *ñi^{n}da* gleicher Bedeutung im Chaga.

2)

MlOc	*tsaku*	=	'Mais'	RICHARDSON
MlBt,Sk	*taskutsaku*	=	'Mais'	RICHARDSON
MlOr	*katsak*^{a}	=	'Mais'	RICHARDSON
MlBt	*hatsa*	=	'Maiskörner'	DUBOIS
Ml<D>	*kazah*^{a}	=	'Mais'	ABINAL&MALZAC
Shona	*lu·tsa*^{ñ}*ga*	=	'Schilf / Rohr'	BOURQUIN
Tswa	*li·sa*^{ñ}*ga*	=	'Schilf / Rohr'	BOURQUIN
Venda	*lu·ta*^{ñ}*ga*	=	'Schilf / Rohr'	BOURQUIN
Sotho	*le·saka* <!>	=	'Schilf / Rohr'	BOURQUIN
Zulu	*u(m)·sa*^{ñ}*ga*	=	'Maisstengel'	BOURQUIN
Xhosa	*u(m)·sa*^{ñ}*ga*	=	'Maisstengel'	BOURQUIN

Die Formen des Malagasy lassen sich lautlich mit denen vergleichen, die westlich und südlich des Tanganyika-Sees und bis südöstlich des Bangweolo-Sees Mais bezeichnen (vgl. folgende Karte).

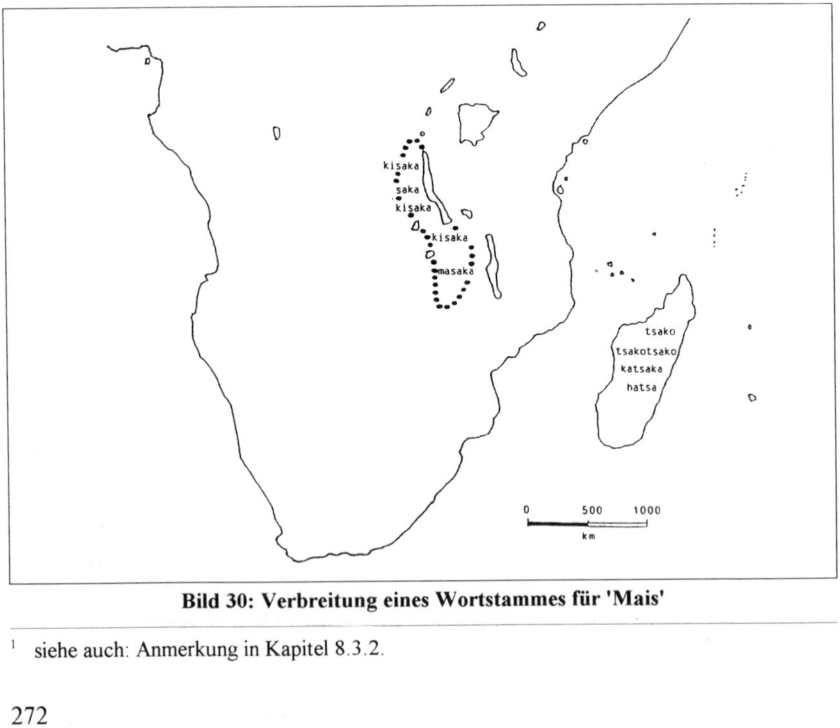

Bild 30: Verbreitung eines Wortstammes für 'Mais'

[1] siehe auch: Anmerkung in Kapitel 8.3.2.

Über die Etymologie dieser Wortstäme lassen sich zwei verschiedene Theorien aufstellen.

Nach der ersten gehen sie auf den Urbantuwortstamm **-ka*^{n}*ga* für 'Schilf / Rohr' (BOURQUIN 1953) zurück, wie er sich in den oben aufgeführten Beispielen zum Bantu erhalten hat.

Nach der zweiten sind sie auf einen Verbalstamm zurückzuführen; vergleiche:

Mijikenda	*-saga*	=	'mit einem Stein mahlen'	NURSE
Sw	*-saga*	=	'mahlen'	
Sw	*ki·saga*	=	'Maßeinheit für Getreide'	

Gegen eine Entlehnung aus dem Bantu in das Malagasy spricht jedoch, daß die Wortstämme auf dem afrikanischen Kontinent typischerweise nicht ohne Präfix gebraucht werden. Ein solches hätte aber regelmäßig mitentlehnt werden müssen.

Die Identifizierung der Anlautsilbe [ka] in Ml *katsaka* als ehemaliges Präfix ist nicht nur wegen der Betonung zweifelhaft.

Aus dem vorliegenden Korpus konnten jedoch keine Parallelen in austronesischen Sprachen und somit keine Hinweise auf eine austronesische Etymologie gefunden werden. Gegen eine Entlehnung in das Bantu aus dem Malagasy spricht weiterhin, daß die Bedeutung offenbar im Bantu viel weniger spezifiziert ist, als im Malagasy.

3)

Ml$_1$	*akuhu*	=	'Huhn'
MlMa	*akuhu*	=	'Huhn'
MlMa	*(a)kuhu*	=	'Huhn'
KoMa	*k*^{h}*uhu*	=	'Huhn'
KoNg,Nz	^{n}*kuhu*	=	'Huhn'
SwZb	*k*^{h}*uku*	=	'Huhn'
usw. [1]			

Die Bezeichnung Ml$_1$ *akuhu* für 'Huhn' ist eindeutig dem Bantu entlehnt: Die austronesische Form **kukuk* für 'gackern' (Tb *kukok*, Ja *kokok*, Ma *kuku'*) hätte sich regelmäßig zu Ml $^{\#}$*huhu* entwickeln müssen. Wie aus der Analyse in Kapitel 8.1.3. hervorgeht, muß das erhaltengebliebene [k] des Malagasy einst pränasaliert oder aspiriert gewesen sein. Für beide Möglichkeiten lassen sich im Bantu ausreichend Belege finden. Das inlautende [k] ohne Aspiration oder Pränasalierung hat sich im Malagasy regelmäßig zu [h] entwickelt.

[1] Dieses Lexem ist im Bantu in sehr ähnlichen Formen weit verbreitet.

4)

Ml	*omby*	=	'Rind'	
Ml<NW>	$ao^{m}b^{i}$	=	'Rind'	
MlMaOr$_1$	$ao^{m}b^{i}$	=	'Rind'	
MlMaOr$_2$	$año^{m}b^{i}$	=	'Rind'	
MlOc	$ano^{m}bi$	=	'Rind'	HILDEBRANDT-1880
MlMaAn$_1$	$año^{m}b^{i}$	=	'Rind'	
MlMaAn$_2$	$año^{m}b^{e}$	=	'Rind'	
KoMa	$nyo^{m}be$	=	'Rind'	
KoNg	$\underline{m}be$	=	'Rind'	LAFON
KoNg	$m{\cdot}na^{m}be$	=	'Rind'	
SwZb	$ño^{m}be$	=	'Rind'	

Der Worstamm $^{\#}$*-o*^{m}*be* ist als Bezeichnung für 'Rind' auf dem afrikanischen Kontinent weit verbreitet (siehe Bild 31). Die Lexeme gehören im Singular der Bantuklasse Neun an, deren Klassenkennzeichen eine nasale Anlautphase ist. Nach WRIGLEY (1987, S.269f.) ist der Wortstamm **-go*^{m}*be* oder **-qo*^{m}*be* für 'Rind' keine Form des Protobantu, wie es GUTHRIE (1970) annimmt. Vielmehr scheint der Stamm erst nach der wesentlichen Verbreitung der Bantu Eingang in einige ihrer Sprachen gefunden zu haben. Die Form des Gemeinbantu soll etwa im südöstlichen Zaire ihren Ursprung haben und vom Kupfergürtel ausgehend bis zum Anfang dieses Jahrtausends, als die Bedeutung der Rinderhaltung in großen Teilen des östlichen und südlichen Afrikas zunahm, weite Verbreitung gefunden haben.

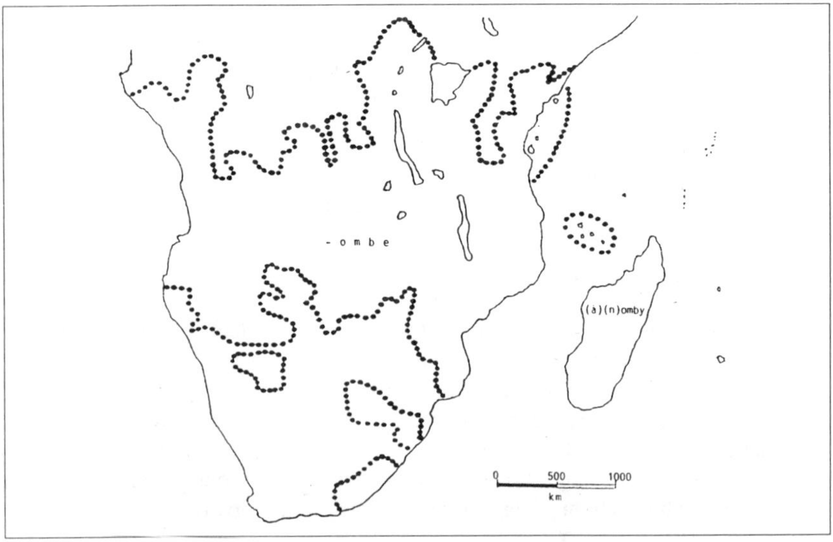

Bild 31: Verbreitung des Wortstammes *-o*^{m}*be*

Die Bezeichnung des Malagasy ist aus dem Bantu entlehnt worden. Der Velarnasal ist entweder regelmäßig (^Berchem 1989) geschwunden oder als Relikt in einigen Fällen erhalten geblieben.

5)

Ml	be$^{\tilde{n}}$gi	=	'Ziege'	Webber-1853
Ml<Nw>	be$^{\tilde{n}}$gi	=	'Ziege'	
MlMa	be$^{\tilde{n}}$gi	=	'Ziege'	
MlMaAn	be$^{\tilde{n}}$gi	=	'Ziege'	
KoMa	- [1]			
KoNg	-			
SwZb	-			

Diese Bezeichnung für 'Ziege' im Malagasy läßt sich mit dem Urbantu-Wortstamm **-pene* in Beziehung sehen. Im Austronesischen konnten keine ähnlichen Benennungen nachgewiesen werden. Da die lautlichen Strukturen der Bezeichnungen des Malagasy auf kein Präfix schließen lassen, finden sich die ähnlichsten Formen in westlichen Bantusprachen; zum Beispiel *be$^{\tilde{n}}$gee* im Buma (siehe Bild 32). Die Distribution der im vorliegenden Vergleichsmaterial vorgefunden ähnlichen Formen des Bantu erschwert eine Interpretation. So spricht die scheinbar sporadische Verteilung des Wortstamms auf dem afrikanischen Kontinent gegen eine Entlehnung aus dem Malagasy oder einer dritten Sprache, eine Theorie, die gerade durch das Fehlen eines Präfix im Malagasy gestützt werden könnte.

Wesentlich günstiger ist die Quellenlage bei einer zweiten Bezeichnung des Malagasy für 'Ziege':

Ml	*us^{i}*	=	'Ziege'	
Ml<NW>	*(a)^{m}buzi*	=	'Ziege'	
KoMa$_1$	*^{m}buzi*	=	'Ziege'	
KoMa$_2$	*buzi*, Pl: *zi·buzi*	=	'Ziege'	
KoNz$_1$	*(i)^{m}buzi*	=	'Ziege'	
KoNz$_2$	*buz*	=	'Ziege'	Elliott-1821,'22
KoNz$_3$	*buzi*	=	'Ziege'	Heepe-1926
KoNg	*^{m}buzi*	=	'Ziege'	
SwZb	*^{m}buzi*	=	'Ziege'	

Der in Afrika weit verbreitete Wortstamm (siehe Bild 32), den Meinhof auf die Form **y̲ulî* des Protobantu zurückführte, geht wohl tatsächlich auf das

[1] das heißt es ist keine ähnliche/entsprechende Form belegt.

persisch-indische Wort بز zurück. Letzteres könnte wie auch einige komorianische Formen Etymon der Bezeichnung des Malagasy sein.

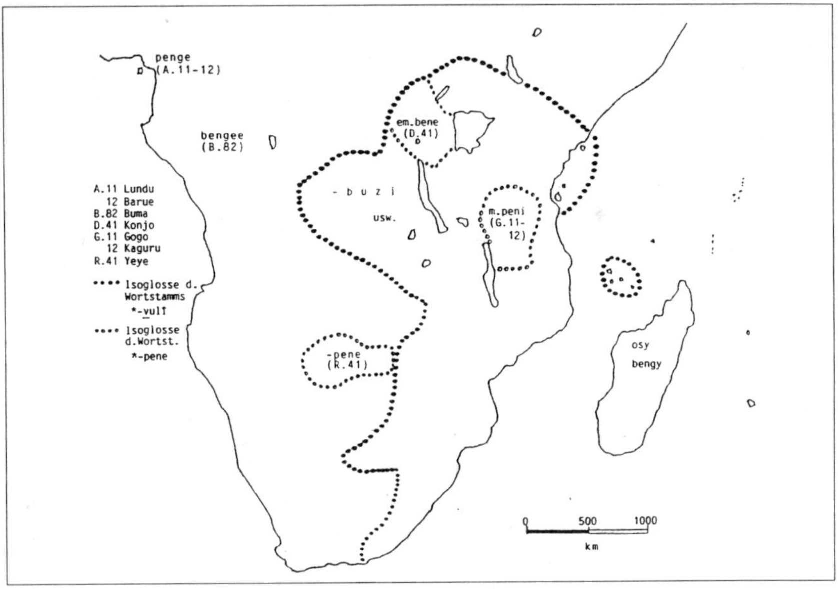

Bild 32: Verbreitung zweier Wortstämme für 'Ziege'

6)

Ml<D>	*ho*^{n}*dri*	=	'Schaf'	RICHARDSON-1885
Ml<D>	*o*^{n}*drikondri*	=	'Schaf'	RICHARDSON-1885
MlMe	*o*^{n}*dri*	=	'Schaf'	RICHARDSON-1885
MlSk	*ao*^{n}*dri*	=	'Schaf'	DAHL-1954
MlAd	*ao*^{n}*dri*	=	'Schaf'	DECARY-1928
MlVz	*año*^{n}*dre*	=	'Schaf'	DAHL-1954
Ml<S>	*ango*^{n}*dri*	=	'Schaf'	FERRAND-1905
$KoNg_1$	*go*^{n}*dzi*	=	'Schaf'	
$KoNg_2$	$^{\tilde{n}}$*ko*^{n}*doa*	=	'Schaf'	
SwZb	*k*^{h}*o*^{n}*doo*	=	'Schaf'	
Sw<N>	*ño*^{n}*di*	=	'Schaf'	

Offenbar hat in diesem Falle eine Entlehnung auf verschiedenen Wegen und aus verschiedenen Quellen in das Malagasy stattgefunden. Zum einen läßt sich für das Malagasy ein Etymon mit einem [k]-Anlaut zum anderen mit einem nasalen Anlaut rekonstruieren. Ein Etymon mit einem Anlaut [k] liegt den beiden zuerst genannten Dialektvarianten des Malagasy zugrunde. Die Formen des Vezu und der Süddialekte hingegen entstanden aus einer Form mit nasalem Anlaut. Für die Dialekte Merina, Sakalava und Antandru[i] ist eine Rekonstruktion schwieriger; doch deutet der Anlaut [a] auf ein nasaliert anlautendes Etymon hin (vgl. Kapitel 8.1.3.).

8.3.4. Gemeinsame Anklänge im Austronesischen und im Bantu

Das Aufspüren lautlicher Parallelen zwischen Lexemen austronesischer und afrikanischer Sprachen wird einerseits durch die Vielzahl der Sprachen und damit der großen Vergleichsmenge und andererseits durch die mangelhafte Repräsentation des sprachlichen Materials in der Literatur erheblich erschwert.

In dem ausgewählten Korpus konnten ähnlich lautende Lexeme vergleichbarer Bedeutung im Austronesischen und im Bantu nur in den folgenden Fällen gefunden werden:

1)

AuMn	*anak*	=	'Kind'	DAHL
UrAu	*ana'*	=	'Kind'	DEMPWOLFF
AuJa	*ana'*	=	'Kind'	DEMPWOLFF
AuMa	*ana'*	=	'Kind'	DEMPWOLFF
AuMl	*anaka*			
Ml Bausi	*mana*	=	'Kind'	DEMPWOLFF
MlHo	*anaka*	=	'Kind'	DEMPWOLFF
MlHo	*ana·bavi*	=	'Schwester eines Mannes' [1]	DEMPWOLFF
MlHo	*z·anaka*	=	'Kind'	DEMPWOLFF
MlMa	*mw·ana*	=	'Kind von jemandem'	
AuNd	*anak*	=	'Kind'	DEMPWOLFF
AuTb	*anak*	=	'Kind'	DEMPWOLFF
AuTg	*anak*	=	'Kind'	DEMPWOLFF
UrBa	*-ná*	=	'Kind'	GUTHRIE:1336
UrBa	*-yánà*	=	'Kind'	GUTHRIE:1922
BaSw	*bw·ana*	=	'Herr' usw.	
BaSw	*mw·ana*	=	'Kind von jemandem'	
BASw	*ki·j·ana*	=	'Jüngling'	
KoNg,Nz,Mw	*mw·ana*	=	'Kind (von jemandem)'	
A.11	*nw·ana / b·ana*	=	'Kind'	GUTHRIE:1922
A.34	*mw·ana / b·ana*	=	'Kind'	GUTHRIE:1922

[1] wörtlich svw. 'Kind-weiblich'.

A.84	*mw·an / bw·an*	=	'Kind'	GUTHRIE:1922
B.11a	*oñw·ana / aw·ana*	=	'Kind'	GUTHRIE:1922
B.22b	*mI·ana / b·ana*	=	'Kind'	GUTHRIE:1922
B.75	*mw·ana / ba·ana*	=	'Kind'	GUTHRIE:1922
C.32	*mw·ana / b·ana*	=	'Kind'	GUTHRIE:1922
C.71	*ônav·ana*	=	'Kind'	GUTHRIE:1922
D.62	*omñ·ana / aa·ana*	=	'Kind'	GUTHRIE:1922
E.11	*omw·ana / aa·ana*	=	'Kind'	GUTHRIE:1922
E.13	*omw·ana / aa·ana*	=	'Kind'	GUTHRIE:1922
E.15	*omw·ana / aba·ana*	=	'Kind'	GUTHRIE:1922
E.51	*mw·ana / cI·ana*	=	'Kind'	GUTHRIE:1922
E.55	*mw·ana / a·ana*	=	'Kind'	GUTHRIE:1922
F.21	*ñw·ana / βa·ana*	=	'Kind'	GUTHRIE:1922
H.16b	*mw·ana / ba·ana*	=	'Kind'	GUTHRIE:1922
K.14	*mw·ana / β·ana*	=	'Kind'	GUTHRIE:1922
L.31a	*mw·ana / ba·ana*	=	'Kind'	GUTHRIE:1922
L.33	*mw·ana / ba·ana*	=	'Kind'	GUTHRIE:1922
L.52	*mw·ana / any·ana*	=	'Kind'	GUTHRIE:1922
M.42	*umw·ana / aa·ana*	=	'Kind'	GUTHRIE:1922
M.63	*mw·ana / β·ana*	=	'Kind'	GUTHRIE:1922
N.31c	*mw·ana / w·ana*	=	'Kind'	GUTHRIE:1922
P.21	*mw·ana / βa·ana*	=	'Kind'	GUTHRIE:1922
S.13a	*mñ·ana / w·ana*	=	'Kind'	GUTHRIE:1922
S.21	*ñw·ana / ·ana*	=	'Kind'	GUTHRIE:1922
S.33	*ñw·ana / b·ana*	=	'Kind'	GUTHRIE:1922

Das Austronesische und das Bantu weisen in diesem Falle fast identische Wortstämme gleicher Bedeutung auf.

Eine Beziehung über das Malagasy kann ausgeschlossen werden, da hier der plosive Auslaut der austronesischen Form erhalten und sogar ergänzt wurde, im Bantu aber nicht in Erscheinung tritt. Die Formen des Bantu weisen aber keinen solchen Auslaut auf, tragen stattdessen jedoch ein Klassenpräfix, das im Austronesischen fehlt.

Die Form ist sowohl im Bantu als auch im Astronesischen so weit verbreitet, daß von jeweils einer gemeinsamen Protoform ausgegangen werden muß, das heißt das Lexem gehört in beiden Fällen zum "Erbgut" der jeweiligen Sprachfamilie.

Ob die jeweiligen Urformen in einer Beziehung gesehen werden können bzw. auf eine gemeinsame Vorform zurückgehen [1], kann nur im Kontext geklärt

[1] Letzteres dürfte wohl kaum nachvollziehbar sein, da von einer erkennbaren Verwandtschaft der beiden Sprachfamilien keine Rede sein kann.

werden: Werden keine weiteren analogen Fälle mit ähnlicher Distribution im Bantu und Austronesischen gefunden, handelt es sich höchstwahrscheinlich um zufällige Ähnlichkeit und die Annahme einer Beziehung ist nicht gerechtfertigt.

2)

UrAu	*na*	=	'und zwar, nämlich' [1]	DEMPWOLFF
AuTg	*na*	=	'und zwar'	DEMPWOLFF
AuTb	*na*	=	'und zwar'	DEMPWOLFF
MlHo	*-n-*	=	'und zwar'	DEMPWOLFF
AuSa	*na*	=	'und'	DEMPWOLFF
BaSw	*na-*	=	'und'	
usw.				

Es ist kaum anzunehmen, daß diese Formen in irgendeinem Zusammenhang gesehen werden können; denn auch viele andere Sprachen weisen gleichlautende Formen ähnlicher Bedeutung und Funktion auf [2].

3)

UrAu	*kuTa*	=	'Festung'	DEMPWOLFF
AuTg	*kuta*	=	'Festung'	DEMPWOLFF
AuTb	*huta*	=	'Festung'	DEMPWOLFF
AuJa	*kuTA*	=	'Festung'	DEMPWOLFF
AuMa	*kota*	=	'Festung'	DEMPWOLFF
AuNd	*kota*	=	'Festung'	DEMPWOLFF
BaSw	*u·kuta*	=	'Mauer'	
BaSw	*k^huta*	=	'Mauern'	

Auch in diesem Beispiel besteht eine enge lautliche und semantische Ähnlichkeit zwischen den Formen des Austronesischen und des Bantu.

[1] Appositions-Partikel (DEMPWOLFF).

[2] vgl. zum Beipiel Somali *-na* ('und'). Das gleiche Phänomen findet sich bei einigen anderen sogenannten "Universalien", wie zum Beispiel der Bezeichnung für Vater:

AuJa,Ma	*'bapa$^{c\prime}$*	=	'Vater' usw.	
Ml	*baba*	=	'Vater'	
BaSw	*BaBa*	=	'Vater'	
C.44,S.21	*baba*	=	'Vater'	GUTHRIE:7
C.55	*fafa*	=	'Vater'	GUTHRIE:7
C.71	*mbapa*	=	'Vater'	GUTHRIE:7
E.51,F.21	*βaaβa*	=	'Vater'	GUTHRIE:7
L.23	*baaba*	=	'Mutter'	GUTHRIE:7
N.44	*baba*	=	'Vater'	GUTHRIE:7
P.21	*βaaβa*	=	'Vater'	GUTHRIE:7
S.12, S.42	*(u)BaBa*	=	'Vater'	GUTHRIE:7

vgl. aber auch: deutsch Papa, Ar *baba* usw.

4)

UrAu	*piGa*	=	'wieviel'	DEMPWOLFF
AuFi	*viza*	=	'wieviel'	DEMPWOLFF
AuFu	*fia*	=	'wieviel'	DEMPWOLFF
AuJa	*pira*	=	'wieviel'	DEMPWOLFF
AuMlHo	*firi*	=	'wieviel'	DEMPWOLFF
AuNd	*pire*	=	'wieviel'	DEMPWOLFF
AuSa	*n·ite*	=	'wieviel'	DEMPWOLFF
AuSm	*fia*	=	'wieviel'	DEMPWOLFF
AuTb	*piga*	=	'wieviel'	DEMPWOLFF
AuTg	*ila·n*	=	'wieviel'	DEMPWOLFF
AuTo	*fiha*	=	'wieviel'	DEMPWOLFF

BaSw	*-$^{\tilde{n}}$gapi*	=	'wieviel'	
D.42	*-$^{\tilde{n}}$gahi*	=	'wieviel'	GUTHRIE:789
E.13	*-$^{\tilde{n}}$gahi*	=	'wieviel'	GUTHRIE:789
K.14	*-$^{\tilde{n}}$gahi*	=	'wieviel'	GUTHRIE:789
L.52	*-ñahi*	=	'wieviel'	GUTHRIE:789
M.63	*-$^{\tilde{n}}$gai*	=	'wieviel'	GUTHRIE:789
R.31	*-$^{\tilde{n}}$gapi*	=	'wieviel'	GUTHRIE:789
S.42x	*-$^{\tilde{n}}$gap^{h}i*	=	'wieviel'	GUTHRIE:789
S.61	*-$^{\tilde{n}}$gahi*	=	'wieviel'	GUTHRIE:789

In diesem Fall handelt es sich um eine oberflächliche lautliche Ähnlichkeit, die über den Prozeß der Metathese erklärt werden könnte, obgleich die Formen sowohl im Austronesischen als auch im Bantu so weit verbreitet sind, daß das Lexem auf beiden Seiten sehr alt sein muß. Zudem bliebe bei Annahme einer Beziehung aber in jedem Fall der Nasal in den Formen des Bantu unerklärt, der hier nicht auf ein Klassenmorphem zurückgeführt werden kann.

Andere Belege im Bantu (siehe folgende Beispiele) zeigen, daß die Form des Protobantu **-$^{\tilde{n}}$ga* geheißen haben dürfte. Diese ist in den oben zitierten Fällen durch die Interrogativpartikel **-pi* ergänzt worden. Dieser Sachverhalt entkräftet zusätzlich die mögliche These über die Bildung der Lexeme aus einer Kontamination von Ba **-$^{\tilde{n}}$ga* mit Au *piGa*.

C.35a	*-$^{\tilde{n}}$ga*	=	'wieviel'	GUTHRIE:752
D.28b	*-$^{\tilde{n}}$ga*	=	'wieviel'	GUTHRIE:752
E.32a	*-$^{\tilde{n}}$ga*	=	'wieviel'	GUTHRIE:752
F.21	*-$^{\tilde{n}}$ga*	=	'wieviel'	GUTHRIE:752
L.31a	*-ña*	=	'wieviel'	GUTHRIE:752
L.33	*-$^{\tilde{n}}$ga*	=	'wieviel'	GUTHRIE:752
M.42	*-$^{\tilde{n}}$ga*	=	'wieviel'	GUTHRIE:752
C.71	*-$^{\tilde{n}}$gana*	=	'wieviel'	GUTHRIE:752

S.16	*-^{ñ}gana*	=	'wieviel'	GUTHRIE:752
N.41	*-^{ñ}gani*	=	'wieviel'	GUTHRIE:752
S.62	*-^{ñ}gani*	=	'wieviel'	GUTHRIE:752
N.31c	*-^{ñ}gati*	=	'wieviel'	GUTHRIE:752
N.44	*-^{ñ}gasi*	=	'wieviel'	GUTHRIE:752
A.11	*-ti^{ñ}ga* [1]	=	'wieviel'	GUTHRIE:752
E.74	*-li^{ñ}ga*	=	'wieviel'	GUTHRIE:586
G.11	*-li^{ñ}ga*	=	'wieviel'	GUTHRIE:586
N.11	*-li^{ñ} ga*	=	'wieviel'	GUTHRIE:586
N.21	*-ri^{ñ}ga*	=	'wieviel'	GUTHRIE:586

5)

a)

<Nias>	*dahu*	=	'(Stein-)häuser' auf Nias	
<Nias>	*darodaro*	=	'(Stein-)häuser' auf Nias	
MlAn	*tahugu*	=	'Haus'	
Ml	*trañu*	=	'Haus'	
KoMa	*dao la kuhu*	=	'Hühnerstall'	
KoNz	*DaGo // ma·laGo*	=	'Haus // Häuser'	
KoNg	*Daho // ma·laho*	=	'Haus // Häuser'	
KoMa	*DaGo*	=	'Dorf'	
UrBa	**-dago*	=	'Haus'	
B.24	*^{n}dako*	=	'Haus'	GUTHRIE:147
B.41	*^{n}daqu*	=	'Haus'	GUTHRIE:147
C.25	*^{n}dao*	=	'Haus'	GUTHRIE:147
C.32	*^{n}dako*	=	'Haus'	GUTHRIE:147
C.55	*^{n}dakô*	=	'Haus'	GUTHRIE:147
L.33	*^{n}daku*	=	'Haus'	GUTHRIE:147

b)

UrAu	*balik*	=	'Kehrseite, umkehren'	DEMPWOLFF
AuFi	*mbali·mbali*	=	'verkehrt / närrisch sein'	DEMPWOLFF
AuJa	*bali' / wali'*	=	'Kehrseite, umgekehrt'	DEMPWOLFF
AuMa	*bali'*	=	'Kehrseite, umgekehrt'	DEMPWOLFF
MlHo	*vadika*	=	'Kehrseite, umgekehrt'	DEMPWOLFF
AuNd	*balik*	=	'Kehrseite, umgekehrt'	DEMPWOLFF
AuTb	*balik*	=	'Kehrseite, umgekehrt'	DEMPWOLFF
$AuTg_1$	*balik*	=	'Kehrseite, umgekehrt'	DEMPWOLFF
$AuTg_2$	*tum·balik*	=	'Kehrseite, umgekehrt'	DEMPWOLFF
BaSw	*^{m}bali·^{m}bali*	=	'verschieden / anders sein'	
BaSw	*^{m}bali*	=	'weit'	

[1] In diesem und den folgenden Fällen ist die ursprüngliche Form um das Präfix der Klasse Fünf für Mengen ergänzt worden.

	UrBa	**-badi*	=	'Seite'	GUTHRIE:23
	D.42	*em·bali*	=	'Seite'	GUTHRIE:23
	N.31c	*^{m}bali*	=	'Seite'	GUTHRIE:23
	P.21	*^{m}bali*	=	'Seite'	GUTHRIE:23
	usw.				
c)	UrAu	*piTau*	=	'Messer'	DEMPWOLFF
	Tg	*pisao*	=	'Messer'	DEMPWOLFF
	Tb	*piso*	=	'Messer'	DEMPWOLFF
	Ja	*peso*	=	'Messer'	DEMPWOLFF
	Ma	*pisao*	=	'Messer'	DEMPWOLFF
	Nd	*pisao*	=	'Messer'	DEMPWOLFF
	MlHo	*misu*	=	'Tischmesser'	DEMPWOLFF
	Ml	*mesa*	=	'Messer' <"europäisch">	
	Sw	*ki·su*	=	'Messer'	
	Sw	*ma·su*	=	'Messer'	
	MlOc	*meso*	=	'Messer'	
	MlOc	*moso*	=	'Messer'	
	MlOc	*kiso*	=	'Messer'	
d)	UrAu	*baba*	=	'bei sich tragen, mitbringen'	
	Fi	*vava'*	=	'auf dem Rücken tragen'	DEMPWOLFF
	Ja	*wawa'*	=	'mitbringen'	
	Ml	*baby*	=	'auf dem Rücken tragen'	DEMPWOLFF
	Sm	*fafa'*	=	'auf Rücken tragen'	
	Tg	*babá*	=	'befrachtet'	DEMPWOLFF
	To,Fu	*fafa'*	=	'auf Rücken tragen'	
	Sw	*-beba*	=	'auf dem Rücken tragen'	
	UrBa	*-paap-*	=	'(Kind) auf dem Rücken tragen' [1]	
	L.41	*-paap*	=	'(Kind) auf dem Rücken tragen'	
	M.42	*-paap-*	=	'(Kind) auf dem Rücken tragen'	
	N.13	*-pap-*	=	'(Kind) auf dem Rücken tragen'	
	N.41	*-pap-*	=	'(Kind) auf dem Rücken tragen'	
	B.52	*-pap-*	=	'(Kind) auf dem Rücken tragen'	
	Z.1	*vav*	=	'(Kind) auf dem Rücken tragen'	
e)	UrAu	*kaka*	=	'älteres Geschwister'	
	Fi	*tua·ka*	=	'älterer Bruder'	
	Ja	*kaka*	=	'älteres Geschwister'	
	Ja	*kakañ*	=	'älteres Geschwister'	

[1] diese und die folgenden Belege des Bantu aus: GUTHRIE:1448.

Ma	*kaka*	=	'älteres Geschwister'	
MlHo	*haka*	=	'Freund, Pate'	
MlHo	*i·kaki*	=	'Freund, Pate'	
MlSk	*kuku*	=	*'lutin'* [132]	
Mn	*kaka(h)*	=	'Großvater'	
Sm	*tua·'a'*	=	'älteres Geschwister anderen Geschlechts'	
Tb	*haha*	=	'älteres Geschwister'	
Tg	*kaka*	=	'älteres Geschwister'	
SwZb	*kaka*	=	'älterer Bruder'	GUTHRIE:992
Giryama	*·kolo*	=	'Großeltern/Verwandtschaft' [133]	
B.74a	*ñkao*	=	'Großeltern'	GUTHRIE:992
B.75	*ñkaa*	=	'Großeltern'	GUTHRIE:992
B.83	*ñkao*	=	'Großeltern'	GUTHRIE:992
C.32	*ñ·kôkô*	=	'Großeltern'	GUTHRIE:1204
C.35b	*ñka*	=	'Großeltern'	GUTHRIE:992
D.28b	*ñgooko*	=	'Großeltern'	GUTHRIE:1204
E.11	*mkaaka*	=	'Großeltern'	GUTHRIE:992
E.13	*kaaka*	=	'meine Großmutter'	GUTHRIE:992
E.63	*gooko*	=	'Großeltern'	GUTHRIE:1204
F.21	*guukhu*	=	'Großeltern'	GUTHRIE:1204
G.12	*kuku*	=	'Großeltern'	GUTHRIE:1204
H.16b	*ñkaaka*	=	'Großeltern'	GUTHRIE:992
K.14	*kaka*	=	'Großeltern'	GUTHRIE:992
L.11	*kaka*	=	'Großeltern'	GUTHRIE:992
L.24	*kaaka*	=	'ältere Schwester'	GUTHRIE:992
L.52	*ñkaaka*	=	'Großeltern'	GUTHRIE:992
M.15	*kuku*	=	'Großeltern'	GUTHRIE:1204
R.11	*kuku*	=	'Großeltern'	GUTHRIE:1204

f)	Mn	*itah*	=	'vorbeigehen'	DAHL:399
	Sw	*-pita*	=	'vorbeigehen' usw.	
	Mn	*tjatja*	=	'Bestandsaufnahme' usw.	DAHL:399
	Sw	*-taja*	=	'(be)nennen'	
	Mn	*m·udi*	=	'nach hause kommen'	DEMPWOLFF
	Mn	*ngamp·udi*	=	'zurückgeben'	
	UrAu	*ulih*	=	'zurückkehren'	DEMPWOLFF
	$MlMa_1$	*(m)pudi*	=	'zurückkommen'	
	$MlMa_2$	*(m)puli*	=	'zurückkommen'	
	KoNg	*-rudi*	=	'zurückkommen'	

[132] *"esprit qui habite les forêts"*, DAHL 1954.

[133] GUTHRIE:306

Sw	*-rudi*	=	'zurückkommen'	
UrAu	**-piduk*	=	'zurückkommen'	GUTHRIE:1516
UrAu	**-búy*	=	'zurückkommen'	GUTHRIE:213

Auch in diesen Beispielen läßt sich zwar eine lautliche und semantische Ähnlichkeit feststellen; doch gibt es keine Anhaltspunkte dafür, daß sich die lautlichen Divergenzen auf regelmäßige Lautentsprechungen zurückführen lassen.

Eine Entlehnung weniger Formen des Grundwortschatzes kann zudem als äußerst unwahrscheinlich betrachtet werden, und eine sprachliche Verwandtschaft des Austronesischen und Bantu kann aufgrund dieser wenigen, unzusammenhängenden und oberflächlichen Ähnlichkeiten erst recht nicht postuliert werden.

Dieses Kapitel hat gezeigt, daß sich zwischen zwei Sprachen oder gar zwischen zwei Sprachfamilien ohne komplizierte lauthistorische Überlegungen sprachliche Formen ähnlicher Lautung und Bedeutung finden lassen.

Die Interpretation eines solchen Fundes und die Analyse, ob es sich dabei um Universalien, Zufall oder sprachhistorische Beziehungen handelt, bedarf aber sorgfältiger Überprüfung der möglichen Lautentwicklungen und Etymologien.

8.3.5. Anklänge des Austronesischen in Teilen des Bantu

In den folgenden Fällen zeigt sich ein Einfluß des Austronesischen wohl über das Malagasy auf einige Bantusprachen. Eine genaue Bestimmung des Entlehnungsweges ist aber aus dem vorliegenden Material nicht möglich.

1)	Ml<D>	*vihazu*	=	'Maniok'	RICHARDSON
	MlBt	*(o)vihazu*	=	'Kartoffel'	
	Sw	*vi·azi*	=	'Kartoffeln'	
	Sw	*ki·azi*	=	'Kartoffel'	
	Herero	*ovi·hozu*	=	'Mais'	KOLBE-1883;JOHNSTON1919

Der arabische Gelehrte al-MAS'UDI schreibt, die häufigste Nahrung der *Zanj* sei قلار [kilari], das auch in Südarabien häufig angebaut werde. MEINHOF (1932) gibt an, daß Sw *kiazi* lautgesetzlich von **kilalî* abzuleiten sei und sich deshalb mit dem Lexem in MAS'UDIS Aussage in Verbindung bringen ließe. Nach DAMMANN (zitiert nach KRUMM 1932), der sich auf eine Mitteilung von DEMPWOLFF stützt, ist Sw *kiazi* letztlich austronesischen Ursprungs und geht auf *ubi-kaju* ('Holzyams' aus *ubi* = 'Yams' usw. und *kaju* = 'Holz') zurück, das sich im Malagasy als *ovihazu* wiederfindet und von dort nach Afrika gelangt sein könnte.

Die Bezeichnung des Malagasy ist mit Sicherheit nicht aus dem Swahili entlehnt, hätte sie dann doch den regelmäßigen Lautentsprechungen gemäß (BERCHEM 1989) als $^{\#}$*vihaz*^{i} entlehnt werden müssen.

Vor allem aber die Form Ml *ovihazu* weist darauf hin, daß es sich bei Ml *vihazu* für 'Kartoffel // Maniok' um ein kompositäres Sekundärlexem handelt. Die erste Konstituente läßt sich regelmäßig auf das westindonesische *ubi* für 'Knollengewächse' zurückführen. Die zweite, *hazu*, ist eine Bezeichnung des Malagasy für Pflanzen bestimmter morphologischer Eigenschaften.

Selbst wenn sich das Wort für 'Kartoffel' im Swahili lautgesetzlich auf eine ursprüngliche Form **kilalî* zurückführen läßt, ist es nicht sicher, daß sie tatsächlich daraus entstanden ist. Sprachhistorisch läßt sie sich auch regelmäßig als Entlehnung des Malagasy-Wortes *(o)vihazu* deuten, wobei die Qualität des auslautenden Vokals durch progressive Assimilation der vorderen Vokale verändert worden sein muß. Der Anlaut [vi] wurde als Nominalpräfix der Klasse 8 behandelt und für die Singularform durch das Präfix /*ki*/- der Klasse Sieben entsprechend substituiert.

Die sehr ähnliche Bezeichnung des Herero für 'Mais', *ovihozu*, stellt keine dem Malagasy-Wort *ovihazu* näherstehende Form dar, denn zum einen ist /*ovi*/- hier das Nominalpräfix der Klasse Acht, zum anderen sind die Formen semantisch recht verschieden. Sollten die Bezeichnungen des Swahili und des Herero jedoch auf eine gemeinsame Urform zurückgehen, gäbe das Herero einen Hinweis auf die hintere Qualität des ursprünglichen Anlauts.

2)	Mn	*pu*$^{\tilde{n}}$*go*	=	'Ähre'	DAHL:396
	Sw	*m·puñga*	=	'Reispflanze'	
	UrBa	*-pu*$^{\tilde{n}}$*ga*	=	'Reis'	GUTHRIE:412
	M.42	*umu·puñ*$^{\tilde{n}}$*ga*	=	'Reis'	GUTHRIE:412
	N.41	*m·pu*$^{\tilde{n}}$*ga*	=	'Reis'	GUTHRIE:412
	P.21	*m·pu*$^{\tilde{n}}$*ga*	=	'Reis'	GUTHRIE:412
	N.31c	*m·pu*$^{\tilde{n}}$*ga*	=	'Reis'	GUTHRIE:412
	S.13a	*mu·pu*$^{\tilde{n}}$*ga*	=	'Reis'	GUTHRIE:412
	R.21	*e·pu*$^{\tilde{n}}$*gu*	=	'Mais'	GUTHRIE:412
	R.23	*e·pu*$^{\tilde{n}}$*gu*	=	'Hirse'	GUTHRIE:412

Aus dem vorliegenden Material konnten keine entsprechenden Formen für das Malagasy oder andere austronesische Sprachen als das Ma'anyan belegt werden.

Dennoch ist eine Entlehnung in das Bantu, die nach GUTHRIE über das Swahili stattgefunden haben müßte, wahrscheinlich:

> *"When all the items (°...) under this heading are taken into account it seems that there must have been considerable intrusion, probably in the form of loaning from Swahili G.42, especially in view of the fewness of the sound-shifts in the consonants and vowels and of the fact of the tonal divergence in many of the items."*

Es findet sich noch eine weitere lautliche Parallele im Bereich der Reiskultur:

Nd	*bari'*	=	'Reis'	
Ml	*var*[i]	=	'Reis'	RICHARDSON
Ml	*vari'*	=	'Reis'	DEMPWOLFF
Sw	*wali*	=	'gekochter Reis'	

Das austronesische Wort für 'eine Reisspeise', **ba[l̲]i[ᶜ]* findet sich im Malagasy als *var*[i] in der allgemeinen Bedeutung 'Reis' wieder. Dieser Lautfolge ist das Swahiliwort *wali* sprachvergleichend sehr nahe. Die Bedeutung im Swahili ist jedoch 'gekochter Reis', was wieder eine Speise bezeichnet.

Wenn die Swahiliform nicht, wie in der Vergangenheit wohl zu unrecht angenommen (JOHNSTON 1931), aus dem arabischen Wort وليمة für 'Festmahl' entstanden ist [1], müßte sie entweder aus dem Protomalagasy entlehnt worden sein, bevor sie dort ihren Bedeutungswandel erfuhr, oder sie ist auf anderen Wegen, unabhängig von denen der Malagasy, von Bewohnern der Sundaregion nach Afrika gebracht worden.

Mit Sicherheit ist sie jedoch nicht mit der Protobantu-Form **bugali* (= 'Maisbrei'), die eventuell indischen Ursprungs ist, in Zusammenhang zu sehen, welcher *ugali* im Swahili mit der ihr typischen Bedeutung 'Maisbrei' entspricht.

3) Die Bezeichnung *(a)mbazaha* [2] des Malagasy für 'Maniok' läßt sich mit dem ungebräuchlichen, wahrscheinlich veralteten Wort *mpesaji* oder *mpesazi* (= 'Maniok') des Swahili lautlich vergleichen. Die Etymolgie dieser Formen ist aber ungewiß. VELTEN (1933, S.490) ergänzt nach seinem Eintrag *mpesaji* "*muhogo wa Bukini*", was mit soviel wie 'Maniok von Madagaskar' übersetzt werden kann.

---

[1] Es ist schwer vorstellbar, daß eine Pflanze oder ihr Produkt dort, wo es als Grundnahrungsmittel gilt, die Bezeichnung 'Festmahl' erhalten haben soll.

[2] oder auch *kazaha, kadzaha*.

9. Zusammenfassung der sprachlichen Analysen

Die Ergebnisse des Sprachvergleichs lassen sich wie folgt zusammenfassen:

- Die Dialekte des Komorianischen und vor allem des Maore-Malagasy weisen eine deutlich höhere Anzahl von Phonemen auf, als ihre nächsten Verwandten. Qualitativ analysiert bestätigt sich der dadurch hervorgerufene Eindruck, daß diese Sprachen bzw. Sprachvarianten erheblichen Fremdeinflüssen ausgesetzt gewesen sein müssen. (8.1.2.)
- Malagasy und Komorianisch weisen parallele Lautentwicklungen auf, die sie von ihren nächsten Verwandten unterscheiden. (8.1.3.)
- Im Bereich der Morphologie weist das Malagasy einige Phänomene auf, die nicht aus dem Austronesischen abgeleitet werden können. Diese Morpheme finden funktionell und lautlich ähnliche, teilweise äquivalente Formen in den Bantusprachen.

  Zwei dieser Morpheme, die Gleichsetzungspartikel und ihr negierendes Gegenstück sind im wesentlichen in östlichen Bantusprachen in Gebrauch. Sie finden parallele Formen auch auf den Komoren. (8.2.1.-8.2.2.)

  Andere Morpheme des Malagasy, die Parallelen im Bantu aufweisen, unterscheiden sich deutlich von denen des Komorianischen, entsprechen aber solchen des Swahili. (8.2.3.-8.2.4.)

  Zwei weitere Morpheme des Malagasy können aber nur anderen Bantusprachen als dem Swahili oder dem Komorianischen entstammen. Sie belegen somit die Beziehung mindestens einer dritten Bantusprache zum Malagasy. (8.2.5. - 8.2.6.)
- Im lexikologischen Bereich konnte eine große Zahl von Entlehnungen aus dem Komorianischen und aus dem Swahili in das Malagasy festgestellt werden. Für das Maore-Malagasy beträgt der Anteil solcher Entlehnungen am Wortschatz fast fünfzig Prozent. Die nördlichen und westlichen Dialekte des Malagasy weisen zwar erheblich weniger entlehntes Wortgut auf, doch sind dort ganze Wortfelder stark vom Komorianischen und Swahili beeinflußt. Einige dieser Lexeme haben ihren Weg auch in andere Dialekte des Malagasy gefunden. (8.3.1.)

  Selbst Lexeme arabischen, persischen oder indischen Ursprungs sind zumindest zum größten Teil aus dem Swahili und/oder Komorianischen entlehnt.
- In der anderen Richtung ist der Einfluß des Malagasy auf das Nordostbantu sehr viel geringer, aber doch vorhanden. Nachgewiesen werden konnte eine offenbar frühe Entlehnung eines austronesischen Terminus für 'Banane' und eine austronesische Bezeichnung für 'Mutter', die Teil der Dynastie-Titel auf

den Komoren wurde und im Nordostbantu und Swahili gebräuchlich ist bzw. war. Die Lautentwicklung einerseits und der rudimentäre Gebrauch andererseits weisen darauf hin, daß die beiden Entlehnungen schon vor langer Zeit stattgefunden haben müssen. [1] (8.3.2.)

- Den im Bereich der Morphologie erwähnten Fällen entsprechend zeigt sich auch im Bereich der Lexikologie eine Beziehung zwischen dem Malagasy und anderen Bantusprachen als Swahili und Komorianisch. Hiervon betroffen ist vor allem das Wortfeld domestizierter Tiere. Diese Lexeme sind in allen Dialekten des Malagasy mit leichten lautlichen Unterschieden lückenlos vorhanden. Sie stammen mit einer Ausnahme (*akuhu*) nachweisbar weder aus dem Komorianischen noch aus dem Swahili, sind aber in verwandten Formen dort und auf dem afrikanischen Kontinent teilweise weit verbreitet. Da es für sie keine Entsprechungen in anderen austronesischen Sprachen als dem Malagasy gibt, scheiden letztere als Gebersprachen aus. (8.3.3.)

- Sprachliche Parallelen zwischen afrikanischen und austronesischen Sprachen (außer Malagasy) lassen sich kaum belegen. Sie sind nur vereinzelt zu beobachten, isoliert und nicht in Wortfeldern oder dergleichen zu klassifizieren. Hinweise auf eine sprachliche Verwandtschaft der beiden Familien ergeben sich somit nicht.

  Auch für eine direkte sprachbeeinflussende Beziehung zwischen austronesischen und afrikanischen Sprachen ohne Beteiligung des Malagasy gibt es keine Anhaltspunkte. Lautlich und semantisch ähnliche Formen sind vielmehr auf Zufall begründet oder als sogenannte 'Universalien' weit verbreitet. (8.3.4.)

- Ein austronesischer Einfluß auf das Bantu wohl über das Malagasy läßt sich hingegen für die Bezeichnung einer Erdfrucht und zweier Bezeichnungen für 'Reis' belegen. Da in beiden Fällen auch das Swahili beteiligt ist, kann nicht ausgeschlossen werden, daß der Entlehnungsweg über die Handelswege der Swahili (und somit eventuell auch über die Komoren) führte (siehe Kapitel 8.3.1.). (8.3.5.)

[1] Die Erwähnung der Bezeichnung für 'Banane', die ins Arabische übernommen wurde, in einer schriftlichen Quelle des zehnten Jahrhunderts (siehe Kapitel 2.1.) belegt dies zumindest schon für jene Zeit.

Teil 3: Schlußfolgerung

10. Syllogismen

10.1. Rückblick: eine Idee setzt sich durch

Es ist nicht mehr genau zu ermitteln, wer als erster ein Theorem afro-austronesischer Kontakte postulierte. Die Analogismen der 'Rassenkunde' und vergleichenden Völkerkunde, die auf solche Kontakte oder einen gemeinsamen Ursprung afrikanischer und austronesischer Völker hinzudeuten schienen, waren jedoch zu Beginn unseres Jahrhunderts weit verbreitet und wurden in dem Maße ausgebaut, wie man afrikanische kulturelle Leistungen erkannte und fremden Einflüssen zugeschrieb.

Wenn von Kulturkontakt die Rede war, wurde stets davon ausgegangen, daß einseitig der afrikanische Kontinent von außen beeinflußt wurde. Häufig lassen sich althergebrachte rassistische Vorurteile hinter dieser Annahme erkennen. Auf diese Weise entwickelte sich die Vorstellung, daß Menschen des östlichen Indischen Ozeans nach Westen gereist seien und dort eine Art Entwicklungsdienst geleistet hätten: demnach führten sie landwirtschaftliche Produkte und Anbaumethoden ein, lehrten Seefahrt und Schiffsbau, Hütten zu errichten, Musikinstrumente anzufertigen und zu spielen, Waffen herzustellen und vieles mehr.

Diese mangelhafte Methode, alles, was als Ähnlichkeit von Elementen der geistigen und materiellen Kultur angesehen werden kann, sogleich als einseitigen kulturellen Einfluß zu interpretieren, wird noch bis in die jüngste Vergangenheit angewandt, obgleich dabei 'afrikanische' und 'austronesische' Kulturräume wie leicht zu erfassende homogene Einheiten geradezu willkürlich beschrieben werden.

Ungeachtet dieses Hintergrundes konnte die Mutmaßung, es habe eine mehr oder weniger wesentliche Beeinflussung afrikanischer Kulturen durch 'Indonesier' gegeben, ohne hinterfragt zu werden in viele wissenschaftliche und populärwissenschaftliche Arbeiten Aufnahme finden.

Unter Ausschluß solcher Hypothesen und ungerechtfertigten Annahmen und auf der Grundlage der in der vorliegenden Studie gewonnenen Erkenntnisse gelingt es nun, sich von den afro-austronesischen Kontakten und deren Ausdehnung und Intensität ein reelles Bild zu machen.

10.2. Austronesische Kolonien auf afrikanischem Festland?

Die Annahme afro-austronesischer Kontakte wurde in vielen Arbeiten in ausschmückenden Details beschrieben. Bei HROMNIK (1981) heißt es etwa, es seien indonesische Arbeitssklaven gewesen, die von indischen Edelmetallhändlern einst nach Afrika verschleppt worden seien und sich schließlich auf Madagaskar niedergelassen hätten. JONES (1963) beschreibt das Szenario einer regelrechten Kolonisierung fast des gesamten afrikanischen Kontinents durch 'Indonesier' und übertrifft damit bei weitem MURDOCK (1964), der glaubt, die Proto-Malagasy hätten nach ihrer Ozean-Überquerung zunächst auf dem afrikanischen Festland gesiedelt, ehe sie nach Madagaskar migriert seien. Nicht zuletzt die vergleichsweise zurückhaltende Theorie MURDOCKS und die Popularität seines Werkes dürften der Grund dafür sein, daß seine Auffassung die am häufigsten zitierte und akzeptierte ist.

Tatsache aber ist, daß es bis heute keine wissenschaftlich fundierten Belege dafür gibt, daß Austronesier (oder Protomalagasy) jemals auf dem afrikanischen Festland siedelten. [1]

Die historischen Quellen übermitteln, soweit sie überhaupt von afro-austronesischen Kontakten berichten, ein völlig anderes Bild. Sie suggerieren gelegentliche Fahrten der Austronesier an die ostafrikanische Küste, und alles deutet darauf hin, daß es vor allem Handelsbeziehungen waren, welche die beiden südlichen Teile des Indischen Ozeans miteinander verbanden.

Solche Handelsbeziehungen dürften auf beiden Seiten nicht ohne Einfluß geblieben sein; doch lassen sich in dieser Hinsicht Einzelheiten kaum rekonstruieren. Sprachliche Einflüsse ohne die Beteiligung Madagaskars ließen sich bislang nicht finden, und die einst hervorgehobenen Kulturparallelen können in vielen Fällen als Universalien oder unabhängige Entwicklungen gedeutet werden oder sind bei genauerer Betrachtung nicht mehr haltbar. [2]

[1] Natürlich mit Ausnahme der viel später von Europäern nach Südafrika gebrachten Malaien.

[2] Die einzigen Kulturparallelen, die sich für eine historische Interpretation anbieten, sind die der Auslegerboote, einiger Nutzpflanzen, Nutztiere und schließlich des Xylophons, weil es seit den Arbeiten von JONES in der Diskussion eine so bedeutende Rolle gespielt hat. Diese Elemente werden in dem folgenden Kapitel diskutiert.

10.3. Die Bewertung auffälliger Kulturelemente in linguistischem Kontext

Das bedeutendste Beispiel für eine möglicherweise historisch zu deutende kulturelle Parallele ist wohl das der Auslegerboote, die nach Auffassung einiger Ethnologen ihren Ursprung in Südostasien haben und ansonsten nur in einigen Regionen des Indischen Ozeans zu finden sein sollen. Dazu zählen Madagaskar und die ostafrikanische Küste. Tatsächlich handelt es sich bei der Technik der Auslegerboote um eine bedeutende Entwicklung im Bereich des Bootsbaues, welche die Beweglichkeit und Sicherheit auf dem Meer wesentlich verbessern kann. [1] Jedoch ist diese Technik nur unter bestimmten natürlichen Bedingungen (Strömungs- und Windverhältnisse) und nutzungstechnischen Voraussetzungen eine sinnvolle Ergänzung. So scheint auch die Frage, ob einfache oder Doppel-Auslegerboote gebaut werden, eher aufgrund dieser Bedingungen entschieden zu werden, als aufgrund der Zugehörigkeit zu einer bestimmten Kultur. Die Möglichkeit einer geschichtlichen Interpretation anhand der Konstruktionsweise ist also zweifelhaft. [2]

Die Ähnlichkeit in der Konstruktionsweise der Auslegerboote im Indischen Ozean ist auf diese Weise betrachtet gar nicht mehr so erstaunlich, wie von einigen Autoren (z.B. HORNELL) dargestellt. Wie sonst könnte ein Boot mit einem Ausleger aussehen? Ein Bootskörper, zwei im rechten Winkel dazu angebrachte Querbalken, an denen an einer oder wenn sinnvoll an beiden Seiten je ein Schwimmkörper angebracht wird, das muß zwangsläufig der grobe Konstruktionsplan für ein Boot mit Ausleger sein - und das überall auf der Welt. Doch die Details, etwa welches Holz für welche Teile genutzt wird (z.B. monoxyler oder zusammengesetzter Bootsrumpf), die Aufhängung der Schwimmer (starr oder beweglich) und die Beschaffenheit der Schwimmer (flach, kufenförmig oder mit rundem Querschnitt) machen die eigentlichen Unterschiede aus. Aber in dieser Beziehung finden sich weder in Ostafrika noch in Südostasien einheitliche Konstruktionsweisen. Vielmehr gibt es zahlreiche regionale und natürlich auch individuelle Unterschiede. Die häufig viereckige Form der Segel, [3] die in der Konstruktion (früher: Mattengeflecht) und in dem Wunsch nach einer möglichst

[1] Einige Hinweise auf die Konstruktionsweise und Navigation der Boote verdanke ich meinen Informanten von Tongoni, Sansibar, Madagaskar und der Bajuni-Fischer von Nordkenia und Südsomalia.

[2] Ein Boot mit Auslegern auf beiden Seiten braucht beim Kreuzen nicht zu wenden. Das kann beim Ein- oder Auslaufen in einer Bucht oder bei hohem Seegang von Vorteil sein. Andererseits wird man auf einen zweiten Ausleger verzichten, wenn dieser nicht nötig ist, schon um Material, Arbeit und Gewicht zu sparen und um das Boot bei ruhiger See in einer stabileren Lage zu halten.

[3] Soweit vorhanden: auf Ngazija beispielsweise scheint zumindest heutzutage das Segeln mit Auslegerbooten die Ausnahme zu sein; hier wird gerudert.

großen Segelfläche bei geringer Höhe und Breite begründet ist, kann genauso wenig für eine kulturhistorische Interpretation ausreichen, wie an den "Bug" [1] gemalte Okkuli, die sich nicht nur (in einigen Fällen) in Südostasien und Afrika fanden, sondern sich zum Beispiel auch in China oder bei den Wikingern belegen lassen.

So sehr also auch das gezeichnete Bild über die Verbreitung von Auslegerbooten im Indischen Ozean zu einer Interpretation reizt, muß man sich doch vor voreiligen Schlüssen hüten. Schließlich werden auch die Proto-Malagasy noch über andere Schiffstypen verfügt haben, denen sie auch für ihre weite Überfahrt den Vorzug gegeben haben dürften, wie zum Beispiel doppelrümpfige Boote, die in Südostasien nicht zuletzt als Transport- und Kriegsschiffe seit Jahrtausenden von Bedeutung sind. Eine solche Schiffsform ist für Ostafrika aber nicht belegt, obwohl es auch hier eine Vielzahl von Bootstypen gibt.

Weder aufgrund der Distribution noch aufgrund der Konstruktionsweise ist also zu entscheiden, ob der Schiffstyp der Auslegerboote im Indischen Ozean auf einen gemeinsamen Ursprung, auf gegenseitige Einflußnahme oder parallele Entwicklung zurückzuführen ist. Ein deutliches Indiz für eine historische Beziehung in diesem Fall wäre der Nachweis einer Verwandtschaft der Bezeichnungen für den Bootstyp oder Teile davon in den unterschiedlichen Sprachen.

Bezeichnungen für den Bootstyp mit Auslegern sind:

◆ Ja	*wañkañ*		(DEMPWOLFF 1938)
◆ Fi	*wa$^{\tilde{n}}$ga'*		(DEMPWOLFF 1938)
◆ To,Fu	*vaka'*		(DEMPWOLFF 1938)
◆ Sa	*va'a'*		(DEMPWOLFF 1938)
◆ (Bi	*biduk bertjadik*		(KAHLO et al.))
◆ Ml	*lakana*		(RICHARDSON 1885)
	laka	<D>	(RICHARDSON 1885)
◆ Sw,Ko	*$^{\tilde{n}}$galawa*		(KNAPPERT 1988)
	$^{\tilde{n}}$garawa		(KNAPPERT 1988)
	galawa		(KNAPPERT 1988)

Bezeichnungen für den Ausleger sind:

◆ Tg	*katig*		(DEMPWOLFF 1938)
◆ Tb	*hatir*	(= 'Schwungfeder')	(DEMPWOLFF 1938)

[1] In einigen Fällen haben Auslegerboote kein "Bug" oder "Heck"; sie werden in beide Richtungen gesteuert.

- Ja,Ma — *katir* — (DEMPWOLFF 1938)
- Bi — *djermang* — (KAHLO et al.)
- To,Fu — *kiato'* — (DEMPWOLFF 1938)
- Sm — *'iato'* — (= 'Auslegerstange') (DEMPWOLFF 1938)
- Sw — *bao* — (auch: 'großes Brett')
  - *mbera* — (= 'Auslegergelenk')
  - *mre*$^{\tilde{n}}$*gu* — (= 'Auslegerquerstange')
  - *mate*$^{\tilde{n}}$*gu* — (= 'Ausleger':Gesamtkonstruktion)
  - *mare*$^{\tilde{n}}$*gu*

Auffallend ist, daß sich die Bezeichnung des Malagasy für 'Auslegerboot' in ihrem Anlaut deutlich von den anderen austronesischen Formen unterscheidet. Diese Unterschiede im Anlaut lassen sich lauthistorisch nicht erklären. Zwischen den Bezeichnungen des Swahili und des Malagasy läßt sich nur eine oberflächliche lautliche Ähnlichkeit feststellen, die nicht auf regelmäßige Entsprechungen oder Ableitungen zurückgeführt werden kann. Ungeklärt bliebe so zumindest der Anlaut [$^{\tilde{n}}$ga] der Form des Swahili. Die ostafrikanische Bezeichnung muß vielmehr in Zusammenhang mit dem indischen *gallawat* im Mahrathi [1] für 'Boot' gesehen werden. [2]

Da sich die Benennung des Malagasy nicht einfach auf ein austronesisches Etymon zurückführen läßt, wäre die Entstehung dieser Form durch Kontamination denkbar. Demnach wurde die bestehende austronesische Form durch Kontakt mit der des Swahili verändert. Der im Malagasy nicht existente nasale Anlaut der Bezeichnung des Swahili blieb ohne Einfluß.

Wenn die Bezeichnung des Swahili tatsächlich aus dem Indischen stammt, so bedeutet dies jedoch nicht zwangsläufig, daß der Bootstyp mit dem Ausdruck zugleich entlehnt wurde. Denkbar wäre auch, daß die indischen Händler, die nach Ostafrika kamen, eine bestehende Bootsform mit einem ihnen geläufigen Begriff für 'ein kleines Boot im allgemeinen' bezeichneten oder, wenn sich keine indische Etymologie nachweisen läßt, die Bezeichnung selbst aus dem Bantu entlehnten, wo sie in Ostafrika von der Küste bis in das Inland durchaus weit verbreitet ist (^ JOHNSTON 1922).

Leider sind in der Literatur nur in wenigen Fällen die Bezeichnungen für Auslegerboote und ihre Bauteile in afrikanischen Sprachen nachzuweisen. Insgesamt fand sich nur eine Form, die der des Malagasy ähnlich erscheint. Es ist

[1] SACLEUX (1939-'41). Marathi ist eine bedeutende Sprache Vorderindiens mit bis in das dreizehnte Jahrhundert zurückreichendem Schrifttum.

[2] KNAPPERT (1988, S.2) führt die Bezeichnung des Swahili auf das arabische oder malaiische *galaba* für 'Sieg' zurück. Zwar existiert eine lautliche Ähnlichkeit zwischen den Formen; doch lassen sie sich von ihrer Bedeutung her wohl in keiner Beziehung sehen.

die des Kaguru (G.12), die mit *iloko* angegeben wird (JOHNSTON 1922, S.142). Deutlich weist das Präfix das Kaguru als Nehmersprache für den Wortstamm aus dem Malagasy aus.

Von einer einfachen, einseitigen Entlehnung kann also im Bereich des Auslegerbootes keine Rede sein. Zumindest in linguistischer Hinsicht ist der Sachverhalt wesentlich komplexer, da die austronesische Bezeichnung des Malagasy von afrikanischer Seite her beeinflußt ist.

Ein anderes Kulturelement, das einer genaueren Analyse bedarf, ist das des Xylophons, nicht zuletzt weil es in der wissenschaftlichen Literatur immer wieder im Kontext Afrika - Austronesien - Madagaskar erwähnt wird. Dieses ist vor allem auf die Arbeiten von JONES zurückzuführen, welcher allerdings die Bezeichnung *xylophone* in einem ungewöhnlich weiten Sinne verwendet, indem er auch Metallophone und sogar Glockenspiele einschließt. Erstaunlicherweise behauptet JONES (1964, S.144 und 229), es gäbe auf Madagaskar keine "entwickelten Xylophone", weshalb ein Vergleich mit Afrika ohne Bedeutung sei. Nur beiläufig erwähnt er an einer Stelle einmal die Beinxylophone Madagaskars (1964, S.124). Andererseits weisen NICOLAS (1957) und MEEL (1980) im Kontext afrikanischer Xylophone ausdrücklich auf die Instrumente Madagaskars hin.

Obwohl JONES das Vorhandensein madagassischer Xylophone ungenügend berücksichtigt, gibt er Anlaß zu der Vermutung, daß es Parallelen im musikologischen Vokabular afrikanischer Sprachen und dem im weitesten Sinne damit assoziierten Lexikon des Malagasy gäbe (1964, Kapitel 7).

So wird zum Beispiel im Chopi in Mosambik der Basiston des Xylophons *hombe* genannt. Dieser Begriff hat neben dem Bantuwort *vukulu* in der gleichen Sprache auch die Bedeutungen 'Größe' und 'Schönheit'. *Be* bedeutet im Malagasy 'groß', *ombe* oder *mbe* soll eine 'Person von Größe oder Wichtigkeit' bezeichnen [1]. JONES impliziert eine Beziehung dieser Termini mit dem Namen des Grundtons eines auf Java verbreiteten Xylophons, der *bem* lautet. Es ist mehr als wahrscheinlich, daß es sich bei dieser von JONES (1964, S.145) aufgedeckten angeblichen Parallele um Onomatopoetika und zufällige, oberflächliche Ähnlichkeiten handelt. Gleichfalls auf onomatopoetische Benennung zurückzuführen ist wohl die von JONES (1964, S.148) aufgeführte Ähnlichkeit zwischen *lala* = 'Rhythmus (eines Liedes)' [2] im Malagasy und *la* = 'Rhythmus im Xylophonspiel' im Sara [3].

[1] Die beiden letztgenannten Formen und ihre Übersetzung können aus den vorliegenden Wörterbüchern nicht bestätigt werden, ein Umstand, der für viele von JONES angeführte Beispiele gilt, die ohne Quellenangaben aufgeführt werden.

Nicht ganz so einfach gestaltet sich die Deutung der Parallele von sara *kobo* = 'Xylophon' und dem malagasy Wortstamm *#goboka* in *migoboka* = *'to make a hollow sound'* (ABINAL & MALZAC 1955) oder *'hollow as the sound of a drum'* (RICHARDSON 1885), wobei die Endung /-ka/ als nicht zum Wortstamm gehörig, sondern als ein nicht mehr operatives Suffix angesehen werden müßte. Diesen Schluß läßt eine Betrachtung des vorliegenden Wortmateriales jedoch nicht zu.

Auch die in Afrika weit verbreiteten Bezeichnungen *bala, balafo, balafon* lassen sich mit Lexemen im weitesten Sinne ähnlicher Bedeutung des Malagasy lautlich vergleichen. So hat im Malagasy *bala* die Bedeutung 'Holzstange / -pfosten / -stab', während sich *feo* mit soviel wie 'Stimme' oder 'Laut' übersetzen läßt. Da bei Komposita im Malagasy das Nomen an zweiter Stelle als Apposition angesprochen werden kann, ließe sich die jedoch nicht belegte, sondern konstruierte Form *#bala-feo* als 'klingende Holzstäbe' übersetzen und würde damit in der Tat erstaunliche Assoziationen zulassen. Schließlich werden nach JONES (1964, S.11) bei den Mandinka nicht nur das Instrument selbst, sondern auch einige Klangstäbe eines Xylophons *bala* genannt.

So erstaunlich es auch ist, wie sich die unterschiedlichsten Wörter für Xylophon in den afrikanischen Sprachen mit assoziierbaren, ähnlichlautenden Formen des Malagasy vergleichen lassen, so scheint die Auflistung letztlich doch nur ein Beispiel dafür zu sein, wie einfach es ist, Parallelen zu konstruieren, wenn nur der Korpus des zur Verfügung stehenden Vergleichsmaterials groß genug ist.[3] Schließlich kann JONES auf beiden Seiten des Ozeans aus jeweils einigen hundert Sprachen unterschiedlicher Familien schöpfen. Mit einer systematischen Untersuchung haben JONES' sporadische Treffer jedoch nichts gemeinsam.

Tatsächlich können keinerlei Beziehungen zwischen austronesischen (außer Malagasy; siehe im folgenden) und afrikanischen Xylophonbezeichnungen nachgewiesen werden, und auch für Madagaskar sollten eher die Bezeichnungen für Xylophone mit afrikanischen Termini gleicher Bedeutung verglichen werden als Lexeme anderer Bedeutung. Dieses soll im folgenden geschehen.

[1] Aus vorliegenden Wörterbüchern und durch Befragung nicht bestätigt (^ vorige Fußnote).

[2] Eine Sprache Westafrikas.

[3] Bei JONES (1964) finden sich noch eine Reihe anderer Beispiele, die alle nach der gleichen unmethodologischen und regional und semantisch großzügig und vereinzelt verfahrenden Weise zusammengestellt sind. So nennt man zum Beispiel das in Afrika oft als "höfisch", das heißt als dem König usw. vorbehalten beschriebene Xylophon im Fang *anzang*. Im Malagasy wird mit *natsa* ein Loblied bezeichnet, das in Gegenwart des Regierenden vorgetragen wird. Im Kongo und Ubangi-Cahri sind weitverbreitete Xylophon-Bezeichnungen *manja* und *manza*. Ein altes Wort für 'König' oder 'Ehrwürdiger' im Malagasy ist *mandza*. Ein kleines in Teilen Afrikas verbreitetes Xylophon wird unter anderem *sansa, sanza* und *kisanzi* genannt. Der Wortstamm *tsantsa* im Malagasy findet sich zum Beispiel in dem Verb *mitsantsana* = 'einen scharfen oder schrillen Laut von sich geben'.

Aufgrund ihrer organologischen Struktur lassen sich die afrikanischen Xylophone in zwei große Kategorien unterteilen: Instrumente mit freiliegenden Klangkörpern und solche mit befestigten Klangkörpern. In der ersten Kategorie können drei Typen unterschieden werden: Beinxylophone (bei denen die Klangstäbe über die ausgestreckten Beine verteilt werden), Grubenxylophone (hier liegen die Klangkörper über einem Resonanzloch im Boden) und Blockxylophone (mit einem hölzernen Rahmen). Die Xylophone der zweiten Kategorie sind mit Resonanzkörpern aus Holzstämmen oder Kalebassen versehen. Diese Instrumente haben neben musikalischen auch soziale Funktionen: solche, größerer technischer Anforderungen stehen im Dienste eines hohen Regierenden und sind gleichzeitig Symbole der Macht, die einfacheren haben keine symbolische Bedeutung und dienen nur der Unterhaltung. Anders als bei den Xylophonen auf dem afrikanischen Kontinent werden die Beinxylophone Madagaskars nur von Frauen gespielt, was - wie auch die Spielweise - deutlich auf einen südostasiatischen Einfluß hinweist.

Im Malagasy lassen sich für verschiedene Xylophonarten unterschiedliche Bezeichnungen teilweise regionaler Distribution feststellen (^ BERCHEM 1989-'90, S.87), deren Etymologie in den meisten Fällen bisher unklar bleibt. Ein Terminus, der sich in Beziehung zu einem auch in Afrika vorkommenden Wortstamm sehen läßt, ist das in Südwestmadagaskar anzutreffende *marimba* (NICOLAS 1957, S.72, 74, 75). In Zentral- und Südafrika finden sich im wesentlichen die folgenden zur Bezeichnung des Xylophons dienenden lautlich vergleichbaren Worte: *(e)limba* (Angola, Zimbabwe), *dimba, malimba* (Kongo), *ulimba* (Nsenga in Nord-Zimbabwe) und mit der größten Verbreitung *marimba* (Swahili, Südwest-Kongo, Mosambik, Angola). [1]

[1] GUTHRIE (C.S. 576) gibt die folgenden Einträge:

F.21	*malimba*	[Kl6]	= 'ein Musikinstrument'
G.42d	*marimba*	[Kl6]	= 'ein Musikinstrument'
N.31c	*o/limba*	[Kl5,6]	= 'ein Musikinstrument'
L.52	*mujimba*	[Kl3,4]	= 'Xylophon'
C.83	*ileem*	[Kl5,6]	= 'Xylophon'
L.33	*ji.jimba*	[Kl5,6]	= 'Xylophon'
R.11	*elimba*	[Kl5,6]	= 'Xylophon'
L.31a	*madimba*	[Kl6]	= 'Xylophon'
K.14	*lunjimba*	[Kl11,10]	= 'Xylophon'
M.63	*βu.dimba*	[Kl14,6]	= 'Xylophon'
S.13a	*marimba*	[Kl6]	= 'Hand-Klavier'
M.42	*itšilimba*	[Kl1,7]	= 'Hand-Klavier'
P.21	*lulimba*	[Kl11,10]	= 'Hand-Klavier'
L.41	*kajimba*	[Kl12,13]	= 'Hand-Klavier'
D.28a	*molemba*	[Kl3,4]	= 'Trommel'
L.31a	*mudimba*	[Kl3,4]	= 'Trommel'

Nach GUTHRIE [1] soll es nicht möglich sein, die Formen auf den im Bantu weit verbreiteten Wortstamm *-imba* für 'singen' zurückzuführen, weil sich der Laut [l] bzw. [r] zwischen Stamm und Nominalpräfix nicht erklären läßt. Es ist aber durchaus vorstellbar, daß der Konsonant epithetisch zwischen Klassenpräfix und Wortstamm eingefügt wurde. Vielleicht könnte der Form auch eine Doppelpräfigierung zugrundeliegen (**-yimba* GUTHRIE:2010 → *#liimba* [Klasse 5; ^ F.21 *#lyimbo* = 'Lied' GUTHRIE:2010] / *#luimba* [Klasse 11 für 'Stabförmiges' wie Klangstäbe; ^ C.32, H.16d, K.42 *~luimbo* 'Lied'; ^ aber auch: K.14 *lunjimba*, P.21 *lulimba* für 'Xylophon'), obwohl diese Argumentation wenig überzeugend ist, zumal bei einer Ableitung von einem Verbalstamm eine Veränderung im auslautenden Vokal zu erwarten wäre.

Doch auch das Argument JONES' (1964), daß die Singularbezeichnung des Instrumentes nicht zu dem pluralischen Konzept der Bantuklasse mit dem Präfix *ma-* passen würde, ist nicht überzeugend, da die semantische Definition der in Frage kommenden Nominalklasse Sechs des Bantu Singulariae, die aus einer Vielzahl ähnlicher Dinge bestehen (zum Beispiel Augenpaar, Vogelschwarm usw.) umfaßt. Das Wort mag auch als Pluralium die (typischerweise in einer Vielzahl zusammengefaßten) Klangstäbe des Instrumentes bezeichnet haben, das entwicklungsgeschichtlich gesehen aus nicht zusammengefügten einzelnen Klangstäben entstanden sein dürfte.

Die Bezeichnung *marimba* usw. in Beziehung mit den Wortstämmen *#dimba* (svw. 'ungleich' in *dimbana*) und *#rimba* (svw. 'unterbrochen' in *rimbana*) im Malagasy zu sehen [2], ist ebenfalls unbefriedigend, da von der Semantik her kaum ein sinnvoller Zusammenhang zu erkennen ist.

Andererseits könnte die Zuordnung der Substantive zu verschiedenen Nominalklassen in unterschiedlichen Sprachen des Bantu die These einer Entlehnung stützen. Gegen eine Entlehnung aus dem Malagasy spricht aber deutlich, daß die Bezeichnung hier offenbar nur mit dem Anlaut /ma/- vorkommt, der zwar als wortbildendes Morphem des Austronesischen erklärt werden könnte, aber in das Bantu hätte mitentlehnt werden müssen. Nur in einzelnen Fällen hätte der Anlaut dort als Präfix der Klasse Sechs aufgefaßt und abgelegt werden können. Entstanden wären so zumindest zunächst Nomina der Klasse Fünf. Das ist aber nur für wenige Fälle als möglich nachzuvollziehen. Der Ersatz eines vermeintlichen Präfix /ma/- durch Präfixe anderer Nominalklassen ist hingegen sehr unwahrscheinlich. Gegen eine Entlehnung aus dem Malagasy spricht zudem die Bedeutungsvielfalt im Bantu. Auch die unterschiedliche Qualität des Konsonanten zwischen Nominalpräfix und der Lautfolge #/imba/ wäre durch eine Entlehnung aus dem Malagasy nicht zu erklären. Da die

[1] zitiert in JONES (1964, S.150).

[2] Das jeweils auslautende *-/na/* im Malagasy ist eine häufige, offenbar bedeutungslose Beifügung an entlehntem oder tradiertem Wortgut.

Bezeichnung im Malagasy zudem nur dialektal verbreitet ist, muß vielmehr angenommen werden, daß die Form des Malagasy aus dem Bantu entlehnt ist, das in einigen Fällen gleichlautende Formen aufweist und demnach eine Form *-K*imba* (= 'eine bestimmte Art von Musikinstrument(en)') gekannt haben muß, die sich entweder innerhalb des Bantu durch Entlehnung verbreitet hat oder einer sehr unterschiedlichen Entwicklung unterlag.

Ganz anders verhält es sich mit einer anderen Bezeichnung für Xylophon: *endara, ndara* (Kongo) und *entaala* (Uganda) lassen sich mit dem Malagasywort *andalana* für 'etwas (verschiedenartiges oder ähnliches), das in einer Reihe angeordnet ist,' in Verbindung bringen. Das malaiisch-javanische *antara* [1], das die Intervalle zwischen den Tönen eines Xylophons beschreibt, kann als verwandte Form die inhaltliche Verbindung zwischen den verschiedenen Bezeichnungen verdeutlichen und zugleich den austronesischen Ursprung dieser und einiger Wörter für 'Beinxylophon' auf Madagaskar (*antranatra, atragnata, atranatra, antanatrana, hatranatra* (alle SACHS 1938)) zeigen.

Auch im Falle des Xylophons zeigt sich also keine einfache Entlehnungsrichtung. Vielmehr lassen sich zumindest im lexikalischen Bereich Entlehnungen in beiden Richtungen (von Afrika nach Madagaskar und von Madagaskar nach Afrika) und eine Reihe offenbar unabhängig entwickelter Bezeichnungen [2] feststellen.

In Kapitel 8.3. wurde bereits erwähnt, daß die große Anzahl von Lehnwortbeziehungen im Bereich der Landwirtschaft zwischen dem Bantu und dem Malagasy auffallend ist. Dieses ist besonders deshalb interessant, weil ja verschiedentlich behauptet wurde (vergleiche Kapitel 3.2.), Austronesier oder die Proto-Malagasy hätten Nutzpflanzen nach Afrika eingeführt.

Bei der Diskussion der lexikalischen Sprachbeziehungen wurde aber deutlich, daß es eine große Zahl von Bezeichnungen für Nutzpflanzen gibt, die aus dem Bantu in das Malagasy entlehnt wurden. Tatsächlich trifft diese Feststellung nicht nur für Pflanzennamen zu, sondern auch für andere Bereiche der Landwirtschaft, wie zum Beispiel der Pflanzennutzung und des Anbaus (Bezeichnung für 'Feld', 'Kokosnußschaber' usw.) sowie für die Bezeichnungen aller Nutztiere (8.3.3.). Aus dieser Beobachtung kann geschlossen werden, daß die Landwirtschaft der Malagasy einst wesentliche Elemente von den Bantu übernommen hat.

Nur in sehr wenigen Fällen konnte eine regional beschränkte Entlehnung in anderer Richtung nachgewiesen werden. In einem Fall handelt es sich um eine

[1] ^ auch sanskrit für 'Zwischenraum / Intervall'.

[2] ^ auch: BERCHEM 1989-'90, S.89.

Bezeichnung für Banane (siehe Kapitel 8.3.2.), obgleich eine andere, in Afrika viel weiter verbreitete Bezeichnung offenbar aus dem Bantu in das Malagasy entlehnt worden ist (siehe Kapitel 8.3.3.). [1] Ein weiterer Fall sind Bezeichnungen für Knollenfrüchte und Reis (siehe Kapitel 8.3.5.).

Bei der Analyse der Entlehnungswege wurde deutlich, daß die wenigen Bezeichnungen des Bantu, für die eine austronesische Etymologie angenommen werden kann, mit Beteiligung des Komorianischen und/oder des Swahili aus dem Malagasy entlehnt wurden. [2] Die Annahme einer Siedlung von Austronesiern auf dem afrikanischen Kontinent kann also auch durch sie keinesfalls unterstützt werden.

Für die Teile des Lexikons im Malagasy, für die eine Etymologie im Bantu nachgewiesen werden konnte, sind zwei verschiedene Entlehnungswege zu konstatieren. Zum einen handelt es sich um den oben beschriebenen Weg für Entlehnungen in entgegengesetzter Richtung, das heißt um Entlehnungen über bzw. aus dem Komorianischen und dem Swahili, zum anderen um Entlehnungen aus anderen Bantusprachen.

Mit der Feststellung dieser beiden Entlehnungswege sind eine Reihe von interpretativen Beobachtungen verbunden:

- Entlehnungen aus dem Swahili und Komorianischen sind vor allem in den nordwestlichen Dialekten des Malagasy zu finden. Mit zunehmender Entfernung verringert sich ihre Zahl.
- Entlehnungen aus dem Swahili und Komorianischen sind in allen Bereichen des Wortschatzes festzustellen.
- Entlang dieses Entlehnungsweges lassen sich auffällige, ähnliche phonologische Entwicklungen der beteiligten Sprachen (Malagasy, Komorianisch, Nordostbantu) feststellen.
- Das Maore-Malagasy hat einen besonders hohen Anteil an Lehngut (etwa 50% Prozent des Lexikons) auf diesem Wege aufgenommen.

[1] Also auch hier wieder ein Fall von Entlehnungen in beiden Richtungen.

[2] Nur für die Gegenüberstellung Mn $pu^{n}go$: Sw $mpu^{n}ga$ usw. konnte kein Beleg im Malagasy gefunden werden. Eine Beziehung zwischen den Wortstämmen ist also noch recht unsicher, wenn die Gegenüberstellung auch einen Hinweis auf die Etymologie liefern mag.

Zugleich gibt dieser Fall einmal mehr Gelegenheit, darauf hinzuweisen, daß die heute festzustellende Abwesenheit eines Wortstammes im Lexikon einer Sprache nicht zwangsläufig bedeuten muß, daß es einen entsprechenden Wortstamm in einer Vorläuferform dieser Sprache nicht doch einmal gegeben hat. Im konkreten Fall läßt das Nomen des Ma'anyan darauf schließen, daß es zumindest auch für einige andere, verwandte Sprachen als einstmals existent angenommen werden muß.

- Entlehnungen in das Malagasy aus anderen Bantusprachen (als Komorianisch, Swahili) sind in allen Dialekten des Malagasy zu finden.
- Betroffen sind davon vor allem das Wortfeld domestizierter Tiere und das der Kulturpflanzen. Weitere Entlehnungen finden sich vereinzelt in verschiedenen Bereichen des Kulturwortschatzes.

Daraus ergibt sich, daß der Einfluß des Bantu (ausschließlich Komorianisch, Swahili) sehr viel älter sein muß, als der Einfluß des Swahili und Komorianischen, damit er auf alle Dialekte des Malagasy mit diesem Ergebnis einwirken konnte.

Doch auch die Kontakte des Malagasy mit dem Swahili (vgl. Beziehungen zu Kilwa usw.) und mit dem Komorianischen dürften bereits eine jahrhundertelange Entwicklung darstellen, wie es bereits die historischen Analysen (Teil 1, Kapitel 2) anzeigten. Anders wären wohl kaum die historisch-phonologischen Gemeinsamkeiten (Malagasy, Komorianisch, Nordswahili; Teil 2, Kapitel 8.1.2.+3.) und die vielen Lehnworte aus dem Swahili mit großer Verbreitung im Malagasy zu erklären.

Wesentlich geringer, wohl nicht zuletzt aus sozialen Gründen, war der sprachliche Einfluß der nach Madagaskar verschleppten afrikanischen Sklaven (offenbar hauptsächlich Makua). Jene übernahmen nach ihrer Freilassung zur besseren Integration schon bald das Malagasy, und nur einige Relikte ihrer Sprache (zum Beispiel literarische Gestalten usw.) überlebten bisher nur unter ihren Nachkommen.

10.4. Besiedelung eines "Subkontinents" [1]

Wenn es auch auf dem afrikanischen Festland offenbar keine austronesischen Siedlungen gegeben hat, so muß nach Madagaskar doch eine Einwanderung von Austronesiern stattgefunden haben.

Außer, daß aufgrund der sprachlichen und kulturellen Situation davon ausgegangen werden muß, daß sowohl Austronesier als auch Afrikaner auf die Insel migrierten, ist über die Besiedelungsgeschichte Madagaskars kaum etwas

[1] Aufgrund seiner Größe, geographischen, biologischen und kulturellen Eigenständigkeit und der geologischen Beziehungen zum afrikanischen Kontinent ist die Bezeichnung "Subkontinent" für Madagaskar durchaus angebracht. Als festlandferne Insel kontinentaler Kruste unterscheidet sich Madagaskar zudem deutlich sowohl von den üblicherweise landnahen kontinentalen Inseln (die es ja selbst aufweist; wie etwa Nosi Be, Nosi Boraha und viele andere mehr) als auch den landfernen ozeanischen Inseln (wie etwa den Komoren).

bekannt, und an Einzelheiten darüber mangelt es gleichsam völlig. Es konnte bisher nicht nachgewiesen werden, wer die ersten Siedler auf Madagaskar waren. Die Archäologie vermochte bisher wenig mehr zu belegen als eine offenbar späte Besiedelung in der ersten Hälfte des ersten Jahrtausends unserer Zeitrechnung. Es bleibt zu hoffen, daß archäologische Funde in der Zukunft mehr Einzelheiten über die frühe Besiedelungsgeschichte der Insel aufdecken werden.

Eine Besiedelung durch Austronesier ist jedenfalls so sicher wie die Besiedelung der Insel durch Bantu. Ob die Siedlung von Austronesiern auf Madagaskar durch die oben erwähnten Handelsbeziehungen ermöglicht wurde, oder ob es sich um eine unabhängige Aktivität handelte, ist unklar.

Daß es vor allem in Ostaustronesien eine Neigung zu weiten Expeditionen, zumindest teilweise mit expansivem Charakter gegeben hat, ist bekannt; denn von hier aus wurden unter anderem die Hawaii-Inseln, Rapanui (sog. "Osterinseln") und vielleicht die amerikanische Küste erreicht. Fahrten in die entgegengesetzte Richtung, also nach Westen, erscheinen demgemäß als wahrscheinlich, zumal Informationen über westliche Länder von Indern oder Arabern erhältlich gewesen sein können.

Der sprachliche und kulturelle Einfluß des Bantu auf alle Malagasy-Volksgruppen legt nahe, daß die Bantu schon zu einem frühen Zeitpunkt in Kontakt mit den Ankömmlingen aus dem Osten getreten waren. Eine Analyse des sprachlichen Einflusses nach Wortfeldern zeigt, daß vor allem in den Kulturwortschatz des Malagasy Wörter mit Etymologie im Bantu inkorporiert wurden. Wie bereits erwähnt wurde, fällt es auf, daß alle heute gebräuchlichen Bezeichnungen für domestizierte Tiere im Malagasy dem Bantu entstammen, aber in vielen Fällen nicht über das Swahili entlehnt worden sein können. Diese Beobachtung legt nahe, daß die Malagasy diese Tiere und vielleicht den gesamten Komplex der Tierhaltung von den Bantu übernahmen. [1]

Da wir über keine detaillierten Kenntnisse bezüglich der einst auf Madagaskar gesprochenen Bantusprache(n) verfügen, läßt sich nicht feststellen, wie der Einfluß des Malagasy auf sie gewirkt hat. Andererseits lassen sich aber für alle Kulturen der Malagasy afrikanische und austronesische Elemente feststellen.

Wenn also auf Madagaskar auch zunächst afrikanischstämmige und austronesischstämmige Bevölkerungsgruppen lebten ohne sich zu vermischen, so waren sie doch nicht ohne Kontakte zueinander, die vielfältige Beeinflussungen ermöglichten.

---

[1] Auffallend ist zudem die besondere Stellung des Rindes auf Madagaskar - vielleicht eine Mischung aus ostafrikanischem *cattle complex* (HERSKOVITS, M.: *"The Cattle Complex in East Africa";* 1926 in: American Anthropologist 28.) und austronesischer Wasserbüffel-Verehrung.

10.5. Madagaskar, eine Insel-Isolation?

War die Besiedelung Madagaskars nur ein kurzer Moment maritimer Verbindung mit dem Festland und der austronesischen Inselwelt? Oder unterhielten die Siedler einen dauerhaften Kontakt mit der alten Heimat?

Historische Quellen berichten von frühen und ständigen Kontakten Ostafrikas (Kilwa) mit Madagaskar, zumindest seit den Anfängen der tradierten Geschichte.

Die offenbar seit Beginn der Besiedelung Madagaskars bestehenden Beziehungen zum Festland wurden mit der Zeit weiter ausgedehnt. Handelsaktivitäten bestanden nicht nur zum gegenüberliegenden Festland, sondern auch zu den Komoren, nach Sansibar und anderen Insel-Städten der Swahili. Auf der Insel selbst kam es zur Bildung von swahilisprachigen Handelsstädten, vor allem an der Nord- und Westküste. Dieser Kontakt manifestiert sich noch heute deutlich (phonologisch und lexikologisch) in den Dialekten des Malagasy.

Die Swahili verhielten sich aber niemals wie Kolonisatoren oder 'Imperialisten', sie verstanden sich weder als Eigentümer noch als Regierende der ihre Städte umgebenden Gebiete. Ihre Kultur war stark maritim geprägt, und sie lebten vom Handel, der ihre 'Stadtstaaten' untereinander und mit anderen Regionen und Kulturen in der Nähe und Ferne verband.

Insofern dürften sich die Swahili-Handelsposten auf Madagaskar nicht von ihren Pendants auf dem Festland unterschieden haben. Es handelte sich also auch hier nur um einzelne Enklaven, die vermutlich eine eigenständige Entwicklung aufwiesen, wie es eine entsprechende Evolution auf den Komoren nahelegt. Was die anderen Volksgruppen auf Madagaskar anbelangt, so unterlag die Insel offenbar eigenen kulturellen Entwicklungen in relativer Unabhängigkeit zum nahegelegenen afrikanischen Kontinent.

In bezug auf die Beziehungen zu Austronesien ist die Beantwortung der Frage nach Heimatkontakten der Umsiedler komplizierter. DAHL (1954) wies einen austronesischen sprachlichen Einfluß für das zwölfte Jahrhundert nach. Ob der Kontakt seit der Besiedelung bis in das zwölfte Jahrhundert hinein Bestand hatte oder ob es zu diesem Zeitpunkt zu einem neuen Kontakt kam, ist ungewiß. Sollte die Bevölkerung der Insel durch Austronesier in Zusammenhang mit einer Handelstätigkeit stehen, ist es aber wahrscheinlich, daß ein zumindest sporadischer Kontakt über eine längere Zeit aufrecht erhalten wurde.

Madagaskar war also nach seiner Besiedelung keinesfalls vom afrikanischen Kontinent oder von der austronesischsprachigen Welt isoliert, obgleich es wohl nicht zuletzt durch den Inselcharakter und die Zusammensetzung seiner

Bevölkerung zur Entstehung bodenständiger madagassischer Kulturen mit ihren afro-austronesischen Eigenheiten kam.

Tatsächlich brachen die Kontakte nach Südostasien wohl erst im zwölften Jahrhundert endgültig ab. Die Kontakte nach Afrika über die Komoren und Handelswege der Swahili aber intensivierten sich zunächst, nachdem zuvor die ursprünglichen Verbindungen zu anderen Bantu, die vielleicht nur in Form einer Immigration bestanden hatten, beendet waren.

Erst als das Sultanat von Sansibar an Einfluß verlor und die Malagasy des Hochlandes, nicht zuletzt mit europäischer Unterstützung, auf der gesamten Insel an Macht gewannen, setzte sich das Malagasy mehr und mehr auch an der Westküste durch, wo bis dahin Bantu geläufig war.

Das Klassensystem der Hochlandvölker, in dem afrikanischstämmige Bevölkerungsgruppen und die Nachkommen ehemaliger Sklaven ein geringes Sozialprestige genießen, begünstigte die rapide Abnahme in der Verwendung afrikanischer Sprachen. Dieser Prozeß hält noch heute an, so daß in absehbarer Zeit auch das Swahili und Makua als letzte afrikanische Sprachen auf Madagaskar verschwunden sein werden und somit nur noch einzelne, zumeist wenig gebräuchliche, lexikalische Relikte von ihrer einstigen Existenz zeugen werden.

11. Induktionen

In dieser Studie wurde untersucht, wie sich bestimmte Kulturen und ihre Sprachen durch gegenseitigen Kontakt verändert haben. Anhand dieser Veränderungen und der durch sie möglichen Rekonstruktion sprachdivergenter und sprachkonvergenter Prozesse waren historische Rückschlüsse möglich, da die Art und der Umfang eines sprachlichen Einflusses sehr stark von den gesellschaftlichen und kulturellen Beziehungen zwischen den beteiligten Gesellschaften abhängt. Dabei wurde deutlich, daß der Begriff "Kontakt" in einem sehr weiten Sinne verstanden werden muß, der nicht nur räumliche Nähe, sondern auch Handelsbeziehungen und andere Arten kultureller Berührung über größere Entfernungen einschließen kann.

Theoretisch betrachtet dürfte die oberflächlichste Form von Sprachkontakt zwischen den verschiedensprachigen Vermittlern und Empfängern von Handelswaren aus unterschiedlichen Sprachgebieten bestehen. Demgegenüber wäre anzunehmen, daß die intensivste Form von Sprachkontakt in einer völlig zweisprachigen Gemeinschaft stattfindet. Hier wäre davon auszugehen, daß nicht nur lexikalische Elemente, sondern auch phonologische und grammatische Regeln zwischen den betreffenden Sprachen übergeben werden. [1]

Tatsächlich aber wurde in der vorliegenden Untersuchung deutlich, daß die Intensität des sprachlichen Kontaktes nicht allein von der Art des kulturellen Kontaktes abhängt. So ist der Sprachkontakt zwischen dem Swahili und Malagasy, obwohl er vor allem durch eine Handelsverbindung ermöglicht wurde, wesentlich intensiver gewesen, als zunächst angenommen werden könnte. Denn nicht nur die Namen von Handelsgütern wurden aus dem Swahili an das Malagasy übergeben, auch andere Bezeichnungen und selbst religiöse Termini einer dritten Sprachgruppe (Arabisch / Persisch / Indisch) folgten diesem Weg. Andererseits ist der Einfluß der Bantusprachen, die jahrhundertelang auf Madagaskar gesprochen wurden, auf das Malagasy erstaunlich gering.

Offenbar gibt es also noch andere Faktoren, welche die Auswirkungen eines kulturellen Kontaktes auf den Sprachwandel beeinflussen.

Sicherlich dürfte hier auch ein zeitlicher Faktor von Bedeutung sein. So weist der umfangreichere lexikalische Einfluß des Swahili und Komorianischen auf die nordwestlichen Dialekte des Malagasy sicherlich auf einen Kontakt über einen längeren Zeitraum hin. Das extremste Beispiel hierfür ist der Malagasy-Dialekt von Maore, der einen prägenden Einfluß aus dem Swahili und Bantu erhalten hat, der ihn schließlich sogar den anderen Dialekten des Malagasy so entfremdete, daß die gegenseitige Verstehbarkeit kaum noch gegeben ist. Andererseits konnte die lange Zeit der Koexistenz von Malagasy und Bantu (außer Swahili und Komorianisch) nicht dazu beitragen, daß sich ein wesentlicher Einfluß manifestierte. Dieses ist sicherlich auf die geringe Intensität des sozialen Kontaktes der beiden Sprechergemeinschaften zurückzuführen.

Ein weiterer Faktor in diesem Zusammenhang ist also die Kontaktfrequenz. Der starke Fremdeinfluß auf den Malagasy-Dialekt von Maore war vor allem deshalb möglich, weil die unterschiedlichen Sprechergemeinschaften in einem ständigen Kontakt auf der Insel lebten, die sie auch heute noch gemeinsam bewohnen. Die Kontaktfrequenz war in diesem Fall folglich sehr hoch. Eine geringe Kontaktfrequenz besteht, wenn fremdsprachige Händler ihre Kunden nur sporadisch aufsuchen, wie dieses im Fall swahilisprachiger Händler beobachtet werden konnte, die in den letzten Jahren nur selten die Stadt Antserañana auf Madagaskar aufgesucht haben (siehe Interviews im Anhang).

Die soziale Dimension des Kontaktes ist von prägender Bedeutung. Die Übernahme fremden Sprachgutes, eventuell verbunden mit der Verdrängung eigener Elemente, ist auch von dem Prestige, das eine Sprache in einer anderen

[1] Solche theoretischen Überlegungen sind durchaus üblich; ^ zum Beispiel BYNON 1981, S.207.

Sprechergemeinschaft aus soziokulturellen oder politischen Gründen genießt, abhängig.

Dieses Sprachprestige kann schließlich sogar der Grund für eine komplette Sprachübernahme sein, wie es im Falle der einst aus Afrika stammenden Bevölkerungsanteile auf Madagaskar, die schließlich das Malagasy übernahmen, letztlich der Fall war und wie es heute noch teilweise (z.B. in Maruduka) zu beobachten ist.

Ein moderner Faktor in diesem Zusammenhang ist die Sprachplanung, durch die eine bestimmte Sprache gezielt favorisiert und mit politischen Mitteln zuungunsten einer anderen durchgesetzt werden kann. So sind auch in Ambanuru / Maruduka Malagasy und Französisch einzige Schulsprachen. Die Swahilisprachigkeit eines Großteils der hier lebenden Bevölkerung wurde von offizieller Seite nicht zur Kenntnis genommen.

Ein weiterer Aspekt, der Sprachwandel durch Sprachkontakt begünstigen kann, ist die Tabuisierung von Lexemen, da hierdurch ein Mangel künstlich geschaffen wird, der entweder durch die Bildung neuer Bezeichnungen, etwa durch Sekundärlexeme oder durch die Übernahme fremden Wortguts ausgeglichen wird. [1]

Es sind also nicht nur Lücken im Lexikon einer Sprache, etwa zur Benennung einer kulturellen Innovation, die zur Integration oder Übernahme fremden Sprachgutes führen.

Die beschriebenen Aspekte kulturellen Kontaktes können die Auswirkungen des Sprachkontaktes im Hinblick auf ihr theoretisches Erscheinungsbild verzerren. Es ist wichtig, sich hier vor falschen historischen Rückschlüssen von dem synchronen sprachlichen Bild auf die geschichtliche Wirklichkeit des kulturellen Kontaktes vorzusehen. Wie die vorliegende Untersuchung gezeigt hat, ist es vor allem eine multidisziplinäre Vorgehensweise, die vor falschen Interpretationen schützen kann.

Schließlich lassen sich die folgenden Aspekte, die auf Sprachwandel durch kulturellen Kontakt einwirken und die Intensität dieses Wandels bestimmen, definieren:

[1] Die Tabuisierung von Lexemen ist wohl ein Grund für die relativ hohe Zahl an Sekundärlexemen im Malagasy, aber in einzelnen Fällen auch Anlaß für eine Entlehnung. SIBREE (1880, S.166f.) beispielsweise erwähnt, daß ein Häuptling der westlichen Merina Andriamamba hieß, weshalb das Krokodil von seinen Untertanen nicht mehr *mamba* (^ Sw. *mamba* = 'Reptil') genannt werden durfte, sondern die Bezeichnung *voay* (^ austronesisch) erhielt (^ BERCHEM 1989-'91, S.73-74).

Kontaktfrequenz:	die Intensität reicht von sporadischen Kontakten bis zur Zweisprachigkeit.
Prestige:	geringes oder hohes Prestige einzelner Sprachformen.
Dauer:	kurze oder ausgedehnte zeitliche Dimension.

Demgegenüber lassen sich die folgenden durch Sprachkontakt verursachten Sprachprozesse feststellen:

Entlehnungen:	Ihr Ausmaß kann von einzelnen lexikalischen Entlehnungen bis zur Entlehnung ganzer Wortfelder, phonologischer Merkmale und grammatischer Elemente reichen.
Sprachausgleich:	Sein Ausmaß reicht vom Verschwinden einzelner Isoglossen bis zur Bildung von gemeinsamen Strukturmerkmalen.
Sprachübernahme:	Dies ist ein Extremfall; ist er (noch) nicht erreicht, handelt es sich um die zuvor genannten Prozesse, gegebenenfalls bei Mehrsprachigkeit.

Diese Faktoren und ihre Auswirkungen stehen in einem bestimmten Korrelationsschema zueinander, das in der vereinfachenden, folgenden Graphik dargestellt wird. Hohes Prestige einer Sprache begünstigt ihre Übernahme, ein über lange Zeit anhaltender Kontakt begünstigt eine Zunahme in der Anzahl der Entlehnungen, und eine hohe Sprachfrequenz begünstigt einen sprachlichen Ausgleich.

Die vier in die Graphik eingetragenen Fallbeispiele, welche die wichtigsten im Rahmen der Untersuchung beobachteten, durch Sprachkontakt verursachten Prozesse darstellen, bestätigen diese Aussagen. Die Bestimmung des Grades jeder einzelnen Dimension für einen Fall erfolgte dabei in Relation zu den anderen, basiert also nicht auf absoluten Werten.

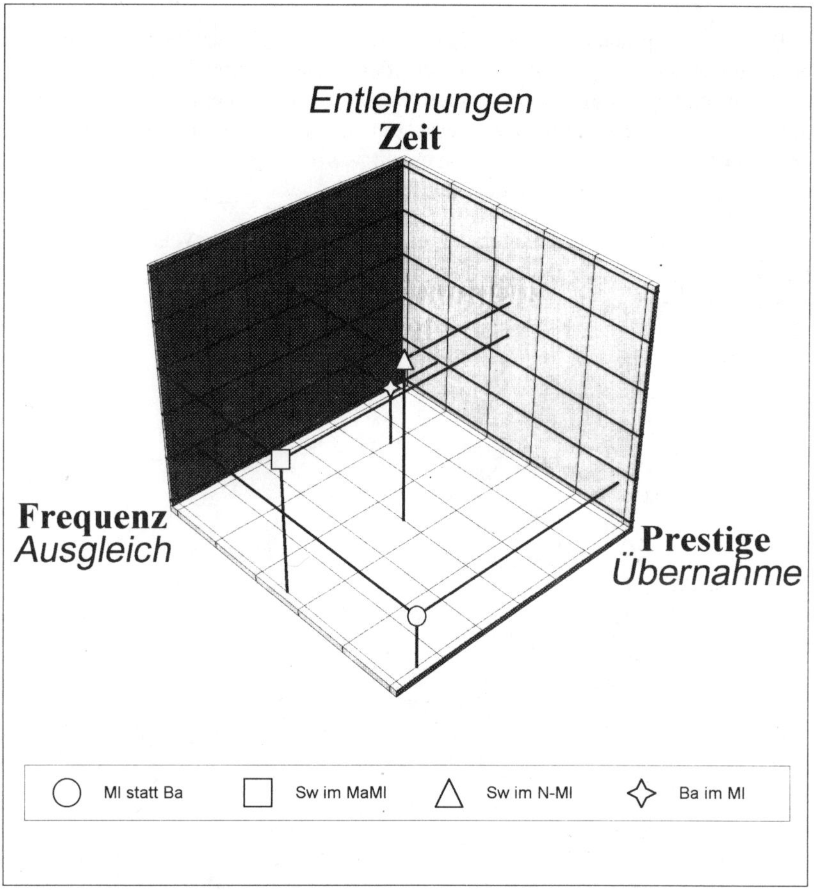

Bild 33: Dimensionen des Sprachkontaktes

Vor allem dann, wenn die am Kontakt beteiligten Sprachen keine bedeutenden Unterschiede in ihrem Prestige aufweisen, kommt es vor, daß sie nicht eindeutig in Geber- und Nehmersprache(n) unterschieden werden können. In einem solchen Fall ist eine Sprachübernahme quasi ausgeschlossen. Je nach der Bedeutung der anderen einzelnen Aspekte bei einer insgesamt hohen Intensität des Kontaktes ist eine Sprachmischung (beidseitige Entlehnungen [1]) oder ein Sprachausgleich wahrscheinlich.

[1] Wobei für jede einzelne Entlehnung dann natürlich Geber- und Nehmersprache identifiziert werden können.

Bei einem Sprachausgleich gehen bestimmte Isoglossen verloren, durch die einst die einzelnen Sprachen unterschieden werden konnten. Dieses geschieht entweder dadurch, daß sich bestimmte Merkmale von einem Idiom in das andere ausbreiten, während möglicherweise ein ähnlicher Prozeß für ein anderes Merkmal in der Gegenrichtung festgestellt werden kann, oder gar indem Merkmale gemeinsam (neu) entwickelt werden.

In der vorliegenden Untersuchung konnte beispielsweise ein partieller phonologischer Ausgleich zwischen dem Malagasy, dem Komorianischen und einigen Nordostdialekten des Swahili festgestellt werden.

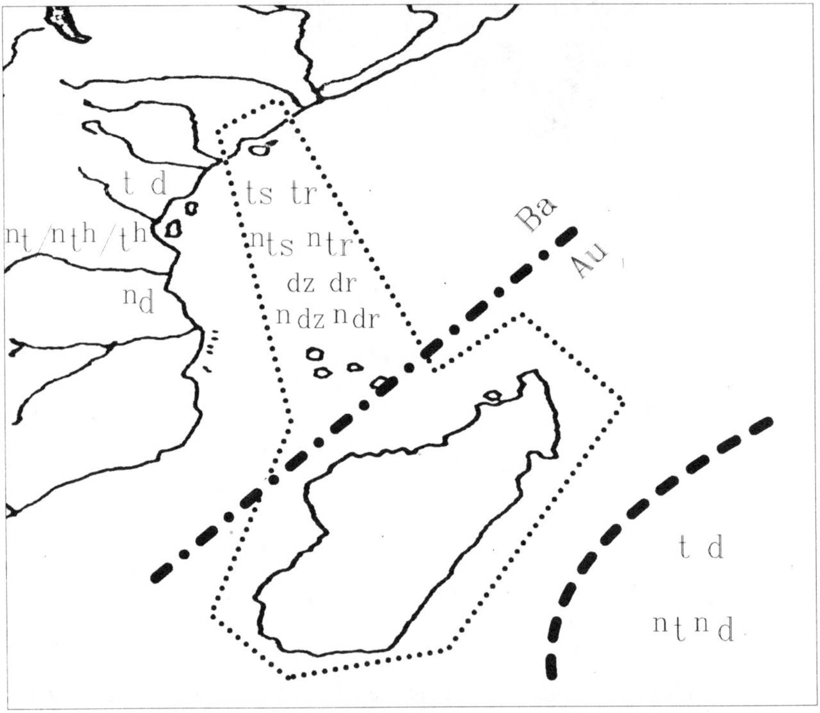

Bild 34: Isoglosse des Merkmals [+stop] und [+frik]

(Für weitere Einzelheiten siehe Kapitel 8.1.2. - 8.1.3.)

Generell scheinen Modelle des auf Kontakt der Sprachgemeinschaften zurückzuführenden Sprachwandels dazu zu neigen, die Möglichkeit zu beidseitigen Beeinflussungen und Prozessen der Konvergenz, die nicht durch die Dominanz einer Sprache geprägt sind, zu wenig zu beachten. Das jedenfalls implizieren viele bisherige Arbeiten, welche Sprachkontakt zu sehr in der Form einseitiger Entlehnungen begreifen. [1]

Als "Sprachbund" bezeichnet man räumlich aneinandergrenzende Sprachen, deren geographischer Zusammenschluß und eine Reihe gemeinsamer Strukturisoglossen auf sprachliche Kontakte (Sprachkonvergenz) und nicht auf gemeinsame Abstammung zurückgehen. [2] Sprachen können also aufgrund gemeinsamer Merkmale, die sie durch gegenseitigen Kontakt entwickelt haben, zusammengefaßt werden.

Lassen sich auch für afro-austronesische Sprachkontakte Sprachbünde feststellen?

Wie bereits dargestellt (Kapitel 3.3. und 8.3.4.), sind Annahmen einer afro-austronesischen Verwandtschaft (das heißt etwa einer Verwandtschaft der Bantusprachen mit den malayo-polynesischen Sprachen) völlig unbegründet. Auch für die Definition eines afro-austronesischen Sprachbundes gibt es keinerlei Anlaß. Einflüsse des Austronesischen auf afrikanische Sprachen, beschränken sich einerseits auf das Malagasy, andererseits auf einzelne Bantusprachen. Da es sich nur um eine geringe Zahl von lexikalischen Entlehnungen handelt, aber keinesfalls gemeinsame Strukturisoglossen festgestellt werden konnten, gibt es keine Veranlassung, einen entsprechenden Sprachbund zu definieren.

Demgegenüber zeigen der Maore-Dialekt des Malagasy und der phonologische Sprachausgleich von Malagasy und Komorianisch Tendenzen, die als gemeinsame Strukturisoglossen (z.B. der Affrikativa, oder großer Teile des Lexikons) aufgefaßt werden können. Es sollte jedoch aufgrund dieser einzelnen Merkmale nicht gleich von "Sprachbünden" die Rede sein, da ja auch die Zugehörigkeit zu einer Sprachfamilie nicht durch ein einziges Strukturmerkmal definiert wird.

---

[1] ^ Kapitel 3.3. und 10.3. Die vorliegende Studie konnte jedenfalls einige beidseitige Entlehnungen im gleichen Wortfeld aufdecken (^ Kapitel 10.3).

[2] (^ Bynon 1981, S.234) Der Begriff des Sprachbundes kann also als Gegenstück zum Begriff der Sprachfamilie aufgefaßt werden. So werden etwa bestimmte Bantusprachen des südlichen Afrikas mit den benachbarten Khoisansprachen durch gemeinsame Isoglossen einer Reihe von Schnalzlauten verbunden, die typischerweise (und sprachgeschichtlich) nur letzteren eigen sind (Guthrie 1971, S.106), obwohl sie aufgrund ihrer genealogischen Verwandtschaft zu verschiedenen Sprachfamilien gehören.

Bild 35: Schild auf Nosi Be

(vergleiche: Ml *tranu* = 'Haus' aber Sw *safi* = 'sauber' statt MlSk/Me *madiu* = 'sauber')

Alle Aspekte des Sprachwandels durch Fremdkontakt gelten gleichermaßen für die kulturelle Entwicklung von Gesellschaften.

Die Auswirkungen eines Kontaktes mit fremder Kultur hängen ebenfalls ab von der Dauer und der Frequenz des Kontaktes und werden zugleich stark von dem Prestige der jeweiligen Kultur bestimmt. Gemäß diesen Faktoren kann es zu einem kulturellen Ausgleich, zur Entlehnung fremder Kulturelemente oder im Extremfall zur Übernahme eines ganzen Bereichs einer fremder Kultur kommen. Ähnlichkeit kultureller Merkmale kann diese Prozesse begünstigen. [1]

Zugleich sollte im konkreten Fall die Eigenständigkeit madagassischer Kulturen betont werden, anstatt den Versuch zu unternehmen, einzelne Elemente ihrem Ursprung gemäß anderen Kulturen in Afrika oder Südostasien anzugliedern. Viele Elemente der Kulturen der Malagasy sind aus afrikanischen und

[1] Der Aspekt der Ähnlichkeit mag auch bei den sprachlichen Prozessen eine gewisse begünstigende Wirkung haben. So weist MÜHLHÄUSLER (1986) darauf hin, daß ähnlichlautende Wörter ähnlicher Bedeutung in zwei oder mehr Sprachen gern und häufig in Pidginsprachen Verwendung finden.

austronesischen Elementen entstanden, beziehungsweise von beiden Seiten beeinflußt, weisen aber im allgemeinen eine lange, eigene Entwicklung auf.

Konvergente Prozesse, die zu einer eigenen Weiterentwicklung kultureller Merkmale führen, haben wir in dieser Untersuchung als "Synkretismen" bezeichnet.

Für die offensichtlich vielen synkretistischen Kulturelemente der Volksgruppen der Malagasy konnten aber im allgemeinen keine gleichermaßen konvergenten Sprachprozesse nachgewiesen werden. Nur im Bereich der Landwirtschaft (Rinderhaltung und -kult) deutet sich eine Kombination von afrikanischen und austronesischen Elementen in Sprache und Kultur mit eigener historischer Entwicklung an; doch bleibt es künftigen kulturvergleichende Arbeiten vorbehalten, hier für endgültige Klarheit zu sorgen.

12. Ausblick

Wie durch die Feldforschung festgestellt werden konnte, finden gegenwärtig auf Madagaskar einige Prozesse statt, die zu wesentlichen Veränderungen in den Möglichkeiten der unmittelbaren Forschung vor Ort führen werden. Sprachen kultureller Minderheiten, wie zum Beispiel das Makua und das Swahili, sind auf der Insel im Verschwinden begriffen, und mit ihnen schwinden die Erinnerungen und Traditionen vergangener Zeiten. Eine genaue Aufnahme der Lokalitäten und Sprachvarianten, vor allem der allgemein als 'Makua' bezeichneten Idiome ist daher dringend erforderlich.

Eine sorgfältige Aufzeichnung der Dialekte des Malagasy, die sich nicht an ethnischen Gesichtspunkten orientiert, sondern an den reellen sprachgeographischen Gegebenheiten, ist wünschenswert und für künftige vergleichende und sprachhistorische Untersuchungen unentbehrlich. Vor dem Hintergrund der großen geographischen Ausdehnung des Sprachgebietes und den Beobachtungen vor Ort erscheinen die bisherigen Aufnahmen in dieser Hinsicht als zu oberflächlich und zu stark auf die teilweise nur grob unterschiedenen Volksgruppen bezogen. Tatsächlich konnten beispielsweise in Nordwestmadagaskar und vor allem auf den dortigen Inseln einige Anzeichen für zahlreiche Dialekte oder zumindest Dialektvarianten beobachtet werden, die in der bisherigen Literatur nicht unterschieden wurden. Erstrebenswert bei den Erhebungen ist eine Beteiligung der Sprecher vor Ort, die häufig zumindest auf Dialektgrenzen oder dialektale Merkmalsgrenzen hinweisen können.

Auch für das Bantu ist in mancherlei Hinsicht eine präzisere Kenntnis der Vokabularien anzustreben. Das gilt vor allem für Teile des Kulturwortschatzes, wie zum Beispiel die Bezeichnungen für Auslegerboote, deren Bauteile oder die Namen von Kulturpflanzen.

Einige interessante und wichtige Erkenntnisse über die frühe Siedlungsgeschichte Madagaskars wird in Zukunft gewiß noch die archäologische Forschung beitragen können. Es bedarf noch vieler Bemühungen um die systematische Auswertung des bisher zutage geförderten Materials und um die Ausdehnung archäologischer Grabungen. Auch die Größe des geographischen Raumes und die Gefährdung des zu bergenden Materials durch Siedlung, Umweltzerstörung und -einflüsse erfordern intensivere Bemühungen.

13. Zusammenfassung

Das Ziel der vorangegangenen Betrachtungen ist es, die Ursprünge und Gründe für die häufig anzutreffende Annahme afro-austronesischer Beziehungen zu ermitteln, diese zu hinterfragen und nach tatsächlichen Hinweisen oder Belegen für solche Zusammenhänge zu suchen.

Zu diesem Zweck werden zunächst historische Quellen nach Informationen zu afro-austronesischen Kontakten überprüft und Vergleichsmerkmale der 'Rasse', Kultur und Sprache, die in der Vergangenheit zum Anlaß genommen wurden, solche Kontakte zu postulieren, hinterfragt. Während einige historische Quellen recht deutlich von afro-austronesischen Kontakten berichten oder zumindest Hinweise darauf geben, eignen sich die typischerweise ausgewählten 'Rassen-', Kultur- und Sprachmerkmale und ihre oberflächlichen Analysen nicht, historische Schlüsse daraus abzuleiten.

Die Diskussion der Theorien, welche bislang aus solchen Beobachtungen abgeleitet wurden, zeigt noch einmal ihren spekulativen Charakter und läßt erkennen, daß sie vor allem auf Fehlinterpretationen und nicht selten ihnen zugrundeliegenden rassistischen Vorurteilen basieren.

Nachdem die für einen solchen Kontakt günstigen natürlichen Voraussetzungen im Indischen Ozean aufgezeigt werden, kann aufgrund der gewonnenen Erkenntnisse und unter Ausschluß der unbewiesenen und spekulativen Annahmen ein Abriß der Geschichte des westlichen Indischen Ozeans gegeben werden.

Es wird deutlich, daß es Kontakte zwischen afrikanischen und austronesischen Kulturräumen tatsächlich gegeben hat und daß Ostafrika und Madagaskar schon sehr früh am System des Fernhandels im Indischen Ozean teilnahmen.

Der Sprachvergleich wird eingeleitet durch eine Darstellung der Methodik. Aufgrund der zuvor gewonnenen historischen Erkenntnisse werden einerseits das Swahili, Komorianische und Makua auf Seiten der Bantusprachen und andererseits verschiedene Dialekte des Malagasy ausgewählt und kurz beschrieben. Andere austronesische und afrikanische Sprachen waren zwar im Vergleichsmaterial enthalten; doch konnte für sie keine direkte Beteiligung verifiziert werden. Die Zusammenfassung der Sprachsituation zeigt, daß sich in der Region des Kanals von Mosambik die Verbreitungsgebiete des Malagasy und einiger afrikanischer Sprachen überschneiden bzw. einst überschnitten haben.

Der eigentliche Sprachvergleich kann parallele Entwicklungen im Bereich der Phonologie und Beziehungen in der Morphologie und Lexikologie zwischen einigen afrikanischen Bantusprachen und dem Malagasy als austronesischer

Sprache ausfindig machen. Durch die Ergebnisse des Sprachvergleichs können die zuvor gewonnenen Erkenntnisse zur Geschichte der Region teilweise noch einmal belegt, teilweise aber auch konkretisiert werden.

Wenn direkte Beziehungen zwischen Südostasien und der afrikanischen Küste ohne die Beteiligung Madagaskars auch nicht nachgewiesen werden können, so bestanden afro-austronesische Beziehungen mit Sicherheit auf Madagaskar, seit seiner Besiedelung durch Austronesier und Afrikaner, und zwischen dem von da an auf der Insel vorhandenen austronesischen Kulturraum und Teilen Afrikas.

Afrikaner und Austronesier lebten zwar auf Madagaskar zunächst in getrennten Gesellschaften mit ihren eigenen Sprachen, und erst nach mehr als eintausend Jahren begann sich das Malagasy durchzusetzen; doch die lange Zeit gemeinsamer Siedlung auf der großen Insel kann nicht nur ein "Nebeneinander-Herleben", "Sich-Gegenseitiges-Ignorieren" oder "Bekämpfen" gewesen sein. Kulturgüter und die für sie gebräuchlichen Bezeichnungen wurden ausgetauscht. Die Bantu-Termini für domestizierte Tiere, die sich überall auf der Insel durchsetzten, zeigen, daß Rinderzucht und Kleintierhaltung von Bantusprechern auf der Insel eingeführt wurden, wo sie sich zu einem dominanten Kulturmerkmal der allermeisten Bewohner Madagaskars ausprägten. Landwirtschaftliche Leistungen der Austronesier (Reis, Banane) wurden ihrerseits in der Gegenrichtung von den Bantu übernommen. Über die alten Beziehungen zu Kilwa und anderen Stadtstaaten der ostafrikanischen Küste, die zeitweise von Madagaskar Reis importierten, erreichten sie den afrikanischen Kontinent.

Es gelangten offenbar sehr viel weniger austronesische Kulturgüter und Termini auf den afrikanischen Kontinent als gemeinhin angenommen wird. Viel umfangreicher war der afrikanische Einfluß auf das Malagasy.

Die Inselgruppe der Komoren war ein verbindendes Element zwischen der afrikanischen Küste und Madagaskar. Der Profit aus dem hier vorbeiziehenden Handel war erheblich, wie die Vielzahl der entstandenen Sultanate zeigt. Diese Sultanate folgten zeitlich Kulturen einer anderen, offenbar afrikanischstämmigen Bevölkerung. Die Inseln und ihre Sultanate gelangten schließlich auch unter den Einfluß der Bevölkerung Madagaskars. Sie wiesen verkehrstechnisch von dort direkt nach Sansibar und die Region der Nordostbantu, wo sich ein austronesischer Spracheinfluß einzig auf dem Kontinent noch belegen läßt. Verschiedene Sprachen müssen auf den Etappen von Madagaskar über die Komoren hin zur Küste parallel gesprochen worden sein. Nur so lassen sich wohl die Ähnlichkeiten in der Phonementwicklung der beteiligten Sprachen erklären.

Swahili wurde auf Madagaskar als Verkehrssprache im Norden und an der Westküste bis in die jüngste Zeit gesprochen. Der Einfluß des Swahili und

Komorianischen, als Sprachen der Händler, auf das Malagasy, jener Sprache und Kultur, die bereits aus afrikanischen und austronesischen Elementen entstanden war, wirkte viel stärker als der Einfluß der Sprache der landwirtschaftbetreibenden Malagasy in der anderen Richtung. Interessanterweise wurden vor allem Termini aus dem Bereich der Agrarnutzung aber auch aus anderen Teilen des Kulturwortschatzes und selbst des Grundwortschatzes aus dem Komorianischen und dem Swahili, das nach und nach noch an Bedeutung gewann, in das Malagasy entlehnt. Von den Küstenstädten Madagaskars fanden einige solche Bezeichnungen Eingang in andere Dialekte des Malagasy, die selbst nicht an der Westküste gesprochen wurden. Wohl nicht zuletzt wegen seiner isolierten Lage wurde der Malagasy-Dialekt auf Maore, der selbst ein direkter Beweis für die räumliche Anwesenheit von Malagasy zumindest auf den Komoren darstellt, besonders stark sprachlich beeinflußt.

Vor allem auch durch den Einfluß der Europäer gewannen die Sprecher des Malagasy gegenüber den afrikanischsprachigen Völkern auf Madagaskar an Einfluß und Macht. Das Malagasy setzte sich gegenüber den afrikanischen Sprachen durch, wie wir es heute noch an manchen Stellen auf Madagaskar beobachten können. Nur das Swahili konnte sich noch behaupten, solange das Sultanat von Sansibar und dessen Fernhandel blühten und selbst die Europäer sich der Erfahrungen der Swahili bedienten. Schließlich brachen aber die Handelsverbindungen zum afrikanischen Kontinent mit der veränderten politischen Situation ab, und aus Gründen der Integration verschwinden gerade zu unserer Zeit die letzten Reste swahilisprachiger Kultur auf Madagaskar, zugunsten des Malagasy, jener 'synkretistischen' Kultur, in der sich afrikanische und austronesische Elemente vermischten.

Résumé française

Des éléments d'un syncrétisme culturel afro-austronésien

Les observations précédemment faites eurent pour objet de rechercher les origines et raisons d'une hypothèse fréquemment rencontrée de relations afro-austronésiennes (c. à d. entre l'Afrique et l'Asie du sud est). Les théories sur lesquelles repose une telle hypothèse furent réexaminées et nous recherchâmes des indications ou des preuves sur lesquelles de telles relations pouvaient s'appuyer.

Notre première préoccupation fut alors celle de vérifier si nous pouvions trouver dans les sources historiques la trace de contacts afro-austronésiens. Les éléments de comparaison de 'race', de culture et de langue qui par le passé permirent aux chercheurs de postuler de tels contacts, furent discutés. Dès lors, il en résulta que si certaines sources historiques témoignaient réellement de tels contacts ou tout au moins en donnaient des indications, les caractéristiques 'raciales', culturelles et linguistiques traditionnellement choisies ainsi que leur analyse superficielle s'avérèrent, en revanche, inadéquates pour en tirer des conclusions historiques.

La présentation d'interprétations qui furent jadis tirées de telles observations nous permirent de montrer une fois encore le caractère spéculatif de théories qui jusqu'à présent se basèrent sur des interprétations erronées et non moins fréquemment sur des préjugés racistes.

Après avoir montré les conditions naturellement avantageuses favorisant un tel contact, il nous fut possible grâce aux informations acquises et en excluant les hypothèses non fondées ou encore spéculatives d'esquisser l'histoire de la partie occidentale de l'océan Indien.

Deux constatations s'imposèrent: l'espace culturel africain et austronésien furent réellement en contact; l'Afrique de l'est et Madagascar participèrent déjà très tôt au commerce de longue distance sur l'océan Indien.

La comparaison linguistique fut amorcée par la présentation d'une méthode. Grâce aux connaissances historiques acquises auparavant, nous choisissâmes d'une part et appartenant au groupe des langues bantoues, le swahili, le comore et le makoua et d'autre part différents dialectes du malgache et nous les décrivîmes brièvement. Le matériel de comparaison comprenait bien entendu d'autres langues soit africaines ou encore austronésiennes mais elles ne s'avérèrent pas relevantes. La réunion des aspects géographique et sociolinguistique des langues en question montra que les zones d'expansion du malgache et des langues africaines, se situant dans la région du canal de Mozambique, se recoupèrent ou s'étaient déjà une fois recoupées.

La comparaison proprement dite nous permit de trouver des développements parallèles dans le domaine phonologique et certaines relations dans les domaines de la morphologie et de la lexicologie entre certaines langues bantoues et le malgache comme langue austronésienne. A travers les résultats apportés par la comparaison linguistique, les connaissances acquises auparavant sur l'histoire de la région purent être une fois encore, en partie confirmées et même parfois concrétisées.

Même si nous ne furent pas en mesure de prouver que l'Asie du sud est et la côte africaine eussent été en contact direct en dehors de Madagascar, il y eut avec certitude des relations afro-austronésiennes sur l'île depuis son peuplement par des Africains et Austronésiens et entre l'espace culturel austronésien qui à partir de là existait sur l'île et des parties de l'Afrique.

Africains et Austronèsiens vivèrent tout d'abord à Madagascar dans des sociétés séparées ayant leur propre langue. Le malgache ne commença à s'imposer qu'un peu plus d'un millénaire plus tard. Hors la longue période de peuplement commun de la grande île ne put se résumer par un "vivre les uns à côtés des autres", un "s'ignorer mutuellement" ou encore un "se combattre".

Les produits culturels et les désignations usuelles s'y référant furent échangés. La terminologie bantoue pour les animaux domestiques qui s'imposa sur l'île entière indiquèrent que l'élevage de boeufs et le petit élevage furent introduits par les locuteurs bantous sur l'île, où ils devinrent une caractéristique culturelle dominante de presque tous les habitants de Madagascar. À l'inverse, l'agriculture austronésienne (banane, riz) fut de son côté adoptée par les bantous. Elle atteignit le continent africain par l'intermédiare d'anciennes relations qu'ils entretenaient avec Kilwa et d'autres villes-États de la côte est africaine, qui importèrent à intervalle irrégulier du riz de Madagascar.

Les produits culturels et la terminologie austronésiens eurent beaucoup moins d'influence sur le continent africain qu'il ne fut généralement admis. Les influences africaines sur le malgache sont beaucoup plus fréquentes.

L'archipel des Comores fut un élément de jonction entre la côte africaine et Madagascar. Le profit tiré du commerce passant par ses côtes fut considérable et comme le prouve la multiplicité des sultanats qui en sont nés. Ils succédèrent à d'autres cultures de souche manifestement africaine. Finalement, les îles et leurs sultanats furent également influencés par la population de Madagascar. De là, elles constituaient une voie maritime naturelle jusqu'à Zanzibar et les régions bantoues du nord est, où une influence linguistique austronésienne unique en son genre sur le continent se laisse documentée. Différentes langues ont dû être parallèlement parlées sur les étapes entre Madagascar et la côte africaine passant par l'archipel des Comores. Les similitudes dans le développement des phonèmes des langues impliquées ne peuvent s'expliquer qu'ainsi.

Le swahili était encore récemment utilisé comme langue véhiculaire dans le nord et sur la côte ouest de Madagascar.

L'influence du swahili et du comore comme langue des marchands sur le malgache, une langue et une culture qui naquit déjà à partir d'éléments africains et austronésiens fut beaucoup plus grande que l'influence de la langue des paysans malgaches dans l'autre direction. Il est intéressant de noter que le malgache emprunta avant tout la terminologie propre au domaine agricole mais aussi d'autres parties du vocabulaire culturel et même du vocabulaire de base du comore, du swahili, qui devint de plus en plus important, et d'autres langues bantoues.

À partir des villes côtières de Madagascar, de telles désignations furent adoptées par d'autres dialectes du malgache qui n'étaient pas parlés sur la côte ouest. Une des raisons principales pouvant expliquer la forte influence qu'a subi le dialecte malgache sur Mayotte, qui est pour le moins une preuve directe de la présence des Malgaches dans l'archipel des Comores, fut sa situation isolée.

C'est aussi et avant tout à travers l'influence des Européens que les locuteurs du malgache prirent du pouvoir et de l'influence sur les populations de langue africaine à Madagascar. Le malgache s'imposa vis à vis des langues africaines, comme nous pouvons l'observer aujourd'hui encore à certains endroits sur l'île. Seul, le swahili put se maintenir aussi longtemps que le sultanat de Zanzibar et son commerce florissaient et que les Européens eux-même se servaient de l'expérience des Swahilis. Finalement, les relations commerciales avec le continent africain s'interrompirent lorsque la situation politique changea. C'est bien à notre époque et sous les coups d'une politique intégrationniste que les derniers restes d'une culture de langue swahilie sur Madagascar disparaissent au profit du malgache, cette culture "syncrétique", dans laquelle des éléments africains et austronésiens se mélangent.

English summary

Elements of an Afro-Austronesian Cultural Syncretism

It is the aim of the foregoing observations to ascertain the origins of and reasons for the prevalent assumptions of early Afro-Austronesian (i.e. between Africa and Southeast-Asia) contacts. Theories in this context are reviewed, and real proofs for such relationships looked for.

For this purpose, the author begins by examining records for information on Afro-Austronesian contacts. Afterwards aspects, such as 'race', culture and language, which in the past have often been regarded as reasons to assume contacts between these areas, are re-examined. Although some historical records refer quite clearly to Afro-Austronesian contacts and others at least point to their existence, the typically chosen aspects of 'race', culture and language and their superficial analyses are not suited for the reconstruction of historical events.

Although mainly based on wrong interpretations and often the result of racial prejudices, these analyses are used up to now as a basis for far-reaching theories, which influence the image of African history.

After discounting the aforementioned erroneous theories, and working out the natural circumstances propitious to Afro-Austronesian contacts, a summary of the history of the Western Indian Ocean ensues.

It becomes clear, that contacts between African and Indonesian cultures truly existed and that East Africa and Madagascar took part in the long distance trade in the Indian Ocean since earliest times.

The linguistic comparison is preceded by a presentation of the methodology. Owing to the conclusions reached in the history chapter the choice fell on the Bantu languages Swahili, Comorian and Makua on the one hand and different dialects of Malagasy on the other hand. These are briefly described. Although other Austronesian and African languages have been included in the material for comparison, for them no direct participation in Afro-Austronesian contacts could be verified. The summary of the geographic and social situation of the languages shows, that Malagasy and African languages overlap or once overlapped in the region of the Mozambique channel.

The actual linguistic comparison ascertains parallel developments in the phonology and a relation in the morphology and lexicology between some African Bantu languages and Austronesian Malagasy. With the help of the results from the linguistic comparison, the historical conclusions described before are reproved, as well as described in more detail.

Even though direct relations between Southeast-Asia and the African coast can still not be proven, Afro-Austronesian relations certainly existed on Madagascar and between Madagascar's Austronesian culture area and parts of Africa at least since the settlement of Madagascar by Austronesians and Africans .

On Madagascar Africans and Austronesians first lived in separate societies with their own languages. Only after one thousand years the Malagasy language began to be accepted as the common language. However, the long time of common settlement on the giant island was certainly not only characterised by "living side by side", "ignoring each other" or "fighting against each other". Cultural values and assets and their names were exchanged. The Bantu terminology for domestic animals made its way all over the island and shows that cattle breeding and livestock rearing were introduced by Bantu speakers to Madagascar, where they became a dominant cultural characteristic of most of its inhabitants.

For their part, the Bantu adopted agricultural innovations of the Austronesians (rice, banana). These reached the African continent through the old existing relations with Kilwa and other City States of the East-African coast, which occasionally imported rice from Madagascar.

Obviously much less Austronesian cultural assets and their names reached the African continent as has always been supposed. African influence on the Malagasy was much more extensive.

The Comoro archipelago once was a connective link between the African coast and Madagascar. The profit of the trade passing through was considerable, as is shown by the multitude of the sultanates then rising. These sultanates followed on the steps of cultures of another population that obviously originated from Africa. Finally the islands and their sultanates also got under the influence of people from Madagascar. Being a natural link between Madagascar and Africa the Comoros pointed from Madagascar directly at Zanzibar and the region of the North-Eastern Bantu, where an Austronesian linguistic influence only can be proven for the continent. Different languages must have been spoken simultaneously all along the trading route from Madagascar via the Comoro islands to the coast. Only in this way can the similarities in the development of the phonological systems of the participating languages be explained.

Until very recently Swahili has been used as a lingua franca in the north and along the western coast of Madagascar. The influence of Swahili and Comorian, the languages mainly of traders, on Malagasy, the language and culture that had already originated from African and Austronesian elements, was much stronger than the influence of the farming Malagasy could be in the opposite direction.

Thus, it is amazing to see that, besides words from the general cultural and even basic vocabulary, predominantly agricultural terms found their way from Comorian and Swahili into the Malagasy language. As Swahili became more and more important as the trading language, some Swahili terms were even adopted by Malagasy dialects that were not at all spoken along the western coast. Mainly due to its isolated distribution the Malagasy dialect of Maore (Mayotte), which itself is a direct proof for the presence of Malagasy at least on the Comoro islands, was very strongly influenced.

European support helped the Malagasy speakers become more influential and gain power over the African speaking communities on Madagascar. Thus, Malagasy supplanted African languages, as can still be observed today in some places on Madagascar. Swahili alone could assert itself while the sultanate of Zanzibar and its long distance trade flourished, and even the Europeans profited from the trading and nautical experience of the Swahili. Owing to the changed political situation, the trade relations with the African continent finally broke apart, and for reasons of integration presently the last remnants of Swahili-speaking culture are disappearing, in favour of the Malagasy, that 'syncretistic' culture, in which African and Austronesian elements intermingled.

14. Bibliographien

14.1. Bibliographie 1 (zu Teil 1)

1- **ABOULFÉDA**: *"Géographie";* Paris 1848, Übersetzung von REINAUD.

2- **ALPERS, E.A.**: *"Madagascar and Mozambique in the nineteenth century: the era of Sakalava raids (1800-1920);* Antananarivo 1977 in: *Omaly sy Anio,* 5-6, S.37-53.

3- **ALLEN, J. de V.**: *"A Proposal for Indian Ocean Studies";* Juni 1969 in: *Mawazo,* 2, 1, S.23-32.

4- **ALLIBERT, Claude**: *"Contes mahorais";* (ohne Jahr).

5- ALLIBERT, Claude: *"Histoire de Mayotte avant 1841";* 1977.

6- ALLIBERT, Claude & ARGANT, J.: *"Le site de Bagamoyo (Mayotte)";* Paris 1983 in: *Études Océan Indien - Documents comoriens* 2, S.5-40.

7- **ANKERMANN, B.**: "Die afrikanischen Musikinstrumente"; Berlin 1901 in: Ethnographisches Notizblatt, Band III, Heft 1, S.1-134.

8- ANKERMANN, B.: "Kulturkreise und Kulturschichten in Afrika"; Berlin 1905 in: Zeitschrift für Ethnologie, S.54-90.

9- **anonym:** *"Periplus Maris Erythraei";* 1. Jhd. v. Chr. (ca.90v.), ein anonymes Werk, das wahrscheinlich von einem griechischen Kaufmann geschrieben wurde, der in Ägypten lebte,- zitiert nach: FRISK, J.J.: *"Le Périple de la Mer Érythrée";* Göteburg 1927 (griechischer Text mit Kommentaren). Mc CRINDLE, J. W.: *"The Commerce and Navigation of the Erythraean Sea";*Kalkutta 1879 (enthält eine Übersetzung des Periplus). MÜLLER, C.: *"Geographici Graeci Minores"*; Paris 1855, Band 1, S.257-365. SCHOFF, Wilfried H.: *"The Periplus of the Erythraean Sea";* New York 1912, New Delhi 1974 (Übersetzung und Annotation). HUNTINGFORD, G.W.B.: *"The Periplus of the Erythraean Sea";* London 1980, u.a.

10- **ARGANT, J.**: ^ ALLIBERT, Claude & ...

11- **ARMSTRONG, James C.**: *"Madagascar and the Slave Trade in the Seventeenth Century";* Antananarivo 1983-1984 in: *Omaly sy Anio.*

12- **AUBER, Jacques**: *"L'inutile hypothèse d'un substrat Bantou en malgache";* Antananarivo, November 1959 in: *Bulletin de Madagascar,* 162, S.985-999.

13- **AUJAS, L.**: *"Notes historiques et ethnographiques sur les Comores";* Antananarivo 1911 in: Bulletin de l'Académie Malgache, S.125-141.

14- **AVELOT, R.**: *"Les grands mouvements de peuples en Afrique - Jaga et Zimba";* Paris 1912 in: *Bulletin de Géographie Historique et descriptive,* XXVII, S.75-191.

15- **AYMARD,** (Capt.): *"Le Pays sakalava";* 1907 in: *Bulletin de la Societé de Geographie de Toulouse,* XXVI, S.90-124.

16- **BAUMANN, Oscar**: "Usambara und seine Nachbargebiete"; Berlin 1891.

17- **BENT, J.T.**: *"Ruined Towns of Mashonaland";* London 1893.

18- **BERCHEM, Jörg**: "Sprachbeziehungen zwischen den Bantusprachen und dem Malagasy"; Hamburg 1989-'90 in: Sprache und Geschichte in Afrika, Band 10-11.

19- **BILLIARD**: ?; 1829.

20- **BIRKELI, Emil**: *"The Bantu in Madagascar - the Malagasy race affinity";* 1919-'20 in: *Journal of the Royal African Society*, 19, S.305-316.

21- BIRKELI, Emil: *Marques de boeufs et traditions de race: documents sur l'ethnographie de la côte occidentale de Madagascar";* Oslo 1926.

22- BIRKELI, Emil: *"Les Vazimba de la côte ouest de Madagascar: notes d'ethnographie";* Antananarivo 1936 in: *Mémoires de l'Académie Malgache*.

23- **(Abû Rîhân Muhammad bin Ahmad) al-BIRUNI**: *"Tariikh al-Hind";* 1030, zitiert nach: FERRAND 1913, S.162-167.

24- **BITTERLI, Urs**: "Die 'Wilden' und die 'Zivilisierten' - Grundzüge einer Geistes- und Kulturgeschichte der europäisch-überseeischen Begegnung"; München 1976.

25- **BLACKING, J.**: *"Review of Jones' 'Africa and Indonesia'";* Johannesburg 1966 in: *African Studies*, 25, S.48-51.

26- **BLACKNEY, Charles P.**: *"On 'banana' and 'iron', Linguistic Footprints in African History";* 1963, *Hartford Seminary Foundation, Hartford, Conn., typescript, Master of Arts thesis in Linguistics.*

27- **BLEEK, Wilhelm Heinrich Imanuel**: *"A Comparative Grammar of South African Languages";* Kapstadt 1862-1869.

28- **BLENCH, Roger**: *"Evidence for the Indonesian Origins of Certain Elements of African Culture: A review, with special reference to the arguments of A. M. Jones";* 1982 in: *African Music*, 6, 2, S.81-93.

29- BLENCH, Roger: *"The Morphology and Distribution of Sub-Saharan Musical Instruments of North African, Middle Eastern, and Asian, Origin";* 1984 in: *Musica Asiatica*, 4, S.155-191.

30- **BOCAGE, V. A. Barbié du**: *"Madagascar, possession française depuis 1642";* 1859.

31- **BOITEAU, Pierre**: *"Contribution à l'histoire de la nation malgache";* Paris 1958.

32- **BOSCH, F.**: *"The Problem of the Hindu Colonisation of Indonesia";* Den Haag 1961.

33- ***British Museum**: "General Catalogue of Printed Books";* London 1965, 261 Bände.

34- **BROWN, Mervyn**: *"Some Historical Links between Tanzania and Madagascar";* 1976 in: *Tanzania Notes and Records*, 79 und 80, S.49-56.

35- **BRYANT, Alfred T.**: *"A Zulu - English Dictionary";* 1905.

36- BRYANT, Alfred T.: *"Bantu Origins - People and Language";* Kapstadt 1963.

37- **BURTON, Richard F.**: *"Zanzibar; City, Island, and Coast";* London 1872, 2 Bände.

38- **CALLET, R.P. (& CHAPUS, G.S. & RATSIMBA, Emmanuel)**: *"Tantaran'ny Andriana eto Madagascar (/ Documents historiques d"après des manuscripts malgaches)";* Antananarivo 1908, *Imprimerie officielle*; *"Histore des Rois";* Antananarivo 1958, *Académie Malgache*.

39- **CARRINGTON, R.**: *"Elephants";* London 1962, - deutsch: "Elefanten"; Zürich 1962.

40- **CATAT, L.**: *"Voyage à Madagascar";* Paris 1895.

41- **CERULLI, Enrico**: *"L'Islam nell'Africa Orientale";* in: *"Aspetti e problemi attuali del mondo musulmano";* Rom 1941 in: *Reale Accademia Italia*, XX, S.74-93.

42- CERULLI, Enrico: *"Somalia, Scritti Vari Editi ed Inediti";* Rom 1957, Band 1.

43- **CHAMLA, Marie-Claude**: *"Recherches anthropologiques sur l'origine des Malgaches";* Paris 1958 in: *Mémoires du Museum National d'Histoire Naturelle*, XIX, 1, ser.A.

44- **CHAUDHURI, K.N.**: *"Trade and Civilisation in the Indian Ocean";* London 1985.

45- **CHITTICK, H. Neville**: *"The Coast of Africa";* in: SHINNIE, Peter L. (Hrg): *"The African Iron Age";* Oxford 1971, Clarendon Press, S.108-141.

46- CHITTICK, H. Neville: *"Kilwa: An Islamic Trading City on the East African Coast";* Nairobi 1974, 2 Bände.

47- CHITTICK, H. Neville & ROTBERG, Robert I.: *"East Africa and the Orient - Cultural Syntheses in Pre-Colonial Times";* London, New York 1975.

48- CHITTICK, H. Neville: *"Indian Relations with East Africa before the arrival of the Portuguese";* 1980 in: *Journal of the Royal Asiatic Society*, S.118-127.

49- **CHRISTIE, Anthony**: *"An Obscure Passage from the 'Periplus'";* 1957 in: *Bulletin of the School of Oriental and African Studies*, 19, S.145-353.

50- **CHUMNOVSKY, T.**: *"Tres roteiros des conhecidos de Ahmad Ibn Majid, o piloto arabe de Vasco da Gama";* Moskau 1962, Akademie der Wissenschaften der UdSSR.

51- **"COACM"**: ^ GRANDIDIER, M. Alfred & Guillaume 1903-1920.

52- **COUSINS, William F.**: *"Words Resembling Malagasy in the Swahili Language";* Antananarivo 1876 in: *The Antananarivo Annual and Madagascar Magazine*, I, 2.Auflage, S.149-151.

53- **COWAN D. W.**: *"The Bara Land: A Description of the Country and People";* Tananarive 1881, *pamphlet of 72 pages.*

54- COWAN, D. W.: *"Geographical Excursions in the Betsileo, Tanala and Bara Countries";* Juni 1882 in: *Proceedings of the Royal Geographical Society*, S.521-537.

55- **Mc CRINDLE, J. W.**: ^ anonym: *"Periplus Maris Erythraei".*

56- **CROSSLAND, Cyril**: *"Notes on the East African Outrigger Canoe";* November 1918 in: *Man*, S.166-167.

57- **CULWICK, A.T. & G.M.**: *"Indonesian Echoes in Central Tanganyika";* 1936 in: *Tanganyika Notes and Records*, S.60-66.

58- **DAHL, Otto Christian**: *"Le system phonologique du proto-Malgache";* Oslo 1938 in: *Norsk Tidsskrift for Sprogvidenskap*, 10, S.189-235.

59- DAHL, Otto Christian: *"Malgache et Maanjan";* Oslo 1951.

60- DAHL, Otto Christian: *"Le substrat bântou en Malgache";* 1954 in: *Norsk Tidsskrift for Sprogvidenskap*, 17, S.325-362.

61- **DAHLE, Lars**: *"The Race Elements of the Malagasy, and guesses at truth with regard to their origin";* Antananarivo 1883 in: *The Antananarivo Annual and Madagascar Magazine*, VII, S.12-28.

62- DAHLE, Lars: *"The Swahili Element in the New Malagasy-English-Dictionary";* Antananarivo 1885 in: *The Antananarivo Annual and Madagascar Magazine*, 9, S.99-115.

63- **DAMA-NTSOHA** = ^ RAZAFINTSALAMA.

64- **DAMIR ben Ali**: *"Place et prestige du kiswahili dans les îles Comores";* Moroni 1984 in: *Ya Mkobe*, 1, S.12-16.

65- **DART, R. A.**: *"The Historical Succession of Cultural Impacts upon South Africa";* 1925 in: *Nature*, 115, S.425-429.

66- **DAVID; R.**: *"Nouvelles observations chez les Mahafali du sud-ouest de Madagascar";* 1939 in: *Société des Africanistes*, 9, 119-155.

67- **DECARY, Raymond**: *"De la probabilité d'une colonisation phénècienne à Madagascar";* Antananarivo, September 1951 in: Bulletin de Madagascar, 41, S.18-25.

68- **DELEGORGUE**: *"Voyage dans l'Afrique australe (1838-'44)";* Paris 1847.

69- **Des MARCHAÏS**: *"Voyage en Guinée (1725-'27)";* Amsterdam 1731.

70- **DESCHAMPS, Hubert**: *"Madagascar - Comores, Terres Australes";* Paris 1951.

71- DESCHAMPS, Hubert & VIANÈS, Suzanne: *"Les Malgaches du Sud-Est";* Paris 1959.

72- DESCHAMPS, Hubert: *"Les Migration Intérieures passées et présentes à Madagascar";* Paris 1959.

73- DESCHAMPS, Hubert: *"Histoire de Madagascar";* Paris 1960, 1961.

74- DESCHAMPS, Hubert: *"Perspectives Nouvelles sur le passé de l'Afrique Noire et de Madagascar";* Paris 1974 (darin: OLIVER, R.: *"The Beginnings of Bantu History"*, S.159-170).

75- **DEZ, Jacques**: *"Quelques hypothèses formulées par la linguistique comparée a l'usage de l'archeologie";* Juni 1965 in: *Annales de l'Université de Madagascar - Taloha l'Archeologie*.

76- DEZ, Jacques: *"A propos du mot 'basy' et du premier fusil en Imerina";* Antananarivo 1970 in: *Bulletin de Madagascar*, 285, S.148-150.

77- DEZ, Jacques: *"(A propos du mot) Canezou / akanjo";* Antananarivo 1970 in: *Bulletin de Madagascar*, 285, S.150-154.

78- **DIODORUS SICULUS**: *"Bibliotheca historica";* zitiert nach: SKELTON John: *"The 'Bibliotheca historica' of Diodorus Siculus";* Nachdruck, London 1956.

79- **DOMENICHINI, Jean-Pierre**: *"Langue et archéologie: le mot malgache akoho 'poule'";* Antananarivo im Oktober 1987-'88 in: *Nouvelles du Centre d'Art et d'Archéologie,* 5-6, S.18-19.

80- **DRURY, Robert**: *"Madagascar; or, Robert Drury's Journal, During Fifteen Years' Captivity on that Island";* London 1729.

81- **Du BOIS de la Villerabel**: *"La Tadition chez les Bara";* 1900 in: *Notes, Reconaissances et Explorations*, VI.

82- **DUBOIS, R. P. Henri**: *"Populations et peuplement à Madagascar";* 1933 in: *Africa*, 6, S.206-219.

83- **DUGGAN-CRONIN, Alfred Martin**: ^ JUNOD, Henri Philippe.

84- **DULAURIER**: ?; August und September 1846 in: *Journal Asiatique*.

85- **DUYVENDAK; J.J.L.**: *"China's Discovery of Africa"*; London 1949.

86- **ELLIS, Stephen**: *"Un texte du XVIIeme siècle sud Madagascar"*; Antananarivo 1979 in: *Omaly si anio*, 9, S.151-166.

87- **ESCAMPS, H. D.**: *"Histoire et Géographie des Madagascar"*; Paris 1884.

88- **FAGE, J. D.**: *"Xylophones and Colonists"*; 1965 in: *Journal of African History*, VI, 3, S.413-415, (Buchbesprechung von Jones' *"Africa and Indonesia"*).

89- **(Abû Bakr Ahmad ibn Mohammad ibn Ishâk) Ibn al-FAQÎH (al-Hamadzânî)**: *"Kitâb al-boldân"*; 902, zitiert nach FERRAND 1913, S.54-66).

90- **FAUBLÉE**: *"Histoire de l'Océan Indien"*; 1961.

91- FAUBLÉE, J. & M. Urbain: *"Madagascar vu par les auteur arabes avant le XIe siècle"*; 1963 in: *Studia (Actes du sixième colloque international d'histoire maritime, Laurenço-Marques 1962)*, II, S.445-462.

92- **FERRAND, Gabriel**: *Les Musulman à Madagascar et aux îles Comores - première partie: Les Antaimorona"*; Paris 1891.

93- FERRAND, Gabriel: *"Les Musulmans à Madagascar et aux îles Comores - troisième partie: Antankarana, Sakalava, Migration Arabes"*; Paris 1902.

94- FERRAND, M. Gabriel: *"L'élément Arabe et Souahili en Malgache ancien et moderne"*; November und Dezember 1903 in: *Journal asiatique*, S.451-485.

95- FERRAND, Gabriel: *"Les îles Ràmny, Lâmery, Wàqwâq, Qomor des geographes arabes et Madagascar"*; 1907 in: *Journal Asiatique, X[e] série*, 10, S.551.

96- FERRAND, Gabriel: *"L'origine africaine des Malgaches"*; Mai-Juni 1908 in: *Journal asiatique*, XI, 3, 10, S.353-500.

97- FERRAND, Gabriel: *"Relation des Voyages et Textes Géographiques Arabes, Persans et Turcs Relatifs à l'Extrême Orient du VIIIe au XVIIIe siècle"*; Paris 1913-1914, zwei Bände, Leroux.

98- FERRAND, Gabriel: *"Le Qouen-louen et les anciennes navigations interocéaniques dans les mers du Sud"*; 1919 in: *Journal Asiatique*, März-April: S.239-333, Mai-Juni: S.431-492, Juli-August: S.6-68, September-Oktober: S.201-241.

99- FERRAND, Gabriel: *"Le Wakwak est-il le Japon"*; Paris, April - Juni 1932 in: *Journal Asiatique*, S.193-243.

100- FERRAND, Gabriel: "Madagascar"; Leiden 1936 in: "Enzyklopedie des Islam", III, S.68-80 und 1965.

101- **FONTOYNON, M. & RAOMANDAHY, E.**: *"Les Antaifasy: origines et guerres avec les tribus voisines"*; 1939 in: *Bulletin de l'Académie Malgache*, n.s. XXII, S.1-28.

102- **FREEMAN-GRENVILLE**: *"The East African Coast"*; Oxford 1962.

103- **FRISK, J. J.**: ^ anonym: *"Periplus Maris Erythraei"*.

104- **FROBENIUS, Leo**: "Der Ursprung der afrikanischen Kultur"; Berlin 1898.

105- **FROBERVILLE, Eugene de**: *"Aperçu sur la langue malgache et recherches sur la race qui habitait l'ile de Madagascar avant l'arrivee de Mailais";* 1839 in: *Bulletin de la Société de Géographie de Paris* XI, S.29-46 und 257-274.

106- FROBERVILLE, Eugene de (Hrg): *"Histoire des invasions Madécasses aux îles Comores a la côte oriental d'Afrique (/ Historical Account of Malagasy Invasions of the Comoro Islands and the East African Coast);"* Paris 1845 in: *Annuaire des Voyages et de la Géographie*, Band 2, S.194-208.

107- **GALAAL, Musa H.I.**: *"Historical relations between the Horn of Africa and the Persian Gulf and the Indian Ocean through Islam";* 1980 in: UNESCO: *"Historical relations across the Indian Ocean".*

108- **GEVREY, A.**: *"Essai sur les Comores";* Pondichery 1870, Nachdruck 1972, 1980 bei *l'Association malgache d'archéologie, Antananarivo.*

109- **GOTTHOLD, Julia J. & Donald W.**: *"Indian Ocean";* Oxford 1988, Clio Press, *World Bibliographical Series, volume 85.*

110- **GRANDIDIER, Alfred**: *"Note sur les Vazimba de Madagascar";* 1888 in: *Mém. Centen. Soc. Philomathique*, S.155-161. - ins Englische übersetzt von SIBREE, James: *"The Vazimba";* Antananarivo 1894 in: *The Antananarivo Annual and Madagascar Magazine*, V, 2, S.129-135.

111- GRANDIDIER, M. Alfred: *"L'origine des Malgaches";* Paris 1901.

112- GRANDIDIER, M. Alfred & Guillaume: *"Collection des Ouvrages Ancien Concernant Madagascar";* Paris 1903-1920, zehn Bände (meistens zitiert als COACM).

113- GRANDIDIER, M. Alfred & Guillaume: *"Histoire physique, naturelle et politique de Madagascar";* Band 4: *"Ethnographie de Madagascar";* Teilband 1: *"Les Habitants de Madagascar";* (Teil 1: *"Origine et Division des Indigenes"*, Teil 2: *"Les Étrangers";*) Paris 1908.

114- GRANDIDIER M. Alfred & Guillaume: *"Histoire physique, naturelle et politique de Madagascar";* Band 4: *"Ethnographie die Madagascar";* Teilband 2: *"Les Habitants de Madagascar";* Paris 1914.

115- **GROTANELLI, Vinigi L.**: *"Asiatic Influences on Somali Culture";* Stockholm 1947 in: Ethnos, 12, 4, S.153-181.

116- GROTANELLI, Vinigi L.: *"Pescatori dell'Oceano Indiano";* 1955.

117- **GUEUNIER; N.J. & HEBERT, Jean-Claude & VIRE, F.**: *"Les routes maritimes du canal de Mozambique d'après les routiers arabo-swahilis";* Paris 1992 in: Taloha 11, S.77-120.

118- **GUILLAIN, Charles** (Hrg.): *"Documents sur l'histoire, la géographie et la commerce de la partie orientale / occidentale <?> de Madagascar;"* Paris 1845 (/1856<?>).

119- **GWYNNE, M. D.**: *"The Origin and Spread of Some Domestic Food Plants of Eastern Africa"*; 1975, in: ROTBERG, Robert & CHITTICK, Neville (Hrg): *"East Africa and the Orient".*

120- **HADDON, A.C.**: *"The Outrigger Canoe of East Africa";* 1918 in: *Man*, Text 29, S.48-54.

121- HADDON, A.C.: *"Wandering of Peoples";* Cambridge 1919, Cambridge University Press.

122- **HAECKEL, Ernst**: "Allgemeine Anatomie der Organismen"; Berlin 1866.

123- HAECKEL, Ernst: "Anthropogenie oder Entwicklungsgeschichte des Menschen"; Leipzig 1874.

124- **HAMY**: ?; 12. Januar 1884 in: *Science et Nature*.

125- HAMY: *"Les races humaines";* 1895 in: *Revue scientifique*.

126- **HANDSCHIN, Jacque**: *"Review of J. Junst's 'Music in Java'";* 1948 in: *Acta Musicologica*, XX, S.60ff.

127- **HUNTINGFORD, G.W.B.**: ^ anonym: *"Periplus Maris Erythraei"*.

128- **HÉBERT, Jean-Claude**: *"Simples notes sur les Vazimba du Betsiriry";* September 1971 in: *Bulletin de Madagascar*, 304, S.721-733.

129- HÉBERT, Jean-Claude: *"A propos des Kimosy ou le myth des pygmées malgaches";* März - April 1973 in: *Bulletin de Madagascar*, 321, S.250-271.

130- HÉBERT, Jean-Claude & VIRÉ, François: *"Madagascar, Comores et Mascareignes à travers la Hawiya d'Ibn Mâgid (844$_H$/1462)";* Antananarivo 1987 in: *Omaly si Anio (, Université de Madagascar)*, 25-26 *(Actes du cinqième colloque international d'Histoire Malgache - "Histoire et Civilisation du Nord malgache", Antsiranana 27.7.-1.8.1987)*, S.55-80.

131- HÉBERT, Jean-Claude: ^ auch GUEUNIER; N.J. & VIRE, F. & ...

132- **HENNIG, Richard**: "Zur Frühgeschichte des Seeverkehrs im Indischen Ozean"; Berlin 1919 in: Meereskunde, 13. Jahrgang, Heft 7.

133- **HERODOT**: "Herodot Historien - griechisch-deutsch"; herausgegeben von Josef Feix, München 1963, zwei Bände.

134- **HILDEBRANDT**: "West-Madagaskar"; Berlin 1880 in: Zeitschrift der Gesellschaft für Erdkunde, S.81-131.

135- **HIRSCHBERG, Walter**: "Die arabisch-persisch-indische Kultur an der Ostküste Afrikas - Ihre Beziehungen nach dem Inneren des Kontinents"; Wien 1931 in: Mitteilungen der Anthropologischen Gesellschaft, LXI, S.269-284.

136- HIRSCHBERG, Walter: "Asiatische Kultureinflüsse an der Ostküste Afrikas"; Leipzig 1943 in: Koloniale Rundschau, XXXIV, S.49-57.

137- **HOOD, Mantle**: *"Review of 'Africa and Indonesia' (Jones 1964)";* 1965 in: *American Anthropologist*, 67, S.1579-1581.

138- **HORNBOSTEL, Erich M. von**: "Über ein akustisches Kriterium für Kulturzusammenhänge"; 1911 in: Zeitschrift für Ethnologie 43, S.601-615.

139- Hornbostel, Erich M. von: *"The Ethnology of African Sound-Instruments";* 1933 in: *Africa*, VI, 3, S.129-157 und 277-311.

140- **HORNELL, James**: *"The Affinities of East African Outrigger Canoes";* Juli 1919 in: *Man*, S.97-100.

141- HORNELL, James: *"The Common Origin of the Outrigger Canoes of Madagascar and East Africa";* September 1920 in: *Man*, 67, S.134.

142- HORNELL, James: *"Indonesian Culture in East Africa";* Januar 1928 in: *Man*, S.1-4.

143- HORNELL, James: *"Indonesian Influence on East African Culture";* London 1934 in: *The Journal of the Royal Anthropological Institute of Great Britain and Ireland*, LXIV, S.305-333.

144- HORNELL, James: *"The Sea-Going Mtepe and Dáu of the Lamu Archipelago";* 1942 in: *Tanganyika Notes and Records*, 14, S.27-37.

145- HORNELL, James: *"The Sewn Canoes of Victoria-Nyanza: Construction and Origin";* 1943 in: *Tanganyika Notes and Records*, 15, S.7-24.

146- HORNELL, James: *"Water Transports, Origines and Early Evolution";* Cambridge 1946.

147- **HOURANI, G. F.**: *"Arab Seafaring in the Indian Ocean";* 1952, *Princeton University Press.*

148- **HROMNÍK, Cyril A.**: *"Are there any Shona? A question left unanswered by historians?";* 1979-'80 in: *Mankind Quaterly*, 20, S.11-34.

149- HROMNÍK, Cyril A.: *"Indo-Africa - towards a new understanding of the history of sub-saharan Africa";* Kapstadt 1981.

150- HROMNÍK, Cyril A.: *"Who are the Sona (Shona)?";* Kapstadt <?> nach 1981.

151- **HUTTON, J.H.**: *"West Africa and Indonesia: A Problem in Distribution";* London 1946 in: *Journal of the Royal Anthropological Institute*, LXXVI, S.5-12.

152- **(IBRÂHÎM bin Wâsif-Shâh)**: *("L'abrégé des Merveilles");* circa 1000, zitiert nach FERRAND 1913, S.144-157.

153- **Abû 'Abdallah ash-sharîf al-IDRÎSÎ**: *"Kitâb nuzhat al-mushtâq fî ikhtirâq al-afâq";* 1154, zitiert nach: FERRAND 1913, S.172-199.

154- IDRÎSÎ: "Die Weltkarte des Idrisi vom Jahr 1154 n. Chr. in sechs Blättern"; herausgegeben von Konrad Miller, Mappae arabicae, 1. Band, 2. Heft.

155- IDRÎSÎ: *"Description de l'afrique et de l'espagne par Edrîsî";* Dorzy, R. & Golje, M.J., Leiden 1968.

156- **INGRAMS, W. H.**: *"Zanzibar; its history and its people";* London 1931.

157- ***Institute of Education***: *"Development of African Societies up to the Nineteenth Century (Secondary History Book One)";* Dar es Salaam 1981, *Dar es Salaam University Press.*

158- **JOHNSTON, H.H.**: *"A History of the Colonisation of Africa by Alien Races";* Cambridge 1913, *Cambridge History Series.*

159- **JOHNSON, H.**: *"Living Races of Mankind";* London, ohne Jahr (/1919), Hutchinson.

160- **JONES Adam**: "Kolonialherrschaft und Geschichtsbewußtsein"; 1990 in: Historische Zeitschrift, 250, S.73-92.

161- **JONES, A. M.**: *"Indonesia and Africa; the Xylophone as a Culture Indicator";* Juli - Dezember 1959 in: *The Journal of the Royal Anthropological Institute*, und 1960 in: *African Music*, 2, 3.

162- JONES, A. M.: *"Africa and Indonesia";* Leiden 1964, 1971.

163- JONES, A. M.: *"Elephantiasis and Music";* Johannesburg 1972 in: *African Music*, 5, 2, S.46-49.

164- **JULIEN, Gustave H.**: *"Pages arabico-madécasses";* (1908,) 1929 in: *Annales de l'Académie des Sciences Coloniales*, 2, S.1-123.

165- **JUNOD, Henri Philippe**: *"The VaChopi of Portuguese East Africa";* in: DUGGAN-CRONIN, Alfred Martin: *"The Bantu-Tribes of South Africa";* Kimberley 1936, IV, sec.II.

166- **KENT, Raymond K.**: *"Madagascar and Africa: I. The Problem of the Bara";* 1968 in: *Journal of African History*, IX, 3, S.387-408.

167- KENT, Raymond K.: *"Madagascar and Africa: II. The Sakalava, Maroserana, 'Dady' and 'Tromba' before 1700";* 1968 in: *Journal of African History*, IX, 4, S.517-546.

168- KENT, Raymond K.: *"Madagascar and Africa: III. The Anteimoro: Theocracy on Southeastern Madagascar";* 1969 in: *Journal of African History*, X, 1, S.45-65.

169- KENT, Raymond K.: *"Early Kingdoms in Madagascar 1500-1700";* New York 1970, *Holt, Rinehardt and Winston.*

170- KENT, Raymond K.: *"Possibilité de colonies indonésiennes en Afrique, avec reference speciale à Madagascar";* Antananarivo 1979 in: *Omaly si anio*, 9, S.129-150.

171- **KERHALLET, Ch. P. de**: *"Considerations générales sur l'Ocean Indien";* 1859.

172- **KIRBY, Percival R.**: *"The Indonesian Origin of Certain African Musical Instruments";* Johannesburg 1966 in: *African Studies* 25, 1, S.3-21.

173- **KI-ZERBO, Joseph**: "Die Geschichte Schwarz-Afrikas"; Wuppertal 1979 (original: Paris 1978).

174- **Ibn KHORDÂDZBEH**: (geographische Beschreibung von 844-848 nach unserer Zeitrechnung); zitiert nach ^ FERRAND 1913, S.21-33.

175- **KUNST, Jaap**: *"A Musicological Argument for Relationshipp between Indonesia - probably Java - and Central Africa";* 1935-'36 in: *Proceedings of the Musical Association, session LXII* / "Ein musikologischer Beweis für Kulturzusammenhänge zwischen Indonesien - vermutlich Java - und Zentralafrika"; 1936 in: Anthropos 31, S.131-140.

176- KUNST, Jaap: *"Around Von Hornbostel's Theory of the Cycle of - Blown Fifth";* 1948 in: *Publications of the Royal Tropical Institute*, LXXVI.

177- KUNST, Jaap: *"Ethno-Musicology";* Den Hague 1955.

178- KUNST, Jaap: *"The Origin of the Kemanak";* Den Haag 1960, *(Beijdragen, Deel 116, 2.Aufl.).*

179- **LACOMBE, B.-F. Leguével de**: *"Voyage à Madagascar et aux îles Comores";* 1840, Band 1 und 2.

180- **LATTES, Leone**: *"Individuality of the Blood";* Oxford 1932, deutsch: "Die Individualität des Blutes"; Berlin 1925.

181- **LAURENCE, B. R.**: *"Elephantiasis and Polynesian Origins";* 10. August 1968 in: *Nature*, 219, S.561-563.

182- **Le BABIER, C.**: *"Notes sur le pays Bara-Imamono, région d'Ankazoabo";* 1916-1917 in: *Bulletin de l'Academie Malgache*, neue Serie, III, S.63-162.

183- **LESSON**: *"Voyage autour du monde de la 'Coquille";* 1826, Band 1.

184- **LINTON, Ralph**: *"Culture Areas of Madagascar";* 1928 in: *American Anthropologist*, XXX, S.363-390.

185- LINTON, Ralph: *"Culture Sequences in Madagascar";* 1943 in: *Papers of the Peabody Museum of Archeology and Ethnology*, XX, S.72-80.

186- **LIVINGSTONE**: *"Narrative of an Expedition to the Zambezi";* 1865.

187- **LLOOYD, Lloyd S.**: *"Hornbostel's Theory of Blown Fifth";* London, Januar 1946 in: *Monthly Musical Record*, S.3-6.

188- **LUSCHAN ,F. von**: "Zusammenhänge und Konvergenz"; 1919 in: Mitteilungen der Anthropologischen Gesellschaft in Wien, 48, 49.

189- **LYDEKKER, C.J.W.**: *"The 'Mtepe' Dhau of the Bajun Islands";* Juni 1919 in: *Man*, 45-56, S.88-92.

190- **(Mutahhar bin Tâhir) al-MAQDISÎ**: *"Kitâb el-bèd wèt-tarîkh";* 966, zitiert nach: FERRAND 1913, S.116-117.

191- **MALZAC, R. P.**: *"Histoire du Royaume Hova depuis ses Origines jusqu'a sa Fin";* Tananarive 1912, *Imprimerie Catholique*.

192- **MANTAUX, Christian Georges**: *"La prémièr ambassade malgache du XIXe siècle chez le sultan du Zanzibar Mascate, Oman en 1833";* Antananarivo 1970 in: *Bulletin de Madagascar*, 285, S.99-130.

193- **MARCHAND**: *"Les Habitants de la province Farafangana";* Paris 1901 in: *La Revue de Madagascar*, III, S.481-491 und 569-580.

194- **MARETT, R. R.**:*"Anthropology";* 1912, Williams & Norgate.

195- **MARIANO, Loius**: *"Relation du voyage de découverte fait à l'Ile Saint Laurent 1613-1614";* 1904 in: COACM, Band 2, Seite 9ff.

196- **Qânûn al-MAS'ÛDÎ**: (geographische Beschreibung); circa 1040, zitiert nach: ^ FERRAND 1913, S.597-599.

197- **MATHEW, Gervase**: *"The Dating and the Significance of the 'Periplus of the Erythrean Sea'";* 1975 in: ^ CHITTICK & ROTBERG ...

198- **MAUNY, Raymond A.**: *"The Wakwak and the Indonesian Invasion in East Africa ...";* Mai 1965 in: Studia, 15, S.7-16.

199- **Mc CARTHY**: *"Iles africaines de la mer des Indes";* Paris 1885.

200- **Mc CRINDLE, J. W.**: ^ anonym: *"Periplus Maris Erythraei".*

201- **Mc MASTER, D. N.**: *"Speculations on the Coming of the Banana to Uganda";* 1962 in: *Journal of Tropical Geography*, XVI, S.57-69.

202- **Mc PHERSON, Kenneth**: *"Cultural Exchange in the Indian Ocean region: An historical perspective"*; 5 - 12 Dez. 1984 in: *Second International Conference on Indian Ocean Studies held at Perth, Western Australia, sect. B, Culture and education.*

203- **MEEK, Charles Kingsley**: *"Nothern Tribes of Nigeria";* Oxford 1925, zwei Bände.

204- MEEK, Charles Kingsley: *"A Sudanese Kingdom";* London 1931, Kegan Paul.

205- **Hieronymus MEGISERUS**: "Beschreibung der mechtigen und weitberhümbten Insel Madagascar ..."; Altenburg in Meißen 1609.

206- **MELLIS, J.**: *"Nord et Nord-Ouest de Madagascar, Volamena et Volafotsy";* Tananarive 1938, *Imprimerie Modern de l'Emyrne*.

207- **MICHEL, Louis**: *"Moeurs et coutumes des Bara";* Tananarive 1957 in: *Mémoire de l'Académie Malgache*, XL / XI <?>.

208- **MICHLER, Walter**: "Weißbuch Afrika"; Bonn 1991.

209- **MILLER, J.I.**: *"The Spice Trade of the Roman Empire";* Oxford 1969.

210- ***Ministère de l'Information du Tourisme et des Arts Traditionnelles:*** *"Après le voyage du Président Tsiranana en Afrique de l'est";* 26.April 1969 in: *Info-Madagascar*, S.1-2.

211- **MKELE, B.**: *"Histoire de la grande Comore (Djemal Eddine Gaba)";* (ohne Jahr).

212- **MOLET, L.**: *"Quelques contes makoa et antaimoro";* Antananarivo 1951-'52 in: *Bulletin de l'Académie Malgache*, 30, S.83-90.

213- **MONTANDON, George**: *"L'ologénèse culturelle traité d'ethnologie cyclo-culturelle et d'ergologie systématique";* Paris 1934.

214- **MÜHLHÄUSLER, Peter**: *"Pidgin & Creole Linguistics";* Oxford 1986, Blackwell.

215- **MULLENS, Joseph**: *"On the Origin and Progress of the People of Madagascar";* London 1876 in: *Journal of the Royal Anthropological Institute*, 5, S.181-196.

216- **MÜLLER, C.**: ^ anonym: *"Periplus Maris Erythraei".*

217- **MURDOCK, George Peter**: *"Africa, its Peoples and their Culture History";* 1959.

218- **NADEL, Siegfried F.**: "Marimba-Musik"; 1931 in: Sitzungsberichte der Akademie der Wissenschaften in Wien, philosophisch-historische Klasse, Bericht 212, Band 3.

219- **NEWITT, Malya**: *"The Comoro Islands in the Indian Ocean Trade before the 19th century";* 1984 in: *Cahiers d'études africaines,* Band 23, 1-2, S.139-160.

220- **NOËL, M.**: *"Le pays Bezanozano";* 1897 in: *Notes ...*, II, S.12-14.

221- **NURSE, Derek**: *"On Dating Swahili";* Paris 1983 in: *Études Océan Indien - Documents comoriens* 2, S.59-72.

222- **OLIVER, Roland**: *"The Great Island";* 1960 in: *Journal of African History*, 1, 2, S.319-321. (2. Auflage: 1961) (Buchrezension zu DESCHAMPS: *"Histoire de Madagascar";* 1960).

223- OLIVER, Roland: ^ auch DESCHAMPS, Hubert 1974.

224- **OPPEL, A.**: "Die Herkunft der Bevölkerung von Madagaskar"; 1896 in: Globus, S.379-384.

225- **OTTINO, Paul**: *"L'Océan Indien comme domaine du recherche";* Juli-Dezember 1974 in: *L'Homme*, XIV, 3-4, S.143-151.

226- **OWEN, William Fritz**: *Narrative of Voyages to Explore the Shores of Africa, Arabia and Madagascar";* London 1833, zwei Bände, Nachdruck 1968.

227- **PARENTI, D. R.**: *"I Bagiuni";* Rom 1946 in: *Rassegna di studi etiopici*, V, S.156-190.

228- **PELLIOT, P.**: *"Deux itinéraires de Chine en Inde à la fin du VIIIe siècle";* 1904 in: *Bulletin de l'École française d'Extrême-Orient*, IV, S.131-403.

229- **PETER, Jean-Louis**: *"Deux princesses malgaches à Mohéli";* Antananarivo 1987 in: *Omaly sy Anio* (*Université de Madagascar*), 25-26 *(Actes du cinqième colloque* *international d'Histoire Malgache - "Histoire et Civilisation du Nord malgache", Antsiranana 27.7.-1.8.1987)*, S.241-255.

230- **PICKERSGILL,** (Reverend) **W. Clayton**: ?; 1893 - zitiert nach: ^ KENT 1970, S.31.

231- **Ardant du PICQ, M.**: *"Etude Comparative sue la Divination en Afrique et à Madagascar";* Paris 1930 in: *Bulletin du Comité d'Etudes Historiques et Scientifiques de l'Afrique Occidentale Française*, XIII, 1, S.9-25.

232- **PILS, Lothar**: "Jetzt Ehrenplatz für 'Sarimanok': nach 6650 Kilometern Abenteuer auf dem Kurs der Austronesier, die in grauer Vorzeit Madagaskar besiedelten"; 9.-10. August 1986 in: Neues Deutschland 187, S.11.

233- **PLINIUS Secundus, Gaius**: *"Naturalis Historiae";* Darmstadt 1977 (herausgegeben von Roderich König).

234- **POBEGUIN, H.**: *"Langage. Numération. Calendrier. Lexique de 250 mots environ en souahéli de Zanzibar, de Mayotte et de la Grande-Comore, en mahoré et en makoua";* Manuskript, *Bibliotheque Municipal de Saint-Maur-des-Fossés.*

235- **POIRIER, Jean**: *"(Les origines du peuple et de la civilisation malgaches:) Madagascar avant l'histoire";* Februar 1965 in: *Bulletin de Madagascar*, 248, S.171-192.

236- **POSNANSKY, Merrick**: *Connections Between the Lacustrine Peoples and the Coast";* 1975 in: ^ CHITTICK & ROTBERG 1975 ...

237- **PRINS, A. H. J.**: *"Uncertainties in Coastal Cultural History: the 'Ngalawa' and the 'Mtepe'";* Oktober 1959 in: *Tanzania Notes and Records*, 53, 2, S.205-213.

238- PRINS, A. H. J.: *"The Swahili-speaking Peoples of Zanzibar and the East African Coast";* London 1961, *International African Institute.*

239- **PRUD'HOMME, (Lt.Col.) Breveté**: *"Consideration sur les Sakalava";* 1900 in: *Notes, Reconnaissances et Explorations*; englische Übersetzung: *"Observation on the Sakalava";* Antananarivo 1900 in: *The Antananarivo Annual and Madagascar Magazine*, XXIV, Band VI, Teil IV, S.408-437.

240- **PUCCIONI, N.**: "Beobachtungen bei den Badschuni"; 1936 in: Zeitschrift für Rassenkunde, III, S.136-141.

241- PUCCIONI, N.: *"Le popolazioni della Somalia Italiana";* Bologna 1937.

242- **QUADREFAGES, M. M. de**: ?; 1882, *Crania ethica*, (S.383 u.a.).

243- **RALAIMIHOATRA, E**: *"Le contexte et la signification du terme 'vazimba' dans l'histoire de Madagascar";* Antananarivo 1969 in: *Bulletin de l'Académie Malgache*, S.183-184.

244- **RALAIVOLA, Clovis**: *"A la Recherche de la paternité du vocable 'Malagasy'";* Februar 1972 in: *Bulletin de Madagascar*, 309, S.197-202.

245- **RANTOANDRO, Gabriel**: *"Une communaute mercantile du nord-ouest: les Antalaotra";* Antananarivo 1983-1984 in: *Omaly sy Anio*, 17-20, S.195-210.

246- **RATZEL, Friedrich**: "Die afrikanischen Bögen"; 1891 in: Abhandlungen der Philologisch-Historischen Klasse der Sächsischen Gesellschaft der Wissenschaften, III, 3, - darin: Kapitel IV: "Allgemeiner Blick auf die Verbreitungsformen afrikanischer Bögen. Asiatische und melanesische Beziehungen"; S.329-336.

247- **RAZAFINTSALAMA, J.-B.**: *"La langue Malgache et les origines Malgache"; vol.I: "Le fond initial du vocabulaire Malgache (Etude vocabulaire)";* Tananarive 1928, - daraus: *quatrième partie: "L'élément Arabico-Souahili dans le vocabulaire Malgache".*

248- RAZAFINTSALAMA, J.-B.: *"Dictionnaire etymologique de la langue malgache";* Antaimandro, Tananarive 1951-'53, zwei Bände *("deuxième partie: Les mots derivés des apports Malais, Maoris, Arabes, Souahilis").*

249- **REINAUD**: ^ ABOULFÉDA.

250- **REPIQUET, Jules**: *"Le Sultanat d'Anjouan";* Paris 1901.

251- **RIVERS, W. H. R.**: *"Social Organisation";* 1924, Kegan Paul.

252- **ROCHON**: *"Voyage à Madagascar et aux Indes orientales";* 1787, 1791.

253- **RODENBERG, K.**: "Der Indische Ozean in der Geschichte des Mittelalters und der Neuzeit"; Marine Rundschau 1904.

254- **ROMBI, Marie-Françoise**: *"Premier approche du parler shimaore de la langue comorienne";* 1981.

255- **RONDEAUX**: *"De Madagascar suivant Mr Rondeaux"; Résumé d'un mémoire (perdu?) de Rondeaux par B. de Froberville vers 1816, edité dans:* VALETTE, Jean: *Une source de l'histoire malgache au début du XIXe siècle: Rondeaux";* August 1964 in: *Bulletin de Madagascar*, 219, S.603-618.

256- **ROSSINI, Conti**: *"Pubblicationi etiopistiche dal 1936 al 1945";* Rom 1944-'45 in: *Rassegna di studi etiopici*, IV.

257- **ROTBERG, Robert I.**: ^ CHITTICK, H. Neville & ...

258- **(Abû 'Ali Aḥmed ibn 'Omar) Ibn ROSTEH**: *"Kitâb al-a'lak an-nafîsa (VII)";* 903, zitiert nach: ^ FERRAND 1913, S.67-80 (daraus: 68-69).

259- **SACHS, C.**: *"Les instruments du Musique du Madagascar";* Paris 1938.

260- **SAID Ahmed Ali**: *"Essai sur l'histoire d'Anjouan"; 29. Dezember 1927, Institut de la Recherche Scientifique de Madagascar, Library No.0751, Bibliothèque Grandidier, Tsimbazaza-Tananarive, typescript, 45 pages, unpublished.*

261- **Abûl-Ḥasan 'Alî ibn SA'ÎD al-Maqribî**: *"Livre qu'a réuni et résumé Alî bin Sa'îd le Maghrébin l'Espagnol - que Dieu l'ait en sa miséricorde! - du Livre de la Géographie [de Ptolémée], en sept climats; et il y a ajouté les longitude et les latitudes exactes, d'après le Livre de Ibn Fât,ima - que Dieu l'ait en sa miséricorde!";* 13. Jahrhundert, Manuskript Nr.2234, *Bibliothèque Nationale de Paris, fonds arabe.* (zitiert nach ^ FERRAND 1913)

262- **SALEH, Ibuni**: *"A Short History of the Comorians in Zanzibar";* Dar es Salaam 1936, *The Tanganyika Standard.*

263- **SARKAR, H.**: *"Some Contributions of India to the Ancient Civilisation of Indonesia and Malaysia";* Kalkutta 1970.

264- **SAUVAGET**: ?; 1954.

265- **SCHÄFER, Albrecht**: "Sarimanok - Eine Seereise wie vor 2000 Jahren"; 1992 <?>, Frederking & Thaler.

266- **SCHMIDT, Wilhelm**: "Handbuch der Methode der kulturhistorischen Ethnologie"; Münster 1937.

267- **SCHOFF, W. H.**: ^ anonym: *"Periplus Maris Erythraei".*

268- **SCLATER, William Lutley:** *"The Mammals of South Africa";* Kapstadt, London, 1900.

269- **SEELEY**: *Lecture on Evolution delivered on October 19, 1877, in the Bloomsbury College for Men and Women.* (zitiert nach: BRYANT 1963, S.37)

270- **SHINNIE, Peter L.** (Hrg): ^ SUTTON, J. E. G.

271- **SIBREE, James:** "Madagaskar. Geographie, Naturgeschichte, Ethnographie der Insel, Sprache, Sitten und Gebräuche ihrer Bewohner"; Leipzig 1881.

272- SIBREE, James: - ; Antananarivo 1884 in: *The Antananarivo Annual and Madagascar Magazine,* 8, S.417.

273- SIBREE, James: ^ auch GRANDIDIER, Alfred 1888.

274- **SICK, Wolf-Dieter**: "Madagaskar: tropisches Entwicklungsland zwischen den Kontinenten"; Darmstadt 1979.

275- **SINOIR, Jean**: *"De la probabilité d'une colonisation phénècienne à Madagascar";* Antananarivo, Juli 1959 in: Bulletin de Madagascar, 158, S.559-581.

276- **SKELTON John**: ^ DIODORUS SICULUS.

277- **SMITH, Alfred**: *"From Zanzibar ti Nosibe";* Antananarivo 1883 in: *The Antananarivo Annual and Madagascar Magazine,* II, S.228-237.

278- **SMITH, Alfred**: *"Human History";* London 1930.

279- SMITH, Alfred: *Early Men";* London 1931.

280- **SNELGRAVE**: *"A New Account of Some Parts of Guinea and the Slave Trade";* London 1734.

281- **SOUTHALL, Aidan**: *"The Problem of Malagasy Origins";* 1975 in: ^ CHITTICK & ROTBERG ...

282- **STECHOW, E.**: "Kannte das Altertum die Insel Madagaskar?"; 1944 in: Petermanns Geographische Mitteilungen.

283- **STUHLMANN, F.**: ?; 1910.

284- **STRANDES, J.**: ?; (deutsch) 1899; englische Übersetzung von Wallwork, J.F., mit topographischen Anmerkungen von Kirkman, James S.: *"The Portuguese Period in East Africa";* Nairobi 1961.

285- **SUTTON, J. E. G.**: *"The Interior of East Africa";* in: SHINNIE, Peter L. (Hrg): *"The African Iron Age";* Oxford 1971, Clarendon Press, S.142-182.

286- **TASTEVIN, R. P. C.**: *"D'où viennent les Noirs Malgaches?";* 1941 in: *L'Ethnographie*, 39, S.19-32.

287- TASTEVIN, R. P. C.: *"Zimbabue";* 1943 in: *L'Ethnographie*, 41, S.72-83.

288- TASTEVIN, R. P. C.: *"Le Malgache, langue Africaine";* 1945 in: *L'Ethnographie*, XLIII, S.51-69.

289- TASTEVIN, R. P. C.: *"De l'africanité de quelques phonèmes auxiliaires considérés a tort comme préfixes en malgache";* 1947-1950 in: *L'Ethnographie*, 45, S.178-200.

290- TASTEVIN, R. P. C.: *"L'africanité des préfixes nominaux et verbaux du Malgache";* 1953 in: *L'Ethnographie*, S.62-98.

291- TASTEVIN, R. P. C.: *"De l'africanité des mots Malgaches dont le radical commence par la lettre A";* 1955 in: *L'Ethnographie*, 50, S.169-188..

292- **TAYLOR, Canon Isaac**: *"The origin of the Name Madagascar";* Antananarivo 1891 in: *The Antananarivo Annual and Madagascar Magazine*, 4, S.376.

293- **THEAL, George Mc Call**: *"Records of South-Eastern Africa";* (London,) Kapstadt 1901, sieben Bände.

294- **TOUSSAINT, Auguste**: *"Histoire de l'Océan Indien";* Paris 1961.

295- **TRIMINGHAM, S.**: *"Islam in East Africa";* London 1964.

296- TRIMINGHAM, S.: *"The Arab Geographers and the East African Coast";* 1975 in: CHITTICK & ROTBERG (siehe oben).

297- **VALETTE, Jean**: *"Quelques textes relatifs aux expéditions malgaches aux Comores";* September 1971 in: *Bulletin de Madagascar*, 304, S.761-764.

298- VALETTE, Jean: ^ auch RONDEAUX.

299- **VÉRIN, Pierre**: *"Au sujet de l'article de L.V. Thomas; Les populations africaines";* Antananarivo, Juli-August 1961 in: *Bulletin de Madagascar*, 254-255, S.618.

300- VÉRIN, Pierre: *"Les établissements islamiques sur les côtes de Madagascar";* 1970 in: *Sociétés et Compagnies de commerce en Orient et dans l'ocean Indien (Actes du huitième colloque international d'histoire marine, Beyrouth 1966)*, S.255-269.

301- VÉRIN, Pierre: *"Un conte antalaotse: Majomby, la ville disparu";* Antananarivo 1970 in: *Bulletin de Madagascar*, 293-294, S.856-858.

302- VÉRIN, Pierre: *"Les Echelles Anciennes du Commerce sur la côte Nord du Madagascar";* Paris 1972, *thèse*.

303- VÉRIN, Pierre: *"Les Echelles anciennes du commerce sur les côtes Nord de Madagascar";* Lille 1975, *Atelier de Reproduction des Thèses,* zwei Bände.

304- VÉRIN, Pierre: *"Austronesian Contributions to the Culture of Madagascar: Some Archeological Problems";* 1975 in: ^ CHITTICK & ROTBERG ...

305- VÉRIN, Pierre: *"Migration et contacts entre Madagascar et l'Outre-mer jusqu'au XVIII*[e] *siècle";* 1976 in: *Annuaire des Pays de l'Océan Indien*, III, S.73-81.

306- VÉRIN, Pierre: *"The African Element in Madagascar";* 1976 in: Azania, XI, S.135-151.

307- **VERNEAU, R.**: *"Note sur les caractères céphaliques des Bara";* 1923 in: *L'Anthropologie*, XXXIII, S.503-505.

308- **VIANÈS, Suzanne**: ^ DESCHAMPS, Hubert & ...

309- **VIENNE, Emil**: *"Notice sur Mayotte et les Comores";* Paris 1900, *Exposition universelle, Les Colonies Françcaises.*

310- **VILLARD, U. Monneret de**: *"Note sulle influenze asiatiche nell'Africa orientale";* Rom 1938 in: *Rivista degli studi orientali*, XVII, S.303-349.

311- **VILLIERS, A.**: *"The Western Ocean";* London 1957.

312- **VIRE, F.**: ^ HÉBERT, Jean-Claude & GUEUNIER; N.J. & ...

313- **WACHSMANN**: *"Musicology in Uganda";* 1953 in: *Journal of the Royal African Institute*, LXXXIII, 1, S.54-56<?>.

314- **WAINWRIGHT, G. B.**: *"The diffusion of '-uma' as a Name for Iron";* Kampala 1954 in: *Uganda Journal*, 18, S.113-136.

315- **WAITZ, Friedrich Theodor**: "Die Negervölker und ihre Verwandten"; Leipzig 1860.

316- WAITZ, Friedrich Theodor: "Anthropologie der Naturvölker"; Leipzig 1860, 2. Teil.

317- **WAKE, Staniland**: *"Chapters on Man";* London 1868.

318- WAKE, Staniland: *"On the Race Elements of the Malagasy";* London, 14. Dezember 1869 in: *Journal of the Anthropological Society.*

319- WAKE, Staniland: *"Notes on the Origin of the Malagasy";* London 1882 in: *Journal of the Royal Anthropological Institute*, 11, S.21-31.

320- **WALLACE, A. R.**: *"Malay Archipelago";* London 1902, Mac Millan.

321- **WANG Gungwu**: *"The Nanhai Trade";* 1958 in: *Journal of the Royal Asiatic Society, Malayan Branch*, XXXI.

322- **WESTERMANN, Diedrich**: "Die Geschichte Afrikas"; Köln 1952.

323- **WEULE, K.**: "Negerleben in Ostafrika"; Leipzig 1908.

324- **WILSON-HAFFENDEN, J.R.**: *"The Red Men of Nigeria";* London 1930 (,1961).

325- **WRIGHT, H.T.**: *"Early Communities on the Island of Mayotte and the Coasts of Madagascar";* 1979, Burg Wartenstein Symposium, Nr.83, *Wenner-Gren Foundation for Anthropological Research.*

326- WRIGHT, H.T.: *"Early towns on the Comoro Archipelago";* 1985.

327- **(al-YA'QÛBÎ) Ahmad ibn Abî Yak'qûb ibn Dja'far ibn Wahab ibn Wâdih**: (Reisebeschreibung von circa 875 oder 880 nach unserer Zeitrechnung); zitiert nach: ^ FERRAND 1913, S.47-52.

328- **YÂQÛT (ibn 'Abdallahar-Rûmî)**: (geographische Beschreibung); zwischen 1179 und 1229, zitiert nach: FERRAND 1913, S.201-233.

329-**ZOBOROWSKI**: *"Comments at the 800th Session of the Société d'Anthropologie de Paris (July, 18, 1907)";* Paris 1907 in: *Bulletin et Mémoires de la Société d'Anthropologie*, VII, 4, S.398-399, *following a brief report by administrator Sallè.*

330- **ZAWAWI, S. M.**: *"Loan Words and Their Effect on the Classification of Swahili Nominals";* Leiden 1979.

14.2. Bibliographie 2 (zu Teil 2)

331- **ABE, Y.**: *"Ancien mode de subsistance pratique sur les Hautes Terres centrales de Madagascar";* 1977 in: Asie du Sud-Est et Monde Insulindien 8, 3-4, S.79-98.

332- **ABINAL, F.G.P. & MALZAC, V.**: *"Dictionnaire malgache-français";* fünfte Auflage, Paris 1955, Éditions Maritimes & Coloniales.

333- **ACKER, Auguste van**: *"Dictionnaire Kitabwa - Français - Kitabwa";* Brüssel 1907.

334- **ADELAAR, K.A.**: *"Reconstruction of Proto-Batak phonology";* in: BLUST, Robert (Hrg): *"Historical Linguistics in Indonesia - part one";* Jakarta 1981, NUSA, 10, S.1-20.

335- **AKUKONKEDUA, Mafara**: *"Dicionário Cafre-Tetense-Português";* Coimbra 1900.

336- **ANGOT, A.M.**: *"Grammaire anjouanaise";* Antananarivo 1948 in: *Bulletin de l'Académie Malgache*, 27, S.89-123.

337- **ARAKIN, V.D.**: *"Maljgashskij yaazyk";* Moskau 1963.

338- **BARRAU, Jacques**: ^ CHOWNING, Ann.

339- **BENEDICT, Paul K.**: *"Thai, Kadai and Indonesian: A New Alignment in Southeastern Asia";* 1942 in: Amerian Anthropologist 44, S.576-601.

340- BENEDICT, Paul K.: *"Austro-Thai Language and Culture";* 1975, HRAF Press.

341- **BENTLEY, W. Holman**: *"Dictionary and Grammar of the Kongo Language as spoken at San Salvador, the Ancient Capital of the Old Kongo Empire";* London 1887.

342- **BERCHEM, Jörg**: "Sprachbeziehungen im Bereich des Kulturwortschatzes zwischen den Bantusprachen und dem Malagasy"; Hamburg 1989-'90 in: SUGIA - Sprache und Geschichte in Afrika, Band 10-11.

343- BERCHEM, Jörg: ^ auch SCHROEBLER, Julya & ...

344- **BIEHLER, S.J.**: *"A Shona Dictionary with an Outline Shona Grammar";* Kapstadt 1950.

345- **BITON, A.**: *"Dictionnaire Ndumu-Français, Français-Ndumu précédé d'éléments de grammaire";* Haut Ogowé (Gabun) 1907.

346- **BLAVIER, E.**: *"Dictionnaire - Woordenboek Lingala - Français - Néerlandais, Français - Lingala - Néerlandais, Naderlands- Lingala - Français";* Leopoldville 1958.

347- **BLOCK, M.**: *"Vocabulaire Français - Sakara et Sakara - Français";* Brüssel 1912.

348- **BLUST, Robert**: *"Some new Proto-Austronesian trisyllables";* 1969 in: Oceanic Linguistics 8, 2, S.85-104.

349- BLUST, Robert: *"Proto-Austronesian addenda";* 1970 in: Oceanic Linguistics 9, S.104-162.

350- BLUST, Robert: *"Prot-Oceanic addenda with cognates in non-Oceanic Austronesian languages";* Honolulu 1972[1] in: Working Papers in Linguistics 4, 1, S.1-43, *University of Hawai.*

351- BLUST, Robert: *"Additions to 'Proto-Austronesian addenda' and 'Proto-Oceanic addenda with cognates in non-Oceanic Austronesian languages";* Honolulu 1972[2] in: Working Papers in Linguistics 4, 8, S.1-17, *University of Hawai.*

352- BLUST, Robert: *"Additions to 'Proto-Austronesian addenda' and 'Proto-Oceanic addenda with cognates in non-Oceanic Austronesian languages";* Honolulu 1973 in: Working Papers in Linguistics 5, 3, S.33-61, *University of Hawai.*

353- BLUST, Robert: *"Austronesian Etymologies I";* 1980 in: Oceanic Linguistics 19, S.1-181.

354- BLUST, Robert: *"Austronesian Etymologies II";* 1983-'84 in: Oceanic Linguistics 22-23, S.29-149.

355- BLUST, Robert: *"Austronesian Etymologies III";* 1986 in: Oceanic Linguistics 25, S.1-123.

356- BLUST, Robert: *"Dempwolff's Contribution to Austronesian Linguistics";* 1988 in: Afrika und Übersee, Band 71, Heft 2, S.167-176.

357- **BOURQUIN, Walther**: "Neue Urbantu-Wortstämme nebst einem Beitrag zur Erforschung der Bantu-Wurzeln"; Berlin 1923, Dietrich Reimer Verlag.

358- BOURQUIN, Walther: "Weitere Urbantu-Wortstämme"; 1953 in: Afrika und Übersee 38, 1, S.27-48.

359- **BRANDSTETTER, Renward**: "Wurzel und Wort in den Indonesischen Sprachen"; Luzern 1910.

360- BRANDSTETTER, Reenward: "Gemeinindonesisch und Urindonesisch"; Luzern 1911.

361- **BRINCKER, P.H.**: "Deutscher Wortführer für die Bantudialekte Otjiherero, Oshindonga und Oshikuanjama"; Elberfeld 1897.

362- **BUTAYE, S.J.**: *"Dictionnaire Kikongo - Français, Français - Kikongo";* Paris 1913.

363- **BYNON, Theodora**: "Historische Linguistik - Eine Einführung"; München 1981, Beck'sche Elementarbücher.

364- **CALLET, F.**: *"Nouveau dictionnaire malgache - français (inashevé: A - ARI)";* Tananarive 1902-'04.

365- **CANNECATIM, Bernardo Maria de**: *"A Língua Bunda ou Angolese e dicionario abreviado da Língua Congueza";* Lissabon 1859.

366- **CASALIS, A.**: *"English - Sotho Vocabulary";* Morija (Basutoland) 1955.

367- **CHATELAIN, Heli**: "Bemerkungen über die Sammlung von Mbamba-Wörtern und über das Mbamba-Volk"; 1888-'89 in: ZAS 2, S.109-146.

368- **CHOWNING, Ann**: *"Proto-Melanesian Plant Names";* in: BARRAU, Jacques: *"Plants and the migrations of Pacific peoples: a symposium";* Honolulu 1963, *Bernice P. Bishop Museum Press.*

369- **CORT, de & GOETHEM, van & LIAUDET**: *"Vocabulaire Français - Ababua et Ababua - Français";* Brüssel 1912.

370- **COUPEZ, A.**: *"Esquisse de la langue Holoholo";* Tervuren 1955.

371- **COURBOIN, Albert**: *"Bangala - Langue commerciale du Haute-Congo";* Paris, Brüssel, Antwerpen 1908.

372- **CRAWSHAW**: *"A First Kafir Course";* Kapstadt, Johannesburg 1901.

373- **DAELEMAN, Jan**: *"KiHolu (notes provisoire)";* Heverlée 1961.

374- **DAHL, Edmund**: "Nyamwezi-Wörterbuch"; Hamburg 1915.

375- **DAHL, Otto Christian**: *"Malgache et Maanjan - une comparison linguistique";* Oslo 1951, Egede-Institut.

376- DAHL, Otto Christian: *"Proto-Austronesian";* London 1973, 1976, *Scandinavian Institute of Asian Studies Monograph Series*, 15.

377- **DAHLE, E.**: "Termini technici der Rinderzuchttreibenden Watusi in Deutsch-Ost-Afrika"; 1907 in: Mitteilungen des Seminars für Orientalische Sprachen X, S.84-89.

378- **DAVIS, M.B.**: *"A Lunyoro - Lunyankolo - English and English - Lunyoro - Lunyankole Dictionary";* Kampala 1952.

379- **DECARY, R.**: *"Lexique français - antandroy";* Tananarive 1928, Mémoires de l'Academie Malgache, VIII.

380- **DEMPWOLFF, Otto**: "Beiträge zur Kenntnis der Sprachen in Deutsch-Ostafrika (Buwe, Irangi)"; 1915-'16 in: Z.F.K. 6, S.1-27 & S.102-123.

381- DEMPWOLFF, Otto: "Beiträge zur Kenntnis der Sprachen in Deutsch-Ostafrika"; 1916-'17 in: Z.f.K. 7, S.134-160 & S.167-192, S.309-325.

382- DEMPWOLFF, Otto: "Die Sandawe, linguistisches und ethnographisches Material aus Deutsch-Ostafrika"; Hamburg 1916.

383- DEMPWOLFF, Otto: "Die L-, R- und D-Laute in austronesischen Sprachen"; 1924-'25 in: Zeitschrift für Eingeborenen-Sprachen 15, S.19-50, S.116-138, S.223-238, S.273-319.

384- DEMPWOLFF, Otto: "Vergleichende Lautlehre des austronesischen Wortschatzes"; Berlin 1937, drei Bände.

385- **DEROUET, Jean**: *"Dictionnaire Français - Fiote Dialecte Kivili";* Loango 1896.

386- **DESCHAMPS, Hubert**: *"Le Dialecte Antaisaka (Langue Magache)";* Tananarive 1936, Thèse complementaire pour le Doctorat èsLettres, présentée à la Faculté de Lettres de Paris.

387- **DINKELACKER, E.**: "Wörterbuch der Dualasprache"; Hamburg 1914.

388- **DOKE, Clement M.**: *"English - Lamba Vocabulary";* Johannesburg 1933.

389- DOKE, Clement M.: *"Report on the Unification of the Shona Dialects";* Hertford (England) 1931.

390- **DOKE, Clement M. & MALCOLM, D. McK. & SIKAKANA, J.M.A.**: *"English - Zulu Dictionary";* Johannesburg 1958.

391- **DORSCH, H.**: "Vokabularium der Nkosi-Sprache"; 1912 in: ZKS 2, S.161-193 & S.324-330 und 3, S.34-62.

392- DORSCH, H.: "Grammatik der Nkosi-Sprache mit einer das Nkosi mit Duale vergleichenden Einleitung"; 1911 in: ZKS 1, 4, S.241-283.

393- **DUBOIS, R.P.H.**: *"Essai de dictionnaire betsileo, première partie: A-L";* Tananarive 1917.

394- DUBOIS, R.P.H.: *"Essai de dictionnaire betsileo, deuxième partie: M-Z";* Tananarive (1917 <?>).

395- **DUPONT, M.**: *"Français - Amadi et Amadi - Français";* Brüssel 1912.

396- **ECHOLS, John M. & SHADILY, Hassan**: *"An Indonesian - English Dictionary";* USA 1963, *Cornell University Press.*

397- **EDMISTON, Althea Brown**: *"Grammar and Dictionary of the Bushonga or Bukuba Language as spoken by the Bushonga or Bukuba Tribe who dwell in the Upper Kasai District, Belgian Congo, Central Africa";* etwa 1940, *prepared for the American Presbyterian Congo Mission.*

398- **EHRET, Christopher & POSNANSKY, Merrick**: *"The Archeological and Linguistic Reconstruction of African History";* Berkeley, Los Angeles, London 1982.

399- **ELLIOTT**: ^ HEEPE 1926.

400- **FANONY, F. & GUEUNIER, N.J.**: *"Vocabulaire antakay (ou bezanozano) d'après l'oeuvre de J. Ndema";* 1974 in: Asie du Sud-Est et Monde Insulindien, 5, 3, S.122-137.

401- **FARIDANONANA**: *"Ratimbolaña - Diksionera tsimihety";* Antananarivo 1977, *Akademia Malagasy.*(39)

402- **FERNANDEZ, Galilea Leonicio**: *"Diccionario Español - Kômbé";* Madrid 1951.

403- **FORTES, M.**: *"Culture Contact as a Dynamic Process";* Oxford 1938, 1959, ^ *International African Institute, memorandum XV*, S.60-91; als Nachdruck aus: Africa, VII, VIII und IX.

404- **FORTUNE, G.**: *"The Contribution of Linguistics to Ethnohistory";* September 1966, *Leverhulme History Conference "Historians in Tropical Africa", University College of Rhodesia and Nyassaland 1962.*

405- **FERRAND, Gabriel M.**: *"L'élément arabe et souahili en malgache ancien et moderne";* Paris 1903 in: Journal Asiatique 2, Imprimerie Nationale, S.451-485.

406- FERRAND, Gabriel M.: *"Dictionnaire de la langue de Madagascar d'apris l'edition de 1658 et l'histoire de la grande Isle Madagascar de 1661";* Paris 1905.

407- **FLACOURT**: *"Dictionnaire de langue de Madagascar";* Paris 1658.

408- **FREEMAN, J.J. & JOHNS, D.**: *"A Dictionary of the Malagasy Language - in two parts: I. English and Malagasy, II. Malagasy sy English";* Tananarive 1835.

409- **FROBERVILLE, Barthélemy Huet de**: *"Dictionnaire français et madécasse";* drei Bände, Port Louis 1816.

410- **GALLEY, S.**: *"Dictionnaire Fang - Français, Français - Fang";* Neuchâtel 1964.

411- **GERSTNER, Jacob**: *"A Preliminary Check List of Zulu Names of Plants";* 1938 in: BS 12, S.215-236 & S.319-342.

412- **GEVREY, A.**: *"Essai sur les Comores";* Pondichéry 1870, A. Saligny, Nachdrucke: Antananarivo 1972, 1980, *Musée d'Art et d'Archéologie.*(45)

413- **GOETHEM, van**: ^ CORT, de & LIAUDET & ...

414- **GUARISMA, Gladys**: *"Étude Bafia";* Paris 1969.

415- **GUENNEC, Grégoire & VALENTE, José Francisco**: *"Dicionário Português - Umbundu";* Luanda 1972.

416- **GUEUNIER, Noël Jacques**: *"Contes de la côte ouest de Madagascar";* Paris (ohne Jahr), *Karthala* und Antananarivo, *Ambozontany*.

417- GUEUNIER, Noël Jacques: *"Si mimi mwongo watu wa zamani (Ce n'est pas moi qui mens, ce sont les gens d'autrefois) - Contes en dialecte swahili du village de Marodoka (Nosy Be, Madagascar)";* Zanzibar 1980, *East African Center for Research on Oral Tradition and African National Languages* und Antananarivo, *Imprimerie Nationale, Dépôt légal (Avril 2e trimestre 1980).*

418- GUEUNIER, Noël Jacques: *"Les poèmes de Maulidi Manganja - Poèmes swahilis recueillis à Nosy Be";* 1983 in: *Bulletin des Études Africaines,* III, 6, S.7-76.

419- GUEUNIER, Noël Jacques: *"La Tradition du conte de langue malgache à Mayotte (Comores)";* Paris-7 1985 *(Thèse, Lettres);* Band 1: *Corpus principal. Contes en dialecte malgache de Mayotte",* 1717 S.; Band 2: *"Corpus de comparaison. Contes de la côte ouest de Madagascar. Contes de langue comorienne de Mayotte",* 753 S.; Band 3: *"Lexique du dialecte de Mayotte",* 334 S.; Band 4: *"Etude",* 1379 S.

420- GUEUNIER, Noël Jacques: *"Lexique du dialecte malgache de Mayotte (Comores)";* Paris 1986, *Études Océan Indien, 7, numéro spécial.*(30)

421- GUEUNIER, Noël Jacques: *"L'Arche de Noé dans l'Océan Indien. Quelques contes malgaches et comoriens sur l'origine de la navigation";* 1987 in: *Communication au Colloque International d'Histoire Malgache* (Antsiranana, 27.7.-1.8.1987), 33 S.

422- GUEUNIER, Noël Jacques & SIBERTIN-BLANC, J.-L.: *"Le monstre dévorant. Un conte malgache en dialecte sakalava et un conte comorien en dialecte shimaore";* 1987 in: *Etudes Océan Indien,* 8, S.21-56.

423- GUEUNIER, Noël Jacques: *"Boutres et goélettes. La technologie de la navigation traditonelle sur la côte ouest de Madagascar";* Antananarivo 1987 in: *Omaly si Anio (, Université de Madagascar),* 25-26 *(Actes du cinqième colloque international d'Histoire Malgache - "Histoire et Civilisation du Nord malgache", Antsiranana 27.7.-1.8.1987),* S.135-165.

424- GUEUNIER, N.J.: *"Contes de la côte ouest de Madagascar";* Antananarivo, Paris (1991<?>).

425- **GUEUNIER, N.J.**: ^ auch FANONY, F. & ...

426- **GUSIMANA, Barthelemey**: *"Dictionnaire Pende - Français";* Bandundu 1972.

427- **GUTHRIE, Malcolm**: *"Grammaire et Dictionnaire de Lingala, la langue universelle actuellement parlée sur la partie centrale du fleuve Congo";* London 1939.

428- GUTHRIE, Malcolm: *"The Classification of the Bantu Languages";* London 1948.

429- GUTHRIE, Malcolm: *"Notes on Nzebi (Gabon)";* 1968 in: Journal of African Linguistics 7, S.101-129.

430- GUTHRIE, Malcolm: *"Comparative Bantu";* vier Bände, London 1967 (I), 1971 (II), 1970 (III), 1970 (IV).

431- **HÄFLINGER, Johannes**: "Kimatengo-Wörterbuch"; 1909 in: MSOS 12, S.131-214.

432- **HAGEN, Günther, Thronje von**: "Lehrbuch der Bulu-Sprache"; Berlin 1940.

433- **HAMEL, L.**: *"English - Southern Sesotho Dictionary";* Mazenod (Lesotho) 1965.

434- **HARRIES, J.**: *"Nyali, a Bantoid Language";* 1959 in: K.-O. 25, S.174-205.

435- **HEDBORG, M.**: *"Vocabulaire Français - Mabinza et Mabinza - Français";* Brüssel 1912.

436- **HEEPE, M.**: "Die Komorendialekte Ngazidja, Nzwani und Mwali"; Hamburg 1920, Abhandlungen des Hamburgischen Kolonialinstituts, Band 13, Reihe B.: Völkerkunde, Kulturgeschichte und Sprachen.

437- HEEPE, M.: "Darstellung einer Bantusprache (Nzwani) aus den Jahren 1821-'22 von Elliott - Nach einer Handschrift der Grey Library in Kapstadt"; Berlin 1926 in: Mitteilungen des Seminars für orientalische Sprachen 29, S.191-232.

438- HEEPE, M.: "Jaunde-Wörterbuch"; Hamburg 1926.

439- **HELMLINGER, Paul**: *"Dictionnaire Duala - Français suivi d'un Lexique Français - Duala";* Paris 1972.

440- **HERMANN**: "Lusiba, die Sprache der Länder Kisiba, Bugabu; Kjamtwara und Ihangiro"; 1904 in: Mitteilungen des Seminars für orientalische Sprachen 7, S.150-200.

441- **HILDEBRANDT, J.M.**: "Fragmente der Johanna-Sprache"; Berlin 1876[1] in: Zeitschrift für Ethnologie, Band 8, S.89-96.

442- HILDEBRANDT, J.M.: "Naturhistorische Skizze der Comoro-Insel Johanna, Reisebericht"; Berlin 1876[2] in: Zeitschrift der Gesellschaft für Erdkunde zu Berlin, Band 11, S.37-52.

443- HILDEBRANDT, J.M.: "West-Madagaskar - Reisebilder"; Berlin 1880 in: Zeitschrift der Gesellschaft für Erdkunde zu Berlin, Band 15, Heft 2, Nr.86, S.81-131.

444- **HILGERS-HESSE, Irene**: ^ KAROW, Otto & ...

445- **HOCH, E.**: *"Bemba Pocket Dictionary, Bemba - English and English Bemba";* Lusaka 1974.

446- **HOFMEISTER, J.**: "Wörterverzeichnis der Wute-Sprache"; Hamburg 1919.

447- **HOUTMAN van Gouda, Frederick de**: *"Spraak ende woordboek inde maleische ende madagaskarsche talen, met vele arabische en turksche woorden";* Amsterdam 1603, 1687, 1703 und Batavia 1707, Collectanea malaica vocabularia.

448- **HULSTAERT, G.**: *"Sur le parler Doko";* 1961 in: Aeq. 24, S.121-135.

449- **HUNTINGFORD, G.W.B.**: *"The Orusyan Language of Uganda";* 1965 in: JAL 4, 3, S.145-169.

450- **HUREL, Eugène**: *"Dictionnaire Français - Runyarwanda et Runyarwanda - Français";* Kabgayi (Rwanda) 1926.

451- ***International African Institute***: *"Methods of Study of Cullture Contact in Africa";* Oxford 1938, 1959, *Oxford University Press, memorandum XV* als Nachdruck aus: Africa, VII, VIII und IX.

452- **IRLE, J.**: "Deutsch - Herero Wörterbuch"; Hamburg 1917.

453- **JACOTTET, E.**: *"A Practical Method to learn Sesutho";* Morija 1928.

454- **JENNIGES, Em.**: *"Dictionnaire Français - Kituba";* Brüssel 1909.

455- **JOHNSON, Frederick**: *"A Standard English - Swahili Dictionary";* Nairobi, Dar es Salaam (1939-)1981, Oxford University Press.

456- JOHNSON, Frederick: *"A Standard Swahili - English Dictionary";* Nairobi, Dar es Salaam (1939-)1981, Oxford University Press.

457- **JOHNSTON, Harry H.**: *"A Comparative Study of the Bantu and Semi-Bantu Languages";* Oxford 1922, The Clarendon Press, zwei Bände.

458- **JUNOD, Henri**: *"Grammaire Ronga suivie d'un manuel de conversation et d'un vocabulaire ronga - portugais - français - anglais";* Lausanne 1896.

459- JUNOD, Henri-A.: *"Elementary Grammar of the Thonga - Shangaan Language";* Lausanne 1909.

460- **KAHLO & SIMON-BÄRWINKEL**: "Wörterbuch Deutsch - Indonesisch".

461- **KAROW, Otto & HILGERS-HESSE, Irene**: "Indonesisch - Deutsches Wörterbuch"; Wiesbaden 1978.

462- **KNAPPERT, Jan**: *"Four Centuries of Swahili Verse";* 1988.

463- **KOELLE, Sigismund Wilhelm**: "Polyglotta Africana - *A Comparative Vocabulary of nearly Three Hundred Words and Phrases in more than One Hundred Distinct African Languages";* London 1854 und Graz 1963.

464- **KÖHLER, Oswin**: "Verzeichnis der Urbantu-Wortstämme"; Berlin 1946.

465- **KOLBE, F.W.**: *"An English - Herero Dictionary with an Introduction to the Study of Herero and Bantu in General";* Kapstadt 1883.

466- **KORNEEV, Lev A. & RAKOTOSON, Frederik**: *"Mal'gas^{v}sko-russkij slovarj / Malagasy - Rosiana";* Moskau 1966.

467- KORNEEV, Lev A.: *"Russko-malagasijskij slovarj";* Moskau 1970.

468- **KRAHL, Günther**: "Wörterbuch Deutsch - Arabisch"; Leipzig 1988.

469- **KRAPF, J.L.**: *"Vocabulary of Six East-African Languages (Kisuaheli, Kinika, Kikamba, Kipokomo, Kihiau, Kigalla)";* Tübingen 1850.

470- **LAFON, Michel**: *"Lexique Français - Comorien (shingazidja)";* Paris 1991.(50)

471- **LAMAN, K.E.**: *"Dictionnaire kikongo - français, avec une étude phonétique décrivant les dialectes les plus importants";* Brüssel 1936 und Ridgewood (New Jersey) 1964, Gregg Press.

472- **LEHMANN, Winfried P.**: *Workbook for Historical Linguistics";* 1984, *Summer Institute of Linguistics and the University of Texas at Arlington.*

473- **LEJEUNE, R.P.**: *"Dictionnaire Français - Fang";* Paris 1892.

474- ***Lexique des Dialectes du Nord;*** Madagaskar o.J.

475- **LIAUDET**: ^ CORT, de & GOETHEM, van & ...

476- **LIVINGSTONE, David**: *"A Dictionary of the Sichuana Language";* Manuskript.

477- **LUKAS, Johannes**: "Zentralsudanische Studien"; Hamburg 1937.

478- **MADAN, A.C.**: *"Wisa Handbook";* Oxford 1906.

479- MADAN, A.C.: *"Lenje Handbook - A Short Introduction to the Lenje Dialect spoken in North-Western Rhodesia";* Oxford 1908.

480- **MADDOX, H.E.**: *"An Elementary Lunyoro Grammar";* London 1958.

481- **MAHDI, Waruno**: "Morphophonologische Besonderheiten und historische Phonologie des Malagasy"; Berlin 1988.

482- **MAIR, L.P.**: *"The Place of History in the Study of Culture Contact";* Oxford 1938, 1959, ^ *International African Institute, memorandum XV*, S.1-8; als Nachdruck aus: Africa, VII, VIII und IX.

483- **MALCOLM, D. McK.**: ^ DOKE, Clement M. & ...

484- **MALINOWSKI, B.**: *"Methods of Study of Culture Contact in Africa";* Oxford 1938, 1959, ^ *International African Institute, memorandum XV* als Nachdruck aus: Africa, VII, VIII und IX.

485- MALINOWSKI, B.: *"The Anthropology of Changing African Cultures (Introductory Essay)";* Oxford 1938, 1959, ^ *International African Institute, memorandum XV*, S.VII-XXXVIII; als Nachdruck aus: Africa, VII, VIII und IX.

486- **MALZAC, V.**: ^ ABINAL, F.G.P. & ...

487- **MANN, W.M.**: ^ RICHARDSON, I. & ...

488- **MELLO MACHADO, A. J. de**: *"Entre os Macuas de Angoche - Historiando Moçambique";* Lissabon 1970, Prelo.

489- **MAMET, M.**: *"La Langue Ntomba telle qu'elle est parlé au Lac Tumba et dans la région avoisinante";* Tervuren 1955.

490- **MANN, W.M.**: ^ RICHARDSON, I. & ...

491- **MARTROUX**: *"Lexique Fôn - Français";* Paris.

492- **MAUNY, Raymond**: *"Notes historiques autour des principales plantes cultivées d'Afrique Occidentale";* 1953 in: IFAN B 15,2, S.684-731.

493- **MEEL, Jan**: *"Verspreiding en verscheidenheid van de xylofoon in Afrika";* 1980 in: Afrika-Tervuren 26, 3, S.79-83.

494- **MEEUSSEN, A.E.**: *"Esquisse de la langue Ombo (Maniena, Congo Belge)";* Tervuren 1952.

495- **MEEUSSEN, A.E.**: *"Linguistische Schets van het Bangubangu";* Tervuren 1954.

496- **MEILLET, A.**: *"Vocabulaire Français - Ifumu (Bateke), Congo Français";* Paris 1911.

497- **MEINHOF, Carl**: "Grundri einer Lautlehre der Bantusprachen"; Leipzig 1899.

498- MEINHOF, Carl & WARMELO, N.J. van: *"Introduction to the Phonology of the Bantu Languages";* Berlin 1932.

499- ***Missionários da Companhia de Jesus***: *"Dicionário Português - Chinyanja";* Lissabon 1964.

500- ***Missionaires de la Congrégation du Saint Esprit et du Saint-Chur de Marie***: *"Dictionnaire Français - Fiote, Dialecte du Kakongo";* Paris 1890.

501- ***Missioneros Hijos des Inmaculado Corazón de María***: *"Diccionario Manual Español - Pamue et Pamue - Español";* Madrid 1926, zweite Auflage.

502- **MÖHLIG, Wilhelm, J.G.**: "Vokalbular Dciriku - Deutsch - Französisch"; Nyangana, Kavangoland 1965.

503- MÖHLIG, W.J.G. & PHILIPPSON & ROMBI, M.-Fr. & WINTER, J.C.: *"Classification dialectométrique de quelques parlers swahilis (swahili du nord et swahili comorien)";* Paris 1980 in: GUARISMA, Gl. & PLATIEL, S. (Hrg.): *"Dialectologie et comparatisme en Afrique Noire";* S.207-304.

504- MÖHLIG, W.J.G.: "Lehnwortforschung und Ethnohistorie"; 1980 in: Paideuma 26, S.7-20.

505- MÖHLIG, W.J.G.: *"Stratification in the History of the Bantu Languages";* 1981 in: Sprache und Geschichte in Afrika 3, S.251-316.

506- **MULOIWA, T. W. & WENTZEL, J.**: *"Drietalige Elementêre Wordeboek Venda - Afrikaans - Englisch";* Pretoria 1976.

507- **NEKES, Hermann**: "Die Sprache der Jaunde in Kamerun"; Berlin 1913.

508- **NICOLAS, F.J.**: *"Origine et valeur du vocabulaire désignant les xylophones africaines";* Januar 1957 in: Zaïre 2,1.

509- **NURSE, Derek & SPEAR, Thomas**: *"The Swahili";* Philadelphia 1985, University of Pennsylvania Press.

510- ***OMIMEE:*** *"OMIMEE's English - Somali Dictionary: Qaamuuska Af-Ingiriis - Af-Soomaali";* Köln 1993.

511- **OVERDULVE, C.M.**: *"Apprendre la langue rwanda";* Den Haag, Paris 1975.

512- **PELLING, J.N.**: *"A Practical Ndebele Dictionary";* Bulawayo (Rhodesia) 1971.

513- **PERSSON, J.A.**: *"An English - Tswa Dictionary";* 1928, Inhambane Missionary Press.

514- **PICK, Vittorio Merlo**: *"Vocablario Swahili - Italiano e Italiano - Swahili";* Turin 1964.

515- **POSNANSKY, Merrick**: ^ EHRET, Christopher & ...

516- **PRICE, Thomas**: *"A Short English - Nyanja Vocabulary";* Lusaka 1970.

517- **PRATA, A. Pires**: *"Dicionário português-macua";* Cucujaes o.J., *Ediçao da Sociedade Missionária Portuguesa.*

518- **RAJEMISA-RAOLISON, Régis**: *"Grammaire malgache";* Fianarantsoa 1969.

519- **RAKOTOSON, Frederik**: ^ KORNEEV, Lev A. & ...

520- **RANGER, A.S.B.**: *"Chisenga Handbook - A Manual of the Nsenga Language spoken in the Protectorate of Nothern Rhodesia";* London 1928.

521- **REBMANN, John**: *"Dictionary of the Kiniassa Language";* St. Chrischona (Schweiz) 1887.

522- **REHSE, Hermann**: "Die Sprache der Baziba in Deutsch-Ostafrika"; in: Zeitschrift für Kolonialsprachen 3, S. 1-33, S. 81-123, S. 201-229.

523- REHSE, Hermann: "Wörtersammlung der Ruziba"; Hamburg 1915.

524- REHSE, Hermann: "Die Priestersprache und die Frauensprache der Bazinza"; 1915-'16 in: Z.f.K. 6, S.244-250.

525- **RICHARDSON, I. & MANN, W.M.**: *"A Vocabulary of Sukuma";* 1966 in: African Language Studies VII, S. 1-79.

526- **RICHARDSON, J.**: *"A New Malagasy - English Dictionary";* Antananarivo 1885, The London Missionary Society und Farnborough 1967, Gregg Press.

527- RICHARDSON, J.: *"Drury's 'Vocabulary of the Madagascar Language,' with Notes";* Antananarivo 1885 in: *The Antananarivo Annual and Madagascar Magazine,* S.102-111.

528- **ROBERTS, Charles**: *"An English - Zulu Dictionary";* London 1956.

529- **RODEGEM, F.M.**: *"Dictionnaire Rundi - Français";* Tervuren 1970.

530- **ROLLAND, Dom Hadelin**: *"Vocabulaire Français - Kisanga";* Saint André les Bruges 1938.

531- **ROSENHUBER, P.S.**: "Die Basa-Sprache"; 1908 in: MSOS 11, S.219-306.

532- **SACHS, Curt**: *"Les instruments de Musique de Madagascar";* Paris 1938, *Institut d'Ethnologie.*

533- **SACLEUX, Ch.**: *"Dictionnaire Français - Swahili; tome 1: A-L";* Paris 1939, Université de Paris, Travaux et Mémoires de l'Institut d'Ethnologie XXXVI.

534- SACLEUX, Ch.: *"Dictionnaire Français - Swahili; tome 2: M-Z";* Paris 1941, Université de Paris, Travaux et Mémoires de l'Institut d'Ethnologie XXXVII.

535- **SAMAIN, A.**: *"La Langue Kisonge: Grammaire, Vocabulaire, Proverbes";* Brüssel.

536- **SAMARIN, William J.**: *"A Two Way Dictionary of Bangala and English";* Toronto 1975.

537- **SANDERSON, Meredith**: *"A Yao Grammar";* London 1922.

538- **SCHATTEBURG, H.Fr.**: "Sprachschatz der Umbundu, der Eingeborenen Hauptverkehrssprache in Portugiesisch Angola, Westafrika"; München-Freising 1931<?>.

539- **SCHMIDT, Wilhelm**: "Die Mon-Khmer-Völker, ein Bindeglied zwischen Völkern Zentralasiens und Austronesiens"; 1906 in: Archiv für Anthropologie 5, 33, S.59-109.

540- **SCHOMERUS-GERNBÖCK, Lotte**: "Sprachaufnahmen bei den Mahafaly - eine dringende Forschungsaufgabe in Madagaskar"; 1970 in: Bulletin of the International Committee on Urgent Anthropological and Ethnological Research 12, S.95-117.

541- SCHOMERUS-GERNBÖCK, Lotte: "Die Mahafaly - Eine ethnische Gruppe im Südwesten Madagaskars"; Berlin 1981, Dietrich Reimer Verlag.

542- **SCHROEBLER, Julya & BERCHEM, Jörg**: *"Mimea ya Afrika Mashariki - The Plants of East Africa* - Die Pflanzen Ostafrikas", Teil 2: *"Kamusi ya majina ya mimea - The Vernacular Names of Swahili* - Die Vernakulärnamen des Swahili"; Köln 1992.

543- **SCHÜRLE, Georg**: "Die Sprache der Basa in Kamerun"; Hamburg 1912.

544- **SCHUHMANN, C.**: "Grundriß einer Grammatik der Konde-Sprache"; 1899 in: Mitteilungen des Seminars für Orientalische Sprachen 1.

545- **SCHULER, Eugen**: "Die Sprache der Bakwiri"; 1908 in: Mitteilungen des Seminars für Orientalische Sprachen 11, S.174-218.

546- **SEIDEL, A.**: "Praktische Grammatiken der Hauptsprachen DeutschSüdwest-Afrikas: I. Nama, II. Otyiherero, III. Oshidonga"; Wien, Leipzig.

547- SEIDEL, A.: "Beiträge zur Kenntnis des ki-Kami in DeutschOstafrika"; 1896 in: ZAOS 2, S. 3-32.

548- **SHADILY, Hassan**: ^ ECHOLS, John M. & ...

549- **SIBREE, James**: *"The Great African island - Chapters on Madagascar";* London 1880.

550- SIBREE, James: *"The Dialects of the Malagasy Language, Illustrated by Lists of 158 Common Words from 24 Different Localities";* 1897-1898 in: Antananarivo Annual (1897), S.105-115, (1898), S.208-214.

551- **SIKAKANA, J.M.A.**: ^ DOKE, Clement M. & ...

552- **SILVA MAIA, Antonio da**: *"Guia para a Aprendizagem das Linguas Portuguesa e Omumbuim";* Luanda 1951.

553- SILVA MAIA, Antonio da: *"Dicionário complementar português - Kimbundu - Kikongo";* Cucujares 1964.

554- **SIMON-BÄRWINKEL**: ^ KAHLO ...

555- **SKOLASTER, Herman**: "Die Ngumba-Sprache"; 1910 in: "MSOS 13, S. 73-133.

556- SKOLASTER, Herman: "Die musikalischen Töne in der Basa-Sprache"; 1914 in: Anthropos 9, S. 740-759.

557- **SMITH, Christo Abertyn**: *"Common Names of South African Plants";* Pretoria 1963-'64.

558- **SMITH, Edwin W.**: *"A Handbook of the Ila Language (commonly called Seshukulumbwe), Northwest-Rhodesia, Southern Central Africa";* London, New York, Toronto 1907.

559- **SNOXALL, R.A.**: *"Word Importation into Bantu Languages with Particular Reference to Ganda";* 1938 in: The Uganda Journal 5.

560- **SPEAR, Thomas**: ^ NURSE, Derek & ...

561- **SPELLENBERG, Friedrich**: "Die Sprache der Bo oder Bankon in Kamerun"; Berlin 1922.

562- **SPISS, Cassian**: "Kihehe-Wörtersammlung: Kihehe - Deutsch und Deutsch - Kihehe"; 1900 in Mitteilungen des Seminars für Orientalische Sprachen 3, S.114-190.

563- SPISS, Cassian: "Kingoni und Kisutu"; 1904 in: Mitteilungen des Seminars für Orientalische Sprachen 7, S.270-414.

564- **STAPELTON, Walter H.**: *"Proposition pour une Grammaire du Bangala et d'un vocabulaire Français - Bangala - Swahili";* Yakusu 1910.

565- **STAPPERS, Leo**: *"Schets van het Budja";* 1955 in: K.-O. 21, S.97-143.

566- **STRUCK, B.**: "Über die Sprachen der Tatoga und Iraku-Leute"; Berlin 1911.

567- **STUHLMANN, F.**: "Wortlisten einiger afrikanischer Stämme"; 1917 in: Z.f.K. 7, S.257-308.

568- **SWIFT, L.B. & ZOLA, E.W.A.**: *"Kituba Basic Course";* Washington 1963.

569- **TAYLOR, A.**: *"A Simplified Runyankore-Rukiga - English and English - Runyankore-Rukiga Dictionary";* Nairobi, Kampala, Dar es Salaam 1959.

570- **TORREND, Jules**: *"La liste complètes des noms de la langue Nyungwe (Zambèze)";* 1914 in: Anthropos 9, S.781-800.

571- TORREND, Jules: *"An English - Vernacular Dictionary of the Bantu-Botatwe Dialects of Nothern Rhodesia";* Westmead, Farmborough (England) 1957.

572- **TOWEETT, Taaitta**: *"Kalenjin Nouns and their Classification";* Nairobi 1975.

573- **TURVEY, B. H. C.**: *"English - Kwanyama Dictionary";* Johannesburg 1954.

574- **VALENTE, José Francisco**: ^ GUENNEC, Grégoire & ...

575- **VANSINA, J.**: *"Esquisse de Grammaire Bushong";* Tervuren 1959, Annales du Musée Royal du Congo Belge, *Sciences de l'Homme, Linguistiue, Volume 23.*

576- **VELTEN, Carl**: "Die Sprache der Wahehe"; 1899 in: MSOS 1, S.164-241.

577- VELTEN, Carl: "Kikami, die Sprache der Wakami in Deutsch-Ostafrika"; 1900 in: MSOS, S.1-56.

578- VELTEN, Carl: "Swahili-Wörterbuch, II. Teil: Deutsch - Swahili"; Magliaso 1933.

579- **VERGUIN, J.**: *"Deux systèmes de vocabulaire parallèle a Madagascar";* 1957 in: Word 13, S.153-156.

580- **WARMELO, N. J. van**: *"Tshivenda - English Dictionary";* Pretoria 1937, *Ethnological Publications.*

581- WARMELO, N.J. van: ^ auch MEINHOF, Carl & ...

582- **WARNECK, Joh.**: "Toba-Batak - Deutsches Wörterbuch"; Batavia 1906, Den Haag 1977.

583- **WEBBER, J.**: *"Dictionnaire malgache - français, rédigé selon l'ordre des racines, par les missionaires catholiques de Madagascar, et adapté aux dialectes de toutes les provinces ...";* Ile Bourbon 1853.(35)

584- WEBBER, J.: *"Dictionnaire français-malgache et dictionnaire malgache-français";* zwei Bände, Ile Bourbon 1855.

585- **WENTZEL, J.**: ^ MULOIWA, T.W. & ...

586- **WHITEHEAD, John**: *"Grammar and Dictionary of the Bobangi Language (as spoken over a part of the upper Congo, West Central Africa)";* London 1899.

587- **WILLEMS, Em.**: *"Le Tschiluba du kasayi pour débutants";* Luluabourg 1955.

588- **WILSON, B.**: ^ WURM, S.A. & ...

589- **WOODS, Broughall R. E.**: *"A Short Introduction of the Kaunde Language";* London 1924.

590- **WOLFF, R.**: "Grammatik der Kinga-Sprache (Deutsch-Ostafrika, Nyassaseegebiet)"; Berlin 1905.

591- **WORMS, A.**: "Wörterverzeichnis der Sprache von Uzaramo"; 1898 in: ZAOS 4, S.339-365.

592- **WURM, S.A. & WILSON, B.**: *"English finderlist of reconstructions in Austronesian languages (post-Brandstetter)";* Canberra 1975 in: Pacific Linguistics C33, Australian National University.

593- **WÜRTZ, Fer.**: "Kipokomo-Wörterverzeichnis"; 1889-'90 in: ZAS 3, S.61-81.

594- ***Zambezi Mission***: *"English - Cinyanja Dictionary";* Mitsichi, Blantyre.

595- **ZAWAWI, Sharifa M.**: *"Loan Words and Their Effect on the Classification of Swahili Nominals";* Leiden 1979.

596- **ZOLA, E.W.A.**: ^ SWIFT, L.B. & ...

Anhang

Auswahl von Interviews [1] mit Swahilisprechern auf Madagaskar

Interview (1):

Gesprächsaufzeichnung aus Maruduka auf Nosi Be [2] (Nordwest-Madagaskar).

alter Mann [3]: *Watu wa Unguja walifanya biashara na Bukini. Kama Waswahili wengine waliofanya biashara na bara ya Afrika na kusini, lakini ambao hawakufika hapa. Ni watu wa Unguja tu ambao walifika Ngazija na visiwa vingine, hapa na Bukini. Unjuga kulikuwa na utajiri sana. Vitu vyote vya visiwa na bara nyingine walileta kule, halafu walivipeleka dunia yote. Na kutoka nchi zote mbali walipeleka vitu, hapa tena. Zamani watu wa hapa walikuwa na kila kitu. Siyo kama leo, leo ni taabu °...*

Lakini wakati wa babu ya wazazi wa babu ... babu ya wazazi wa babu ... kila kitu waliuza hapa.

Jörg Berchem: *Wote walikuwa wafanyabiashara, wengine wavuvi na wakulima?!*

a.M.: *Zamani wakuwa wabiashara tupu. Hawaendi kuvua samaki.*

J.B.: *Lakini walilima mashamba, au siyo?*

a.M.: *Hapana, Waswahili wote walifanya biashara. Hata leo wavuvi hapa si wengi; kuvua samaki leo siyo mno. Kuna marekebu kubwa kule kuvua samaki na kuuza. Marekebu ziliIetwa na wageni, labda Wajerumani [4], ewa, Wajerumani. Leo watu wa vijiji hawawezi kuuza samaki sokoni. Maisha taabu leo, tunashindwa bei °...*

Zamani lakini waliwapo wavuvi, Wabuki lakini; kulima ilikuwa [5] ndogo - kuna milima hapa, yote milima.

J.B.: *Wazazi wenu walisema Kiswahili tu - au lugha nyingine pia?*

a.M.: *Wazazi wetu walisema Kiswahili, wakajua Kibuki. Walijua.*

J.B.: *Lakini, hapa kijijini walisema Kiswahili, na mlielezwa kwa Kiswahili?!*

a.M.: *Ewa, vijana leo lakini hawataki, hawataki. - Wanasema "Eh, ni sauti gani?! Kama sauti ya wanyama! ..." Hawataki. Zamani watu walisema Kiswahili tu.*

J.B.: *Walisema Kiswahili tu? - Lakini Wabuki wa hapa ...?*

---

[1] Im Anschluß an die Wiedergabe der Originalzitate folgen die Übersetzungen.

[2] Die übliche Schreibweise ist 'Nosy Be'.

[3] Person ist dem Autor mit Namen bekannt.

[4] Er bezieht sich hier auf ein Fischereiprojekt der GTZ, das den kleinen Fischern das Leben schwer zu machen scheint.

[5] für *kulikuwa*.

a.M.: *Walisema Kibuki wao. Waswahili walisema Kiswahili. Vijana leo lakini hawana heshima. Hawajui mama ni nani?, baba ni nani? Hawataki Uswahili. Hawataki.*

J.B.: *Lakini ni asili yao!*

a.M.: *Ewa, ni asili yao ... - Halafu tulishinda Wabuki kwa nguvu.*

J.B.: *Mliwashinda? Nieleze mliwashinda vipi ...?*

a.M.: *Ewa, ewa, tuliwashinda. Kukaa kule, Bukini, kulikuwa taabu: vita, wizi, matatizo, matatizo. Lakini hapa kisiwani ufalme ulikuwa wa Waswahili. - Wabuki hawana maneno. Ufalme uswahili. Wengine walikuja, walitaka vitu, walileta samaki, valy* [1], *nyama, muhogo. Walitaka-nunua, -fanya biashara. Walileta mali yao.*

J.B.: *Mali yao ilikuwa nini?*

a.M.: *Hawana mali.*

J.B.: *Lakini zamani. Umesema walileta mali yao kununua vitu ...*

a.M.: *Ewa, zamani, mali yao ... - -*

J.B.: *Je, labda waliuza watu, kama watumwa?*

a.M.: *A-a, baadaye, vazaha* [2] *walikuja wakachukua watumwa.*

J.B.: *Na Waarabu ...?*

a.M.: *A, ewa, Waarabu walianza kuchukua watumwa, lakini siyo sana hapa. Vazaha walinunua. Baadaye wazungu walichukua watu wa wenyewe. Waliungana na wafalme wabuki.*

Interview (2):

Gesprächsaufzeichnung aus Maruduka auf Nosi Be (Nordwest-Madagaskar).

Interviewpartner 1. war am Tag zuvor gebeten worden, am nächsten Tag, wenn möglich, die Geschichte der Stadt in Form einer Geschichte *(hadithi)* zu erzählen. Anwesend waren außer dem Interviewer Gesprächspartner 1. (alter Mann [3]), Gesprächspartner 2. (alter Mann [4]), unregelmäßig drei alte Frauen und in geringer Entfernung einige Kinder, die kein Swahili mehr verstanden, die meiste Zeit spielten, aber hin und wieder von dem für sie ungewöhnlichen Schauspiel angezogen wurden.

---

[1] malagasy; für Standard-Swahili *wali*.

[2] malagasy für 'Europäer'.

[3] Person ist dem Autor mit Namen bekannt.

[4] Person ist dem Autor mit Namen bekannt.

1. *Ewa, tunamshukuru Bwana Mswahili 'yule'* [1]; *ametoka inchi mbali kutafuta Waswahili. Tunafurahi kumkaribisha kijijini kwetu, hapa, Maruduka ...*

2. *Ewa.* [2]

1. *...Tumeombwa kutoa hadithi ya asili ya Maruduka, ya watu wa zamani hapa Nosi Bee yote. - Ewa. Asili ... asili ya hapa... mambo imebadilika* [3], *ewa, imebadilika sana. Watoto hawasikii maneno ya wazee. Ewa, hawasikii tena. Asili ... asili yetu, ... ewa ... Mimi wa asili natoka Unguja. Nimezaliwa hapa Maruduka. Wazazi wamezaliwa hapa. Babu alitoka 'Zanzibar'. Alikuwa baharia. Ewa, alisafiri sana ... sana. Inchi mbaali, Arabuni, Hindia, Afrika. Dunia yote* [4]. *Mbaharia, yeye. Mara kwa mara alifika Bukini. Mwishoni alikuwa na mke hapa Maraduka. Jina langu, Almasi, ni jina la Kiswahili. Sisi Waunguja. Maruduka lakini ni mji wa zamaani, wa zamani kweli. Habari zake, tumesikiliza wazazi wetu. Wazee walikuwa kama walimu. Watoto na watu wote walisikiliza, wakaelewa. Mambo yote ya dunia. Zamani hakuna shuo* [5] *hapa. Hata, la* [6], *'Hell-Ville'* [7], *hakuna shuo. Kula* [8] *jambo watu wamefundishwa na wazee. Leo, vijana - (Kopfschütteln) - hawataki ...*

alte Frau: *Hawataki! (allgemeine Zustimmung:) Ewa, hawataki.*

1. *Ewa, leo ... Wabuki hawa (zeigt auf die Kinder). Hawasema* [9] *Kiswahili, hata neno moja.*

2. *Ewa, wanasikia maneno maneno. - Kweli zamani tulisikia wazee. Mimi kama Mswahili sasa. Wazazi wangu wamezaliwa hapa. Wazazi wao lakini bara ... kulee 'Mozambike'.*

1. *Ewa, kila mtu ana asili yake.*

2. *Babu alizaliwa ... alizaliwa ... Nakala ... Nakala mayai, ewa, Nakala mayaia (lacht). Mama, Kilimani, amezaliwa Kilimani. - Hawapo Waswahili wengi kule, wachache tu. Makua wale. Nimefika kule* [10] *°... - Ewa, Waarabu waliiba watu, waliiba watu wakapeleka hapa. Vazaha* [11] *walinunua, ewa, wazungu walikuja na marakabu ... kubwa.*

1. *Ewa*

---

[1] Gemeint ist der Autor (JB).

[2] Diese Exklamation, die auf den Komoren noch heute sehr viel verwendet wird, war früher auch im Swahili, wo sie heute im wesentlichen durch Zb *hata* und *haya* (im Sinne einer Bestätigung, manchmal mit etwas Nachdruck) ersetzt worden ist, durchaus gebräuchlich (^ JOHNSON u.a.).

[3] für *yamebadilika*.

[4] sicherlich eine Übertreibung.

[5] komorianisch für swahili *chuo*.

[6] französisch für swahili *pale*.

[7] sozusagen die Hauptstadt der Insel Nosi Be.

[8] = *kila*.

[9] für *hawasemi*.

[10] Er war als junger Mann auf einem europäischen Forschungsschiff, das in jenen Gewässern kreuzte, als Koch angestellt.

[11] malagasy für 'Europäer', die ursprüngliche Bedeutung ist 'Piraten'.

2. *Lakini siku moja wazungu walikuja na marakebu* [1], *walisema "Mwisho!" - Walimaliza ...*

1. *Walikuwa watumwa. Waarabu waliiba watu Tanganyika, na bara yote. Kwa hiyo 'Changanyika', ni jina lake, maana yake hii. Biashara hii ilichanganya watu wote kule.* [2] *Wazungu walimaliza biashara hiyo lakini.*

2. *Watu walioibiwa walikuwapo wengi hapa. Ewa, walipata uhuru. Wazazi wa wazazi wangu walipata uhuru hapa, wazungu walipomaliza biashara na watu. Walikuwa na shiida, maisha yao yote* [3]. *Halafu babu alienda kama hivyo (* macht einen alten Mann nach, der sich auf einen Stock stütz). - Yalikuwa mambo mabaya, mabaaya kuiba watu. - Lakini sasa mimi Mswahili. Kimakua sijui, maneno-neno nasikia, nakumbuka; lakini mimi, Kiswahili na Kibuki tu.*

1. *Ewa, sisi wote lugha mbili - au tatu: Kibuki, Kiswahili na 'Kifrensh'.*

2. *A! Kifaransa hatujui.*

alte Frau: *Ewa, hatusema Kifarensh.*

1. *Ee - kidogo tu, maneno machache.*

2. *Zamani lakini watu woote hapa Maraduka walisema lugha moja tu: wote walitumia Kiswahili.*

1. *Wabuki walisema Kibuki, lakini hapa Maruduka wote walisema Kiswahili. - Wabuki na Waswahili waliongea kufanya biashara. Lakini kula* [4] *kabila lugha yake. Wabuki walisema Kibuki, Waswahili Kiswahili. Kama wewe Mswahili na mimi Mswahili, hatusemi lugha nyingine, tunatumia Kiswahili-e?*

J.B.: *Kweli, twatumia Kiswahili tu.*

2. *Nakumbuka Maruduka ulikuwa mji mkubwa, mkubwa sana.*

J.B.: *Ewa?!*

2. *Ewa, unaona milima, ile? ...*

J.B.: *Haya, naona ... ile.*

2. *Ewa, ile. Mpaka juu, ewa. Pote palikuwa na nyumba. Nyumba zilikuwa nyingi. - Nakumbuka misikiti mi-nne, sita. Misikita sita.*

J.B.: *Sita?! Ewa, mingi...*

1. *Ewa ... Na maduka mengi. 'Maru' maana yake ni 'Nyingi' na 'duka' ... Maduka nyingi* [5] *sana. Waliuza vitu vyote hapa.*

2. *Watu walipofika hapa kwanza, walikuwa Waarabu kutoka bara ya Afrika.*

---

[1] Dieses Wort hat unter den Swahilisprechern Madagaskars, selbst innerhalb eines Idiolektes, viele Varianten.

[2] Tatsächlich ist 'Changanyika' eine gebräuchliche Variante für 'Tanganyika' in Maruduka.

[3] die Großeltern.

[4] für SwZb *kila*.

[5] für *mengi*.

1.	*Ewa. - Tuliambiwa na wazee. Kutoka bara walisafiri kula*[1] *pahala. Waliangalia kama ni pazuri. Walipoona ni pazuri waliteremsha nusu na nusu waliendelea.*
2.	*Ewa. - Waliona hapa pazuri. Wakateremsha watu, wengine waliendelea.*
1.	*Waliacha watu hapa, Nosi Bee, sababu waliona ni pazuri kufanya biashara. Walianza kuiba watu wa Bukini.*
J.B.:	*Haya.*
1.	*Walianza mji huu, wale Waarabu. Wahindi na Waunguja walifuata.*
J.B.:	*Ewa?!*
1.	*Ewa - walianza mji huu. Zamaani sana. Mji huu ni wa kwanza hapa. - Lakini Mbuki alikuwa wa kwanza hapa kisiwani.*
2.	*Ewa.*
1.	*Asili ya Maruduka lakini siyo ya Wabuki: Alikuwa mfalme, Mswahili huyo, alifika hapa pahala wa Maruduka. - Ilikuwa ardhi tupu lakini. Hiyo ndiyo ni hadithi ya asili ya mji. Ya asili. Wazee walitoa hadithi hiyo. Hakuna mtu anayefahamu kama ni kweli ama la. Mungu peke yake anaifahamu.*
2.	*Ewa, - ni Mungu tu.*
1.	*Hadithi hiyo nitatoa sasa. Ni maneno ya wazee wetu, wa Waswahili wa kijiji chetu. - Zamani, ilikuwa miaka ... miaka mia hivi - ewa ... miaka mia, - palikuwa na wafalme wawili. Walikuwa watoto wa baba moja. Ewa. - Walizaliwa na baba moja. Yeye alikuwa mfalme tajiri sana. Alifunga safari, akahamia pamoja na mke wake na wengine. Alipofariki watoto wake, wanaume wawili walirithi kula*[2] *mmoja mji mmoja. Katika inchi ile palikuwa na mto. Upande mmoja mji wa mfalme mmoja, yeye mtoto wa kwanza. Upande mwingine mji wa mwingine. Mmoja mbovu lakini, mkubwa yeye, mbaya sana. Alipenda kugombana kula*[3] *suku*[4]*. Hata. - Siku moja alijaribu kumwua mfalme mdogo.*
alte Frau:	*Kumwua ndugu yake?! Baba ni mmoja, mama mmoja?*
1.	*Ewa, ewa, baba mmoja, mama mmoja!*
alte Frau:	*Mtume!*
1.	*Ewa. - Lakini yule mfalme mdogo alikuwa mzuri, mpole kama babake. Hataki kugombana, hataki kumshitaki ndugu yake. Shauri yake kuhamia. Alijenga marekebu, kama jahazi. Siyo kama zile (zeigt auf ein Auslegerboot). Leo watu wana laka*[5] *tu. Ngalawa zile. Kibuki: laka, Kiswahili: ngalawa.* *Yeye alichukua jahazi, akachagua wenzake waliomfuata, wakaondoka, wakasafiri, wakasafiri baharini; walipofika mahali waliangalia, ni pazuri? Wakaendelea safari, sababu walitafuta pahala pazuri sana, penye amani.*

[1] für SwZb *kila*.

[2] für SwZb *kila*.

[3] ^ oben.

[4] komorianisch, shimaore; für Standard-Swahili: *kila siku*.

[5] siehe folgende Sätze.

Walifika pahala pazuuri, amaani, pale Bukini. Ewa. - Waliteremka watu, wakajenga nyumba. Siku nyingine, askari wa ufalme mwingine walifika, Wabuki wao. Walimwuliza yule mfalme mgeni, Mswahili yeye: "Je, mnatoka wapi? Mnatafuta nini hapa?"

Mfalme na wenzake waliona hakuna amani tena hapa. Ewa. "Tuondoke!" Waliondoka tena - Allahu akhbar - wakafika hapa Nosi Bee. Wakatafuta pahala kujenga nyumba zao, ambapo kuna maji mazuri, bandari na cha kutarazaki. Wakamaliza safari hapa, wakajenga nyumba za kwanza hapa Maruduka. - Alhamdullilah - - Palikuwa na Wabuki kisiwani. Lakini wao walitaka amani, siyo kama wale Wabuki wengine. Ewa. - Hiyo ndiyo ni mwanzo wa mji huu. Ewa. - Hadithi imekwisha. Imekwisha hapa. - Wote wengine walifuata. Lakini hii asili - ewa.

Interview (3):

Gesprächsaufzeichnungen aus Antserañana

Die folgenden Dialoge sind Aufzeichnungen von Gesprächen, die in Antserañana auf der Straße, vor allem vor Moscheen, geführt wurden.

(Gesprächsteile, welche die Herkunft etc. des Interviewers betreffen, wurden ausgelassen: (°).)

1)

J.B.: *Habari, mzee?*

alter Mann: *Njema, baba. Njema.*

J.B.: *U hali gani?*

a.M.: *Alhamdullilah - nzuri - °...*

J.B.: *Na wewe unatoka wapi?*

a.M.: *Ngazija. Mimi natoka Ngazija.*

J.B.: *Kwa hiyo unajua 'shiNgazija'?!*

a.M.: *Ewa. - Najua 'shiNgazija'.*

J.B.: *Umekuja hapa lini?*

a.M.: *A - Nilikuwa mtoto mimi. - Wazazi wangu wamefika hapa zamani. Nilikuwa mtoto.*

J.B.: *Walikuja hapa Bukini kwa sababu gani?*

a.M.: *Kazi tu.*

J.B.: *Kazi gani? Walifanya biashara?*

a.M.: *A-a, kazi ya Mzungu.*

°...

J.B.: *Wazazi wako walizaliwa Ngazija, je?*

a.M.: *Ewa - walizaliwa Ngazija. Na mimi nimezaliwa Ngazija.*

J.B.: *Lakini watu wa Ngazija, leo hawajui Kiswahili. - Wewe unajua Kiunguja, lakin?*

a.M.: *Ewa, zamani walisema Kiswahili. Leo ... sijui ...*

J.B.: *Wazazi wako na wazazi wao, wote Wangazija?*

a.M.: *Ewa, wote Wangazija.*

J.B.: *Asili yao ya zamani - ni Ngazija?*

a.M.: *Ewa, - Ngazija. - Ngazija tu.*

J.B.: *Je, wapo watu wengi hapa wanaosema Kiswahili?*

a.M.: *A-a, sio wengi.*

J.B.: *Nimeshafika Maruduka; kule Nosi Bee ....*

a.M.: *A - Maruduka, ewa. -*

J.B.: *... wao wanasema Kiswahili ...*

a.M.: *Ewa, wapo Waswahili.*

J.B.: *Lakini ni wazee peke yao wanaosema Kiswahili. Vijana hawajui. - Je, watoto wenu wanajua Kiswahili ama Kingazija?*

a.M.: *A-a, hawajui.*

J.B.: *Wanajua Kibuki tu?!*

a.M.: *Ewa, Kibuki tu, na Kifaransa wanajua.* °...

J.B.: *Inaonekana umeshajua kwamba wapo watu wanaosema Kiswahili kule, mjini kwa Maruduka. Umeshafika kule?*

a.M.: *A - sijafika. Nimesikia tu.*

J.B.: *Je, wapo watu hapa, Antserang'ana wanaotoka Maruduka?*

a.M.: *Hawapo. Wote wanatoka Ngazija.* [1]

J.B.: *Waunguja, watu wanaotoka 'Zanzibar', hawapo?*

a.M.: *Hawapo. Hawapo kabisa. Ngazija tu.* [2]

J.B.: *Haya, nashukuru mzee ...*

a.M.: *A, marahaba, marahaba ...*

°...

2)

J.B.: *Habari, wazee?*

1.alter Mann: *eh?*

[1] Fehlinformation: Außer Malagasy leben in Antserañana Komorianer nicht nur von Ngazija und auch Leute aus Maruduka (^ anderes Gespräch).

[2] Fehlinformation.

2.alter Mann: *E - unasema nini-e ...?*

J.B.: *Habari za hapa?*

1.,2.a.M.: -

J.B.: *Unafahamu Kiswahili?*

2.a.M.: *Swahili, e-e, (Kopfschütteln) hatufahamu.*

J.B.: *Lakini unafahamu ninayosema...*

2.a.M.: *Unatoka wapi?*

°...

1.a.M.: *Ewa, mimi natoka Ngazija. Yeye Nzwani.*

J.B.: *A - kwa hiyo unajua 'shiNgazija' wewe, Na wewe unasema 'shiNzwani', au siyo?*

1.+2.a.M.: *Ewa.*

1.a.M.: *Ewa.*

J.B.: *Lakini, Kiswahili hamjui? Mnasikia tu?*

2.a.M.: *Ewa, twasikia tu.*

1.a.M.: *Tunafahamu kidogo.* [1]

...

J.B.: *Mmekuja hapa lini?*

1.a.M.: *Zamaani, zamaani.*

(2.a.M., dem das Gespräch unangenehm zu sein scheint, sagt zu 1.a.M. leise etwas komorianisches und geht weg.
1.a.M., dem das Gespräch Freude zu bereiten scheint, hat den Gesprächsfaden verloren, schaut fragend.)

J.B.: *Umekuja hapa zamani sana?*

1.a.M.: *Ewa, zamani saana, zamani.*

J.B.: *Wazazi wako ...?*

1.a.M.: *Ewa, walikuja hapa na mimi nilikuwa mtoto mdoogo.* (lacht)

J.B.: *Je, unakumbuka Ngazija?*

1.a.M.: *Ewa, nakumbuka! Nimefika, nimekuja, nimefika ...*

J.B.: *Umefika Ngazija mara nyingi?*

1.a.M.: *Ewa.- Watoto wangu wanahala* [2] *pale - Moroni. Na mimi nimezaliwa Moroni.*

J.B.: *Kwa nini wazazi wako waliondoka Ngazija?*

1.a.M.: *Kufanya kazi hapa.*

J.B.: *Kazi gani?*

1.a.M.: *Kazi ya Mzungu. Walifanya kazi na Mzungu.*

J.B.: *Kazi ya Mzungu? - Ni kazi gani?*

[1] falsch: spricht recht gut 'kiunguja'.

[2] komorianisch für swahili *wanakaa*.

l.a.M.: *Ewa - walifanya kazi hapa.*

J.B.: *Walifanya biashara?*

l.a.M.: *Aa, walifanya kazi ya Wazungu. - Wamekufa. wote wamekufa. watoto wangu wako Ngazija. Nimebaki hapa.* (lacht kopfschüttelnd)

J.B.: *Watoto wako hawaji hapa kukutembelea wewe?*

l.a.M.: *Aa! - Mimi nilikwenda mara nyingi Ngazija. - Sasa mzee sana. Siwezi tena. -*

J.B.: *Umekwenda na marekebu?*

l.a.M.: *Ewa,- marakebu; zilikuwa nyingi zamani. Sasa hakuna.-*

J.B.: *Watu wa hapa wanaosema Kiswahili ni wengi?*

l.a.M.: *A-a; mmoja* [1] *hapa, mmoja, mmoja. Wazee wote.*

°...

3)

°...

alter Mann: *Nimezaliwa Ngazija mimi. Asili ya baba* [2] *lakini ni Unguja. Yeye alikuwa mfanyabiashara, kama mimi nimekuwa mbiashara. Baba amezaliwa Moroni* [3]*, ameoa mwanamshe* [4] *Mngazija, mama yangu. Baadaye ameoa mwanamshe wa pili, Maruduka, lakini hakumzalia watoto. Amefariki kabla ya kuhamia hapa Antseranana.*

J.B.: *Kwa nini baba yako aliendu Maruduka mara kwa mara* [5]*?*

a.M.: *Biashara. Alisafiri sana, babu hata zaidi. Alienda Unguja, akanunua vitu, akavipeleka masiwani* [6]*, akaendelea Maruduka, akauza kule. Vitu vyote ameuzia Wabuki. Zamani, Maruduka ilikuwa pazuri kwa biashara.*

J.B.: *Je, umefika Maruduka mwenyewe?*

a.M.: *Ewa - hata. - Nilipokuwa mtoto, baba amenipeleka kule. Alikuwa na nyumba katikati ya mji. Nyumba nzuri. Nakumbuka sana. Alikuwa ameoa mwanamshe wa mji, lakini hakufungua. Kwa hiyo nilikaha Nosi Bee. Maruduka iko Nosi Bee.*

°...

J.B.: *Umekuja hapa Antseranana lini na kwa sababu gani?*

a.M.: *A - hapa nimekuja zamani. - Wazungu walipofika, biashara ilikuwa taabu. Wazungu walileta kila kitu, wakauza. - Zamani hakuna 'Republika' ... Comores - Comores ça ni Ngazija, Nzwani na Mayota na Mwali - a-a-a hakuna. Kila kisiwa - mfalme chake, - lakini watu walisafiri - walifanya biashara ... Watu wengi wametoka Comores. Wengine wamehamia kutoka*

[1] /j/ statt 'kiunguja' /dy/.

[2] genealogisch gemeint (^ nächste Fußnote).

[3] hier der Vater gemeint (^ oben).

[4] ngazija für swahili *mwanamke*.

[5] Annahme.

[6] Archipel der Komoren.

'Zanzibar', baba ameletea mama yangu Diego [1], *akaja Maruduka. Maruduka* [2] *na 'Madagaskar' ilikuwa nchi moja. Lakini kununua na kuuza alishindwa. Watu wengi wa Maruduka walitoka kule. -*

J.B.: *Njia za biashara zilikuwa zimebadilika?*

a.M.: *Zimebadilika. Zimebadilika kabisa. - Tumekuja Diego, tumeanza biashara ndogondogo.*

J.B.: *Maruduka hamkufika tena?!*

a.M.: *Hatukuenda tena. Yule mshe* [3] *amefariki, hakuna kwenda kule tena.*

J.B.: *Na Unguja hakuenda tena?*

a.M.: *A-a - sasa vitu zinaletwa* [4] *kutoka 'Zanzibar', 'Frans'* [5], *Tana* [6] *...*

J.B.: *Hata sasa vitu vinaletwa kutoka 'Zanzibar'?*

a.M.: *A, - vidogo tu, vidogo. - Marehebu* [7] *moja inakuja labda kila mwaka.*

J.B.: *Kutoka 'Zanzibar' inatoka kila mwaka mara moja tu?!*

a.M.: *A - si kila mwaka - ni marahebu - a - ya mapinduzi - sijui - jina yake* [8] *ni - ni shirika la mapinduzi, kama hii. Inatoka 'Tanganyika'.*

J.B.: *Kutoka Unguja lakiin?*

a.M.: *Ewa: kutoka Unguja, inapita Ngazija, Nosi Bee, fika hapa, Diego.*

J.B.: *Inakwenda Nosi Bee pia?*

a.M.: *e-eeh,- Hela-vila* [9]*.-*

J.B.: *Unakumbuka, imefika hapa Diego mwaka gani, mara ya mwisho?*

a.M.: *Imefika ... mwaka uliopita - quatre vingt-dix* [10] *- labda ... - Lakini leo biashara taabu. Hakuna kitu. Mfalme wetu mbaya. Mbaaya sana. Hakuna farine, hakuna mafuta, hakuna chumvi ...*

°...

----

[1] = Antserañana.

[2] gemeint ist wohl Nosi Be.

[3] ngazija für swahili *mke*.

[4] ngazija für swahili *vinaletwa*.

[5] für 'Françe'.

[6] Kurzform für Antananarivo, die Hauptstadt Madagaskars.

[7] komorianisch; für Standard-Swahili: *marekebu*.

[8] für SwZb *jina lake*.

[9] = Hell-Ville.

[10] Widerspruch.

Übersetzungen der ausgewählten Interviews

Interview (1):

Gesprächsaufzeichnung aus Maruduka auf Nosi Be (Nordwest-Madagaskar).

alter Mann [1]: "Die Leute von Sansibar handelten mit Madagaskar. Wie die anderen Swahili, welche mit dem afrikanischen Festland und dem Süden Handel trieben, aber nicht hierher kamen. Es sind nur die Leute von Sansibar gewesen, die nach Ngazija und auf die anderen Inseln, nach hier und nach Madagaskar kamen. Sansibar war sehr reich. Alle Waren der Inseln und des Festlandes brachten sie dorthin, dann sandten sie sie in die ganze Welt. Und aus allen fernen Ländern brachten sie Waren sandten (die Menschen) Waren, wieder hierher. Früher hatten die Leute hier alles. Nicht so wie heute, heute ist es schwierig ...

Aber zur Zeit des Großvaters der Eltern des Großvaters ... des Großvaters der Eltern des Großvaters ... verkauften sie hier alles."

J.B.: "Waren das alles Händler, oder manche auch Fischer und Bauern?"

a.M.: "Früher waren das nur Händler. Sie gingen nicht fischen."

J.B.: "Aber sie bestellten doch Felder, oder nicht?"

a.M.: "Nein, alle Swahili handelten. Selbst heute sind die Fischer hier nicht zahlreich; Die Fischerei heute ist nicht besonders. Es gibt große Schiffe dort um Fische zu fangen und zu verkaufen. Die Schiffe wurden von Fremden gebracht, Deutschen vielleicht, ach ja, von Deutschen [2]. Heute können die Dorfbewohner keinen Fisch auf dem Markt verkaufen. Das Leben heute ist schwierig, wir scheitern an den Preisen ...

Früher aber gab es hier Fischer, aber das waren Malagasy; die Landwirtschaft war nur geringfügig - es gibt hier Berge, alles Berge [3]."

J.B.: "Sprachen Ihre Eltern nur Swahili, oder auch (eine) andere Sprache(n)?"

a.M.: "Unsere Eltern sprachen Swahili, und sie konnten Malagasy. Sie konnten das."

J.B.: "Aber hier in dem Ort sprachen sie Swahili, und Sie wurden in Swahili erzogen?!"

a.M.: "O ja; die Jugend heute aber will das nicht. Die wollen das nicht. - Sie sagen: 'He, was sind das für Laute?! Wie die Stimme von Tieren! ...' Sie wollen es nicht. Früher sprachen die Leute nur Swahili.

J.B.: "Sie sprachen nur Swahili? - Aber die Malagasy von hier ...?"

a.M.: "Die sprachen Malagasy. Die Swahili sprachen Swahili. Die Jugend heute hat keinen Respekt. Sie wissen nicht: wer ist die Mutter? Wer ist der Vater? Sie wollen keine Swahili-Kultur. Sie wollen es nicht."

---

[1] Person ist dem Autor mit Namen bekannt.

[2] Er bezieht sich hier auf ein Fischereiprojekt der GTZ, das den kleinen Fischern das Leben schwer zu machen scheint.

[3] Der Ort Maruduka ist umgeben von teilweise recht steilen Hügeln, die nach Meinung des Informanten die Feldbestellung erschweren.

J.B.: "Aber es ist doch ihr Ursprung!"

a.M.: "So ist es, es ist ihr Ursprung ... - Schließlich sind wir stärker gewesen als die Malagasy."

J.B.: "Sie haben sie übertroffen (oder 'besiegt')? Erklären Sie mir, wie haben Sie sie übertroffen ...?"

a.M.: "Aber ja, so ist es, wir haben sie übertroffen. Dort zu wohnen, auf Madagaskar, war schwierig: Kriege, Räuber, Probleme über Probleme. Aber hier auf der Insel regierten die Swahili. - Die Malagasy hatten nichts einzuwenden. Ein Swahili-Reich (war das). Einige kamen, sie wollten Waren, sie brachten Fisch, Reis, Fleisch, Maniok. Sie wollten kaufen, handeln. Sie brachten, was sie besaßen."

J.B.: "Was war denn ihr Besitz?"

a.M.: "Sie haben keine Reichtümer."

J.B.: "Aber früher. Sie haben gesagt, sie brachten, was sie hatten, um Waren zu kaufen ..."

a.M.: "Nun, früher, ihr Besitz ..." - -

J.B.: "Nun, vielleicht verkauften sie Menschen, wie Sklaven?"

a.M.: Nein, nein, später, da kamen die Europäer und kauften Sklaven."

J.B.: "Und die Araber ...?"

a.M.: "Ach, nun, die Araber begannen, Sklaven zu nehmen, aber hier nicht so sehr. Die Europäer kauften. Später nahmen sich die Europäer selbst Leute. Sie machten gemeinsame Sache mit den Malagasy-Königen."

Interview (2):

Gesprächsaufzeichnung aus Maruduka auf Nosi Be (Nordwest-Madagaskar).

Interviewpartner 1. war am Tag zuvor gebeten worden, am nächsten Tag, wenn möglich, die Geschichte der Stadt in Form einer Geschichte *(hadithi)* zu erzählen. Anwesend waren außer dem Interviewer Gesprächspartner 1. (alter Mann [1]), Gesprächspartner 2. (alter Mann [2]), unregelmäßig drei alte Frauen und in geringer Entfernung einige Kinder, die kein Swahili mehr verstanden, die meiste Zeit spielten, aber hin und wieder von dem für sie ungewöhnlichen Schauspiel angezogen wurden.

1. "Nun, wir danken 'diesem Swahili-Herrn' [3]; er ist aus einem fernen Land gekommen, um Swahili zu suchen. Wir freuen uns, ihn in unserem Ort, hier in Maruduka, willkommen zu heißen. ..."

[1] Person ist dem Autor mit Namen bekannt.

[2] Person ist dem Autor mit Namen bekannt.

2. "So ist es."

1. "... Wir sind gebeten worden, Geschichten über den Ursprung von Maruduka und der Leute von früher hier auf ganz Nosi Be zu erzählen. - Nun gut, der Ursprung ... der Ursprung von hier ... die Dinge haben sich verändert, ja, sie haben sich sehr verändert. Die Kinder hören nicht die Worte der Alten. Ach, sie hören sie nicht mehr. Der Ursprung ... unser Ursprung, ... nun ... Was meinen Ursprung betrifft, so komme ich von Sansibar. Ich bin hier in Maruduka geboren. Meine Eltern sind hier geboren. Großvater kam von Sansibar. Er war Seemann. Ja, er ist viel gereist ... sehr viel. In **ferne** Länder, Arabien, Indien, Afrika. Durch die ganze Welt [2]. Ein Seemann war er. Von Zeit zu Zeit kam er nach Madagaskar. Schließlich hatte er eine Frau hier in Maruduka. Mein Name, Almasi, ist ein Swahili-Name [3]. Wir sind Leute von Sansibar. Maruduka aber ist eine ganz alte Stadt, wirklich sehr alt. Was sie betrifft, daß haben wir von unseren Eltern gehört. Die Alten waren wie Lehrer. Die Kinder und alle Menschen hörten ihnen zu, und sie lernten verstehen. Alle Dinge der Welt. Früher gab es hier keine Schule. Sogar dort, in *Hell-Ville'* [4], gab es keine Schule. Jede Angelegenheit wurde den Leuten von den Alten gelehrt. Heute, die Jugend - (Kopfschütteln) - sie wollen es nicht ..."

alte Frau: "Sie wollen es nicht! (allgemeine Zustimmung:) So ist es, sie wollen nicht."

1. "Ja, heute ... Malagasy sind sie (zeigt auf die Kinder). Sie sprechen kein Swahili, nicht einmal ein Wort.

2. "Nun, sie hören einzelne Worte. - Es ist wahr, früher hörten wir die Alten. Ich bin jetzt wie ein Swahili. Meine Eltern sind hier geboren. Ihre Eltern aber auf dem Festland ... dort in Mosambik."

1. "Ja, jeder Mensch hat seinen Ursprung."

2. "Großvater wurde geboren ... er wurde geboren in ... Nakala ... Nakala mayai, ja wohl, Nakala mayai (lacht). Großmutter, in Kilimani, sie wurde in Kilimani geboren. - Dort gibt es nicht viele Swahili, nur wenige. Makua (leben) dort. Ich bin dort schon gewesen [5] °... - Ja, die Araber stahlen Menschen, sie raubten Menschen und brachten sie hierher. Die Europäer kauften, ja die Europäer kamen mit großen Schiffen."

1. "So ist es."

2. "Aber eines Tages kamen die Europäer mit einem Schiff, und sie sagten 'Schluß jetzt!' - Sie beendeten es ..."

1. "Es waren Sklaven. Die Araber raubten die Menschen in Tanganyika und auf dem ganzen Festland. Deshalb 'Changanyika', das ist der Name (des Landes), das ist seine Bedeutung [6]. Dieser Handel trieb die ganzen Leute dort durcheinander. Die Europäer beendeten diesen Handel aber."

---

[1] Gemeint ist der Autor (J.B.).

[2] sicherlich eine Übertreibung.

[3] *Almasi* bedeutet 'Diamant'.

[4] sozusagen die Hauptstadt der Insel Nosi Be.

[5] Er war als junger Mann auf einem europäischen Forschungsschiff, das in jenen Gewässern kreuzte, als Koch angestellt.

2. "Die Leute, die geraubt worden waren, das waren hier viele. Nun, sie bekamen die Freiheit. Die Eltern meiner Eltern bekamen hier die Freiheit, als die Europäer den Handel mit Menschen beendeten. Sie hatten wahrlich Probleme, ihr ganzes Leben lang [2]. Schließlich ging Großvater so (* macht einen alten Mann nach, der sich auf einen Stock stützt). - Das war eine schlimme Sache, schlimm, Menschen zu rauben. - Aber nun bin **ich** ein Swahili. Makua kann ich nicht (sprechen und verstehen), einzelne Worte höre ich, ich erinnere mich (dann); aber ich: (ich kann) nur Swahili und Malagasy."

1. "Ja, wir alle kennen zwei Sprachen - oder drei: Malagasy, Swahili und Französisch."

alte Frau: "Ach, wir sprechen kein Französisch."

1. "Tja - nur ein wenig, einige Wörter."

2. "Früher aber, sprachen **alle** Leute hier in Maruduka nur eine Sprache: alle gebrauchten sie Swahili."

1. "Die Malagasy sprachen (eigentlich) Malagasy, aber hier in Maruduka sprachen alle Swahili. - Die Malagasy und die Swahili kamen zusammen um zu handeln. Aber jede Ethnie hatte ihre Sprache. Die Malagasy sprachen Malagasy, die Swahili Swahili. So, wie Sie und ich Swahili sind, wir sprechen in keiner anderen Sprache, wir gebrauchen Swahili, nicht wahr?

J.B.: "Das ist wahr, wir gebrauchen nur Swahili."

2. "Ich erinnere mich, daß Maruduka eine große Stadt war, sehr groß."

J.B.: "Ach ja?!"

2. "O ja, Sehen Sie die Berge, jene? ..."

J.B.: "Ja, ich sehe sie... jene."

2. "Ja, jene. Bis obenhin, jawohl. Überall waren Häuser. Die Häuser waren zahlreich. - Ich erinnere mich an vier, sechs Moscheen. Sechs Moscheen."

J.B.: "Sechs?! Nun, das sind viele ..."

1. "So ist es ... Und viele Geschäfte. 'Maru' bedeutet 'viele' und 'duka' ('Geschäft') ... sehr viele Geschäfte. Sie haben alle Waren hier verkauft."

2. "Die Leute, die zuerst hierher kamen, waren Araber vom afrikanischen Kontinent."

1. "Ja, es wurde uns von unseren Alten gesagt. Vom Festland reisten sie überall hin. Sie untersuchten, ob es dort schön ist. Wenn sie sahen, daß es schön ist, stieg die Hälfte aus, und die (andere) Hälfte fuhr weiter."

2. "Ja. - Sie sahen, hier ist es schön. Sie ließen Leute aussteigen, die anderen fuhren weiter."

1. "Sie ließen Leute hier, auf Nosi Be, weil sie sahen, daß es gut sei, um zu handeln. Sie begannen, Menschen von Madagaskar zu rauben."

---

[1] Sw *-changanyika* bedeutet svw. 'durchmengt / durcheinander sein'. 'Changanyika' ist tatsächlich eine gebräuchliche Variante für 'Tanganyika' in Maruduka.

[2] die Großeltern.

J.B.: "Aha."

1. "Sie begannen diese Stadt, jene Araber. Inder und Leute von Sansibar folgten."

J.B.: "Ach so?!"

1. "Ja, sie begannen diese Stadt. Vor langer Zeit. Diese Stadt war die erste hier. - Aber der Malagasy war der erste zuerst hier auf der Insel."

2. "So ist es."

1. "Aber der Ursprung von Maruduka hat nichts mit den Malagasy zu tun: Es war ein König, ein Swahili, der kam hier an den Ort von Maruduka. - Es war aber unbebaut hier. Dieses ist die Geschichte des Ursprungs von Maruduka. Des Ursprungs. Die Alten erzählten diese Geschichte. Es gibt keinen Menschen, der weiß, ob es wahr ist oder nicht. Gott allein weiß es."

2. "Ja, nur Gott."

1. "Diese (erwähnte) Geschichte erzähle ich jetzt. Es sind die Worte unserer Alten, der Swahili unseres Ortes. - Einst, es war das Jahr ... das Jahr einhundert etwa - ja ... das Jahr einhundert, - da gab es zwei Könige. Sie waren die Kinder eines Vaters. So war es. - Sie wurden von **einem** Vater geboren. Der war ein sehr reicher König. Er ging auf eine Reise und wanderte mit seiner Frau und anderen. Als er seinen Kindern verstorben war, erbten die beiden männlichen einjeder eine Stadt. In jenem Land gab es einen Fluß. Auf der einen Seite war die Stadt des einen Königs, er war das erste Kind. Auf der anderen Seite war die Stadt des anderen. Einer war aber schlecht, es war der ältere, der war sehr böse. Er mochte es, jeden zu streiten. Jawohl. - Eines Tages versuchte er, den jungen König zu töten."

alte Frau: "Seinen Bruder zu töten?! Der gleiche Vater, die gleiche Mutter?"

1. "Ja, ja, der gleiche Vater, die gleiche Mutter!"

alte Frau: "Beim Propheten!"

1. "So ist es. - Aber jener junge König war gut, freundlich wie sein Vater. Er mochte nicht streiten, er wollte seinen Bruder nicht anklagen. Sein Plan war es, auszuwandern. Er baute ein Schiff, so wie eine *jahazi* (Art Segelschiff, ohne Ausleger). Nicht so wie jene (zeigt auf ein Auslegerboot). Heute haben die Leute nur Auslegerboote. Jenes sind Auslegerboote. Malagasy: *laka*, Swahili: *ngalawa*.

Er nahm das Boot, wählte seine, die ihm folgten, und sie reisten ab. Sie reisten und reisten über das Meer; wenn sie an einen Ort kamen, untersuchten sie, ist es hier schön? Sie setzten die Reise fort, weil sie einen sehr schönen, friedvollen Platz suchten.

Sie kamen an einen sehr schönen Ort, ganz friedlich, dort auf Madagaskar. Jawohl. - Die Leute gingen an Land, und sie bauten Häuser. Am anderen Tag, erschienen die Soldaten eines anderen Königreiches, sie waren Malagasy. Sie fragten jenen fremden König, der (ja) ein Swahili war: 'Sag, woher kommt Ihr? Wonach sucht Ihr hier?'

Der König und die seinen sahen, daß es hier keinen Frieden mehr geben würde. Jawohl. 'Laßt uns aufbrechen!' Sie brachen wieder auf - Gott ist groß - und kamen nach hier, Nosi Be. Sie suchten einen Ort, um ihre Häuser zu bauen, wo es gutes Wasser gibt, einen Hafen und etwas, um sich mit Lebensmittel zu versorgen. Hier beendeten sie ihre Reise, und sie bauten die ersten Häuser hier in Maruduka. - Gott sei Dank - - Es gab Malagasy auf der Insel. Aber sie wollten Friede, nicht wie jene anderen Malagasy. So war es. - Dieses ist der Beginn dieser Stadt. Jawohl. - Die Geschichte ist zu Ende. Sie ist hier zu Ende. - Alle anderen (Leute) folgten. Aber dieses ist der Ursprung - So ist es."

Interview (3):

Gesprächsaufzeichnungen aus Antserañana

Die folgenden Dialoge sind Aufzeichnungen von Gesprächen, die in Antserañana auf der Straße, vor allem vor Moscheen, geführt wurden.
(Gesprächsteile, welche die Herkunft etc. des Interviewers betreffen, wurden ausgelassen: (°).)

1)

J.B.: "Guten Tag, Großvater."

alter Mann: "Guten Tag, Vater. Guten Tag."

J.B.: "Wie geht es Ihnen?"

a.M.: "Gott sei Dank - gut - ...

J.B.: "Und woher kommen **Sie**?"

a.M.: "Ngazija. Ich komme von Ngazija."

J.B.: "Insofern kennen Sie den Ngazija-Dialekt des Komorianischen?"

a.M.: "So ist es. - Ich kann das."

J.B.: "Wann sind Sie hierher gekommen?"

a.M.: "Ach - ich war ein Kind. - Meine Eltern kamen einst hierher. Ich war ein Kind."

J.B.: "Aus welchem Grund kamen sie hierher nach Madagaskar?"

a.M.: "Nur der Arbeit wegen."

J.B.: "Welche Arbeit? Trieben sie Handel?"

a.M.: "Nein, nein, Arbeit des Europäers."

J.B.: "Sind Ihre Eltern auf Ngazija geboren?"

a.M.: "Jawohl - sie wurden auf Ngazija geboren. Und ich wurde auf Ngazija geboren."

J.B.: "Aber die Menschen auf Ngazija, können heute kein Swahili. - Aber Sie können Swahili?"

a.M.: "Ja, früher sprachen sie Swahili. Heute ... ich weiß nicht."

J.B.: "Ihre Eltern und deren Eltern, waren das alles Komorianer von Ngazija?"

a.M.: "Ja, alle Komorianer von Ngazija."

J.B.: "Ihre einstige Herkunft - war das Ngazija?"

a.M.: "Ja, - Ngazija. - Nur Ngazija.

J.B.: "Sagen Sie, gibt es hier viele Leute, die Swahili sprechen?"

a.M.: "Ach nein, das sind nicht viele."

J.B.: "Ich bin schon auf Maruduka gewesen; dort auf Nosi Be ...."

a.M.: Ach, Maruduka, ja. -

J.B.: "Die sprechen dort Swahili ..."

a.M.: "Ja, das sind Swahili dort."

J.B.: "Aber ausschließlich die alten Leute sprechen Swahili. Die jungen können das nicht. - Sagen Sie, können Ihre Kinder Swahili oder Ngazija?"

a.M.: "O nein, sie können das nicht."

J.B.: "Können sie nur Malagasy?!"

a.M.: "Jawohl, nur Malagasy, und französisch können sie. ...

J.B.: "Es scheint, Sie haben schon gewußt, daß es dort in der Stadt Maruduka Leute gibt, die Swahili sprechen. Sind Sie schon einmal dort gewesen?"

a.M.: "Nein - ich bin noch nicht dort gewesen. Ich habe es nur gehört."

J.B.: "Sagen Sie, gibt es hier in Antserañana Leute, die aus Maruduka kommen?"

a.M.: "Nein, gibt es nicht. Sie alle kommen von Ngazija. [1]"

J.B.: "Und Leute von Sansibar, gibt es die nicht?"

a.M.: "Die gibt es nicht. Die gibt es überhaupt nicht. Nur Komorianer von Ngazija. [2]"

J.B.: "Gut, ich bedanke mich, Großvater ..."

a.M.: Ach, danke, es ist schon gut ..."

2)

J.B.: "Guten Tag, Großväter!"

1. alter Mann: "Wie bitte?"

2. alter Mann: "Was, was haben Sie gesagt ...?"

J.B.: "Was gibt es hier Neues?"

1., 2.a.M.: -

J.B.: "Verstehen Sie Swahili?"

2.a.M.: "Swahili, nein-nein, (Kopfschütteln) verstehen wir nicht."

J.B.: "Aber Sie verstehen, was ich sage ..."

2.a.M.: "Woher kommen Sie?"

[1] Fehlinformation: Außer Malagasy leben in Antserañana Komorianer nicht nur von Ngazija und auch Leute aus Maruduka (^ anderes Gespräch).

[2] Fehlinformation.

...

1.a.M.: "Jawohl, ich komme von Ngazija. Er ist Nzwani."

J.B.: "Ach, also können Sie den Komorianisch-Dialekt von Ngazija, und Sie sprechen den Dialekt von Nzwani, oder nicht?"

1.+2.a.M.: "So ist es."

1.a.M.: "So ist es."

J.B.: "Aber Swahili kennen Sie nicht? Sie verstehen es nur?"

2.a.M.: "Ja, wir hören und verstehen nur."

1.a.M.: "Wir verstehen ein wenig. [1]"

...

J.B.: "Wann sind Sie hierher gekommen?"

1.a.M.: "Das ist lange, lange her."

(2.a.M., dem das Gespräch unangenehm zu sein scheint, sagt zu 1.a.M. leise etwas komorianisches und geht weg.
1.a.M., dem das Gespräch Freude zu bereiten scheint, hat den Gesprächsfaden verloren, schaut fragend.)

J.B.: "Sie sind vor langer Zeit hierher gekommen?"

1.a.M.: "Ja, vor langer, langer Zeit."

J.B.: "Ihre Eltern ...?"

1.a.M.: "Ja, sie kamen hierher und ich war ein **kleines** Kind. (lacht).

J.B.: "Sagen Sie, erinnern Sie sich an Ngazija?"

1.a.M.: "O ja, ich erinnere mich! Ich bin dorthin gekommen, hierhergekommen, dorthin gekommen ..."

J.B.: "Sind Sie häufig nach Ngazija gekommen?"

1.a.M.: "Jawohl. - Meine Kinder wohnen dort - in Moroni. Und ich bin in Moroni geboren."

J.B.: "Warum haben Ihre Eltern Ngazija verlassen?"

1.a.M.: "Um hier zu arbeiten."

J.B.: "Um was zu arbeiten?"

1.a.M.: "Arbeit des Europäers. Sie haben die Arbeit des Europäers gemacht."

J.B.: "Die Arbeit des Europäers? Was ist das für Arbeit?"

1.a.M.: "Ja, sie haben hier gearbeitet."

J.B.: "Haben sie gehandelt?"

1.a.M.: "Nein, sie haben die Arbeit der Europäer gemacht. - Sie sind gestorben. Alle sind gestorben. Meine Kinder sind auf Ngazija. Ich bin hier zurückgeblieben. (lacht kopfschüttelnd)

J.B.: "Kommen Ihre Kinder nicht hierher, um Sie zu besuchen?"

---

[1] falsch: spricht recht gut Swahili.

l.a.M.: "Ach! - Ich bin oft nach Ngazija gefahren. - Jetzt bin ich sehr alt. Ich kann es nicht mehr. -

J.B.: "Sind Sie mit dem Schiff gefahren?"

l.a.M.: "Jawohl, - mit dem Schiff; früher gab es hier viele. Jetzt gibt es keine. -"

J.B.: "Gibt es hier viele Leute, die Swahili sprechen?"

l.a.M.: "Nein-nein; einer hier, - vereinzelt. Alles alte Menschen."

°...

3)

°...

alter Mann: "Ich bin auf Ngazija geboren. Die Herkunft [1] von Vater aber ist Sansibar. Er war ein Händler, so wie ich ein Händler war. Vater wurde in Moroni geboren, er heiratete eine Frau von Ngazija, meine Mutter. Später heiratete er eine zweite Frau, in Maruduka, aber sie gebar ihm keine Kinder. Sie starb, bevor wir nach Antseranana zogen."

J.B.: "Warum ging Ihr Vater von Zeit zu Zeit [2] nach Maruduka?"

a.M.: "Des Handels wegen. Er reiste viel, Großvater sogar noch mehr. Er fuhr nach Sansibar, kaufte Waren, brachte sie auf die Inseln (Komoren), und fuhr weiter bis nach Maruduka, und dort verkaufte er. Alle Waren verkaufte er an die Malagasy. Einst war Maruduka ein guter Ort für Handel."

J.B.: "Sind Sie selbst in Maruduka gewesen?"

a.M.: "O ja - jawohl. - Als ich ein Kind war, schickte mich Vater dorthin. Er hatte ein Haus mitten in der Stadt. Ein schönes Haus. Ich erinnere mich genau. Er war mit einer Frau aus der Stadt verheiratet, aber sie gebar nicht. Deshalb wohnt ich auf Nosi Be. Maruduka liegt auf Nosi Be.

°...

J.B.: "Wann und warum sind Sie nach Antseranana gekommen?"

a.M.: Ach, hierher kam ich vor langer Zeit. - Als die Europäer kamen, wurde der Handel schwierig. Die Europäer brachten alles mögliche, und sie verkauften. - Einst gab es keine 'Republik' ... *Comores - Comores* - das sind Ngazija, Nzwani und Mayota und Mwali - nein-nein-nein so was gab es nicht. Jede Insel hatte ihren König, - aber die Leute reisten - sie handelten ... Viele Leute kommen von den Komoren. Einige wanderten aus Sansibar, Vater brachte meine Mutter nach Antseranana, und er kam nach Maruduka. Maruduka [3] und Madagaskar wurden ein Land. Aber er konnte nichts mehr kaufen und verkaufen. Viele Leute von Maruduka gingen von dort weg. -"

J.B.: "Hatten sich die Handelswege verlagert?"

a.M.: "Sie hatten sich verändert. Sie hatten sich völlig verlagert. - Wir kamen nach Antseranana und begannen Kleinhandel."

---

[1] genealogisch gemeint.

[2] Annahme.

[3] gemeint ist wohl Nosi Be.

J.B.: "Sind Sie seitdem nicht mehr in Maruduka gewesen?"

a.M.: "Wir sind nicht wieder dorthin gegangen. Jene Frau verstarb, es gab keinen Grund, wieder dorthin zu gehen."

J.B.: "Und nach Sansibar ist er nicht mehr gefahren?"

a.M.: "Ach nein - jetzt werden die Waren von Sansibar, aus Frankreich, Tana [1] ... gebracht."

J.B.: "Selbst jetzt werden Waren aus Sansibar importiert?"

a.M.: "Ach, nur wenige, wenige. - Vielleicht kommt ein Schiff pro Jahr."

J.B.: "Nur einmal im Jahr kommt ein Schiff von Sansibar?"

a.M.: "Nein, nicht jedes Jahr - es ist ein Schiff - der *mapinduzi* [2] - ich weiß nicht - sein Name ist - es ist die Gesellschaft der Revolution, irgendwie so. Es kommt aus Tanganyika."

J.B.: "Aber von Sansibar?"

a.M.: "O ja: von Sansibar, es passiert Ngazija, Nosi Be, und kommt hierher, nach Antseranana."

J.B.: "Es fährt auch nach Nosi Be?"

a.M.: "Ja-ja, - nach Hell-Ville. -"

J.B.: "Können Sie sich erinnern, wann es zum letzten Mal nach Antseranana kam?"

a.M.: "Es kam hierher ... im vergangenen Jahr - '90 [3] - vielleicht ... - Aber heute ist der Handel schwierig. Es gibt nichts. Unser König ist schlecht. Sehr schlecht. Es gibt kein Mehl, es gibt kein Öl, es gibt kein Salz ..."

[1] Kurzform für Antananarivo, die Hauptstadt Madagaskars.

[2] *Chama cha Mapinduzi* = Revolutionspartei Tansanias <?>.

[3] Widerspruch.

Index

A

B

C

I

J

K

L

M

N

T

U

V

W

X

Y

Z